# 한국의 성씨 해설

문자와 상징으로 풀어낸
# 한국의 성씨 해설

유 연 지음

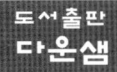

## 달빛의 공간에서 광야로 나오기를

소설가 정찬주

　나는 저자 유연 선생을 두 번 만났다. 작년 가을에 선생 부부가 쌍봉사에 들렀다가 이불재를 찾아 올라왔고, 지난 토요일에도 부부가 정현인 선생과 함께 나를 만나러 왔던 것이다. 이번에는 그동안 개인적으로 연구한 가제본한 책을 가지고 왔다. 서너 시간 동안 책 내용을 주제로 차담을 나누었는데 퍽 흥미로웠다. 강단학자들이 외면하는 언어에 대한 오묘한 근원과 정밀한 뜻을 이야기했다.
　저자가 간 뒤에 나는 새벽녘에 책을 속독했다. 우리나라 성씨들을 문자와 상징을 통해서 해석하는 언어학의 범주에 드는 내용이었다. 주류 학문영역에서 벗어난 비주류학문의 영역인 것이 나의 호기심을 더욱 자극했다. 모름지기 중앙의 학문이나 예술은 변방의 비주류가 충격과 자극을 주어서 발전해온 사례가 많았던 것이다. 그런 의미에서 나는 책의 가치가 충분하다고 판단했다.
　또한, 언어의 시원은 제의(祭儀)와 결합된 것이어서 접근하기가 녹록치 않을 터인데, 저자는 직관이나 영감이 발달한 사람이 아닐까 하는 느낌이 들었다. 작가도 때로는 논리를 초월하는 감성에 의지할 때가 많은 편이어서 저자와 소통이 가능하겠다 싶었다. 그래서인지 차담은 서너 시간이 지루하지 않고 번개처럼 지나갔다.

　나는 책을 펴놓고 성씨 가운데 인구 순으로 보았다. 저자는 김(金)을 상형문자로 설명하면서 태양의 빛이므로 김씨 성은 '태양의 빛과 같은 자손'이라는 의미라고 해석했다. 이(李)는 '창조주 하느님(木)의 아들(子)'이라고 해석했다. 박(朴)은 '창조주 하느님(木)과 번개 치는 모양으로 하늘의 빛이 세상에 이르는(卜)' 것으로 해석했다. 최(崔)는 하늘 높이(山) 나는 새(隹)를 형상한 것으로 '높은 하늘의 태양과 같은 존재 즉 하늘의 자식'으로 해석했다. 정(鄭)은 '태양을 받드는(奠) 나라'라는 뜻이고, 성씨 정(鄭)은 '태양을 받드는 자손'이라고 해석했다.

그러고 보니 한국인의 모든 성씨에는 창조주 하느님 혹은 태양을 숭배하는 의미가 깃들어 있음을 알 수 있었다. 저자는 무엇을 말하려고 이 책을 집필했을까? 다음과 같은 「저자의 말」의 일부가 그 해답 중에 하나가 될 것 같다.

'이름(名)이 개인의 염원을 담아 지은 것이라면 성씨(姓氏)는 씨족의 염원을 담아 정한 것이라고 할 수 있다. 우리 조상들은 어떤 염원을 지니고 살았으며, 우리의 정체성을 어떻게 성씨나 국호에 담아내었을까?'

결론적으로 말한다면 저자는 여러 성씨로 이루어진 우리 민족의 정체성을 탐구하고 있는 것 같다. 성씨들의 정체성을 문자와 상징으로 설명하면서 우리 민족의 정체성을 귀납적인 논리로 규정하고 있는 것이다. 위에서 인구 순으로 다섯 성씨만 먼저 저자의 해석을 살펴보았지만 공통분모가 느껴진다. 모두 태양을 숭배했던 하늘의 자손이라는 점이다.

햇빛에 바래지면 역사가 되고, 달빛에 물들면 신화가 된다.
[褪於日光卽爲歷史, 染於月色卽爲神話.]

아직 햇볕이 밝은 객관적인 공론의 공간은 아니지만, 달빛이 일

렁이는 개인의 공간에 머물고 있지만 언젠가는 저자의 주장이 광야로 나와 강물처럼 도도하고 유장하게 흐를 것이라고 믿는다. 또 그렇게 되기를 나는 바란다. 그 이유는 분명하다. 비주류가 활발발(活潑潑)해야 주류도 자극을 받아 발전하기 때문이다.

2023년 2월 13일
이불재(耳佛齋)에서

# 한국의 성씨, 그 오묘한 문자와 상징

건국대 명예교수 林東錫

동양에서 우리가 말하는 성씨(姓氏)는 '姓'과 '氏'를 합한 말이다. 성은 혈연의 지표(指標)요 씨는 지연의 표지(標識)이며, 성은 가족 개별 단위요 씨는 부락 집단 칭호였다. 즉, 고대 중국에는 씨가 먼저 있었으니, 문명 발전에 따라 유소씨(有巢氏, 둥지를 처음 알아낸 집단), 수인씨(燧人氏, 불을 사용하고 熟食한 집단), 복희씨(伏羲氏, 結網과 飼畜으로 단순 수렵을 벗어난 집단), 신농씨(神農氏, 초보적 농사법을 터득한 집단) 등이 나타나 지역과 문명 발전 과정을 중심으로 한 집단을 부르는 의미로 쓰였다. 그 뒤를 이어 황제(黃帝)는 헌원씨(軒轅氏)이며 동시에 희(姬)성이었고, 염제(炎帝) 신농씨(神農氏)는 강(姜)성이었으며, 순(舜, 有虞氏)은 요(姚)성이었고, 우(禹, 夏后氏)는 사(姒)성이었으며, 그 외에 임(妊)·영(嬴)·길(姞)·규(嬀)·융(娀)·원(嫄)·운(妘) 등의 성이 나타났다.

이 글자들에서 보듯이 초기 성(姓)에는 모두가 부수 '女'자가 붙어 있다. 당연히 모계사회에서 시작되었음을 알 수 있다. 정혼(定婚) 시대가 이르기 전, 주혼(走婚)일 수밖에 없는 떠돌이 생활에 태어난 생명은, 뱃속에 잉태하여 다시 젖먹이고 길러준 어머니만을 알 수 있어 흔히 어머니는 알아도 아버지는 알 수 없는 '知母不知父'의 가족 형태를 이루면서 여방(女旁)의 글자로 굳어진 것이다.

그 뒤 정혼 시대가 되면서 성은 도리어 부계(父系)의 지표로 바뀌었고, 대를 이어 혈연을 나타내는 계보로 자리 잡게 되었다. 이에 모계의 성은 희미해지고 대신 땅이름, 직업, 관직, 토템, 출생설화, 민족, 건국 신화, 종교, 신앙, 태몽, 사성(賜姓), 사건, 이주, 차음(借音) 등 여러 상황에 따라 불어나서 오늘날의 수많은 성으로 분화되었으며, 씨는 소수 민족의 '족(族)'으로 불리는 외에 더는 '씨'를 붙이지 않게 되었다.

그런데 중국의 성씨는 그리 많지 않았다. 9세기 오대십국 시대 오월국에서 처음 편찬된 『백가성(百家姓)』에는 504개의 성이 수록되어 어린아이들이 익히도록 하는 교재가 되었다. 흔히 '百姓'이란 말로 전 국민을 대표하는 어휘로 쓴 것을 보더라도 성은 도리어 지배층의 전유물이었을 가능성이 있으며, 백 단위에 그칠 정도로 얼마 되지 않았다.

우리는 4세기, 즉 삼국시대 전반기에 비로소 성을 쓰기 시작한 것으로 보고 있으며, 고려시대에는 성을 쓰기는 하였으나 일반인은 성은 없이 이름만 썼으며, 조선시대에도 마찬가지였다. 그러나 유교의 발전으로 가계를 중시하는 관점에 따라, 영조 때의 『도곡총설(陶谷叢說)』에는 298개, 고종 때의 『증보문헌비고(增補文獻備考)』에는 496개의 성이 보인다. 그런데 1930년 조선총독부 조사에는 도리어 250개로 줄어들었다가, 1934년에는 326개, 1985년에는 275개였으나 대신 본관이 무려 3349개였다. 그러나 실제 희성(稀姓)·귀성(貴姓)·벽성(僻姓)이 많고, 90여 개 성이 전 인구의 99.9%를 차지하는 편중성을 보이고 있다.

어느 족보나 그 앞에 취성설(取姓說), 혹은 득성설(得姓說)이 있으며, 민족의 고유성 못지않게 중국에서 전해온 성도 의외로 많다. 그리고 보학(譜學)을 연구하는 학자들의 많은 노력에 의해 지금은 거의 정리되어 자신의 성이 어떻게 시작되었는지, 또는 중시조가 누구인지, 조상이 어떤 관직을 역임하였는지, 분파 과정은 어땠는지를 알고자 하면 대강 알 수 있다.

 자! 이제껏 나는 이러한 성(姓)을 한자로 적는다는 것에 대해 그저 '표기 한자의 중국과의 공유' 정도로만 인식한 채 별다른 관심을 두지 않아 왔다. 그런데 월백(月伯) 유연(柳淵) 선생과 우연히 연이 되어 교유하던 중, 자신이 한국의 성씨를 표기하고 있는 문자(한자)에 깊은 관심을 가지고 있으며 자료를 수집하고 있다고 해서, '그저 보학을 연구하나 보다'라고 생각하며 가볍게 넘기고 지나갔다. 그런데 원고가 완성되고 이를 가제본한 책을 가져와 일별해 주기를 청했다.
 나는 첫 장을 넘기면서 놀라움을 금할 수 없었다. 모든 성의 글자를 일반 문자학의 분석과는 전혀 다른 '파자(破字)'를 통한 '상징'적 측면에서 해부한 것이었다. 모든 한자는 당연히 '해체(解體)'와 '재조합(再組合)'의 적용이 가능하다. 그 어떤 글자라도 반드시 어떤 부수에든 소속되어야 하며, 회의(會意)와 형성(形聲) 자(字)가 절대다수이므로 2개 이상의 초문(初文)이 결구를 이루고 있기 때문에 이를 해체하고 재조합하기는 너무나 쉽다. 아니 상형(象形)과 지사(指事)의 초문이라 해도 더 부석(剖析)할 수 있다.
 이에 착안하여 유연 선생은 성(姓)을 표기한 한자를 한없이 원소로 쪼개어 인류 원시의 태양·신앙·물성(物性)·천지·남녀·암수·음양의 이분법 등 삼라만상의 근원을 찾아, 고대 이집트·수메르·페니키아·앗시리아 및 동양 상고시대와 수많은 민족의 원시 발상 근원, 인류의 의식구조는 물론 불교·유대교·샤먼·토템·신화, 그리고 원생 인류의 생존 원리 문제까지 부회(附會)하여 설명하고, 이를 그림과 삽화·사진 등을 근거로 제시하였는데, 참으로 흥미롭고 신기하였다. 그리고 매 글자, 나아가 이를 원소로 쪼갠 부호(획)를 '상징'이라는 하나의 잣대에 꿰어 끝없는 상상의 나래를 펴게 한다.

　세상을 보는 눈은 얼마든지 다양할 수 있다. 상상 밖의 다양을 바탕으로 한 엉뚱한 생각이 오늘날과 같은 전자·빅테이터·로봇·AI·챗GPT 등 가공할 문명시대를 만든 것이니, 이러한 분야라고 해서 배제될 수는 없으리라. 나처럼 학술적으로 문자학을 연구해온 보수적 중문학자로서는 도저히 생각해낼 수도 없는 시각이었다. 그 '상징' 하나를 붙잡고 끝없이 연찬에 매달린 노고와 발상에, 진실의 여부를 떠나 경탄을 금할 수 없다.

　심원심근(尋源尋根)의 방법으로 한자를 한없이 미분(微分)하고 다시 적분(積分)하여, 원초 획마다 상징이라는 천연색을 입힌 이 내용은 그러한 면에서 높은 의미를 부여할 수 있을 것이라 생각한다.

2023년 3월 경칩<br>
부곽재(負郭齋)에서

# 저자의 말

 나의 정체(正體)를 규정하여 가장 단적으로 나 자신을 표현해 주는 것이 무엇일까? '어느 집단 속에 소속된 누구'라는 뜻을 담아 부르는 '성명(姓名)'일 것이다. '성명(姓名)'에 담긴 이런 막대한 의미를 생각할 때 어느 누가 그 이름을 함부로 지을 수 있겠는가?
 그리하여 자식이 태어나면 가장 먼저 어떤 이름을 지어 줄까 하고 부모들은 온 정성을 쏟는 것이다. 그래서 이름은 곧 부모로부터 부여받는 첫사랑의 기표(記標)인 것이다. 한 개인의 이름도 이러할진대 한 씨족(氏族)을 대표하는 성씨(姓氏)를 정할 때 어찌 의미 없는 글자를 세울 수 있었겠는가?
 이름(名)이 개인의 염원을 담아 지은 것이라면 성씨(姓氏)는 씨족의 염원을 담아 정한 것이라 할 수 있다. 그러면 씨족(민족)의 공동체로 묶여 이루어진 우리 조상들은 어떤 염원을 지니고 살았으며, 우리의 정체성을 어떻게 성씨나 국호에 담아내었을까?

 문자가 없었던 원시시대 인류의 생각은 그들이 남긴 유물이나 신앙의 형태를 통하여 짐작하여 볼 수 있을 것이다.
 우리 조상들은 아기를 점지하여 달라고 정화수를 떠 놓고 북두칠성 하느님께 빌고, 죽은 뒤에는 북두칠성 본태양으로 돌아간다는 의미에서 칠성판 위에 뉘었다. 이는 우리 조상들이 북두칠성 본태양을 생사를 주관하는 신앙의 대상으로 삼았다는 것이며, 우리 자신을 북두칠성 본태양으로부터 태어난 존재로 생각하였다는 뜻이다.

이렇게 우리가 북두칠성 본태양의 자손이라는 사실을 각인시키기 위하여 태양을 상징하는 고인돌을 세우거나 토기(土器)에 태양의 빛살(무늬)을 새겼던 것이다.

이와 같이 우리 자신을 '근원의 빛(본태양)'으로부터 태어난 존재라고 본 인식은 아주 옛날부터 있었던 것으로, 이런 의미를 그대로 반영하여 문자로 표현한 것이 성씨(姓氏)와 국호이다.

그런데 현실은, '성 김(金)'의 '김'이 무슨 의미인지, '오얏 리(李)'의 오얏이 무엇을 상징하는지, '껍질 박(朴)'자를 왜 성씨로 삼았는지, 그리고 '나라 정(鄭), 나라 조(趙), 나라 한(韓)'은 어떤 뜻이 있어서 나라이름을 성씨로 삼았는지 우리는 그 내막을 알지 못하고 있다. 더군다나 '죽일 유(劉)', '밥그릇 노(盧)', '못 정(丁)', '납 신(申)', '매울 신(辛)', '벌레 우(禹)' 등에 이르러서는 한숨이 날 수밖에 없다.

이 책에서는 '죽일 유(劉)', '납 신(申)', '매울 신(辛)' 등 왜곡된 해석을 바로 잡았고, '성 김(金)', '오얏 리(李)', '껍질 박(朴)', '수풀 임(林)', '버들 유(柳)' 등도 단순하게 '김·오얏·껍질·수풀' 등을 가리키는 말이 아니라 본의는 모두 '신성한 하늘(태양)의 자손'을 상징한다는 사실을 문자와 상징으로 밝혀 설명하였다.

이렇게 문자와 상징으로 성씨의 본래 의미를 밝히는 과정에서 본태양(本太陽), 마음, 성(姓), 문자(文), 사람(人), 나(我), 계집(女), 무(無) 등 여러 낱말의 개념을 새로 정의(定義)해 보았고, 나무(木), 돌(石), 물(水), 고기(肉·月), 칼·창(刀·戈), 손·발(又·止), 개(犬), 뱀(巴) 등에 담긴 상징적 의미도 새롭게 밝혀보았다.

그리고 부록으로 한국, 환국, 조선(朝鮮), 고려(Korea), 백제, 신라, 한겨레 등 우리나라 역대 국호와 서울, 부산, 대구, 인천, 평양 등 주요 도시명에 담긴 의미도 밝혀보았다.

문자학(文字學) 전공자가 아닌 필자가 문자와 상징에 담긴 의미를 새롭게 밝혀낼 수 있었던 것은, ① 한국인이라면 누구나 쓰고 있는 인간 이전의 소리이면서 천지자연의 소리인 우리말, ② 사랑하기만 하여도 진리를 깨닫게 해주는 한글, ③ 그리고 단순한 상형문자가 아니라 우주음인 우리말을 고도로 상징화하고 기호(記號)화하여 만든 한자를 사용하는 한국에 태어난 덕분이다.

이렇게 우리말·한글·한자 이 3가지를 종합적으로 고찰하기만 한다면 누구라도 우리 성씨(국호)뿐만 아니라 삼라만상(상징)에 깃든 신성한 의미를 파악할 수 있다.

이 책은 기존의 학설이나 논리체계와는 많이 다른 데다가 표현도 다소 난삽하여 일반독자가 이해하기에 어려울 수도 있다. 그러나 열린 마음으로 차분히 읽어나간다면 '세상을 바라보는 새로운 안목'을 얻을 수 있을 것이다.

끝으로, 우리말과 산스·크리트(산수·가림토)가 한 뿌리임을 밝혀 필자의 안목을 틔워 주시고 이 책의 일단을 보고 크게 격려해주신 강상원 박사님과 한자의 원리를 밝혀 새로운 시각을 얻도록 해주신 조옥구 교수님께 감사드린다. 그리고 이 책이 나올 수 있도록 글 쓰는 일을 도와주신 장재석 님과 사랑하는 아내 정연아 님에게 고마운 마음을 전한다.

2023년 2월 11일 아차산 아래에서
유 연(柳 淵)

# 차 례

- 추천의 말 / 5
- 저자의 말 / 12

## 서 론

하늘·하나님·마음 …… 23
본심·본태양 ………… 26
상징(象徵) …………… 30
문자(文字) …………… 33
천손과 성씨 ………… 37
성(性)과 성(姓) …… 40
나(我)와 나라 ……… 42

## 중요 부수 해설

여(女) ………………… 47
목(木) ………………… 52
십(十) ………………… 56
수(水) ………………… 58
화(火) ………………… 61
해(亠) ………………… 65
면(宀) ………………… 65
엄(广) ………………… 65
육(肉)·월(月) ……… 68
촌(寸) ………………… 71
우(又) ………………… 71
지(止)·치(夂) ……… 73
읍(阝·邑) …………… 75
부(阝·阜) …………… 78
과(戈) ………………… 79

## 성씨 해설

### ㄱ

가(賈) ………………… 83
간(簡) ………………… 86
갈(葛) ………………… 88
감(甘) ………………… 89
강(姜) ………………… 91
강(康) ………………… 96
견(甄) ………………… 98
경(慶) ………………… 101
경(景) ………………… 103
계(桂) ………………… 104
고(高) ………………… 106
골(骨) ………………… 108
공(孔) ………………… 109
공(公) ………………… 111
곽(郭) ………………… 112
구(丘) ………………… 114
구(邱) ………………… 116
구(具) ………………… 117
국(國) ………………… 120
국(鞠) ………………… 121
권(權) ………………… 123
금(琴) ………………… 126
기(奇) ………………… 128

길(吉) ………………… 130
김(金) ………………… 132

### ㄴ

나(羅) ………………… 140
남(南) ………………… 142
남궁(南宮) …………… 145
노(盧) ………………… 146
노(魯) ………………… 148
노(路) ………………… 150

### ㄷ

단(段) ………………… 151
당(唐) ………………… 153
대(大) ………………… 154
도(刀) ………………… 157
도(都) ………………… 160
도(陶) ………………… 162
독고(獨孤) …………… 164
동(董) ………………… 166
두(杜) ………………… 167

### ㄹ

라(羅) ………………… 140
류(柳) ………………… 332

차 례 15

## ㅁ

마(馬) ·········· 168
마(麻) ·········· 169
매(梅) ·········· 172
맹(孟) ·········· 174
명(明) ·········· 176
모(毛) ·········· 177
모(牟) ·········· 180
목(睦) ·········· 183
문(文) ·········· 185
민(閔) ·········· 187

## ㅂ

박(朴) ·········· 189
반(潘) ·········· 193
방(房) ·········· 195
방(方) ·········· 196
배(裵) ·········· 198
백(白) ·········· 200
범(范) ·········· 202
변(卞) ·········· 204
변(弁) ·········· 207
변(邊) ·········· 209
복(卜) ·········· 211
봉(奉) ·········· 214
부(夫) ·········· 215
빈(彬) ·········· 217
빈(賓) ·········· 219

## ㅅ

사(史) ·········· 221
사공(司空) ·········· 223
사마(司馬) ·········· 224

상(尙) ·········· 225
서(徐) ·········· 226
서문(西門) ·········· 228
석(昔) ·········· 229
석(石) ·········· 231
선(宣) ·········· 235
선우(鮮于) ·········· 237
설(偰) ·········· 239
설(薛) ·········· 241
성(成) ·········· 242
소(蘇) ·········· 244
소(邵) ·········· 247
손(孫) ·········· 249
송(宋) ·········· 252
송(松) ·········· 254
순(荀) ·········· 255
승(承) ·········· 256
시(施) ·········· 257
시(柴) ·········· 259
신(愼) ·········· 262
신(申) ·········· 265
신(辛) ·········· 269
심(沈) ·········· 273

## ㅇ

안(安) ·········· 275
양(梁) ·········· 279
양(楊) ·········· 281
어(魚) ·········· 283
엄(嚴) ·········· 285
여(余) ·········· 287
여(呂) ·········· 288
여(汝) ·········· 290

연(延) ·········· 293
연(燕) ·········· 294
염(廉) ·········· 296
예(芮) ·········· 297
오(吳) ·········· 299
옥(玉) ·········· 301
온(溫) ·········· 304
옹(邕) ·········· 305
왕(王) ·········· 306
요(姚) ·········· 308
용(龍) ·········· 310
우(禹) ·········· 313
우(于) ·········· 316
원(元) ·········· 317
위(尉) ·········· 319
위(韋) ·········· 321
위(魏) ·········· 322
유(兪) ·········· 324
유(庾) ·········· 326
유(劉) ·········· 328
유(柳) ·········· 332
육(陸) ·········· 335
윤(尹) ·········· 338
은(殷) ·········· 341
음(陰) ·········· 343
이(李) ·········· 345
인(印) ·········· 351
임(任) ·········· 353
임(林) ·········· 355

## ㅈ

장(張) ·········· 357
장(章) ·········· 360

장(莊) ……………… 361
장(蔣) ……………… 362
전(全) ……………… 365
전(田) ……………… 366
전(錢) ……………… 369
정(丁) ……………… 371
정(程) ……………… 373
정(鄭) ……………… 375
제(諸) ……………… 378
제갈(諸葛) ………… 379
조(曹·曺) ………… 380
조(趙) ……………… 382
좌(左) ……………… 384
주(周) ……………… 386
주(朱) ……………… 388
지(支) ……………… 390
지(智) ……………… 392
지(地) ……………… 394
지(池) ……………… 397
진(晉) ……………… 398
진(秦) ……………… 399
진(陳) ……………… 400
진(陣) ……………… 402

## ㅊ

차(車) ……………… 403
창(昌) ……………… 405
채(蔡) ……………… 406
천(千) ……………… 409
천(天) ……………… 410

최(崔) ……………… 412
최(催) ……………… 414
추(秋) ……………… 415

## ㅌ

탁(卓) ……………… 417
태(太) ……………… 418

## ㅍ

팽(彭) ……………… 420
편(片) ……………… 422
표(表) ……………… 424
피(皮) ……………… 426

## ㅎ

하(夏) ……………… 428
하(河) ……………… 430
한(漢) ……………… 432
한(韓) ……………… 434
함(咸) ……………… 436
해(海) ……………… 439
허(許) ……………… 441
현(玄) ……………… 443
형(邢) ……………… 444
호(扈) ……………… 445
호(胡) ……………… 447
홍(洪) ……………… 450
황(黃) ……………… 452
황보(皇甫) ………… 453

# 부 록

## 역대의 국호

환국(桓國) ………… 457
조선(朝鮮) ………… 459
고구려(高句麗) …… 462
백제(百濟) ………… 468
신라(新羅) ………… 470
가야(伽耶) ………… 471
발해(渤海) ………… 475
한국(韓國) ………… 476
한겨레 ……………… 479
배달·백의민족 …… 481

## 주요 도시명

서울 ………………… 484
부산(釜山) ………… 486
대구(大邱) ………… 489
광주(光州) ………… 493
대전(大田) ………… 494
인천(仁川) ………… 495
울산(蔚山) ………… 499
세종(世宗) ………… 501
평양(平壤) ………… 503

■ 찾아보기 / 504
■ 참고문헌 / 511

# 한국의 성씨별 인구

| 순위 | 성씨 | 인구(수) | 순위 | 성씨 | 인구(수) |
|---|---|---|---|---|---|
| 1 | 김(金) | 10,689,959 | 31 | 남(南) | 275,648 |
| 2 | 이(李) | 7,306,828 | 32 | 심(沈) | 271,749 |
| 3 | 박(朴) | 4,192,074 | 33 | 노(盧) | 256,229 |
| 4 | 최(崔) | 2,333,927 | 34 | 정(丁) | 243,803 |
| 5 | 정(鄭) | 2,151,879 | 35 | 하(河) | 230,481 |
| 6 | 강(姜) | 1,176,847 | 36 | 곽(郭) | 203,188 |
| 7 | 조(趙) | 1,055,567 | 37 | 성(成) | 199,124 |
| 8 | 윤(尹) | 1,020,547 | 38 | 차(車) | 194,782 |
| 9 | 장(張) | 992,721 | 39 | 주(朱) | 194,766 |
| 10 | 임(林) | 823,921 | 40 | 우(禹) | 194,713 |
| 11 | 한(韓) | 773,404 | 41 | 구(具) | 193,080 |
| 12 | 오(吳) | 763,281 | 42 | 신(辛) | 192,877 |
| 13 | 서(徐) | 751,704 | 43 | 임(任) | 191,261 |
| 14 | 신(申) | 741,081 | 44 | 전(田) | 186,469 |
| 15 | 권(權) | 705,941 | 45 | 민(閔) | 171,740 |
| 16 | 황(黃) | 697,171 | 46 | 유(兪) | 167,927 |
| 17 | 안(安) | 685,639 | 47 | 류(柳) | 163,703 |
| 18 | 송(宋) | 683,494 | 48 | 나(羅) | 160,946 |
| 19 | 전(全) | 559,110 | 49 | 진(陳) | 157,599 |
| 20 | 홍(洪) | 558,853 | 50 | 지(池) | 153,491 |
| 21 | 유(柳) | 478,990 | 51 | 엄(嚴) | 144,425 |
| 22 | 고(高) | 471,396 | 52 | 채(蔡) | 131,557 |
| 23 | 문(文) | 464,040 | 53 | 원(元) | 129,522 |
| 24 | 양(梁) | 460,600 | 54 | 천(千) | 121,780 |
| 25 | 손(孫) | 457,303 | 55 | 방(方) | 94,831 |
| 26 | 배(裵) | 400,641 | 56 | 공(孔) | 91,869 |
| 27 | 조(曹) | 398,260 | 57 | 강(康) | 91,625 |
| 28 | 백(白) | 381,986 | 58 | 현(玄) | 88,824 |
| 29 | 허(許) | 326,770 | 59 | 함(咸) | 80,659 |
| 30 | 유(劉) | 302,511 | 60 | 변(卞) | 78,156 |

| 순위 | 성씨 | 인구(수) | 순위 | 성씨 | 인구(수) |
|---|---|---|---|---|---|
| 61 | 염(廉) | 69,387 | 95 | 국(鞠) | 20,547 |
| 62 | 양(楊) | 69,101 | 96 | 여(余) | 20,134 |
| 63 | 변(邊) | 60,633 | 97 | 진(秦) | 19,301 |
| 64 | 여(呂) | 60,522 | 98 | 어(魚) | 18,849 |
| 65 | 추(秋) | 60,483 | 99 | 은(殷) | 16,894 |
| 66 | 노(魯) | 58,698 | 100 | 편(片) | 16,689 |
| 67 | 도(都) | 56,850 | 101 | 구(丘) | 15,382 |
| 68 | 소(蘇) | 52,427 | 102 | 용(龍) | 15,276 |
| 69 | 신(愼) | 51,865 | 103 | 유(庾) | 13,868 |
| 70 | 석(石) | 49,203 | 104 | 예(芮) | 13,568 |
| 71 | 선(宣) | 42,733 | 105 | 경(慶) | 13,012 |
| 72 | 설(薛) | 42,646 | 106 | 봉(奉) | 12,927 |
| 73 | 마(馬) | 38,949 | 107 | 정(程) | 11,683 |
| 74 | 길(吉) | 38,173 | 108 | 석(昔) | 11,355 |
| 75 | 주(周) | 37,240 | 109 | 사(史) | 10,730 |
| 76 | 연(延) | 34,766 | 110 | 부(夫) | 10,536 |
| 77 | 방(房) | 33,520 | 111 | 황보(皇甫) | 10,383 |
| 78 | 위(魏) | 31,342 | 112 | 가(賈) | 9,936 |
| 79 | 표(表) | 30,743 | 113 | 복(卜) | 9,538 |
| 80 | 명(明) | 29,110 | 114 | 태(太) | 9,063 |
| 81 | 기(奇) | 28,829 | 115 | 목(睦) | 8,848 |
| 82 | 반(潘) | 28,062 | 116 | 진(晋) | 7,566 |
| 83 | 라(羅) | 25,960 | 117 | 형(邢) | 7,239 |
| 84 | 왕(王) | 25,565 | 118 | 계(桂) | 6,636 |
| 85 | 금(琴) | 25,432 | 119 | 최(催) | 6,582 |
| 86 | 옥(玉) | 25,107 | 120 | 피(皮) | 6,578 |
| 87 | 육(陸) | 23,455 | 121 | 두(杜) | 6,428 |
| 88 | 인(印) | 22,363 | 122 | 지(智) | 6,070 |
| 89 | 맹(孟) | 22,028 | 123 | 감(甘) | 6,024 |
| 90 | 제(諸) | 21,976 | 124 | 장(章) | 5,764 |
| 91 | 모(牟) | 21,534 | 125 | 제갈(諸葛) | 5,655 |
| 92 | 장(蔣) | 21,508 | 126 | 음(陰) | 5,604 |
| 93 | 남궁(南宮) | 21,308 | 127 | 빈(賓) | 5,593 |
| 94 | 탁(卓) | 21,099 | 128 | 동(董) | 5,462 |

| 순위 | 성씨 | 인구(수) | 순위 | 성씨 | 인구(수) |
|---|---|---|---|---|---|
| 129 | 온(溫) | 5,418 | 142 | 상(尙) | 2,376 |
| 130 | 사공(司空) | 4,476 | 143 | 시(施) | 2,235 |
| 131 | 호(扈) | 4,340 | 144 | 시(柴) | 2,114 |
| 132 | 경(景) | 3,923 | 145 | 갈(葛) | 2,086 |
| 133 | 범(范) | 3,826 | 146 | 서문(西門) | 2,028 |
| 134 | 전(錢) | 3,678 | 147 | 진(陣) | 1,740 |
| 135 | 선우(鮮于) | 3,588 | 148 | 단(段) | 1,612 |
| 136 | 좌(左) | 3,378 | 149 | 호(胡) | 1,494 |
| 137 | 설(偰) | 2,937 | 150 | 소(邵) | 1,309 |
| 138 | 팽(彭) | 2,935 | 151 | 견(甄) | 1,251 |
| 139 | 승(承) | 2,619 | 152 | 당(唐) | 1,146 |
| 140 | 간(簡) | 2,520 | 153 | 도(陶) | 1,037 |
| 141 | 하(夏) | 2,475 | | | |

(자료출처 통계청 2015)

# 서 론

## 하늘 · 하나님 · 마음

'하늘 천(天)'의 갑골문 '🧍'은 '● + 🧍'로 구성되어 있다.

'●'은 '점 주( ㆍ )'로서 우주를 존재하게 한 '창조주(主·坐) 하나님'을 나타낸다. 또한 '●'은 삼라만상을 창조하는 '씨알(우주알·♦)'이나 근원의 빛인 '본태양(本太陽)' 등을 뜻하기도 한다.

'🧍'는 사람이 서 있는 모습으로 '우주(하늘), 소우주(사람)' 등을 나타내는데, 여기서 '우주(하늘)'는 '보이지 않는 창조주 하나님(●)'이 아니라 시공간에 존재하는 '보이는 우주(하늘)(🧍)'를 말한다.

따라서 '🧍·天(천)'은 우주를 존재하게 한 '창조주(♦·坐) 하나(참나)님'을 나타낸다. [p.410 '天(천)'씨 참조]

또한 '하늘 천(天)'의 '하늘'이라는 말은 '하 + 늘'로 나누어 풀이할 수 있는데, '하'는 '공간적으로 크다'라는 것이며, '늘'은 '시간적으로 늘 영원하다'라는 것이다. 따라서 '하늘'이라는 말은 천지사방(天地四方)을 뜻하는 '하늘 우(宇)'와 고왕금래(古往今來)·무한시간을 뜻하는 '하늘 주(宙)'가 합쳐진 '우주(宇宙)'라는 말과 같다.

'하나님'의 '하나'라는 말도 '하 + 나'로 나누어 풀이할 수 있는데, '하'는 '크다(大)'라는 뜻이며, '나(我·炎)'는 '태양(🔆)의 빛(彡)과 같은 존재'를 뜻한다. 따라서 '하나'라는 말은 '큰(大) 태양과 같은 존재(我)'로 '대아(大我)'를 말한다. 이는 '삼라만상을 창조하는 보이지 않는 하늘(無·繇) 같은 마음'을 뜻하는 '무아(無我)'[1], 혹은

---

1) '무(無)'의 갑골문 '爽'는 '🧍 + 林'인데, '🧍'는 '창조주 하느님'을 나타내고 '林'은 '새끼줄(새털)'을 나타내어 '爽·無(무)'는 '무수한 새끼줄(자손)을 창조

'근원의 참마음'을 뜻하는 '참나(眞我)'2)라고 할 수 있다.

    결국 '하나·님'은 내 마음 안에 있는 '참나·님'을 의미한다. 이렇게 '하나·님'이 다름 아닌 내 마음 안에 있는 '참나·님'이라고 생각하였기에 동학에서는 '사람이 곧 하늘이다(人乃天)'라고 하였고, 불교에서는 '마음이 곧 부처다(心是佛)'3)4)라고 하였으며, 기독교에서는 '하나님은 너희 안에 있느니라'5)라고 하였던 것이다.

    또한, '마음'이라는 말을 한자로 '마음(麻音)'이라고 할 수 있다.
    '마(麻)'는 '삼실(朩)로 만물을 창조하는(짜는) 하느님(广)'을 형상한 것으로 '마고(麻)삼신 하느님'을 나타낸다. [p.169 '마(麻)씨' 참조]

    '음(音)'은 『설문해자』에서 "'음(音)'은 마음에서 나왔다.[音, 生於心.]"라고 하였는데, 여기서 '마음'은 '마고(麻) 하느님의 음성(音)'을 뜻한다. 또한 '음(音)'은 '천지를 창조하는 8려음(呂音)'을 말하는데, 이를 『부도지』에서는 "음(音)으로 우주(마고대성·허달성·실달성)를 창조하였다."라고 하였다.

    따라서 '마음(麻音)'은 '마고(麻) 하느님의 음성(音)'으로, 불교에서 말하는 '일체는 마음이 창조한다'는 '일체유심조(一切唯心造)'

---

    하는 하느님'을 의미하고, '爽(무)'자에 '亾·亡(망)'자를 더한 소전 '鱻(無)'자는 '삼라만상(茻·林)을 창조하는 보이지 않는(亾·亡) 하느님(大·大)'을 뜻한다. 따라서 '없을 무(無)'자는 창조율려를 형상한 '춤출 무(舞)'자와 뜻이 같다.

2) '참 진(眞)'의 금문 '鼎'은 현천(玄天)의 북두칠성을 뜻하는 '匕(匕)'와 태양을 뜻하는 '鼎(貝)'가 합쳐져 이루어진 글자로, 이는 '본심·본태양'을 나타낸다.
3) '佛(불)'은 '亻+弓+丿'인데, '亻(인)'은 '돼지머리 해(亠)'의 변형으로 '북두하늘'을 나타내고, '활 궁(弓)'은 '태양'을 나타내며, '丿'은 '불빛'을 나타낸다. 따라서 '佛(불)'은 북두하늘(玄天)의 '본심·본태양(本心·本太陽)'을 뜻한다.
4) 지눌 원저, 김덕산 번역, 『수심결(修心訣)』제1장 2절.
5) 『성경』, 누가복음 17장 21절.

의 '마음'과 같고, 기독교에서 말하는 '천지 만물을 창조하는 하나님의 음성(말씀)'과 같은 개념이라고 할 수 있다.

한편, '마음 심(心)'에 대해 『설문해자』에서는 "'심(心)'은 사람의 심장이다. 몸의 가운데에 있다.[心, 人心. 在身之中.]"라고 하였고, 『광운(廣韻)』에서는 "심(心)은 화장(火藏)이다.[心, 火藏.]"라고 하였다.

사람의 몸은 우주에 비겨 흔히 소우주라고 한다. 대우주가 우주의 중심 빛인 태양으로부터 만물이 창조되듯이, 소우주인 사람의 몸은 중심 불(火)인 심장으로부터 몸이 이루어진다. 우주의 만물은 태양의 빛줄기로 말미암아 생겨나고, 사람의 몸은 심장의 핏줄기로 말미암아 뼈와 살이 이루어진다.

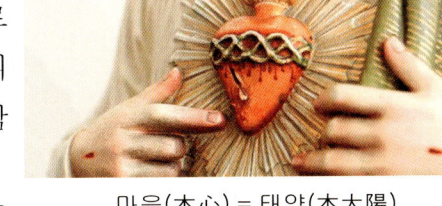

마음(本心) = 태양(本太陽)

이상과 같은 몸 차원의 설명을 마음 차원에서 말하자면 '태양'은 우주 만물의 근원의 빛인 '본태양(本太陽)'을 말하고, 몸의 중앙에 있는 '심장'은 몸(六根)의 근원인 '본심(本心)'을 말한다. 결국 '마음 심(心)'은 본심·본태양을 가리킨다고 볼 수 있다.

이상에서 살펴본 대로, 우주를 존재하게 한 '창조주(●) 하나님(𐊀)'을 나타내는 '하늘(𐊀·天)'과 '하늘(大) 같은 사람(我)'을 나타내는 '하나(참나)님' 그리고 '마고(痲) 하느님의 음성(音)'을 나타내는 '마음(痲音)' 등은 모두 같은 개념이라고 할 수 있다.

하늘 하나님 마음

# 본심(本心)·본태양(本太陽)

근원의 마음을 뜻하는 '본심(本心)'과 근원의 빛을 뜻하는 '본태양(本太陽)' 즉 '본심·본태양(本心·本太陽)'은 우리 배달겨레가 받들어온 『천부경(天符經)』[1])에 나오는 말이다.

본태양은 하늘에 떠 있는 태양을 가리키는 것이 아니다. 본태양은 보이지 않는 근원의 빛이요, 영원한 생명의 빛인 '마음속의 빛'을 가리킨다. 하늘의 태양이 육안(肉眼)으로 보이는 빛이라면 본태양은 영안(靈眼)의 빛, 곧 마음속의 빛인 '하나(참나)님'이라고 할 수 있다.

이와 같은 의미의 '본심·본태양'을 흔히 동북 간방(艮方)[2])에 있는 '북두하늘(북극성 + 북두칠성)'에 비유하기도 하는데, 이는 까마득한 북두하늘에 있는 '북극성'과 '북두칠성'이 '깊은 마음속의 빛'에 비유되어 우주를 창조하는 '본심·본태양 하늘'로 여겨졌기 때문이다.

그 구체적인 예를 동서고금의 문화유적에서 흔히 찾아볼 수 있는데, 아래 왼쪽 사신도(四神圖)의 '현무(玄武)'는 북극성을 상징하는 '거북'과 북두칠성을 상징하는 '뱀'이 결합하여(性·sex) 천지를 창조하는 모습을 보여주는 것으로, 이 '현무(玄武)'[3])는 '까마득

---

1) 『천부경(天符經)』은 옛 환국(桓國)으로부터 전해져 내려온 경으로, 우주 창조의 이치를 81자로 총결하였다.
2) '간방(艮方)'의 '간(艮)'을 『주역』에서 '시어간(始於艮) 종어간(終於艮)'이라고 하여 인류의 모든 문명이 북두하늘(북극성·북두칠성)인 '간(艮)에서 시작(始)해서 간(艮)에서 끝난다(終)'라고 보았는데, 이는 우주(세상)의 모든 것은 '간(艮)' 즉 '본심·본태양(艮心)'에서 비롯되었음을 뜻하는 말이다.

한 북두하늘(玄)의 태양(武)', 즉 '본태양'을 상징한다.

아래 오른쪽의 '고대 인도 우주관'을 나타낸 그림도 북극성을 상징하는 '거북'과 북두칠성을 상징하는 '뱀'이 결합하여(性·sex) 역시 우주(삼라만상)를 창조한다는 것을 보여준다.

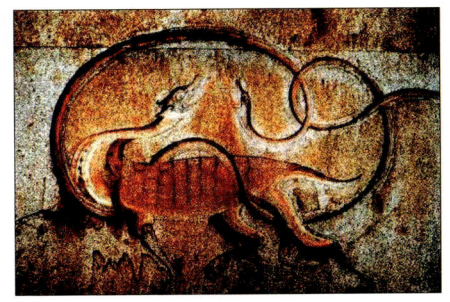 

거북(북극성)·뱀(북두칠성)　　고대 인도 우주관(거북과 뱀)

위에서 본대로 '뱀'은 북두칠성(본태양)을 상징하는데, 이 뱀을 한자로 나타내면 '큰뱀 파(巴)'가 된다.

북두칠성(본태양)을 상징하는 '큰뱀 파(巴)'는 이집트 유적에서는 '코브라 뱀'으로 표현되고, 남미 아즈텍 유적에서는 '깃털 뱀(케찰코아틀)'으로 표현되며, 동양에서는 하늘의 뱀인 '용(龍)'으로 표현된다.

아래의 왼쪽 그림은 이집트 유적에서 호루스가 '큰뱀 파(巴)'를 상징하는 '코브라(Cobra)'를 머리에 이고 있는 모습인데, 코브라(Cobra)는 'Co(하늘·高) + bra(빛·光)'로 '북두칠성(본태양)'을 상

---

3) '현무(玄武)'의 '玄(현)'은 '가물가물(幺) 보이지 않는 하늘(해·亠)'을 뜻한다. '武(무)'는 '戈 + 止'이다. '戈(과)'의 갑골문 ⚔는 丨+𠃌인데, '丨'은 우주의 중심축인 북극성(거북)을 나타내고, '𠃌'은 북극성을 중심축으로 하여 운행하는 북두칠성(뱀)을 나타내어 ⚔戈(과)'는 우주를 창조하는 '북두하늘'을 나타낸다. '止(지)'의 갑골문 ⏏는 '발'로 '불(태양)'을 나타낸다. 따라서 '武(무)'는 '북두하늘(戈)의 불(止)'로 '본태양'을 나타낸다. 이상을 종합하면 '현무(玄武)'는 우주를 창조하는 '본심·본태양'을 뜻한다.

징한다. 따라서 이 그림은 호루스가 '본태양 하늘이 낳은 아들(♀)'임을 나타낸다. 오른쪽 그림은 아즈텍 유적의 '깃털 뱀(케찰코아틀)'인데, '깃털 뱀'은 '깃털(하늘·天)4) + 뱀(빛·光)5)'으로 역시 '본태양 하느님'을 상징한다.

▲ 깃털 뱀과 용(龍)
◀ 본태양(코브라)

또한 '용(龍)'은 땅의 뱀이 아니라 '하늘의 뱀(빛)'으로 '본태양 하느님'을 나타내는데, 주로 우주를 주재하는 '조화주(造化主)'의 모습을 띤다. 따라서 『설문해자』에서는 "'용(龍)'은 비늘 짐승의 우두머리이다. 숨기도 하고 드러나기도 하며, 작아지기도 하고 커지기도 하며, 줄어들기도 하고 늘어나기도 한다.[龍, 鱗蟲之長. 能幽, 能明, 能細, 能巨, 能短, 能長.]"라고 하여 변화무쌍한 조화를 부린다고 하였던 것이다.

한편, 세계보건기구의 마크를 보면 '지팡이에 파란 뱀(놋뱀)'이

---

4) '깃털'은 하늘을 나는 '새'를 말하고, 새는 하늘에 떠 있는 '해(태양)'를 상징하므로, 깃털은 '하늘'을 뜻한다.
5) '뱀'은 영어로 'serpent'인데, 'serpent'는 '빛'을 뜻한다. 또한 뱀은 사투리로 '구리'인데, '구리(銅)'는 '빛(金)과 같다(同)'는 뜻이다. 그리고 '북두칠성(七星)'을 '나난(七)·구리(星)'라고 하고, 만주어로 'kuri(구리)'는 '개(犬)'인데 여기서 '개(犬)'는 '해(태양)'를 뜻한다.

감겨 있는 모양인데, '지팡(持巴)이'는 우주의 중심축으로서 본태양 '북극성'을 상징하고, 지팡이를 감고 있는 '뱀'은 북극성을 중심축으로 운행하는 본태양 '북두칠성'을 상징한다. 이는 그리스 신화에 나오는 의신(醫神) 아스클레피오스의 '뱀 지팡이'를 본뜬 것으로, '파란(Para) 뱀'은 '파란 북두하늘(Para)'을 나타낸다.

그리고 '파란 뱀'은 '파란 하늘의 빛'인 '청동(靑銅)'으로 만든 '놋뱀'을 상징하기 때문에 『성경』에서 "놋뱀을 본 자는 살리라.[요한복음 3:14]"라고 한 것이다.

세계보건기구(WHO)▲
아스클레피오스▶
모세와 놋뱀▶▶

이상에서 살펴본 대로 현무도와 인도 우주관에 나오는 '거북과 뱀', 고대 이집트의 '코브라 뱀', 고대 멕시코의 '깃털 뱀', 동양의 '용(龍)' 그리고 성경에 나오는 '놋뱀' 등은 모두 까마득한 마음속의 빛인 '본심·본태양'을 상징한다.

이 '본심·본태양'을 노자(老子)는 까마득한 하늘(玄)에 있는 창조주 하느님(牝), 즉 '현빈(玄牝)'이라 하였고, 불교에서는 '삼라만상을 창조하는 마음(一切唯心造)'이라 하였으며, 기독교에서는 '하느님의 빛(광명)'이라 하였다.

## 상징(象徵)

　우리는 걸핏하면 '상징(象徵)'이라는 말을 쓰고 있으나 정작 '상징'에 대한 명확한 개념을 설명하기는 쉽지 않다. 이 상징의 의미를 '코끼리 상(象)'의 '코끼리'라는 훈과 '象'자의 자형, 그리고 영어 'elephant'를 통해서 살펴본다.
　'코끼리'는 의미상 '고기(高氣) + 리'라고 할 수 있는데, '고기(高氣)'는 '하늘 고(高) + 기운 기(氣)'로 '하늘(高)의 기운(氣)'을 뜻한다. 이러한 의미를 좀 더 확장하면, '고기(高氣)'는 '하늘(高)의 햇살(氣)' 또는 '하늘(高)의 자손(氣)'을 상징한다. '고기(高氣)'라는 말에 이런 의미가 있기에 '하늘(高)의 햇살(氣)'과 같은 존재인 붓다를 '코끼(高氣)·리'에 비유한 것이다.
　또한 '고기(高氣)'라는 의미를 '고기 육(肉)'자로 확인하여 보면, '肉(육)'은 '冂 + 仌'이다. '肉(육)'의 '冂'은 『집운(集韻)』에 "하늘이다.[空也.]"라고 한 것처럼 '冂'은 '하늘(高)'을 나타내고, '仌'은 '햇살(氣)'을 나타낸다. 따라서 '고기 육(肉)'자 역시 '하늘(冂)의 햇살·기운(仌)'을 나타내어, '하늘(高)의 빛깔(氣·형상)'을 뜻한다.
　'코끼리'의 '리'는 '~같은 존재(사람)'을 나타내는 '인격형 명사'이다.
　이상을 종합하면 '코끼(高氣) + 리'는 '하늘(高)의 기운(氣)이 창조한 존재(리)'로, 이는 곧 '본태양 하늘이 창조한 형상(象)'을 의미한다.
　다음은 '코끼리 상(象)'자의 자형을 분석하여 본다.
　'象(상)'의 소전은 '𧰼'인데, '𤉭'은 코끼리의 '코(鼻)와 머리(頭)'를 형상한 것으로 '코'는 '높다(高)'라는 뜻이고 '머리' 역시 사람의 꼭대기에 있어 '하늘(해)'을 뜻한다. 그리고 '豖'은 '네 다리와 꼬리'를 형상한 것으로 하늘(해)에서 뻗친 '햇살, 기운'을 나타낸다. 그러므로 '코끼리 상(象)'의 자형도 '태양의 빛깔' 즉 '하늘의 형상(이미지·象)'을 나타낸다.

또한 코끼리를 영어로 'elephant'라고 하는데, 'el(엘)'은 '신(神), 하느님'을 뜻하고, 'phant(판타지)'는 '심상(心象), 환상'을 뜻하여 'elephant' 역시 '하느님(el)의 형상(phant)'을 나타낸다. 미국의 공화당이 상징 마크로 코끼리를 쓴 것도 'elephant'에 '하느님의 형상(코끼리)을 닮은 훌륭한 천손'이라는 의미가 있기 때문이다.

| 코끼리 | 하늘 고(高) | 豖(靈) | EI(신) | 코(高) | 하늘(天) |
|---|---|---|---|---|---|
| | 기운 기(氣) | 豖(肉) | phant(빛) | 끼(氣)·리 | 자손(孫) |
| ↓ | ↓ | ↓ | ↓ | ↓ | ↓ |
| 코끼리(象) | 고기(高氣·肉) | 豖(象) | elephant | 붓다 | 천손 |

이상에서 살펴본 대로 '코끼리, 상(象), elephant'는 모두 '태양의 빛깔, 하늘의 형상'을 의미한다는 것을 확인할 수 있는데, 이렇게 '코끼리'가 '하늘의 형상'을 뜻한다는 것을 잘 보여주는 유적이 고대 아메리카 유적과 태국의 '왓 소라삭(Wat sorasak)'이다.

고대 아메리카 유적의 코끼리

태국 '왓 소라삭'의 코끼리

위의 고대 아메리카 유적은 '태양(하늘)' 아래에 '코끼리'가 있고 그 '코끼리' 아래에 '문자(文字)'가 그려진 것인데, 태양 아래의 코끼리는 '태양(하늘)의 빛깔(형상)'을 나타내고, 코끼리 아래의 '문자(文字)'는 '하늘의 형상(象)'을 한 번 더 고도로 기호화(記號化)하여 나타낸 '하늘(天)의 문자(文)'[1]를 표현한 것이다.

태국의 '왓 소라삭' 유적은 '태양(하늘)을 상징하는 탑(피라미드)을 코끼리(象)가 받들고 있는 모양'으로, 이는 곧 '코끼리(象)'가 '태양(하늘)을 받들어 계승한 신성한 존재'라는 것을 나타낸 것이다. '붓다'를 '코끼리'에 비유한 것도 바로 이런 이유이다.

'징(徵)'은 '밝히다(明), 증명하다(證)'라는 뜻이다.

이상을 종합하면 '상징(象徵)'이란 말은 '본심본태양(本心本太陽)이 창조한 삼라만상(象)에 깃든 참뜻을 밝혀 증명한다(徵)'라는 뜻이 된다.

이 책에서 '한자'를 풀이하는 데에 많은 '상징(象徵)'이 언급되는 것은 '한자'가 곧 삼라만상을 고도로 상징화한 '상징문자'이기 때문이다. 그래서 '한자'의 참뜻을 풀게 되면, 자연히 '상징'의 참뜻이 풀리게 된다.

이렇게 상징과 문자(한자·한글)를 통하여 성씨(姓氏)의 참뜻을 풀이하다 보면 우리 자신은 모두 '하늘(코·高)의 신성한 기운(끼·氣)이 깃든 사람(리)', 즉 '코끼리'임을 알 수 있다.[2]

---

1) 이 유물을 보면 '문자(文)'는 '근원의 마음이 낳은 삼라만상(象)을 체계적으로 기호화한 것'임을 알 수 있다. 그러므로 '문자'를 제대로 파악하면 '상징' 즉 '삼라만상의 신성한 참뜻'을 이해할 수 있게 된다.
2) 불경 『숫타니파타』에서 붓다를 '코끼리'에 비유하여 "위대한 코끼리이신 당신께서 말씀하실 때, 모든 신(神)들이 기뻐합니다."라고 표현하였다. 또한 위대한 하늘의 자손을 의미하는 '코끼리'를 한자로 '고기리(高氣리)'라고 할 수 있는데, 이 '고기리(高氣리)'는 '고리인(高麗人)·코리안(Korean)'과 통한다.

# 문자(文字)

　우리의 성씨(姓氏)는 모두 문자(한자·한글)로 표현되는데, '하늘(天)의 무늬(文)'라고 할 수 있는 '문자(天文)' 하나하나에는 '하늘(天)의 본성(本性)' 즉 '근원의 마음(본심)'이 내재 되어 있다. 따라서 문자를 파자하여 성씨를 풀이해보면, 우리 자신은 모두 '근원의 마음(사랑)'이 창조한 '신성한 하늘의 자손'임을 알 수 있다.

　모든 문자에 '근원의 마음(사랑)'이 들어 있다는 것은 '글 문(文)'자를 잘 파자하여 보면 알 수 있다.

　'文(문)'의 금문 '✡'은 '✡(몸)' 속에 '♡(심장)'을 형상한 것으로, '文(문)'은 '근원의 마음(♡)이 창조한 그림(글·✡)'이자 '근원의 마음(♡)이 창조한 삼라만상(✡)'이며 '신성한 마음(♡)이 겉으로 표현된 몸(✡·6根)'이다. 그래서 붓다는 "몸(✡)은 근원의 마음(♡)이 통하는 창문이다."라고 하였다.

　이렇게 금문 '✡(문)'의 의미에 따르면, '문(文)'은 '근원의 마음(♡)이 겉으로 표현된 그림(✡)'이자, '근원의 마음(♡)이 창조한 삼라만상(✡)'이며, 더 나아가 '근원의 마음·사랑(♡·❤)이 낳은 존재(✡)'를 나타낸다.

　그러므로 모든 '성씨 문자(文)'에는 필연적으로 '하나(참나)님의 사랑(♡·❤)이 낳은 자손(✡)'이라는 의미가 담기게 된다.

| | | 마음·心 | 마음·心 | 마음·心 | 사랑·❤ | 하늘·天 |
|---|---|---|---|---|---|---|
| ✡ | ♡ | 몸·身 | 창문·窓 | 무늬·文 | 사람·文 | 자손·孫 |

또한 '문(文)'을 『설문해자』에서 "'문(文)'은 교차하여 그린 그림이다. 교차한 무늬를 상형한 것이다.[文, 錯畫也. 象交文.]"라고 하였는데, 이는 '문(文)'이 '해(亠)의 빛깔이 교차(乂)한 모양을 형상한 것이다'라는 말로, 여기서 '북두하늘 해(亠)의 빛깔'은 '근원의 마음이 창조한 형상(象)'을 나타내고, '교차(乂)하였다'라는 것은 '이원화(二元化)된 기호를 교차(乂)하여 조직하였다'는 의미이다.

따라서 '글 문(文)'은 '이원화(二元化)된 기호를 교차(乂)하여 근원의 마음(亠)을 표현한 그림(象)'으로, 이는 곧 '근원의 마음(亠)이 창조한 삼라만상(乂)'을 뜻한다.

결국, '문(文·🙂)'은 '마음(🙂)을 이원화(二元化)된 기호로 교차(乂)한 그림(🙂)'이자 '마음(亠)이 창조한 삼라만상(乂)'이므로, 문자(文·🙂)로 표현된 삼라만상에는 모두 '신성한 본심(本心)·본태양(本太陽)이 깃들어 있다'고 할 수 있다.

이렇게 우주(삼라만상)를 '근원의 마음이 창조한 신성한 세계'로 보았기 때문에, 육조 혜능(惠能)은 "우주는 해(亠)와 햇살(乂) 구조(관계)이다."라고 하였고, 신라 원효(元曉)는 "우주는 물(0)과 물결(1) 구조이다."라고 하였으며, 성경에서는 우주(세상)를 '하느님과 아들'의 구조(관계)로 말하였던 것이다.

해(亠)와 햇살(乂)로 된 우주

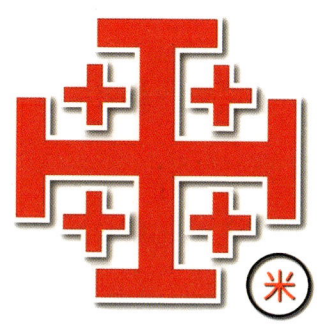
하느님(十)과 아들(米)

필자가, '문자(文)는 마음(亠)이 낳은 삼라만상(乂)이다'라고 파악하여 문자를 '해와 햇살, 하느님과 아들' 등 상생적 구조로 분석하였는데, 이는 고대 복희씨가 우주의 변화 원리 곧 역(易)[1]의 원리를 '음(--)·양(—)'의 구조로 파악하여 설명하고, 근세의 라이프니츠가 '0·1'의 구조로 우주(삼라만상)의 변화를 설명하였던 인식 체계와 같은 방식이다. 또한 "언어는 우주와 마찬가지로 구조화된 것이다."라고 인식한 소쉬르의 '구조주의(構造主義)'와도 통하는 방법론이라고 할 수 있다.

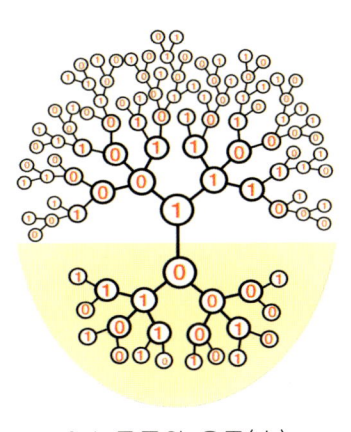
0·1 구조의 우주(木)

해(亠)·햇살(乂) 구조의 우주(文)

　이상을 종합하면, 근원의 마음(亠)을 이원화(0·1)된 기호로 교차(乂)하여 표현한 그림인 '문자(文字)'는 또한 근원의 마음(亠)이 창조한 삼라만상(乂)인 '우주(宇宙)'와 사실상 같은 개념이라고 할 수 있다. ['文'자에 대한 자세한 풀이는 p.185 '문(文)'씨 참조]
　따라서 '문자(文字)'에 담겨 있는 참뜻을 깨닫는 것은, 곧 '우주

---
1) '역(易)'자를 '해(日)와 햇살(勿)의 변화' 또는 '체(體·日)와 용(用·勿)의 변화'로 볼 수 있다.

(삼라만상)'에 담겨 있는 참뜻을 깨닫는 것과 같다고 할 수 있다. 그러므로 붓다가 말하기를 "어원학(語源學)에 능통하고, 문자(文字)의 결합과 순서를 안다면, 그는 참으로 마지막 몸을 가진 사람, 큰 지혜의 사람이라 불린다."2)라고 하였던 것이다.

이 책에서 언어(言語)와 문자(文字)에 담긴 신성한 우주(삼라만상)의 참뜻을 분석하면서 다양하게 적용한 '상생적 관계(구조)'는 무수히 많지만, 그중에서 주요한 것은 아래 표와 같다.

| 맘 | 해(ᅳ) | 바다(天) | 음·· | 0 | 영(靈) | 활(弓) | 해(日) | 하늘 |
|---|---|---|---|---|---|---|---|---|
| 몸 | 햇살(乂) | 물결(族) | 양·ᅳ | 1 | 육(肉) | 화살(矢) | 달(月) | 자손 |
| 마음(中) | 하늘(天) | 창조주 | 본체(體) | | 하늘(理) | 天·一生 | | 중심 |
| 작용(庸) | 말씀(言) | 피조물 | 껍질(用) | | 기운(氣) | 地·六成 | | 주변 |

---

2) 일아 옮김, 『담마빠다(법구경)』(불광출판사) 352번째 게송 참조.

# 천손(天孫)과 성씨(姓氏)

모든 사람은 '하늘의 천손(天孫)'이기에 '하늘의 천성(天性)'을 타고 나듯이, 사람의 성씨를 나타내는 모든 문자도 '하늘의 무늬(天文)'이기에 성씨 문자에도 '하늘의 천성(天性)'이 깃들어 있다.

고대 제사장이나 왕족은 자신들이 '하늘의 자손'임을 후손에게 전하기 위하여 나라 이름과 조상 이름, 곧 성씨를 갑골(甲骨)이나 청동(金文)에 새겼다. 이를 명씨금문(命氏金文)이라 하는데, 이것이 성씨가 생겨난 이유이다. 이로써 성씨에는 자신이 '하늘의 자손'임을 강조하는 '천손 사상'이 필연적으로 담기게 된다.

이렇게 자신들이 부모의 몸으로부터 탄생한 '육(肉)의 자손'일 뿐만이 아니라, 하늘의 빛으로부터 태어난 '영(靈)의 자손'임을 강조하고자 한 고대 인류는, 태양(하늘)을 숭상하고 자신들을 그의 자손으로 인식하여 흔히 '하늘의 자손'을 '해의 햇살'이라는 방식으로 표현하였다.

그러한 예로, 오른쪽의 고대 이집트 유적은 '해의 햇살'을 '사람의 손' 모양으로 나타냄으로써 그 자신들이 '해의 햇살' 곧 '하늘(天)의 자손(孫)'이라는 것을 상징적으로 잘 보여주고 있다.

해의 햇살 = 하늘의 자손

'하늘과 하늘의 자손'을 상징하기 위하여 대부분 '해와 햇살'로 표현하지만 '활과 화살'로 표현하는 경우도 많다. 조선시대의 초요기(招搖旗)나 중국 산동성 무량사 벽화를 그 예로 들 수 있다.

조선시대 때 전장에 나갈 적에는 북두칠성 모양의 '활 궁(弓)'자가 새겨진 초요기(招搖旗)[1]를 들고 나갔는데, 이는 하늘의 자손이 북두칠성 하늘(弓)을 받들고 나가니 도와달라는 의미이다. 초요기의 '활 궁(弓)'자는 북두칠성을 형상한 것으로 '북두칠성 본태양'을 상징한 것인데, '활(弓)'은 '활활 타오르는 태양'을 연상케 함으로써 '태양'을 상징한다.

중국 산동성 무량사 벽화는 활(弓)을 들고 있는 환인(桓因) 천제가 그 자손인 환웅(桓雄)에게 화살(矢)을 주어 세상으로 출행(出行)하게 하는 장면으로, 하늘(태양)을 상징하는 '활(弓)'과 자손을 상징하는 '화살(矢)'의 관계를 잘 보여준다.

결국 '활(弓)과 화살(矢)'의 관계도 '해와 햇살'의 관계와 같이 '하늘(弓)과 자손(矢)'을 상징한다.

북두칠성 태양(弓)   천제 환인(弓)의 아들 환웅(矢)

이상에서 설명한 대로, 고대로부터 우리 선조들은 '해와 햇살' 또는 '활과 화살' 등 여러 가지 상징적 유물이나 성씨 문자를 통하여 우리의 정체(正體)가 단순한 '육신(肉)'의 존재가 아니라 '태양(靈)의 빛과 같은 존재' 즉 '하늘의 자손(天孫)'이라는 것을 자각

---

[1] 초요기(招搖旗)는 북두칠성의 제7성, 즉 '요광성(搖光星)을 부르는(招) 깃발(旗)'을 말하는데, 이 요광성(搖光星)의 다른 이름은 '파군성(破軍星)'으로 '전쟁, 군대'를 관장하는 별이다.

하며 살아가기를 염원하였던 것이다.

그리하여 『환단고기』「환국본기(桓國本紀)」에서도 "사람들이 모두 자기 스스로를 환(桓)이라고 불렀다.[人皆自號爲桓.]"라고 하였는데, 이 '환(桓)'자에 대해 『환단고기』「태백일사(太白逸史)·신시본기(神市本紀)」에서 "하늘로부터의 광명을 '桓(환)'이라 한다[自天光明謂之桓也.]"라고 풀이하여 '환(桓)'의 의미를 '창조주(木)가 낳은 천지(二)의 해(日)와 같은 존재'라고 하였던 것이다.

이렇게 고대 환국(桓國)에서부터 사람들이 자기 스스로를 '천지(天地)의 해(日)와 같은 밝은 존재' 곧 '한(배달)·겨레'라고 하였음을 알 수 있는데, 이런 사상은 환국에서부터 조선, 고구려, 고려(코리아), 한국 등에 이르기까지 국호에도 그대로 남아 면면히 이어져 오고 있다.[자세한 내용은 p.457 '환국(桓國)', p.462 '고구려(高句麗)' 참조]

# 성(性)과 성(姓)

'본성 성(性)'과 '성씨 성(姓)', 달리 말하면 천명(天命)을 나타내는 '성(性)'자와 천손(天孫)을 나타내는 '성(姓)'자의 구조와 의미를 따져보면 다음과 같다.

| 性(성) | 心(天) + 生(命) = 天命(천명) | ※ 性 = 天命之謂性 |
|---|---|---|
| 姓(성) | 女(天) + 生(孫) = 天孫(천손) | ※ 姓 = 天孫之謂姓 |

우선 '性(성)'을 파자(破字)[1]하면 '心 + 生'이 된다.

'마음(心)'을 한자로 번역한다면 '麻音'이라고 할 수 있는데, 마음(麻音)의 '마(麻)'는 '마고(麻) 하느님'을 나타내고, '음(音)'은 '음성(말씀)'을 나타낸다. 따라서 마음(麻音)은 '마고(麻)삼신 하느님의 음성(音)'이라고 말할 수 있다. 이는 불교에서 말하는 마음이 일체를 창조한다는 일체유심조(一切唯心造)의 '마음'과 같고, 기독교에서 말하는 천지 만물을 창조하는 '하나님 음성(말씀)'과 같은 것이라고 할 수 있다.

'날 생(生)'은 '낳다, 창조하다, 작용하다'라는 뜻이다.

따라서 '성(性)'이란 말은 성경에서 '하느님의 음성(말씀)인 마음(心)이 만물을 창조한다(生)'라고 한 의미와 같고, 『화엄경(華嚴經)』에서 '일체유심조(一切唯心造)'라고 한 말과 같으며, 『중용(中庸)』에서 "천명(하느님 말씀)을 일러 '성(性)'이라고 한다.[天命之謂性.]"라고 한 것과 『효경설(孝經說)』에서 "성(性)은 생명(生命)의 바탕이다.[性者, 生之質也.]라고 한 것과 같다.[2]

---

1) 파자(破字) : 한자의 자획을 풀어 나눠 분석하는 것을 말한다. 해자(解字).
2) '견성(見性)'은 '일체가 마음(心)의 창조(生)임을 아는(見) 것'을 뜻한다.

'姓(성)'을 파자하여 보면 '女 + 生'이 된다.

'女(여)'에 대해 임의광(林義光)은 "(女)는 머리·몸·다리() 및 두 팔()의 모양을 본뜬 것이다."라고 하였는데, '(몸)'은 '창조주 하느님'을 나타내고 '(팔)'은 '8려음(呂音)'으로 '창조율려(律呂)'를 나타낸다. 따라서 '·女(여)'는 8려음(呂音)으로 천지를 창조하는 '창조주 하느님'을 뜻한다. 또한 '계(雞)·집'인 '계집(女)'이라는 말도 '창조해(雞)가 있는 집'을 가리킨다.[자세한 설명은 p.47 '여(女)' 참조]

'날 생(生)'은 '낳다, 창조하다'라는 뜻이다.

따라서 '성(姓)'은 '창조주 하느님(女)이 낳은(生) 자손'이라는 뜻이 되어 '성(姓)'에는 반드시 '하늘(女)이 낳은(生) 자손'이라는 의미가 담기게 된다. 그래서 "천손을 일러 '성(姓)'이라고 한다.[天孫之謂姓.]"라는 것이다.

이상에서 본 바와 같이 '창조주 하느님(女)이 낳은(生) 자손'이라는 의미의 '성(姓)'자와 '하느님의 말씀인 마음(心)에서 만물이 창조된다(生)'라는 의미의 '성(性)'자는 그 뜻이 서로 통한다고 할 수 있다.

| 性 | 마음(心) | 하늘(天) | 하늘(天) | 마고(女) | 姓 |
|---|---|---|---|---|---|
| | 낳다(生) | 생명(命) | 자손(孫) | 낳다(生) | |

따라서 '하늘이 낳은 자손'이라는 뜻의 '성(姓)'의 신성한 의미를 자각하고 사는 것은 '하늘이 나를 낳아준 생명의 참뜻', 즉 '천명(天命)·본성(本性)'을 자각하며 사는 것과 같은 것이 된다.

# 나(我·吾)와 나라(國)

'나'라는 말이나 '나라'라는 말은 무엇을 뜻하는가? '나'와 '나라'라는 말의 연관성을 '나 아(我)', '나 오(吾)', '나 언(言), 그리고 '나라 국(國)'자를 통하여 분석해보면, 이 말들이 결국 '태양의 빛과 같은 나(나라)'라는 뜻과 연결된다는 것을 확인할 수 있다.

'나 아(我)'의 소전 '我(我)'는 '戈(戈) + 丿(丿)'으로 되어 있다.

'戈'는 '창 과(戈)'로 '긴 창날'을 형상한 것인데, '긴 창날(日)'은 '큰 빛살(태양)'을 나타내고, '丿(丿)'은 태양(戈·戈)의 '빛살'을 나타낸다. 따라서 '나 아(我)'는 '태양(戈)의 빛살(丿)'을 형상한 것으로, '태양(戈)의 빛과 같은 사람(丿)'을 뜻한다.

'나 오(吾)'의 소전 '吾'는 '五(五) + 口(口)'이다. '五(五)'는 '천지(二) 간의 햇살(X)'을 나타내고, '口(口)'는 '사람(人口)'을 나타낸다. 따라서 '나 오(吾·吾)'는 '천지(二)의 햇살(X)과 같은 나(口)'를 뜻한다.

천지의 빛, 나(五·吾)

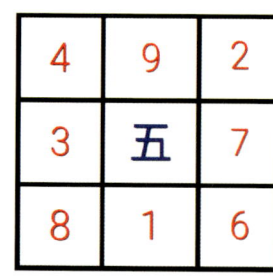
천지의 중심, 나(五·吾)

우주의 중심, 나(五·吾)

이렇게 '천지의 빛과 같은 존재'를 나타내는 '나 오(吾)'는 우주 창조를 나타내는 구궁도(九宮圖)에서 '천지창조의 중심'을 뜻하는

'다섯 오(五)'와 같은 의미이다. 따라서, '나(吾)'라는 존재는 '우주창조(九宮圖)¹⁾의 중심'이라는 것을 알 수 있다.

그리고 우주가 '나(吾)'로부터 펼쳐지는 것을 형상화한 'Rose Cross Sigil(십자 장미 인장)'에서 그 중심은 '5개의 자색(紫色) 잎'으로 되어 있는데, '5(五)'는 '나(吾)'를 나타내고, 자색은 심장을 상징하여 '마음'을 뜻한다. 따라서 '5개의 자색 잎(五紫葉)'은 우주창조의 중심인 '나(吾)의 마음' 즉 '참나(하나님)'를 뜻한다.²⁾ '5자엽(五紫葉)' 바깥에 그려진 3색(삼신), 7색(칠성), 12색(12궁) 등의 색계(色界·이미지)는 '나(吾)의 마음' 즉 '참나(하나님)로부터 창조된 세계'를 나타낸다.

또한 '나'라는 뜻을 나타내는 한자로 '나 언(言)'이 있는데, 여기서 '나 언(言)'은 '말씀 언(言)'의 뜻과 통하는 것으로서, 『성경』에서 "하느님의 말씀으로 만물을 창조하였다."라는 문장의 '하느님의 말씀'과 같은 것이다. 따라서 '나 언(言)'은 '하느님의 말씀으로 창조된 나'를 뜻한다.

'나라'라는 말은 '나(我·吾) + 라(羅)'로 볼 수 있는데, 이렇게 보면 '하늘의 자손'을 뜻하는 '나(我·吾)'자에 '빛'을 뜻하는 '라(羅)'자를 붙인 것으로, '나라'는 '하늘의 자손인 나(我)가 사는 빛나는 땅(라·羅)'이라는 뜻이 된다.

'나라'에 담긴 이러한 뜻은 한자 '나라 국(國)'을 통해서도 확인할 수 있는데, '國(국)'의 갑골문 '或'은 '𢦏(戈) + ㅂ(口)'이다.

'창 과(𢦏·戈)'는 '긴 창날'을 형상한 것으로, '긴 창날(日)'은 '큰

---

1) 4000년 전 중국 낙수(洛水)에서 거북이가 등에 지고 나온 그림으로 '낙서(洛書)'라고 부르기도 한다.
2) 여기서 '참나(眞我)'는 '몸(肉)의 나(吾)'가 아니라 '마음(忄)의 나(吾)'로서 '깨달은 나(悟)'를 말한다.

빛살(태양)'을 나타내고, '나라 국(ㅂ·口)'은 '나라'를 나타낸다. 따라서 '나라 국(㘈·國)'은 '창(戈)을 들고 국경(口)을 경계하는 모습'을 형상한 글자가 아니라 '태양(壬)이 비치는 강역(ㅂ)'을 의미한다.

   이상을 종합하면 '태양의 빛(壬)이 비치는 땅(ㅂ)'을 뜻하는 '나라(㘈·國)'라는 말은 '태양의 빛과 같은 존재'를 뜻하는 '나(我·吾·言)'라는 말과 뜻이 근본적으로 같다는 것을 알 수 있다.

   이와 같이 '나'와 '나라'라는 말의 뜻이 근본적으로 같기 때문에 종종 '나라 이름'이 '나의 성씨'로도 쓰이게 되는데, 예컨대 '금(金)'은 '나라 금(金)'3)이면서 '천손 김(金)'의 뜻이고, '정(鄭)'은 '나라 정(鄭)'이면서 '천손 정(鄭)'의 뜻이며, '조(趙)'는 '나라 조(趙)'이면서 '천손 조(趙)'라는 뜻을 갖게 되는 것이다.

   이렇게 '나라 이름'을 '나의 성씨'로 쓰는 경우는 '나라 오(吳)', '나라 노(魯)', '나라 당(唐)', '나라 명(明)', '나라 송(宋)', '나라 양(梁)', '나라 연(燕)', '나라 우(禹)', '나라 원(元)', '나라 위(魏)', '나라 은(殷)', '나라 주(周)', '나라 진(晉)', '나라 진(秦)', '나라 진(陳)', '나라 하(夏)', '나라 한(韓)', '나라 한(漢)' 등이다.

---

3) 『흠정만주원류고(欽定滿洲源流考)』에 따르면 "금(金)'나라 국호는 성씨 '김(金)'을 취한 것이다."라고 하였다. 그리고 후금(後金), 즉 청나라를 세운 태조의 성씨는 '애신각라(愛新覺羅)'인데, '애신(愛新)'은 신라의 성씨 '김(金)'을 뜻하고, '각라(覺羅)'는 '씨족(氏族)'을 뜻한다. 따라서 '애신각라(愛新覺羅)'는 '김(金)씨'를 의미한다.

# 중요 부수 해설

| 女 | 🯄 | 🯅 | ↷ → 몸 > 창조주 하느님.<br>𝒫 → 팔 > 8려음 > 창조율려 |
|---|---|---|---|
| 창조주 여 | 甲骨文 | 小篆 | 女 ☞ 창조주 하느님. 계집(해). |

'女(여)'의 갑골문 '🯄'는 '↷ + 𝒫'로 구성되어 있다.

'女(여)'에 대해 임의광(林義光)은 "'🯄(女)'는 머리·몸·다리(↷) 및 두 팔(𝒫)의 모양을 본뜬 것이다.[女, 象頭身脛及兩臂之形.]"라고 하였는데, '↷(몸)'은 '창조주 하느님'을 나타내고 '𝒫(팔)'은 '8려음(呂音)'으로 '창조율려(律呂)'를 나타낸다. 따라서 '🯄·女(여)'는 8려음으로 천지를 창조하는 '창조주 하느님'을 뜻한다.

'女(🯄·여)'의 '𝒫(팔·8·八)'에 담긴 '창조율려(律呂)'라는 의미를 담은 그림이 '구궁도(九宮圖)'인데, 구궁도에서 '4·5·6'은 '우주창조의 중심축(↷)'을 나타내고 '1·2·3'과 '7·8·9'는 '창조율려(𝒫)'를 나타낸다. 따라서 '구궁도'는 '8려음(팔·𝒫)'으로 천지를 창조하는 '창조주 하느님 여(🯄·女)'와 같은 의미이다.

구궁의 창조율려, 여(女)

시바(↷) 창조율려 (八·𝒫)

창조율려 팔 (八·𝒫)

'女(여)'의 'ㅸ(팔·8·八)'에 담긴 '창조율려'라는 의미는 '없을 무(無)'자에도 담겨 있는데, '무(無)'의 갑골문 '𣶒'는 '仌 + 㸚'이다.

'仌'는 '大(대)'로 '창조주 하느님'을 나타내고, '㸚'은 '仌(大)'의 팔(8·八)에서 갈라져 나온 '새끼줄(새털)'을 형상한 것으로 이 새끼줄은 '자손(孫)'을 의미한다. 따라서 '𣶒·無(무)'는 '무수한 새끼줄(자손)들을 창조(율려)하는 하느님(舞)'을 의미한다. 그리고 '𣶒(무)'자에 '𠃊(亡)'자를 추가하여 표현한 소전 '𣶒(無)'자는 '삼라만상(㸚·林)을 창조(율려)하는 보이지 않는(𠃊·亡) 하느님(仌·大)'을 나타낸다.

이런 의미의 '𣶒(無)'자는 노자가 말한 '현빈(玄牝)'과 통하는 개념으로, 노자가 "천하의 만물은 유(有)에서 생겨나고, 유(有)는 무(無)에서 생겨난다.[天下萬物生於有, 有生於無.]"(『老子道德經』 제40장)라고 말한 것도 '삼라만상을 창조(율려)하는 보이지 않는 하느님'이라는 뜻으로 '無(무)'를 풀이한 것이다.

| 𣎨 (女) | 𣶒 (無·舞) |
|---|---|
| 𠃊 (몸·하늘) | 仌 (하늘·天) |
| ㅸ (팔·율려) | 㸚 (자손·孫) |

『강희자전(康熙字典)』 '女'조에 "『박아(博雅)』에는 '여(女)는 같다(如).[女, 如也.]'라고 하였고, 『예기(禮記)·증자문(曾子問)』에는 '여(女)는 직녀삼성으로 천녀이다.[女, 織女三星, 天女也.]'라고 했다."라고 되어 있다. '여(女)는 같다(如)'라고 한 것에서 '같다'는 것은 '하늘(天)과 같다'는 말이다. 이는 '여래(如來)·여여(如如)'라는 말에서 그 의미를 살펴볼 수 있는 바, '여래(如來)'는 '하늘과

같이(如) 본래 그대로의 모습으로 오신(來) 부처'라는 뜻이고, '여여(如如)'는 '하늘(如) 모습 그대로(如)'라는 뜻이다. 또 '여(女)는 직녀삼성(織女三星)으로 천녀(天女)이다'라고 하였는데, '직녀삼성'은 베를 짜듯이 천지를 창조하는 '직녀' 곧 '마고삼신(三神)'을 뜻하고, '천녀'는 하늘에 계신 '창조주 여신(女神)'을 뜻한다.

참고로, 우주의 중심인 북극성은 삼신 하느님을 상징하는 별인데, 12,000년 전에는 마고직녀를 상징하는 직녀성 곧 베가(Vega)성이 현재의 북극성 위치에 있었으므로, 이 직녀성을 창조주 하느님으로 여겼던 것이다.

또한 '여(女)'를 '창조주 여신(女神)'으로 여긴 유물들을 보면 뉴욕의 자유 여신상, 고대 페르시아의 미트라 여신, 이집트의 여신 누트, 마고삼신(직녀), 구천현녀(九天玄女·玄牝) 등이 있다.

뉴욕의 자유 여신

고대 페르시아의 미트라 여신

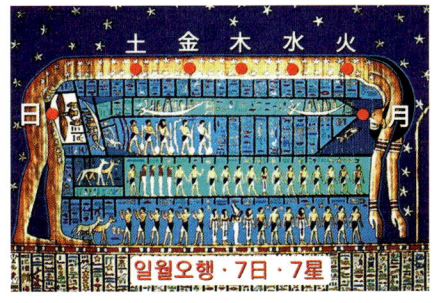
이집트의 여신 누트

마고삼신(직녀)

이와 같이 '女'를 '창조주, 하느님, 여신(女神)'이라는 의미로 쓴 한자의 예를 들면 다음과 같다.

성씨 성(姓) : 창조주 하늘(女)이 낳은(生) 자손.
씨엄마 고(姑) : 태고(古)의 우주를 창조한 옴마니(女). *(麻姑)
비롯 시(始) : 창조주(女)로부터 비롯함(台). *(一始無始)
중요 요(要) : 본태양(襾) 같은 창조주(女).
같을 여(如) : 하늘(女)과 같음(口). *(如來, 如意珠)
용서 서(恕) : 하늘(女)과 같은(口) 마음(心).
아이밸 임(妊) : 창조주(女)가 아이를 뱀(壬).
종 노(奴) : 하늘(女)을 받드는(又) 자. *하느님의 종(모세)
범할 간(奸) : 하늘(女)을 범함(干).
망령 망(妄) : 하늘(女)을 망각함(亡) …… 등이다.

한편 '계집 녀(女)'의 '계집'이라는 말에도 '창조주 하느님'이라는 의미가 있는데, '계집'은 '계(雞) + 집'이다.

'닭 계(雞)'의 갑골문 '𩾗'는 '奚(奚) + 𨾲(隹)'인데, '奚·奚(해)'는 '𠂆(爪) + 𠃌(幺) + 大(大)'로 구성되어 있다. '𠂆·爪(조)'는 '새의 발'을 나타내고, '𠃌·幺(요)'는 '실 사(糸)'의 생략형으로 '묶다, 매다'를 나타내며, '大·大(대)'는 '사람'을 나타낸다. 따라서 '奚·奚(해)'는 '발(𠂆)을 묶어서(𠃌) 사람(大)의 집에 둔 새'를 뜻한다. '𨾲'는 '새 추(隹)'의 갑골문으로 '해'를 나타낸다. 이상을 보면 '닭 계(雞·𩾗)'는 '집에 묶여 있는(奚) 새(𨾲)'이다.

이렇게 '닭'은 '묶은 새'로서 발음상 '묶은 새'와도 통용되는데, 이 '묶은 새'는 '쉬는 새' 곧, 집안에서 '쉬는 해'라는 의미도 된다. 결국 '쉬는(奚) 해(隹)'인 '닭 계(雞)'는 새 둥우리에 앉아 새끼를

까는 '까·닭(창조·새)'으로, 이는 곧 '창조·해(雞)'를 상징한다.1)

따라서 '계(雞)·집'이라는 말은 '집에 있는 창조해(雞)'를 나타낸 말로, '창조주 하느님'을 의미한다.

또한 '계집(女)'은 '집안의 해(雞)'이기 때문에 '계집·해'라고도 일컫는데, '계집·해'를 달리 표현하면 '안·해(아내)'가 된다.

까·닭(창조·새)

이상에서 살펴본 대로 '창조주 하느님'을 의미하는 '계집 여(女)'자가 들어 있는 성씨는 '강(姜)씨, 매(梅)씨, 안(安)씨, 여(汝)씨, 요(姚)씨, 위(魏)씨' 등이다.

---

1) '묶은 새'를 뜻하는 '닭 계(雞·鷄)'자는 '묶은(쉬는) 새'를 뜻하는 '닭 유(酉)'자와 뜻이 같다. 또한 '닭 유(酉)'자에 '술'이라는 뜻이 있는데, 이는 '묶은>묶은 새'라는 뜻에서 비롯된 것으로 '묶은 새(酉) > 쉬는(쉰) 해(酉) > 익은(발효된) 물(술·酉)'로 변한 것이다.[해(日)가 해(海)의 뜻이 되고, 불(밝음)이 물(맑음)의 뜻이 되는 것은 중요 부수 '수(水)' 참조.] 이렇게 '발효된 물' 즉 '술(酒)'은 '본태양 하늘'을 상징하기 때문에 제사(祭祀) 때 술을 올리는 것이다. 그리고 흔히 하는 '건배(乾杯)' 역시 술이 '태양'을 상징하는 것이기 때문에 '우리는 태양의 빛과 같은 하늘의 자손이다'라는 의미로 하는 행위이다.

| 木 | 朮 | 十(십) → 창조주 하느님.<br>八(팔) → 8몸音(창조율려). |
|---|---|---|
| 나무 목 | 小篆 | 木☞나무(Nammu). 창조주 하느님. |

'Nammu(나무)'는 고대 수메르(Sumer) 신화에서 하늘(An)과 땅(Cybele)을 낳은 창조주 여신(女神)을 말하고, 고대 이집트 신화에서는 창조여신 '이시스(Isis)'를 '나무(木·Nammu)'에 비유하였다. 또한 고대 인도 범어 '나무(木·Namo)'는 한자 '南無(나무)'로 음역하는데, '나무'의 본래 의미는 '귀의(歸依)'가 아니라 '불(佛), 창조주 하느님'을 뜻한다.

▲ 나무(木)에 경배하는 용왕
◀ 창조여신 나무(木), 이시스

또한 '나무 목(木)'을 파자하면 '十 + 八'인데, '十(십)'은 보이지 않는 하늘(丨·天)과 보이는 땅하늘(一·地)이 교합(交合)한 모양으로 '창조주 하느님'을 나타내고, '八(팔)'1)은 창조율려인 '8려음(呂音)'을 나타낸다. 따라서 '나무 목(木)'은 8려음(八)으로 천지(十)를 창조하는 '창조주 하느님'을 뜻한다.

---

1) '팔(8·八)'을 흔들어 춤추는 '시바 여신(女神)'과 갑골문 '춤출 무(舞·無·舞)'자는 모두 우주를 창조하는 '창조율려(律呂)'를 상징한다.

  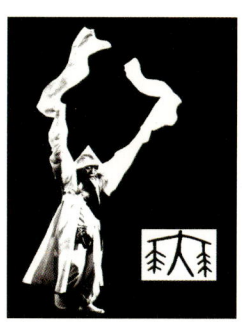

창조주(十)의 창조율려(八)   시바(十)의 창조율려(八)   창조율려(八)·춤

'木(목)'의 소전 '𣎳'은 '𓇳 + 八'이다. '𓇳'은 '삼신(三神)'2)으로 '하늘'을 나타내고 '八'은 '삼극(三極)3)'으로 '땅(세상)'을 나타내어 '木'은 '천지를 주재하는 삼신 하느님'을 뜻한다. 또한, '𣎳·木(목)'은 '하늘의 모습(𓇳)이 그대로 땅에 창조된 형태(八)'를 보여주는 글자로, 기독교의 '주기도문'에서 말한 "하늘(三神)에서 이룬 것 같이 땅(三極)에서도 이루리라."를 표현한 글자로 볼 수 있다.

또한 '나무'를 '목(木)'이라고 하는데 '목'이라는 한자음은, '목'이 머리와 몸을 연결하듯이 하늘과 땅을 연결한다는 뜻이다.

그리고 창조주 하느님을 뜻하는 '나무 목(木)'자와 같은 구조와 의미를 지니는 글자로 '없을 무(無)'자가 있다.

'없을 무(無)'의 갑골문 '𣘤'를 파자하면 '大 + 𣎴𣎴'이다.

'大'는 '大(대)'로 '창조주 하느님'을 나타내고, '𣎴𣎴'은 '大(大)'의

---

2) 삼신(三神)은 '온전한(三) 우주 창조주(神)'로, '마고삼신(麻姑三神)', 즉 '마고(麻姑)·궁희(穹姬)·소희(巢姬)'를 말한다.
3) 삼극(三極)은 『천부경』의 '일석삼극(一析三極)'이라는 말에서 나온 것인데, 여기서의 '일(一)'은 '삼신 하느님'을 나타내고, '삼극(三極)'은 '삼신 하느님의 작용이 세상(三·世·卋)에 지극히(極) 펼쳐진 것'으로서, 예를 들면 천(天)·지(地)·인(人) 삼재(三才), 성부·성자·성령 삼위(三位), 불·법·승 삼보(三寶)와 같은 것이다.

팔(8·八)에서 갈라져 나온 '새끼줄(새털)'을 형상한 것으로 이 새끼줄은 '자손(孫)'을 의미한다. 따라서 '쥬·無(무)'는 '무수한 새끼줄(자손)들을 창조(율려)하는 하느님(舞)'을 의미한다. '쥬(무)'자에 '乚(亡)'자를 추가하여 표현한 소전 '無(무)'자는 '삼라만상(쥬·林)을 창조하는 보이지 않는(乚·亡) 하느님(大·大)'을 나타낸다. 따라서 '없을 무(無)'자는 창조율려를 형상한 '춤출 무(舞)'자와 그 뜻이 같다.

『삼국유사』에 실린 단군신화에 "옛날에 환인(桓因)의 아들 환웅(桓雄)이 인간 세상에 뜻을 두니, 환인이 아들의 뜻을 알아채고 천부인(天符印) 세 개를 주어 내려가서 다스리게 하였다. 환웅이 태백산 신단수(神檀樹)에 내려와서는 이곳을 신시(神市)라 하였다."라고 하였다. 우리 민족은 전통적으로 나무를 하늘과 같은 신성한 존재로 여겼는데, 왜 나무에 이런 의미가 부여된 것인가?

단군신화에 나오는 신단수는 우주를 창조하는 나무인 '우주·목(World·Tree)' 또는 '우주·축(Axis·Mundi)'과 같은 것으로 하늘과 연결되는 상징성을 지닌다. 곧, '신단수'는 하늘(神)과 땅(人)을 연결·주재하는 하느님을 상징한다. 서낭당 신목(神木)에 신성성을 부여하고 신성하게 여겼던 이유도 여기에 있다.

'신단수'의 '나무 수(樹)'자의 소전 '樹'를 파자하면 '米(창조주) + ψ(삼신) + 豆(높은 하늘) + 彡(~같다)'이다. 따라서 '나무 수(樹)'는 '높은 하늘의 삼신(三神) 하느님'을 뜻한다.

『설문해자』의 '東'자 항목에 "'동(東)'은 해(日)가 나무(木)에 안겨 있는 모습이다.[東, 从日在木中.]"라고 했는데, 여기서 '나무(木)'는 신령한 나무 부상(扶桑)4)을 가리키는 바, '東(동)'은 '태초에 해(日)를 낳아 천지개벽하는 창조주 하느님(木)'을 뜻한다.

아래 왼쪽의 그림은 '거꾸로 선 나무(木)'인데, 나무의 '뿌리(뿔·불)'는 '태양(太陽)'을 나타내어, 이 '뿌리(태양)'에 의해서 가지와 잎, 즉 시방세계(十方世界)가 창조된다는 것을 나타낸다. 이는 '마음이 일체(시방세계)를 창조한다'라는 '일체유심조(一切唯心造)'의 '마음'과 같다.

또 불교에서 말하는 '보리수(菩提樹)'는 '깨달은(보리) 나무(수)'로 '창조주 참나(眞我)'를 의미하고, 기독교에서 말하는 '생명나무'는 '하느님이 주시는 영생[창2:9]'으로 생명을 주시는 '창조주 하느님'을 의미한다.

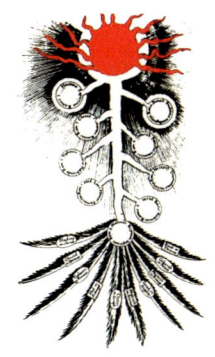
뿌리(태양)

보리수(菩提樹)

생명나무를 가리키는 예수

이상에서 살펴본 대로 '나무(木·Nammu)'는 '창조주 하느님'이라는 의미를 지닌다.

위와 같은 의미의 '나무 목(木)'이 들어가는 성씨는 '계(桂)씨, 권(權)씨, 동(董)씨, 두(杜)씨, 류(柳)씨, 박(朴)씨, 빈(彬)씨, 송(宋)씨, 송(松)씨, 시(柴)씨, 양(梁)씨, 양(楊)씨, 유(柳)씨, 이(李)씨, 임(林)씨, 주(朱)씨, 진(陳)씨' 등이다.

---

4) '부상(扶桑)'은 전설상의 신령한 나무로, 해가 태초에 이 나무로부터 떠오르므로 '천지를 개벽하는 창조주 나무'를 뜻한다.

목(木) 55

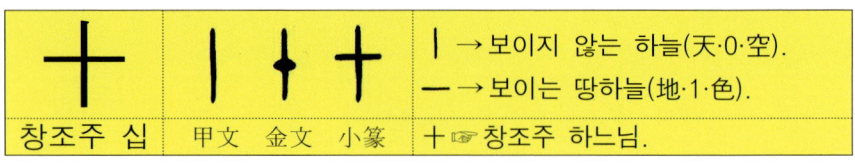

　'十(십)'의 갑골문 'ㅣ'은 '하늘에서 땅으로 내리는 모양'을 형상한 것으로 '하늘의 창조작용'을 나타낸다. '十'의 금문 '♦'은 가운데가 볼록하게 나왔는데, 이는 '하늘의 창조작용'을 강조한 것이고, '十'의 소전 '†'은 '창조작용'을 더 강조하기 위하여 가운데 획을 길게 그은 것이다. 이런 '♦·十'에서 우주의 창조작용을 더욱 적극적으로 표현한 것이 '卍(만)'자인데, 이 '卍'자는 '북두칠성이 북극성을 중심축으로 하여 운행하는 모양'을 나타낸 것이다.

　따라서 '十(십)'과 '卍(만)'자는 '우주를 창조하고 주재하는 하느님'을 상징한다. 이런 의미의 '十(십)'에 대해 그리스의 수학자 피타고라스는 '1~9까지를 모두 포함하는 완전한 수'로 여겨 '만물의 주재자'라고 하였다.

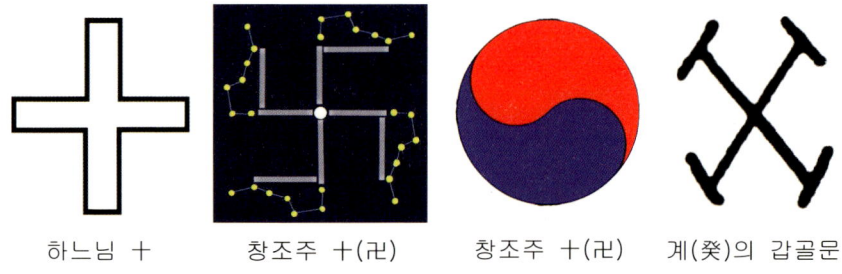

　　하느님 十　　　창조주 十(卍)　　　창조주 十(卍)　　계(癸)의 갑골문

　'열 십(十)'자에서 '열'이란 '하늘을 열다'라는 말인데, 열 번째 천간인 '열 계(癸)'자 역시 첫 번째 천간 '갑(甲)'에서 창조를 시작하여 끝내 '하늘을 활짝 열다(癸·開天)'라는 의미로, '癸'의 갑골문

'✕'는 '十'과 같은 의미이다. 참고로, '癸(계)'는 '癶 + 天'인데, 이는 '하늘(天)을 활짝 열다(癶)'라는 뜻이다.

또한 '十(십)'은 보이지 않는 하늘(丨·天)과 보이는 땅하늘(一·地)이 교합(交合)한 모양으로, 천지(天地)·우주를 창조하는 '창조주 하느님'을 나타낸다. 또 '10(십)'은 보이지 않는 하늘(丨)을 나타내는 '0(공·空)'과 보이는 땅하늘(一)을 나타내는 '1(색·色)'이 합쳐진 온전한 수(數)인데, 우리 옛말에 '十(10)'을 '온'이라고 한 것을 보더라도 '十·10'은 '온전한 하느님'을 나타낸다.

| 十 | 丨 | 하늘(天) | 공·空·0 | 영(靈) | 창조·갑(甲)[1] | 10 |
|---|---|---|---|---|---|---|
|   | 一 | 땅(地) | 색·色·1 | 육(肉) | 열·계(癸) |   |

'창조주 하느님'을 나타내는 위의 '十'자 문양은 '버금 아(亞)'자의 갑골문 '✥'와 같은 모양이다. '버금 아(亞)'의 '버금'이란 '제2의, 다음의'라는 뜻으로 '북극성 하나님에 버금간다'는 것으로서 '북극성 하나님'에 견주어서 '북두칠성 하느님'을 가리킨다.

『정감록』, 『격암유록』 등에서 '이재궁궁을을(利在弓弓乙乙)'이라 하여 "이익이 궁궁을을에 있다"라고 하였는데, 弓弓(궁궁)은 '亞'자를 둘로 나누어놓은 것으로 '북두칠성 하느님'을 나타내고, 乙乙(을을)은 '卍'자를 둘로 나누어놓은 것으로 '창조주(卍)'를 나타내어, '利在弓弓乙乙'은 "하늘에 다가가면 이롭다"는 뜻이다.

위와 같이 '창조주 십(十)'자가 들어 있는 성씨는 '신(辛)씨, 장(章)씨, 전(田)씨, 지(支)씨, 호(胡)씨, 황(黃)씨' 등이다.

---

1) '甲(갑)'의 갑골문 '十'은 '하느님이 처음 하늘을 열다', 곧 '창조하다'라는 뜻을 나타내고, '甲(갑)'의 소전 '甲'은 '하느님 자궁(冂)에서 새끼(丁)를 창조하는 모양'을 나타낸다. 따라서 '甲(갑)'은 '태초의 창조주'를 뜻한다.

| 水 | 巛 | ⟩ → 물(바다), 해(하늘). |
|---|---|---|
| 물 수 | 小篆 | 〉〉 → 물살(물결·겨레), 햇살(자손) |
|   |   | 水 ☞ 물(바다·하늘), 바다(하늘)의 물결(겨레). |

'물 수(氵·水)'의 소전 '巛'는 '⟩+〉〉'인데, '⟩'는 '바다 해(海)'를 나타내고, '〉〉'은 '물살(물결)'을 나타낸다. 따라서 '巛·水(수)'는 '바다, 하늘' 또는 '바다(하늘)의 물결(겨레)'을 나타낸다.

'물(水)'이 '바다 해(海)' 또는 '하늘의 해(日)'를 뜻한다는 것을 알아본다. '바다'는 '파다(巴多)'에서 온 말이고, '파다'는 '파라(巴羅)'에서 온 말인데, '파(巴·Pa)'는 '해(태양)'를 말하고 '라(羅·Ra)'는 '빛'을 말하여 'Pa·Ra(巴羅)'는 '하늘의 해(태양)'를 말한다. 따라서 '바다'는 '하늘(Para·dise)'을 뜻한다.

이에 따라 '바다(해·海)의 물살'을 '하늘(해·日)의 햇살'에 비유하는데, 이렇게 '물살'은 '하늘의 햇살'이 되어 흔히 성씨에 쓰인 '물 수(氵·水)'는 '하늘의 자손'을 나타낸다.

'물(水)'의 이런 의미를 기독교의 세례식(洗禮式)이나 불교의 관불식(灌佛式)에서 확인할 수 있다. 즉, 세례식이나 관불식에서 '물'은 곧 '해(하늘)'를 의미하기 때문에 이러한 의식을 거치는 것은 '태양의 빛(광명)으로 태어난 사람'임을 상징하게 된다.

이렇게 '물'은 '하늘'에 비유되고, '물결'은 '겨레(자손)'에 비유되므로, '물의 물결'은 '하늘의 겨레(자손)'를 뜻하게 된다. '한(韓)겨레'의 '겨레'라는 말도 '물결'에서 비롯된 말이다.

| 물(水) | 바다(海) | 물( ) | 해(人) | 물 | 한 | ☞ 천(天) |
|---|---|---|---|---|---|---|
| | 물결(族) | 물살( ) | 햇살(ㅣㅣ) | 결 | 겨레 | ☞ 손(孫) |

한편 '우물'이라는 말은 '하늘 위(上)의 물(水)'을 나타낸 말로 '하늘의 물' 즉 '천정(天井)'을 말한다. 첨성대(瞻星臺) 맨 위의 '우물 정(井)'자는 이 '천정(天井)'을 나타낸 것인데, 이는 '북두칠성 하늘(본태양)'을 상징한다.

우리 겨레가 우물인 '정화수(井華水)'를 떠 놓고 창조주 '물마누라'인 '북두칠성 하늘'에 기도하게 된 유래도 이에서 기원하는데, 이는 우리가 '북두칠성 물마누라의 자손'이라는 것을 나타낸다.

첨성대의 '우물 정(井)' [경주시]

또 '물'을 '창조주 하느님'으로 여긴 예는 고대 이집트 창조신화 속 '물'의 여신 '누트'에서도 확인할 수 있다. 오른쪽 그림은 이집트의 창조신화에 나오는 '물'의 여신인 누트가 배를 들고 있는 모습인데, 이것은 누트 곧 '물'이 '바다, 창조주'를 상징하여 '물'로부터 천지가 창조되었다는 것을 나타낸다.

바닷물 = 양수(洋水) = 창조주

수(水) 59

고대 수메르(Sumer)에서는 '(바다)물'을 '나무(Nammu·南無)'라고 하는데, '나무(木)'는 창조주인 '바다(물) 여신'으로, 아기를 밴 엄마(母)의 '양수(洋水)'1) 즉 '창조주 물(水)'과 같은 의미이다.

이와 같은 '창조주 물(水)'에 대하여 『주역』「하도(河圖)」에서 '천일생수(天一生水) 지육성지(地六成之)' 즉 '1·6(水)'라고 하였는데, 이는 '물(水)'의 수를 나타내는 '1·6'이 우주 창조의 생명수(生命水)라는 것을 나타낸다. '1·6(水)'에 대한 이러한 인식에 기인하여 모든 종교에서 '1·6'을 상징적으로 표현하고 있는데, 불교에서는 일심육근(一心六根)을 '1·6(연꽃무늬✿)' 형식으로 나타내고, 기독교에서는 '신(神)의 대리인'을 '1·6(메타트론✡)'2) 형식으로 나타낸다.

이상에서 살펴본 대로 '하늘'과 '하늘의 물결(겨레)'을 뜻하는 '물 수(氵·水)'가 들어가는 성씨는 '반(潘)씨, 범(范)씨, 심(沈)씨, 양(梁)씨, 온(溫)씨, 지(池)씨, 하(河)씨, 한(漢)씨, 해(海)씨, 홍(洪)씨' 등이다.

---

1) 양수(洋水) : 태아를 둘러싸고 있는 양막 안의 물을 뜻하는 말로, 한자로 표기할 때는 '羊水'라고 하지만 어원 발생학적으로 따지면 '洋水'로 표기해야 타당하므로 이 책에서는 '羊水'라 표기하지 않고 '洋水'라 표기한다. 왜냐하면, 양수 위에 떠 있는 태아는, 큰 바닷물(洋水) 위에 떠 있는 배(舟)에 비유되기 때문이다.
2) '메타트론'은 '하느님을 모시고 있는 자' 또는 '신의 대리인'으로서 '신(神)과 인간을 이어주는 역할을 하는 천사(天使)'를 말한다. 그리고 '하느님의 아들'이라는 뜻의 '소(小) YHWH'로 불리기도 한다. '✡·✿' 두 문양 역시 '하늘(1)과 그 자손(6)'을 나타낸다.

| 火<br>불 화 | 火<br>小篆 | 𠆢→해(태양). 하늘.<br>ㅣㅣ→해의 햇살. 하늘의 자손.<br>火☞해(태양). 해의 햇살＞하늘의 자손. |

## 불(火·光)

'불 화(火)'의 소전 '火'는 '𠆢+ㅣㅣ'로 구성되어 있는데, '𠆢'는 '돼지머리 해(亠)'의 소전 '𠆢'가 변형된 것으로 '해(태양)'를 나타내고, 'ㅣㅣ'은 '해의 햇살'을 나타낸다. 따라서 '화(火·𠆢)'의 '해(𠆢)'는 근원의 빛(光)으로 삼라만상을 낳는 '창조주 하느님'을 뜻하고, '화(火)'의 '햇살(ㅣㅣ)'은 창조주 해가 낳은 '만물, 자손'을 뜻한다. [p.65 '해(亠)' 참조]

위와 같이 풀이한 '해'와 '햇살'의 의미를 오른쪽 고대 이집트 그림에서 확인할 수 있는데, 이 그림은 '해의 햇살'을 '사람의 손' 모양으로 그려 '해의 햇살'이 곧 '하늘의 자손'임을 보여준다.

해의 햇살 = 하늘의 자손

이렇게 '해와 햇살'의 관계로 우주(세계)를 인식한 것은 아주 옛날부터 있었던 것으로, 육조 혜능(惠能)도 우주(세계)를 '해와 햇살(빛)'의 관계로 설명하였다.1)

위와 같은 의미의 '불 화(火)'가 들어 있는 성씨는 '노(魯)씨, 소(蘇)씨, 어(魚)씨, 연(燕)씨, 추(秋)씨' 등이다.

---

1) 『백련불교논집3』에 따르면 육조 혜능(惠能)은 근원의 마음이 낳은 우주를 '해와 햇살'의 구조(관계)로 설명하였고, 신라 원효(元曉)는 우주(삼라만상)를 '물과 물결'의 구조(관계)로 설명하였다.

# 풀(艹·艸)

'풀 초(艹·艸)'의 '풀'이라는 말은 '풀 > 뿔 > 불'로 발음상 서로 통하여 '불빛(光)'을 의미한다. '불(ㅂ)'에서 발음을 거세게 하여 격음화시키면 '풀(ㅍ)'이 되고, '불(ㅂ)'에서 발음을 경음화시키면 '뿔(ㅃ)'이 되어, '불(火) > 풀(艸) > 뿔(角)'은 모두 '불 화(火)'와 마찬가지로 '불빛(光)'을 나타낸다.

'풀 초(艹·艸)'를 형상 측면에서 보면, '불'이 불빛(火)의 몸체인 둥근 태양에서 불빛이 뻗쳐 나오듯이, '풀(艸)'도 몸체인 둥근 지구(땅)에서 풀빛이 뻗쳐 나오고, '뿔(角)'도 몸체인 짐승의 몸에서 뿔이 불빛처럼 뻗쳐 나오는 형상이다. 이렇게 '불·풀·뿔'은 같은 속성을 지녔기 때문에 '불·풀·뿔'은 '불빛'을 뜻한다고 볼 수 있다.

태양의 불빛(艹·艸)

| 지구 | 짐승 | 태양 | ☞ | 태양 |
|------|------|------|---|------|
| 풀(艸) | 뿔(角) | 불(光) | ☞ | 불빛 |

'풀 초(艸·艹)'가 들어간 성씨는 백성(百姓)을 민초(民草)라고 비유하듯이 '태양의 빛과 같은 존재' 곧 '하늘의 빛과 같은 자손'임을 표현하기 위한 것인데, 이에 해당하는 성씨는 '갈(葛)씨, 동(董)씨, 범(范)씨, 설(薛)씨, 소(蘇)씨, 순(荀)씨, 예(芮)씨, 장(莊)씨, 장(蔣)씨, 채(蔡)씨' 등이다.

# 뿔(角)

'뿔(角)'의 상징성에 대하여 살펴본다.

한자에 '소 우(牛)', '양 양(羊)', '사슴 록(鹿)' 등이 들어 있는 경우는 이들 짐승이 모두 하늘을 향하여 솟아 있는 '뿔'을 지니고 있다는 점을 취한 것으로서, '소뿔(牛)', '양뿔(羊)', '사슴뿔(鹿)' 등은 모두 '하늘의 태양(뿔)'을 상징한다.1)

'사슴뿔(鹿·鹿)'과 '소뿔(牛·牛)'의 의미를 자세히 살펴본다.

아래의 사진에서 '일본 천왕의 시조'와 '신라 왕관'의 모습을 보면 '사슴뿔(鹿)' 모양을 하고 있는데, 사슴뿔은 다른 짐승의 뿔과는 다르게 '큰 뿔'을 지닌 짐승으로 '큰 뿔(태양)'을 상징한다.

'용(龍)'은 뱀의 몸에 '사슴뿔'이 달린 형상으로, 땅의 뱀이 아닌 하늘의 뱀을 나타낸다. 이로써 '사슴뿔'이 '하늘의 태양(불)'을 상징한다는 것을 알 수 있다. 그리고 산타클로스는 늘 '사슴(뿔)'을 대동하는 모습으로 그려지는데, 이 '사슴(뿔)' 역시 '하늘의 태양(하느님)'을 상징하기 때문에 산타클로스는 '하느님을 대리하는 사람'을 상징하게 된다.

일왕의 시조 　　신라 사슴뿔 왕관 　　사슴과 산타클로스

---

1) '쥐뿔도 모른다'라는 말에서 '쥐뿔'은 '자기의 뿌리(조상)' 즉 '자기의 근원인 본심(본태양)'을 뜻한다. 따라서 '쥐뿔도 모른다'라는 말은 '자기자신의 근원인 본심(본태양)을 모른다'는 것으로, 이는 곧 '하나(참나·眞我)도 모른다'는 말과 같다.

아래 고대 이집트 유물의 '소뿔(𐎛·牛)' 역시 '하늘의 태양'을 상징한다는 것을 보여주는데, 아래 왼쪽 그림은 고대 이집트인들이 숭상하던 성스러운 소(牛) '아피스(Apis)'이고, '소의 뿔'을 이고 있는 여인을 형상한 오른쪽 그림은 고대 이집트인이 숭상하던 여신(女神) '이시스(Isis)'이다.

성스러운 소 아피스(Apis)

여신 이시스(Isis)

이상에서 살펴본 대로 '태양(하늘)'을 상징하는 '소 우(牛)', '양 양(羊)', '사슴 록(鹿)'자가 들어 있는 성씨는 '강(姜)씨, 경(慶)씨, 선우(鮮于)씨, 모(牟)씨' 등이다.

| 亠 | 宀 | 广 | 亠 → 높은 북두하늘의 해.<br>宀 → 높은 북두하늘(집).<br>广 → 높은 북두하늘(집). |
|---|---|---|---|
| 돼지머리 해 | 높은집 면 | 높은집 엄 | |

## 돼지머리 해(亠)

'돼지머리 해(亠)'는 '돼지 해(亥)'자의 '머리(亠)'를 말하는데, '해(亥)'[1]는 만물을 낳는 '뿌리 해(荄)'로 '해(태양)'를 의미한다.

'亠(해)'의 소전 '𠆢' 또한 '높은 하늘(우주)'을 형상한 것으로, '높은 북두하늘의 해' 즉 '마음속의 해(본태양)'를 뜻한다. 이러한 마음속의 해(亠)'를 노자(老子)는 '현빈(玄牝)'[2]이라고 하였고, 『천부경(天符經)』에서는 '본심본태양(本心本太陽)'이라 하였으며, 불교에서는 '일체유심조(一切唯心造)의 마음(心)'이라 하였다. 그리고 기독교에서는 '하나(참나)님의 빛(영광)'이라 하였다.

또 '돼지머리 해(亠)'의 '돼지'라는 말은 '도아지'의 준말이며, 옛말은 '돝'이다. '도+아지'의 '도'나 '돝(도+ㅌ)'의 '도'라는 말도 '본태양 하늘'을 나타내는 '도(道)[3]'를 뜻한다.

위와 같이 '돼지머리 해(亠)' 즉 '본태양 해(亠)'가 들어가는 성씨는 '경(景)씨, 고(高)씨, 곽(郭)씨, 문(文)씨, 배(裵)씨, 변(卞)씨, 현(玄)씨' 등이다.

---

1) '돼지 해(亥)'의 소전 '𠫓'는 '二+乚+㐅'인데, '二'는 '위 상(上)'의 고문으로 '높은 하늘'을 나타내고, '乚'는 '아이를 밴 모양'을 나타내며 '㐅'는 '건도(乾道, 남자)와 곤도(坤道, 여자)'를 나타낸다. 따라서 '𠫓·亠(해)'는 '음(陰)·양(陽)이 교접하여 만물을 낳는 본태양 하늘'을 의미한다.
2) '현빈(玄牝)'은 '까마득한 북두하늘(玄)에 있는 창조주 하느님(牝)'을 의미한다.
3) '도(道)'는 '우주를 운행하는(辶·辵) 본태양(首)'을 뜻한다.

# 집 면(宀)

'집 면(宀)'의 소전 '冂'은 '돼지머리 해(亠)'의 소전 '人'를 더 길게 내린 것이다. '人(해)'는 '높은 하늘(우주)의 지붕'을 형상한 것으로, '높은 북두하늘'을 뜻한다. 따라서 '돼지머리 해(人·亠)'에서 획을 더 길게 늘어뜨린 '집 면(冂·宀)'은 '까마득히 높은 북두하늘(우주)'을 뜻한다.

이렇게 '높은 하늘(宀)'이 '높은 집(우주)의 지붕'을 닮았다고 보는 우주관은 아래 그림과 같이 고대 수메르와 고대 이집트 등 세계 곳곳에서 공통적으로 나타난다. 그리고 '집 면(宀)'을 소우주인 사람의 몸을 덮어 보호해주는 '갓머리 면(宀)'이라고도 하는데, 이 역시 '높은 하늘, 신(神·God)'을 뜻한다.

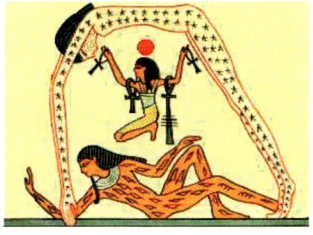

고대 수메르인의 하늘(宀)　　고대 이집트인의 하늘(宀)　　사람의 하늘(宀)

위와 같은 의미의 '집 면(宀)'이 들어가는 성씨는 '남궁(南宮)씨, 변(邊)씨, 빈(賓)씨, 사공(司空)씨, 선(宣)씨, 송(宋)씨, 안(安)씨' 등이다.

또한, '덮을 멱(冖)'의 소전 '冂'도 '집 면(宀)'의 소전 '冂'과 마찬가지로 '까마득히 높은 북두하늘'을 뜻한다. 이와 같은 의미의 '집 면(冖)'이 들어가는 성씨는 '심(沈)씨'이다.

## 집 엄(广)

'집 엄(广)'은 '厂 + 丶'으로 구성되어 있다.

'언덕 한(厂)'은 『설문해자』에서 "'한(厂)'은 높고 큰 바위로 된 절벽이다.[厂, 山石之厓巖.]"라고 하였는데, 이는 '하늘 높이(丿) 솟아 있는 절벽의 기암(一)'을 형상한 것으로, '언덕 한(厂)'은 '높은(丿) 하늘(一)'을 뜻한다. 여기에 '높은 집(高屋)'을 나타내는 '점 주(丶)'를 더한 '집 엄(广)'은 '높은 하늘(집)'을 나타낸다.

또한 '집 엄(广)'을 '丿 + 亠'으로 파자하면 '丿'은 '높은 절벽'을 나타내고, '돼지머리 해(亠)'의 소전 '𠆢'는 '높은 하늘(우주)의 지붕'을 형상한 것으로, '높은 하늘(집)'을 나타낸다. 따라서 '丿 + 亠'으로 파자한 '집 엄(广)' 역시 '높은 하늘(집)'을 나타낸다.

위와 같은 의미의 '엄(广)'이 들어가는 성씨는 '강(康)씨, 경(慶)씨, 당(唐)씨, 마(麻)씨, 염(廉)씨, 유(庾)씨' 등이다.

## 언덕 한(厂)

'언덕 한(厂)'은 『설문해자』에서 "'한(厂)'은 높고 큰 바위로 된 절벽이다.[厂, 山石之厓巖.]"라고 하였는데, 이는 '하늘 높이(丿) 솟아 있는 절벽의 기암(一)'을 형상한 것으로, '언덕 한(厂)'은 '높은(丿) 하늘(一)'을 뜻한다.

이러한 의미의 '한(厂)'이 들어가는 성씨는 '석(石)씨, 엄(嚴)씨' 등이다.

| 肉 | 冂→우주·하늘(고·高). 몸.<br>㐅→햇살·기운(기·氣). | 月 | 刀→우주·하늘(고·高).<br>二→햇살·기운(기·氣). |
|---|---|---|---|
| 고기 육 | 肉☞우주(冂) 속의 햇살(㐅). | 달 월 | 月☞현천(刀)의 빛(二). |

'고기 육(肉)'은 '冂 + 㐅'로 구성되어 있다.

'멀 경(冂)'은 『집운(集韻)』에 "하늘이다.[空也.]"라고 한 것처럼 '멀 경(冂)'의 '丨丨'은 멀리 길이 잇닿은 모양이고, '一'은 경계를 표시한 것으로, '멀 경(冂)'은 '까마득히 먼 하늘(우주)의 경계' 즉 '먼 하늘'을 나타낸다. '㐅'은 '먼 하늘의 빛살(기운)'을 나타낸다.

따라서 '고기 육(肉)'은 '먼 하늘(冂)의 빛살 기운(㐅)이 쌓인 모양'을 형상한 것으로서 '하늘(高·冂)의 빛살(氣·㐅)'을 나타낸다.

이러한 '하늘(冂)의 빛살(㐅)'이라는 의미의 '고기(肉)'는 '하늘의 빛(靈)이 깃든 몸(肉)' 또는 '하늘(靈)의 빛살로 빚은 자손(肉)'이라는 의미로도 확대되는데, 이것은 상고시대 유라시아인들이 '빗살무늬토기'에 '빛살'을 새겨서 자신들이 '해(태양)의 햇살로부터 태어난 고기(肉)와 같은 자손이다'라고 생각한 사고방식과 같다.

빛살 토기[문화재청]

해의 햇살 = 천손

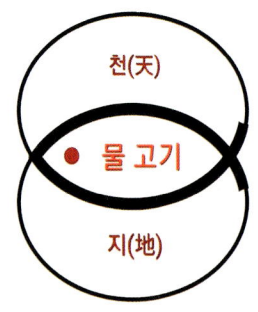
물고기 = 천지의 자손

또한 '고기'라는 발음의 측면에서 볼 때 '높을 고(高)'와 '기운

기(氣)'의 조합으로 이루어진 '고기(高氣)'라는 단어로 볼 수 있으니, '고기(高氣)'는 '하늘(天)의 기운(氣)'이라는 의미가 된다. 이런 의미의 '고기'를 좀 더 확장해 보면, '고기(高氣)'라는 말은 '해(日)의 햇살(肉)', '해(日)의 달(아들·月)' 그리고 '하늘(天)의 자손(孫)'이라는 뜻으로까지 확대할 수 있다. '고기 육(肉)'에 이런 의미가 있기 때문에 '하늘의 햇살(빛)'과 같은 존재인 예수 그리스도를 '물·고기(高氣·肉)'[1]로 비유하였던 것이고, 마찬가지로 '하늘의 햇살(빛)'과 같은 '고기(高氣·肉)'의 존재인 붓다를 '코끼(高氣)·리'[2]로 비유하였던 것이다.

| 肉 | 고(高) 기(氣) | 물 고기 | 코(高) 끼(氣)리 | 하늘(天) 자손(孫) | 해(靈) 햇살(肉) | 해(日) 달(月) | 月 |
|---|---|---|---|---|---|---|---|
|  | ↓ | ↓ | ↓ | ↓ | ↓ | ↓ |  |
|  | 고기(肉) | 예수 | 붓다 | 천손 | 햇살(肉) | 아들(月) |  |

'고기 육(肉)'과 같은 의미와 구조인 '달 월(月)'은 '冂 + 二'로 구성되어 있는데, '冂'은 '까마득히 멀고 검은 하늘(玄天)'을 나타내고, '二'는 '먼 하늘의 빛살(기운)'을 나타낸다.

따라서 '달 월(月)' 역시 '고기 육(肉)'과 마찬가지로 '먼 하늘(冂)의 빛살 기운(二)이 쌓인 모양'을 형상한 것으로서 '까만 하늘(冂)의 빛살(二)'을 상징한다. '달 월(月)'에 이런 상징이 있기 때문에 성씨 속에 쓴 '달 월(月)'은 '하늘의 아들(月)' 또는 '하늘(天)의 자손(孫)'을 나타낸다.

또한 '달'이라는 발음의 의미를 알려면 '해(日)와 달(月)', '바다

---

1) '물고기'는 '물 + 고기(살)'로 '물의 물살 > 해의 햇살 > 하늘의 빛'을 뜻하여 예수 그리스도를 '물고기'에 비유한 것이다.
2) 『숫타니파타』에서 붓다를 '코끼리'에 비유하여 "위대한 코끼리이신 당신께서 말씀하실 때, 모든 신(神)들이 기뻐합니다."라고 표현하였다.

(海)와 섬(島)' 그리고 '모태의 양수(洋水)와 태아'의 관계에 비유하여 보면 쉽게 알 수 있는데, 달(月)은 '드넓은 밤하늘(바다)에 떠 있는 섬'과 같은 것으로 '하늘의 아달(아들)'에 비유된다.

이상에서 살펴본 대로 '고기 육(肉·⺼)'과 '달 월(月·⺼)'은 똑같이 '하늘의 빛살'을 상징하여, 결국 '고기 육(肉·⺼)'과 '달 월(⺼)'은 둘 다 '하늘의 빛과 같은 자손'을 뜻하게 된다.

위와 같은 뜻의 '육달 월(⺼)'과 '달 월(⺼)'이 들어간 성씨들은 모두 '하늘(태양)의 빛과 같은 아들·딸'이라는 의미를 갖게 되는데, 예를 들면 '호(胡)'씨는 '마고(古)의 아들·딸(月)'을 의미하고, '명(明)'씨는 '태양(日)의 아들·딸(月)'을 의미하며, '조(趙)'씨는 '태양(走)을 닮은(肖) 아들·딸'을 의미하고, '채(蔡)'씨는 '신(示·神)의 아들·딸(月)'을 의미하며, '장(蔣)'씨는 '하느님의 짝(爿) 같은 아들·딸(月)'을 의미한다.

| 古(마고) | 日(해) | 走(태양) | 示(神의) | 爿(하늘) |
|---|---|---|---|---|
| 月(아들·달) | 月(달) | 肖(닮음·달) | 月(아들·달) | 月(아들·달) |
| ↓ | ↓ | ↓ | ↓ | ↓ |
| 호(胡) | 명(明) | 조(趙) | 채(蔡) | 장(蔣) |

寸(⺕) ☞ 손(手). 자손(孫). 받들다. 마디.
又(⺕) ☞ 손(手). 또(똑같다). 받들다(잡다).

'마디 촌(寸)'의 소전 '⺕'은 '⺕ + 一'이다.

'⺕'은 '손(手)'을 나타내고, '一'[1]은 '一(일)'로 '하늘(天一一)'을 나타낸다. 따라서 '마디 촌(寸)'의 소전 '⺕'은 '하늘(一)의 손(⺕)'을 형상한 것으로 '하늘(一)을 받들다(⺕), 하늘(一)의 자손(⺕)' 등을 뜻한다.

'또 우(又)'의 소전 '⺕'는 '⺕(寸)'에서 '一'이 생략된 글자로 '마디 촌(寸·⺕)과 마찬가지로 '하늘을 받들다(⺕), 하늘과 똑같은 자손(⺕)'을 뜻한다.

하늘의 자손(寸·又)

마디 촌(寸)의 '마디'라는 말은 '마지(麻支)'의 중세 발음이다.

'마지(麻支)'의 '삼 마(麻)'는 '마고 하느님'을 뜻하고, '가지 지(支)'는 줄기에서 갈라진 '가지(새끼)'를 뜻하여, '마지·마디(麻支)'는 '마고(麻)의 가지(支)' 즉 '하느님(天)의 자손(孫)'을 의미한다.

국어사전에서도 '마디(麻支)'를 '나무(木)의 가지(支)'라고 하였는데, 여기서 '나무(木)'는 '창조주 하느님'을 뜻하고 '가지(支)'는 '하느님(十)에게서 갈라져 나온 가지(又)'를 나타내어, '마디(麻

---

[1] '一'을 옥편에서 '손목에서 일촌(一寸) 거리의 위치'라고 풀이하지만, 여기서 '一'은 '하늘(天·一一)'을 나타낸다.

支)'가 '마고(麻)의 가지(새끼)' 즉 '하늘의 자손'을 의미한다는 것을 알 수 있다. 또 '마고(麻)의 자손(孫)'을 뜻하는 '마디(麻支)'는 '마고(麻)의 새끼(乙)'을 뜻하는 '마을(麻乙)'과 '하느님(木)의 자손(寸)'을 뜻하는 '마을 촌(村)'과도 통한다고 할 수 있다.

또한 아랍어 'Mahdi(마디)'는 '이슬람교의 천사(天使), 유일신 알라의 사자(使者)'라는 뜻인데, '알라'는 '마고 하느님'과 같은 의미이고 '사자(使者)'는 '자손'과 같은 말이므로, 'Mahdi(마디)'는 '마고(麻)의 자손(支)' 즉 '마손(麻孫·Mason)'과 같은 의미임을 알 수 있다.

| 마(麻) ☞ | 마(麻) | 하늘(木) | 마(麻·Ma) | 마(天·Ma) | 하늘(天) |
|---|---|---|---|---|---|
| 디(支) ☞ | 을(乙) | 마디(寸) | 손(孫·son) | 디(使·Di) | 자손(孫) |
| ↓ | ↓ | ↓ | ↓ | ↓ | ↓ |
| 마디 촌(寸) | 촌(村) | 마을 촌(村) | 메이슨 | 마디(천사) | 천손 |

위와 같은 뜻의 '마디 촌(寸)'과 '또 우(又)'가 들어가는 성씨는 '구(具)씨, 단(段)씨, 당(唐)씨, 변(弁)씨, 봉(奉)씨, 사(史)씨, 승(承)씨, 엄(嚴)씨, 염(廉)씨, 위(尉)씨, 윤(尹)씨, 은(殷)씨, 장(蔣)씨, 좌(左)씨, 지(支)씨, 진(秦)씨, 채(蔡)씨, 피(皮)씨, 홍(洪)씨' 등이다.

| 天 · 一 · 하늘 | 마음 |
|---|---|
| 地 · 二 · 같은 | 몸 |
| 人 · 三 · 자손 | 손(寸·又) |
| ↓ | |
| 해당 성씨 | 구(具), 단(段), 당(唐), 변(弁), 봉(奉), 사(史), 승(承), 엄(嚴), 염(廉), 위(尉), 윤(尹), 은(殷), 장(蔣), 좌(左), 지(支), 진(秦), 채(蔡), 피(皮), 홍(洪) |

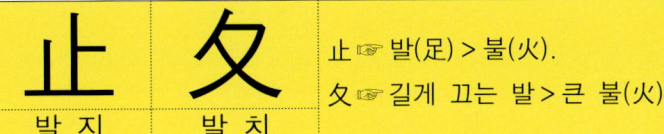

止 ☞ 발(足) > 불(火).
夂 ☞ 길게 끄는 발 > 큰 불(火).

'止(지)'의 갑골문 ' '는 엄지발가락을 유난히 크게 그린 '발'을 형상한 것으로, 사람의 수족(手足)인 '발'을 태양의 수족인 '불빛'에 비견하여 쓴 것이다. '뒤따라올 치(夂)'는 '발'을 형상한 '止(지)'의 변형인데, '夂(치)'는 '길게 끄는 발'을 형상한 것으로 역시 '불빛'을 뜻한다.

'발(足)'의 고대 발음은 현대의 '불(火)'과 통하였을 것으로 추측하는데, '발'이 곧 '불(火·光)'을 뜻한다는 것을 오른쪽 불교유물을 통해서 확인할 수 있다.

오른쪽 불족석(佛足石)에서 볼 수 있듯 부처님 발에 '태양(하늘)', 즉 '불'을 상징하는 본태양의 12햇살(보살)과 삼지창 모양의 삼보(삼신· ), 그리고 발중앙에 본태양의 햇살(법륜)과 발가락에 본태양의 햇살바람(風·卍) 등을 그려 넣음으로써 '발(足)'이 '태양·불'을 상징한다는 것을 잘 보여준다.

불족석(佛足石)

또 '불(佛)'자를 살펴보더라도 '佛(불)'은 'イ + 弓 + ノ|'인데, 'イ'은 'ᅩ(해)'의 변형으로 '하늘'을 나타내고, '弓(활)'은 '활활 타오르는 태양'을 연상케 함으로써 '태양'을 나타내며, 'ノ|'은 '불빛'을 나타낸다. 따라서 '불(佛)'자는 '하늘(イ)에 있는 태양(弓)의 불빛

(丿)'을 형상한 것으로 역시 '태양·불'을 상징한다는 것을 알 수 있다. 그리고 '불'이라는 말을 살펴보더라도 'ᄇᆞᆯ > 볼 > 발 > 불'로 '발'이 '불'로 변화되었음을 알 수 있다.1)

이상에서 본대로 '태양·불'을 의미하는 '발 지(止)'와 '발 치(夂)'가 들어가는 성씨는 '경(慶)씨, 연(延)씨, 위(韋)씨, 하(夏)씨, 한(韓)씨' 등이다.

| 天・一・하늘 | 마음 |
|---|---|
| 地・二・같은 | 몸 |
| 人・三・자손 | 발(止·夂) |
| ↓ | ↓ |
| 해당 성씨 | 경(慶), 연(延), 위(韋), 하(夏), 한(韓) |

---

1) 최춘태, 『갑골음으로 잡는 식민사학·동북공정』(북랩) 참조.

| 阝·邑 | 巴 → 큰뱀 파(巴). 하늘(天). |
| --- | --- |
| 고을 읍(우부방) | 口 → 사람(人)이 출입(出入)하는 곳(口). |
| | 邑 ☞ 하늘(巴)의 자손이 모여 사는 곳(口). 천손. |

'고을 읍(阝·邑)'은 '巴 + 口'로 되어 있다.

'큰뱀 파(巴)'에 대해 『산해경(山海經)』「해내남경(海內南經)」에서는 "큰 뱀이 코끼리를 잡아먹고 3년 만에 그 뼈를 내놓는다. 군자가 그것을 먹으면 심신의 질병이 없다.[巴蛇食象, 三歲而出其骨. 君子服之, 無心腹之疾.]"[1]라고 풀이하였고, 『설문해자』에서는 "코끼리를 잡아먹는 큰뱀이다.[食象蛇.]"라고 풀이하였다. 여기서 '코끼리'는 '빛깔(色)로 이루어진 이미지(象)', 즉 '삼라만상(우주)'을 나타내고, '큰 뱀'은 '큰 빛(大光)'[2]으로 '본태양'을 나타낸다.

따라서 '큰뱀 파(巴)'는 '삼라만상을 낳는 본태양(本太陽) 하느님'을 의미하는데, 이는 기독교에서 말하는 "하나님 말씀으로 우주(삼라만상)를 창조하였다."라고 하는 '창조주 하나님(아버지·爸爸)'과 같은 것이요, 불교에서 말하는 "삼라만상은 오직 마음이 창조한다.[一切唯心造]"라고 하는 '본심(참나·하나님)'과 같은 것이다.

또한, 이와 같은 의미의 '큰뱀 파(巴)'를 생텍쥐페리의 『어린왕자』에서는 '코끼리를 삼킨 보아뱀(큰뱀)'으로 표현하였는데, '코끼

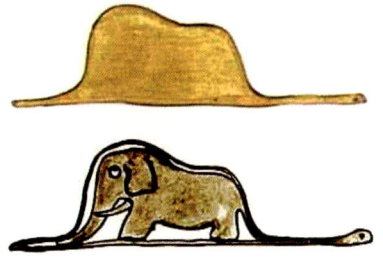

코끼리를 삼킨 보아뱀

---

1) 이 문장의 대의는 "이미지(象. 삼라만상)가 마음에서 비롯되었다는 것을 3년 만에 깨달아 해탈하게 되면 심신의 병을 앓지 않는다."라는 것이다.
2) '큰 빛(大光)'을 불교에서는 '대적광불(大寂光佛), 비로자나불'이라고 하는데, 이는 삼라만상을 창조하는 '근원의 빛(본태양)'을 뜻한다.

리를 삼킨 보아뱀' 또한 '삼라만상(코끼리·象)을 창조한 본태양(本太陽) 하느님'을 의미한다.

또한 '큰뱀 파(巴)'는 '•＋巳'로 구성되어 있는데, '점 주(•)'는 '북극성'을 나타내고, '뱀 사(巳)'는 북극성을 중심축으로 하여 우주를 춘하추동(春夏秋冬) 운행하는 뭇 별들의 대표인 '북두칠성'을 나타낸다. 따라서 '큰뱀 파(巴)'는 우주를 운행하며 주재하는 '북두하늘'을 뜻한다.

'큰뱀 파(巴)'에 이런 의미가 있다는 것은 '큰뱀(巴)'이 우주(천체)의 운행을 주재한다고 생각한 고대 페루인의 우주관(宇宙觀)에도 잘 나타나 있다.

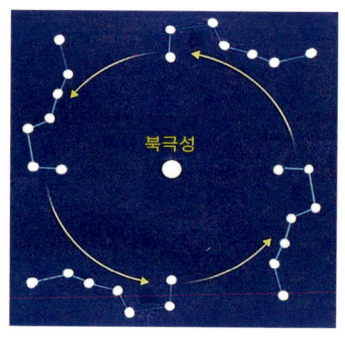
우주를 운행하는 큰뱀 파(巴)

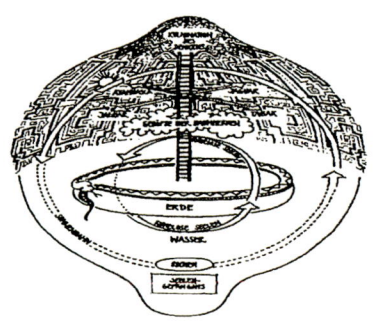
고대 페루의 우주도

'입 구(口)'는 '사람(人)이 출입(出入)하는 곳(口)'을 나타낸다.

이상을 종합하면 '고을 읍(阝·邑)'은 '하늘(巴)의 자손이 모여 사는 곳(口)'을 의미한다. 또한, '고을 읍(阝·邑)'은 '하늘(巴)의 자손(口)'[3]이라는 의미로도 쓰이는데, 이는 '마고(麻)의 새끼(乙)'를 뜻하는 '마을(麻乙)'이나 '하늘(天)의 새끼(乙)'를 뜻하는 '천을(天乙)'과 같은 의미가 된다고 볼 수 있다.

---

3) 그래서 '성씨(姓氏)'를 대신하여 '본관(本貫)·고을(지역)'을 말하기도 한다.

| 고을·邑 | 하늘 파(巴) ☞ 고(高) · 마(麻) · 천(天) · 천(天) |
|---|---|
| | 사람 구(口) ☞ 을(乙) · 을(乙) · 을(乙) · 손(孫) |

참고로, '巴 + 口'로 구성된 '고을 읍(阝·邑)'은 '十(戈) + ㅂ(囗)'으로 구성된 '나라 국(國)'자와 통하는데, '나라 국(叶·國)'은 '태양(十)이 비치는 땅(ㅂ)'을 뜻한다. [p.71 '창 과(戈)' 참조]

위와 같은 의미의 '고을 읍(阝·邑)'이 들어 있는 성씨는 '곽(郭)씨, 구(邱)씨, 도(都)씨, 소(邵)씨, 정(鄭)씨, 형(邢)씨, 호(扈)씨' 등이다.

| 阝·阜 | 阝 | 阝 → 하늘 사다리(천계). |
|---|---|---|
| 언덕 부(좌부변) | 甲文　小篆 | 阜 → 높고 신성한 하늘. |

'언덕 부(阝·阜)'에 대하여 '흙이 쌓여 있는 언덕을 그린 것'이라고 흔히 설명하고 있으나, 본래의 의미를 설명하기에는 부족하다. '언덕 부(阝·阜)'의 갑골문 '阝'와 소전 '阜'의 형태에서도 짐작할 수 있듯이, 이는 '하늘로 올라가는 하늘사다리' 즉 '천계(天階)'를 나타낸 것으로 '높은 하늘'을 나타내는 글자이다.

그래서 '언덕 부(阜)'는 '높고 신성한 곳'을 뜻하는 '언덕 구(丘)'와 상통하는데, '언덕 구(丘)'의 소전 '丘'를 파자하면 '北(北) + ㅡ(一)'로 구성되어 있다. '北'은 '두 사람이 서로 등진 모습'을 형상한 것으로 '북녘 북(北)' 즉 '높은 북두(北斗) 하늘'을 나타내고, 'ㅡ'은 '땅(지상)'을 나타낸다. 따라서 '언덕 구(丘·丘)'도 '언덕 부(阝·阜)'와 마찬가지로 '높고 신성한 하늘'을 나타낸다.

하늘사다리(阝·阜)

이렇게 '높고 신성한 하늘'을 의미하는 '언덕 부(阝·阜)'가 들어 있는 성씨는 '도(陶)씨, 육(陸)씨, 음(陰)씨, 진(陳)씨, 진(陣)씨' 등이다.

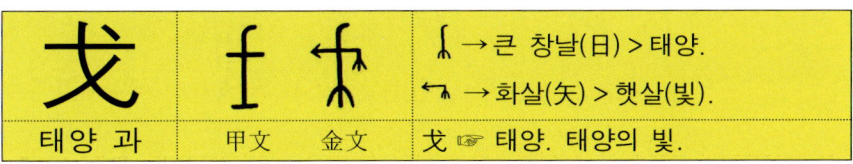

'창 과(戈)'의 갑골문 'ᅡ'는 'ᅡ + 一'로 되어 있고, '창 과(戈)'의 금문 '戈'는 'ᅡ + ᅳ'로 되어 있다.

'ᅡ'은 '큰 창날(日)'을 형상한 것으로 '태양'을 나타내고, 'ᅳ'은 '화살'을 형상한 것으로 '햇살'을 나타낸다. 따라서 '창 과(戈)'는 '태양(ᅡ)의 햇살(ᅳ)'을 형상한 글자로, '태양(하늘)' 또는 '태양의 빛'을 뜻한다.

또한, 『설문해자』에서 "'과(戈)'는 'ᅳ(익)'으로 구성되고, '一(일)'이 가로지른 모양이다.[戈, 从ᅳ, 一橫之.]"라고 한 것처럼, '창 과(戈)'는 'ᅳ(주살 익) + 一(한 일)'로 구성되어 있다.

'주살 익(ᅳ)'에 대해 『설문해자』에서 "'주살(ᅳ)'은 말뚝이다.[ᅳ, 檦也.]"라고 하였는데, '말뚝'은 줄을 연결하여 그 범위를 벗어나지 못하게 하는 '줄의 중심'을 말한다. 그리고 '주살(ᅳ)은 말뚝이다'라고 한 설명에 따르면, 주살은 흔히 생각하는 '활에 매인 화살'이라는 뜻이 아니라 '주된 (햇)살, 태양'을 가리키는 것으로 보아야 한다.

'一(일)'은 '화살'을 형상한 것으로, 주된 햇살(태양)에서 뻗쳐 나온 '햇살(빛)'을 나타낸다.

이상을 종합하면 '창 과(戈)'는 '태양(ᅳ)의 빛(／)'을 뜻한다.

위와 같은 '戈·ᅡ(과)'의 의미를 잘 보여주는 예가 아래 왼쪽 그림의 '지팡이(持凹이)를 잡은 호루스'이다. 오시리스(天)와 이시스

(地)의 아들(子) 호루스가 '지팡이(⌐)를 잡고(ㅋ) 있는 모습'은 호루스가 '태양(⌐)을 계승한 아들·자손(ㅋ)'이라는 뜻으로, '지팡(持巴)이'⁴⁾는 '태양(弋·⌐)'을 상징하고 '손(ㅋ)'은 '햇살(一) > 화살(←) > 자손'을 상징한다는 것을 알 수 있다.

또한 '태양의 빛'을 상징하는 '창 과(戈·⌐)'와 같은 의미를 지닌 것이 고대 이집트의 유물 '오벨리스크'인데, 이는 '하늘로 뻗은 강력한 태양의 빛(天日槍)'⁵⁾을 상징적으로 형상한 것으로서 천자(天子) 자신이 '태양의 빛과 같은 존재'임을 나타낸 기념물이다.

태양의 빛(戈·천자)    태양의 빛(오벨리스크)    태양의 빛(창·戈)

이렇게 '태양(弋)의 빛(丿)'을 상징하는 '창 과(戈)'자가 들어간 성씨는 '국(國)씨, 성(成)씨, 전(錢)씨, 함(咸)씨' 등이다.

---

4) '지팡이(持巴이)'는 '받들 지(持) + 하늘 파(巴) + 이' 즉 '하늘(巴)을 받드는 (持) 모양'을 형상한 것으로, '하늘(天)'을 상징한다.
5) '천일창(天日槍)'은 신라의 왕자로서 일본에 건너가 일본의 초기국가를 이룩한 주인공 이름인데, 이 '천일창(天日槍)'에 담긴 뜻은 '태양(天日)의 창(槍)', 즉 '태양의 빛과 같은 존재'를 의미한다.

# 성씨 해설

| 賈 | 賈 | 襾(🦅)→丌(🐦)＝해(새). 冂(🪹)＝우주(둥지). |
|---|---|---|
| 천손 가 | 小篆 | 貝→바다(해·海)의 조개＞해의 햇살＞하늘의 자손. |
| | | 賈☞해(襾)의 햇살(貝). 하늘(襾)의 자손(貝). |

'賈(가)'는 '襾(아) + 貝(패)'로 되어 있다.

'襾(아)'는 『설문해자』에 "'아(襾)'는 덮는다는 뜻이다. 위에서 아래를 덮는 모양이다.[襾, 覆也. 上下覆之.]"라고 하였는데, 이는 '새(丌)가 둥지(冂)에 내려앉아 덮은 모양'을 형상한 것이다. '새(丌)가 둥지(冂)에 내린 모양'을 형상한 '덮을 아(襾)'자는 '해가 서산(西山)에 내린 모양'을 형상한 '서녘 서(西)'자와 의미가 같으므로 '西(서)'자를 분석하여 '襾(아)'의 의미를 확인한다.

'西(서)'를 파자하면 '새(一)가 둥지(囗)에 발(儿)을 내린 모습'을 나타내고, 또 '西(서)'의 소전 '🦅'를 파자하면 '🐦(새) + 🪹(둥지)'로 역시 '새(🐦)가 둥지(🪹)에 앉은 모습'을 나타낸다. 여기에서 '새(鳥)'는 '해(日)'를 뜻하므로 '새가 새집에 앉은 모양'은 '해가 서산(西山)에 내린 모양'과 같은 의미를 나타낸다. 그래서 『설문해자』에서도 "'서(西)'는 새가 새집에 있는 것이다. 해가 서방으로 기울면 새가 새집에 깃드는 것을 말한다.[西, 鳥在巢上. 日在西方而鳥棲.]"라고 하였다.

이렇게 '새가 둥지에 내려앉는 것'이나 '해가 서산에 내리는 것'은 마치 '창조해(雞)인 계집(女)이 집 안에 있는 모습'과 같다.

따라서, '새집에 앉은 새'를 형상한 '🦅·西(서)'는 '창조주 본태양 하느님'을 상징한다. [p.50 '계집 녀(女)' 참조]

'조개 패(貝)'의 금문 '🐚'는 '🐚 + 水'로 구성되어 있다.

가(賈) 83

'臼'은 '조갑(조가비)'¹⁾으로 여성의 음부와 닮아 '창조주 하늘'을 나타내고, '米'은 조갯살로 '햇살'을 나타낸다. 따라서 '조개 패(貝)'는 '조가비의 조갯살'을 형상한 것으로 '해의 햇살 > 하늘의 자손'을 의미한다.

이렇게 '조개의 조갯살'이 '하늘의 자손'을 상징한다는 것을 보여주는 그림이 보티첼리의 「비너스 탄생」이다. 이 그림은 하늘이 낳은 비너스를 표현한 것인데, 비너스는 '금성(金星)·샛별'이라는 뜻으로 '하늘(해)이 낳은 샛별(햇살)'을 의미한다.

이상을 종합하면 '가(賈)'는 '본태양 하느님(襾)이 낳은 조갯살(貝)'을 형상한 것으로, 성씨 '가(賈)'는 '본태양(襾)의 햇살(貝)과 같은 하늘의 자손'을 의미한다.

| 賈 | 본태양(襾·覀) | 해 (襾) | 바다(西) | 하늘(西·天) |
|---|---|---|---|---|
|  | 아해 (貝) | 햇살(貝) | 조개(貝) | 자손(貝·孫) |

참고로 '서(西)'는 불교에서 '서방정토(西方淨土)'의 뜻으로 종종

---

1) '조갑'을 한자로 표현하면 '祖甲'인데, '祖'는 '한·아버지>할·아버지'로 '하늘'을 나타내고, '甲'은 창조주 자궁에서 출산하는 모습을 표현한 소전 '甲'자나 하느님을 표현한 금문 '十(甲)'자에서 알 수 있듯이 '창조주'를 나타낸다. 결국 '祖甲(조갑)'은 '창조주 하느님'을 의미한다.

쓰는데, 서쪽에 있다고 여기는 극락(極樂)세계, 곧 아미타불이 주재하고 있는 어떤 번뇌와 괴로움도 없는 '천국(본태양)'을 말한다.

그리고 '조개 패(貝)'는 '돈'이란 의미로 쓰기도 하는데, 『설문해자』에서는 "'패(貝)'는 옛날에 조개(貝)를 화폐로 쓰고 거북(龜)을 보배로 여겼으며, 주나라 때는 천(泉)이라는 돈을 썼으며, 진나라에 와서는 패(貝)를 없애고 전(錢)2)을 유통시켰다.[貝, 古者貨貝而寶龜, 周而有泉, 至秦廢貝行錢.]"라고 하였다. '돈'이라는 말은 '도 + ㄴ'으로 '도(道·태양·하늘)가 내린(ㄴ) 것' 즉 '하늘이 낳은 것'을 의미한다.

'가치(賈·價)'라는 말 역시 '가(하늘)3) + 치(致,내림)'로, '본태양·하늘(丙·西)에서 내려준 빛살(貝)과 같다'는 뜻이다. 그래서 '태양(하늘)의 빛과 같은 돈(貝)'은 가치(賈·價)를 매기는 기준이 된다.

---

2) 애초 '貝(패)'를 쓰다가 나중에 '錢(전)'을 쓰게 되었는데, '貝'는 '조가비의 햇살(조갯살)'이란 의미로 쓰인 것이고, '錢'은 '해(金)의 햇살(戔)'이란 의미로 쓰인 것이다. 이렇게 '貝(패)'가 '돈'을 나타내는 것은 '貝'가 '태양의 빛'을 뜻하기 때문이다. '빛 금(金)'을 '돈'으로 쓰는 것도 '金'에 '태양의 빛'이란 의미가 담겨 있기 때문이다.
3) '가'는 고대 이집트어로 '신(神)'을 뜻하는 '카(Ka)'와 통하는 말이다.

| 簡 | 簡 | 竹→대(大) 나무(Nammu). 창조주 하느님. |
| --- | --- | --- |
| | | 間→대쪽. 인간(人間). |
| 천손 간 | 小篆 | 簡☞창조주 하느님(竹)이 낳은 사람(間). |

'簡(간)'은 '竹 + 間'으로 구성되어 있다.

'竹(죽)'은 '대(大) 나무(Nammu)'로 '창조주 하느님'을 뜻한다. [p.52 '목(木) 참조]

'間(간)'은 창조주 하느님을 뜻하는 대나무(竹)의 '한 쪽(조각)'으로 '하느님의 쪽(분신)' 즉 '인간(人間)'을 나타낸다.

따라서 '簡(간)'은 '창조주 하느님(竹)이 낳은 인간(間)', 즉 '하느님의 자손'을 의미한다.

'사이 간(間)'의 의미를 좀 더 살펴보면, '間'은 '門 + 日'이다.

'문 문(門)'의 동자 '門'은 '戶(호)'자 두 개가 마주하고 있는 모양이다. '戶(호)'는 '근원의 빛( ノ ) + 북두칠성(尸)'으로, '세상을 보호(戶)해주는 북두칠성 하늘'을 뜻한다. 또 '門(문)'은 가문으로 '집'을 나타내어 '집 우(宇) + 집 주(宙)'인 '하늘·우주(宇宙)'를 뜻한다. '날 일(日)'은 '해의 날(햇살)'로 '하늘의 아해'를 나타낸다.

따라서 '間(간)'은 '보호(戶)해주고 품어주는 천지·하늘(門)이 낳은 아해(日)'를 나타낸다. 다시 말해 '間(간)'은 '태양의 햇살(人)과 같은 하늘이 낳은 인간(間)'을 뜻한다.

결국 성씨 '簡(간)'은 '창조주 하느님(竹)이 낳은 사람(間)'이라는 뜻이 된다.

| 簡 | 竹☞ | 창조주(竹) | 태양(竹) | 하늘(竹) |
| --- | --- | --- | --- | --- |
| | 間☞ | 인간 (間) | 햇살(間) | 사람(間) |

'簡(간)'자에 담긴 '태양(竹)의 햇살(間)'이라는 의미는 '사람 인(人)'자에도 그대로 담겨 있는데, '人'의 소전은 ''으로 '근원의 빛인 해(フ)에서 갈라져 나온 햇살(丿)'을 형상한 것이다. 이렇듯 '사람'이라는 말은 '해의 햇살'에서 유래한 것으로 '(해의)슬>살>사라>사라ㅁ>사람'으로 변천된 것으로 보는 것이다.

해의 햇살(人)

'인간(人間)'의 '간(間)'은 '하늘·천지(門) 간의 햇살(日)'이다. '하늘·천지(天地) 간의 햇살'은 '(바다)물의 물고기'로 비유되기도 하는데, '천지'는 '(바다)물'을 뜻하고, '햇살'은 '고기'를 뜻한다. 따라서 예수 그리스도를 '물고기'[1]에 비유하는 것도 예수 그리스도가 '천지간(天地間)의 햇살(빛)'이라는 뜻이기 때문이다.

이 내용을 그림으로 표현하면 아래와 같다.

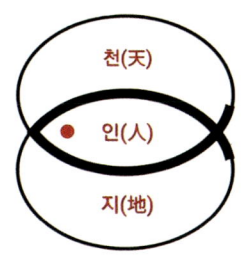  

천지의 인간(물고기)　　천지의 인간(나비)　　천지의 물고기

---

[1] 그리스어로 물고기를 '익투스(Ichthus)'라고 하는데, 'Ichthus'는 '예수 그리스도, 하느님의 아들'을 가리키는 'Iesous Christos Theou Huios Soter'의 첫 글자를 딴 것이다.

| 葛 <br> 천손 갈 | 葛 <br> 小篆 | ㅛㅛ → 풀 > 불. 빛(光). <br> 日 → 하느님 말씀. <br> 勹 → 아해(厶)를 품은 모태(勹). 창조주 하느님. <br> 葛 ☞ 하느님(勹) 말씀(日)이 낳은 빛(ㅛㅛ). 천손. |
|---|---|---|

'葛(갈)'의 소전 '葛'은 'ㅛㅛ(艹) + 日(日) + 勹(匄)'로 되어 있다.

'풀 초(艹·艸)'의 '풀'은 '풀 > 뿔 > 불'로 발음상 서로 통하므로 '불빛(光)'을 의미한다. [p.62 '풀 초(艹·艸)' 참조]

'말씀 왈(日)'의 소전 '日'은 'ㅂ + ㄴ'로 되어 있는데, 'ㅂ'은 '입(口)'을 나타내고 'ㄴ'은 '입에서 나오는 입김'을 나타낸다. 따라서 '日·曰(왈)'은 '말씀'을 나타낸다.

'勹(개)'는 '勹 + 厶'로 되어 있는데, '勹'는 '엄마의 모태(母胎)'를 나타내고, '厶(亡)'은 '숨은(ㄴ) 아해(人)'를 나타낸다. 따라서 '勹(개)'는 '아해(厶)를 포태(勹)한 엄마'를 형상한 모습으로, '창조주 하느님'을 상징한다.

이상을 종합하면 '葛·葛(갈)'은 '창조주 하느님(勹)의 말씀(日)이 낳은 빛(ㅛㅛ)과 같은 자손'을 뜻한다.

참고로, 아해를 품고 있는 창조주(모태)를 뜻하는 '勹(개)'자는 '아이밸 포(包)'자와 같은 의미이다. '勹(개)'자의 '厶(망)'이 '包(포)'자의 '巳(사)'와 같은 의미임을 살펴본다.

'包(포)'는 '勹 + 巳'인데, '勹(포)'는 '엄마의 모태(母胎)'를 나타내고, '巳(사)'는 '태아·아해'를 나타낸다. 따라서 '아이밸 포(包)'는 '勹(개)'와 마찬가지로 '태아(厶·巳)를 품고 있는 엄마의 모태(勹)'를 나타낸 글자로 '창조주 하느님'을 상징한다.

| 勹·包 | 모태 (勹) | 하늘 (勹) | 해 (勹) | 하늘(勹·天) |
|---|---|---|---|---|
| | 태아 (厶) | 아해 (巳) | 햇살(厶) | 자손(厶·孫) |

88 성씨 해설

| 甘 | ㅂ | 廿 | 井→우물(天井). 북두칠성(하늘) |
|---|---|---|---|
| 천손 감 | 甲文 | 小篆 | ―→도(道). 甘☞하늘(井)의 도(一)와 같은 천손. |

'甘(감)'은 '井 + 一'로 구성되어 있다.

'우물(井)'은 '우(上)의 물(水)'로 '하늘의 우물', 곧 천정(天井)인데, 이 '우물 정(井)'의 모양은 '북두칠성의 네 별자리'를 형상한 것으로서 결국 '북두칠성 하늘'을 상징한다. '一(일)'은 '도(道)'를 나타내는데, '도(道)'는 '우주를 운행하는(辶·辵) 본태양(首)'을 뜻한다.

따라서 '甘(감)'은 '북두칠성 하늘(井)의 본태양(道·一)을 머금은 것'을 형상한 것으로 '아름답다, 달다'는 뜻이다. 그러므로 『설문해자』에서는 "'감(甘)'은 아름답다는 것이다. '입(口)'에 '하나(一)'를 머금은 모양이다. '하나(一)'는 '도(道)'이다.[甘, 美也. 从口含一. 一, 道也.]"라고 하였던 것이다.

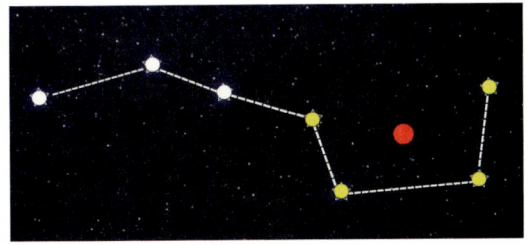

본태양(道·一)을 머금은 북두칠성(井)

또한, '감(甘)은 미(美)이다[甘, 美也]'라고 하였는데, '아름답다'라는 의미의 '감(甘)'자를 '아름다울 美(미)'자를 통해 자세히 살펴보면, '美'는 '羊 + 大'이다.

'羊(양)'의 금문 '𦍌'은 '하늘을 향해 솟아 있는 양의 뿔'을 형상한 글자로, '하늘의 불(태양)'을 상징한다. '大(대)'는 '크다'는 뜻이다. 따라서 '아름다울 美(미)'는 '큰(大) 태양(羊)'을 형상한 것으로 '아름답다'는 뜻이다. 그리고 '아름+답다'라는 우리말 역시 '아름·알(태양) 답다(같다)'로 '태양같이 밝다'라는 의미이다.

'감'의 옛말이 '곧(고 + ㄷ)'인데, '곧'의 의미도 '하늘(고·高)과 같다(ㄷ)'라는 뜻이다.

이상을 종합하면 '감(甘)'은 '하늘(井)의 태양(道·一)과 같이 아름답다'라는 의미에서, 성씨 '감(甘)'은 '하늘(井)의 태양(道·一)과 같이 아름다운 자손'을 뜻한다.

파란 하늘의 태양같이 아름다운 감(甘)

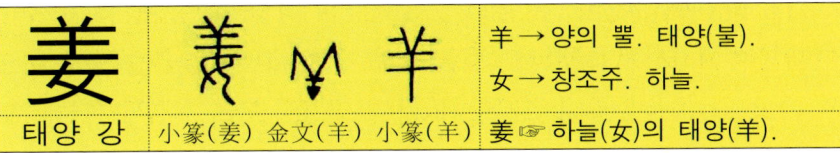

| 태양 강 | 小篆(姜) | 金文(羊) | 小篆(羊) | 羊→양의 뿔. 태양(불).<br>女→창조주. 하늘.<br>姜☞하늘(女)의 태양(羊). |

'姜(강)'은 '女 + 羊'이다.

'女(여)'의 갑골문은 ' ' 로 ' + '이다.

'女(여)'에 대해 임의광(林義光)은 " (女)'는 머리·몸·다리( ) 및 두 팔( )의 모양을 본뜬 것이다.[女, 象頭身脛及兩臂之形.]"라고 하였는데, ' (몸)'은 '창조주 하느님'을 나타내고 ' (팔)'은 '8려음(呂音)'으로 '창조율려(律呂)'를 나타낸다. 따라서 ' ·女(여)'는 8려음으로 천지를 창조하는 '창조주 하느님'을 뜻한다.

이렇게 '女(여)'의 ' (팔·8·八)'에 담긴 '창조율려(律呂)'라는 의미를 담은 글자로 또한 '나무 목(木)'과 '없을 무(無)'가 있다.

'木(목)'을 파자하면 '十 + 八'이 되는데, '十(십)'은 '하늘'을 나타내고, '八(팔)'은 창조율려인 '8려음(呂音)'을 나타내어 '木(목)'은 8려음(八)으로 천지(十)를 창조하는 '창조주 하느님'을 뜻한다.

창조주(十)의 창조율려(八)　　시바(十)의 창조율려(八)　　창조율려(八)·춤

'없을 무(無)'의 갑골문 '爽'를 파자하면 '大 + 林'이다.

'大'는 '大(대)'로 '창조주 하느님'을 나타내고, '林'은 '大(大)'의 팔(8·八)에서 갈라져 나온 '새끼줄(새털)'을 형상한 것으로, 이 새끼줄은 '자손(孫)'을 의미한다. 따라서 '爽·無(무)'는 '무수한 새끼줄(자손)들을 창조(율려)하는 하느님(舞)'을 의미한다.

| 皀(女) | 米(木) | 爽(無·舞) |
|---|---|---|
| ㅣ(몸·하늘) | ᄂ(삼신·十·하늘) | 大(하늘·天) |
| ㅇ(팔·율려) | 入(삼극·八·율려) | 林(자손·孫) |

『강희자전(康熙字典)』 '女'조에 "『박아(博雅)』에는 '여(女)는 같다(如).[女, 如也.]'라고 하였고, 『예기(禮記)·증자문(曾子問)』에는 '여(女)는 직녀삼성으로 천녀이다.[女, 織女三星, 天女也.]'라고 했다."라고 되어 있다.

'여(女)는 같다(如)'라고 한 것에서 '같다'는 것은 '하늘(天)과 같다'는 말이다. 이는 '여래(如來)·여여(如如)'라는 말에서 그 의미를 살펴볼 수 있는 바, '여래(如來)'는 '하늘과 같이(如) 본래 그대로의 모습으로 오신(來) 부처'라는 뜻이고, '여여(如如)'는 '하늘(如) 모습 그대로(如)'라는 뜻이다. 또 '여(女)는 직녀삼성(織女三星)으로 천녀(天女)이다'라고 하였는데, '직녀삼성'은 베를 짜듯이 천지를 창조하는 '직녀' 곧 '마고삼신(三神)'을 뜻하고, '천녀'는 하늘에 계신 '창조주 여신(女神)'을 뜻한다.

또한 '여(女)'를 '창조주 여신(女神)'으로 여긴 유물들을 보면 뉴욕의 자유 여신상, 고대 페르시아의 미트라 여신, 이집트의 여신 누트, 마고삼신(직녀), 구천현녀(九天玄女·玄牝)[1] 등이 있다.

---

[1] 구천현녀(九天玄女)는 도교에서 말하는 여신으로 여와(女媧)하느님의 별칭인데, 범우주 곧 구천(九天, 九宮)의 운행을 주재하는 창조여신을 이른다.

뉴욕의 자유 여신

고대 페르시아의 미트라 여신

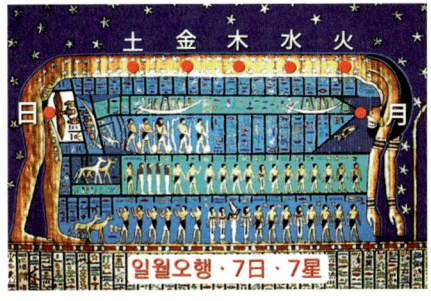
이집트의 여신 누트

마고삼신(직녀)

　이와 같이 '女'를 '창조주, 하느님, 여신(女神)'이라는 의미로 쓴 한자의 예를 들면 다음과 같다.
　성씨 성(姓) : 창조주 하늘(女)이 낳은(生) 자손.
　씨엄마 고(姑) : 태고(古)의 우주를 창조한 옴마니(女). *(麻姑)
　비롯 시(始) : 창조주(女)로부터 비롯함(台). *(一始無始)
　중요 요(要) : 본태양(两) 같은 창조주(女).
　같을 여(如) : 하늘(女)과 같음(口). *(如來. 如意珠)
　용서 서(恕) : 하늘(女)과 같은(口) 마음(心).
　종 노(奴) : 하늘(女)을 받드는(又) 자. *하느님의 종(모세)
　범할 간(奸) : 하늘(女)을 범함(干).
　망령 망(妄) : 하늘(女)을 망각함(亡) …… 등이다.

강(姜)　93

한편 '계집 녀(女)'의 '계집'이라는 말이 '창조주 하느님'을 뜻한다는 것을 자세히 알아본다.

'계집'은 '계(鷄) + 집'으로 구성되어 있다.

'닭 계(雞)'의 갑골문 '🐓'는 '奚(奚)+隹(隹)'인데, '奚·奚(해)'는 '爪(爪) + 幺(幺) + 大(大)'로 구성되어 있다. '爪·爪(조)'는 '새의 발'을 나타내고, '幺·幺(요)'는 '실 사(糸)'의 생략형으로 '묶다, 매다'를 나타내며, '大·大(대)'는 '사람'을 나타낸다. 따라서 '奚·奚(해)'는 '발(爪)을 묶어서(幺) 사람(大)의 집에 둔 새'를 뜻한다. '隹'는 '새 추(隹)'의 갑골문으로 '해'를 나타낸다.

이상을 보면 '닭 계(雞·🐓)'는 '집에 묶여 있는(奚) 새(隹)'이다. 이렇게 '닭 계(雞·🐓)'는 '묶은 새'로서 발음상 '묵은 새'와도 통용되는데, 이 '묵은 새'는 '쉬는 새' 곧 집 안에서 '쉬는 해'라는 의미가 된다.2) 결국 '쉬는(奚) 해(隹)'인 '닭 계(雞)'는 새 둥우리에 앉아 새끼를 까는 '까·닭(창조·새)'으로 '창조주 본태양 하느님'을 상징한다.3)

까·닭 (창조·새) 계(雞)

---

2) '묶은 새'를 뜻하는 '닭 계(雞·鷄)'자는 '묵은(쉬는) 새'를 뜻하는 '닭 유(酉)'자와 뜻이 같다. 또한 '닭 유(酉)'자에 '술'이라는 뜻이 있는데, 이는 '묶은>묵은 새'라는 뜻에서 비롯된 것으로 '묵은 새(酉) > 쉬는(쉰) 해(酉) > 익은(발효된) 물(술·酉)'로 변한 것이다.[중요 부수 '수(水)' 참조.] 이렇게 '발효된 물' 즉 '술(酒)'은 '본태양 하늘'을 상징하기 때문에 제사(祭祀) 때 술을 올리는 것이다. 그리고 흔히 하는 '건배(乾杯)' 역시 술이 '태양'을 상징하는 것이기 때문에 '우리는 태양의 빛과 같은 하늘의 자손이다'라는 의미로 하는 행위이다.

3) '계림(鷄林)'의 '닭 계(鷄)'는 '태양새(해·奚+새·鳥)'로 '본태양 하느님'을 뜻하고, '수풀 림(林)'은 '태양새가 깃든 수풀(둥우리)'을 뜻한다. 따라서 '계림(鷄林)'은 '창조주 본태양 하느님이 계시는 곳'을 의미한다.

따라서 '계(雞)·집'이라는 말은 '집 안에 있는 창조해(雞)'를 나타낸 말로, '창조주 하느님'을 상징한다. 또한 '계집(女)'은 '집안의 해(雞)'이기 때문에 '계집·해'라고도 일컫는데, '계집·해'를 달리 표현하면 '안·해(아·내)'가 된다.

'羊(양)'의 금문 'ᄽ'은 '하늘을 향해 솟아 있는 양의 뿔'을 형상한 글자로, '하늘의 불(태양)'을 상징한다.

이상을 종합하면, '창조주 하느님'을 의미하는 '女'와 '태양'을 의미하는 '羊'을 결합한 '강(姜)'은 '하늘(女)의 태양(羊)'을 나타낸 글자로, 성씨 '강(姜)'은 '창조주(女)의 어린 양(羊)', 즉 '하늘(女)의 자손(羊)'을 뜻한다.

| 姜 | 女 | 창조주 하느님 | 하나님(女) | 하늘(天) |
|---|---|---|---|---|
|   | 羊 | 태양의 빛 | 어린양(羊) | 자손(孫) |

| 康<br>천손 강 | 蕭<br>小篆 | ㅗ → 높은 하늘(태양).<br>겨 → 받들다. 따르다.<br>米 → 햇살(쌀·米). 자손.<br>康☞ 하늘(ㅗ)을 받드는(겨) 자손(米). |

'康(강)'의 소전 '蕭'은 'ㅗ + 겨 + 米'으로 구성되어 있다.

'ㅗ'은 '하늘을 향한 소뿔'을 형상한 글자로 '厂(엄)'과 같이 '높은 하늘의 태양'을 나타낸다. '겨'은 '받드는 두 손(手)'을 형상한 것으로 '받든다'라는 뜻이다. '米'은 '해의 햇살'을 형상한 것으로 '하늘이 낳은 자손(SON·米)'을 나타낸다.

따라서, '蕭·康(강)'은 '해(ㅗ)를 받드는(겨) 자손(米)'을 의미한다.

해를 받드는 자손, 강(康)

'康(강)'은 '广 + 隶'으로 구성되어 있다.

'집 엄(广)'은 '厂 + ヽ'으로 되어 있다.

'언덕 한(厂)'은 『설문해자』에서 "'한(厂)'은 높고 큰 바위로 된 절벽이다.[厂, 山石之厓巖.]"라고 하였는데, 이는 '하늘 높이(丿) 솟아 있는 절벽의 기암(一)'을 형상한 것으로, '언덕 한(厂)'은 '높은(丿) 하늘(一)'을 뜻한다. 여기에 '높은 집(高屋)'을 나타내는 '점 주(ヽ)'를 더한 '집 엄(广)'은 '높은 하늘(집)'을 나타낸다.

'이(隶)'는 『설문해자』에 따르면 "'이(隶)'는 따라잡는다는 뜻이다. '우(又)'와 '미(尾)'의 생략형으로 구성되어 있다. 손(又)으로 꼬리(尾)를 잡는 것은 뒤에서 따라잡는다는 뜻이다.[隶, 及也. 从又, 从尾省. 又, 持尾者, 从後及之也.]"라고 하였는데, '손(又)으로 꼬리(尾)를 잡는다'는 것은 '소꼬리 잡는 게 임자'라는 말과 같이 '하늘을 따르는 자손'을 뜻한다.

이상을 종합하면 '康(강)'은 '하늘(广)을 따라잡는다(隶)'라는 것으로, 성씨 '강(康)'은 '하늘(广)을 따르는 자손(隶)'을 뜻한다.

또한 '康(강)'은 '穅·糠(강)'자와 같은 의미로 쓰이는 글자인데, 『설문해자』에서는 '穅(강)'의 훈을 '알곡(곡·穀)의 껍질(피·皮)'이라고 붙이고 있는 바, 여기서 알곡은 '태양(알)', 즉 '천지를 창조하는 하느님(丫)'을 나타내고, 그 껍질은 '태양의 햇살(米)'을 나타낸다. 따라서 '康(강)'자와 마찬가지로 '穅·糠(강)'자도 '알곡(穀)의 껍질(皮)' 즉 '하늘의 자손'을 나타낸다.

참고로, '朴(박)'에 대해서도 『설문해자』에서 "'박(朴)'은 나무(木)의 껍질(皮)이다.[朴, 木皮也.]"라고 하였으니, 이는 '康(강)'을 '알곡(穀)의 껍질(皮)'이라고 풀이한 것과 같은 의미이다.

| 康 | 태양·경(庚)[1] | 알곡(穀) | 하늘·천(天) | 나무·木(木) |
|---|---|---|---|---|
| | 햇살·미(米) | 껍질(皮) | 자손·손(孫) | 껍질·皮(卜) |
| | ↓ | ↓ | ↓ | ↓ |
| | 강(康) | 강(康) | 천손 강(康) | 천손 박(朴) |

'康(강)'의 일반적인 훈이 '편안하다, 온화해지다'인데, 이는 '康(강)'자에 '하늘(태양)을 받들어 계승한다'라는 의미가 담겨 있기 때문이다.

---

[1] '庚(경)'의 소전 '庚'은 '丫'+'𦥑'이다. '丫'은 '하늘을 향한 소뿔'을 형상한 글자로 '태양(불)'을 상징하고, '𦥑'은 '두 손'으로 '받든다'는 뜻이다. 따라서 '庚·庚(경)'은 '태양(丫)을 받드는(𦥑) 모양'으로 '하늘(태양)'을 뜻한다.

| 甄 | 甄 (小篆) | 垔 → 가마. 본태양 하늘.<br>瓦 → 기와. 새의 깃털 > 해의 햇살 (자손).<br>甄 ☞ 본태양 하늘(垔)이 낳은 자손(瓦). |
|---|---|---|
| 천손 견 | 小篆 | |

'甄(견)'은 '垔 + 瓦'로 되어 있다.

'垔(인)'은 또한 '西 + 土'로 나누어 해석할 수 있다.

'西(서)'를 파자하면 '새(一)가 둥지(口)에 발(儿)을 내린 모습'을 나타내고, 또 '西(서)'의 소전 '甶'를 파자하면 '甶(새) + 囟(둥지)'로 역시 '새(甶)가 둥지(囟)에 앉은 모습'을 나타낸다. 여기에서 '새(鳥)'는 '해(日)'를 뜻하므로 '새가 새집에 앉은 모양'은 '해가 서산(西山)에 내린 모양'과 같은 의미를 나타낸다. 그래서 『설문해자』에서도 "'서(西)'는 새가 새집에 있는 것이다. 해가 서방으로 기울면 새가 새집에 깃드는 것을 말한다.[西, 鳥在巢上. 日在西方而鳥棲.]"라고 하였다.

이렇게 '새가 둥지에 내려앉는 것'이나 '해가 서산에 내리는 것'은 마치 '창조주 계집(女)이 집안에서 자손을 낳는 모습'과 같다. 따라서, '새집에 앉은 새'를 형상한 '甶·西(서)'는 '창조주 본태양 하느님'을 상징한다. [p.50 '계집 녀(女)' 참조]

이러한 의미의 '서(甶·西)'자를 '질그릇 견(甄)'자에 대입시켜 풀이하면, '서(甶·西)'는 '질그릇을 구워 창조하는 가마'로 '창조주 본태양 하느님'을 나타낸다.

'土(토)'의 갑골문은 '𐤔'이고 금문은 '𐤕'로 '땅에서 싹이 나온 모양'을 형상한 것이다. 따라서 '土'는 가마에서 나온 '질그릇(흙살)'이니, 이는 태양에서 나온 '햇살(흙살)', 본태양 하느님(西)이 낳은 '새싹(土)'에 비유할 수 있는 바, 성경에서 "하나님이 흙으로 사람을 지으셨다."라고 말한 의미와 통한다.

 이상을 종합하면 '䘃(인)'은 '질그릇(土)을 굽는 본태양 가마(西)'을 형상한 것으로, '자손(土)을 낳은 본태양 하느님(西)'을 의미한다.

 '기와 와(瓦)'의 소전 '𠁁'는 기와가 겹쳐 있는 모양을 나타내는데, '기와(질그릇)'의 의미를 깊이 따져본다.

 '기와(瓦)'의 옛말은 '디새'인데, 이는 '새의 깃털'을 뜻한다. 아래 사진의 '기와지붕'[1]을 보면 용마루 양쪽 끝의 '치익(鴟翼)'[2]은 '새(솔개)의 날개'를 형상한 것으로 '해(태양)'를 나타내고, 용마루 아래 지붕의 '기와'들은 '새의 깃털(디새)'로 '해의 햇살'을 나타낸다.

 따라서 '기와집'은 '새의 깃털(瓦)로 덮어 보호하는 집'을 형상한 것으로, 이는 '해의 햇살로 보호하는 집'을 뜻한다.

기와집의 치익(鴟翼)　　　　솔개의 깃털(鴟翼)

---

1) '지붕'을 한자 '至鵬'으로 나타낼 수 있다. '이를 지(至)'의 갑골문 '𝌆'는 '새(𝌆)가 땅(一)에 내리는 모습'이고, '봉황새 붕(鵬)'은 '태양새'를 뜻한다. 따라서 '지붕(至鵬)'이라는 말은 '태양새가 내려와 날개로 집을 덮어 보호한다'는 의미라고 볼 수 있다.
2) 용마루 양쪽 끝에 있는 '치미(鴟尾)'는 사실상 '솔개(鴟)의 꼬리(尾)'가 아니라 '솔개(鴟)의 날개(翼)'를 본뜬 것이므로 '치익(鴟翼)'이라고 하는 게 옳다.

이상에서 살펴본 대로 '질그릇(土)을 낳는 불가마(西)'를 뜻하는 '垔(인)'자에 '기와'를 뜻하는 '瓦(와)'자가 합쳐진 성씨 '甄(견)'은 '본태양 하늘(垔)이 낳은 자손(瓦)'을 의미한다.

| 慶<br>큰빛 경 | 䣎<br>小篆 | 𠆢 → 사슴뿔. 태양.<br>心 → 일심(一心). 본심(本心).<br>夊 → 夊(발 치) > 길게 끄는 발(足) > 큰불(火).<br>慶☞ 태양(𠆢)같이 크게 빛(夊)나는 마음(心). |
|---|---|---|

'慶(경)'의 소전 '䣎'은 '𠆢 + 心 + 夊'으로 구성되어 있다.

'𠆢·庐'은 '사슴뿔'을 형상한 것으로 '태양(불)'을 나타내고, '心'은 '일심(一心)'으로 '본심(本心)'을 나타내며, '夊'은 길게 끄는 발(足)을 형상한 '뒤따라올 치(夊)'로 '큰불(火)'을 나타낸다.

따라서 '경(慶)'은 '태양(𠆢)같이 크게 빛나는(夊) 마음(心)'을 형상한 글자로 '본심본태양'을 의미한다.

'사슴뿔'을 형상한 '𠆢(庐)'이 '태양'을 상징한다는 것은 아래의 사진을 통해서도 확인할 수 있다.

사슴뿔 왕관을 쓴 일왕     신라 사슴뿔 왕관     사슴뿔의 용머리

위의 사진에서 '일본 천왕의 시조'와 '신라 왕관'의 모습을 보면 '사슴뿔' 모양을 하고 있는데, 사슴뿔은 다른 짐승의 뿔과는 다르게 '큰 뿔'을 지닌 짐승으로 '큰 불' 곧 '태양(불)'을 상징한다.

'용(龍)'은 뱀의 몸에 '사슴뿔'이 달린 형상으로, 땅의 뱀이 아닌 하늘의 뱀을 나타낸다. 이로써 '사슴뿔'이 '하늘의 태양(불)'을 상징한다는 것을 알 수 있다. 그리고 산타클로스는 늘 '사슴(뿔)'을 대동하는 모습으로 그려지는데, 이 '사슴(뿔)' 역시 '하늘의 태양(하느님)'을 상징하기 때문에 산타클로스는 '하느님을 대리하는 사람'을 상징하게 된다.

사슴과 산타클로스

참고로, 우리는 흔히 배달국 시대에 신지혁덕(神誌赫德)이 만들었다고 하는 '녹도문자(鹿蹈文字)'를 '사슴 발자국을 형상하여 만든 글자'라고 한다. 그러나 '녹도(鹿蹈)'의 '사슴 록(鹿·声)'은 '사슴뿔'을 형상한 것으로 '태양(하늘)'을 나타내고, '발자국 도(蹈)'는 '慶(경)'자의 '발(夊·夂)'처럼 '불(빛)'을 나타내어, '녹도문자(鹿蹈文字)'[1]라는 말은 '사슴 발자국을 형상하여 만든 글자'가 아니라 '태양(鹿)의 빛살(蹈) > 마음(본태양)의 무늬(글)'라는 구조로 이루어진 문자(文字)'를 뜻한다.

그러므로 『설문해자』에서도 "'문(文)'은 교차하여 그린 그림이다. 교차한 무늬를 상형한 것이다.[文, 錯畫也. 象交文.]"라고 하였는데, 이는 '문자(文字)'를 '태양(亠)의 빛을 교차(乂)하여 조직한 것' 즉 '녹(鹿)·도(蹈)' 문자를 나타낸다.

---

[1] '녹도문자(鹿蹈文字)'는 고대 메소포타미아 수메르인이 사용한 '쐐기문자(楔形文字)'라는 말과 같은 의미라고 할 수 있는데, '쐐기문자'라는 말은 '쐐(하늘·태양) + 기(빛살·氣)', 즉 '태양의 빛'과 같은 문자라는 뜻이다.

| 景 | 景 | ⽇ → 태양.<br>亠 → 돼지머리 해 > 북두하늘의 해(亠).<br>口 → 日(해)<br>小 → 햇빛이 내려 비치는 모양 |
|---|---|---|
| 햇볕 경 | 小篆 | 景☞태양(日)이 비치는 밝은 땅(京)에 사는 자손. |

'景(경)'은 '日 + 京'이다.

'日(일)'은 '태양'을 나타낸다.

'京(경)'의 소전 '京'은 '亠 + 口 + 小'으로 구성되어 있다.

'돼지머리 해(亠)'[1]의 소전 '亠'는 '높은 하늘(우주)'을 형상한 것으로, '높은 북두하늘의 해' 즉 '본태양'을 뜻한다.

'口'은 '京(경)'의 속자를 '亰'으로 쓰는 데서도 알 수 있듯이 '日(일)'로 '해'를 나타낸다. '小'은 '햇빛이 쫙 내려 비치는 모양'으로 '빛'을 나타낸다. 이로써 보면 '서울 경(京)'은 '하늘의 햇빛이 땅에 쫙 비치는 모습'을 나타낸 것으로 '태양이 비치는 땅'을 의미한다.

이상을 종합하면 '경(景)'은 '태양(日)이 비치는 밝은 땅(京)'을 형상한 글자로, 성씨 '경(景)'은 '태양(日)이 비치는 밝은 땅(京)에 사는 자손'을 나타낸다.

참고로, '서울 경(京)'의 '서울'이라는 말은 '서라벌>서불(神市)>새울>서울'로 '태양이 비치는 밝은 곳'을 나타낸다. '서울'과 같이 '신라, 서라벌, 계림, 한양' 등도 모두 '밝은 곳'이란 뜻을 담고 있는 이름들이다. [자세한 내용은 p.484 '서울' 참조]

| 京 | 서울 | 새(新)불(羅) | 새(神)불(市) | 서라(설)벌(불) | 계(鷄)림(林) | 한(漢)양(陽) |
|---|---|---|---|---|---|---|

---

1) 제사에서 '검은 돼지의 머리'를 올리는 것은, 검은색이 오행상 '북쪽(北)'에 해당되고 머리(頭)는 '높은 하늘'을 나타내어 '돼지머리(亠)'가 '높은 북두(北斗)하늘'을 상징하기 때문이다.

| 桂 | 桂 | 木→창조주 나무(Nammu). 하늘.<br>圭→홀. 하늘의 자손. |
|---|---|---|
| 천손 계 | 小篆 | 桂→하늘(木)의 훌륭한 자손(圭). |

'桂(계)'는 '木 + 圭'로 구성되어 있다.

'Nammu(나무)'는 고대 수메르(Sumer) 신화에서 하늘(An)과 땅(Cybele)을 낳은 창조주 여신(女神)을 말하고, 고대 이집트 신화에서는 창조여신 '이시스(Isis)'를 '나무(木·Nammu)'에 비유하였다. 또한 고대 인도 범어 '나무(木·Namo)'는 한자 '南無(나무)'로 음역하는데, '나무'의 본래 의미는 '귀의(歸依)'가 아니라 '불(佛), 창조주 하느님'을 뜻한다.

▲ 나무(木)에 경배하는 용왕
◀ 창조여신 나무(木), 이시스

또한 '나무 목(木)'자를 파자하면 '十 + 八'이 되는데, '十(십)'은 '하느님'을 나타내고, '八(팔)'1)은 창조율려인 '8려음(呂音)'을 나타낸다. 따라서 '나무 목(木)'은 8려음(八)으로 천지(十)를 창조하는 '창조주 하느님'을 뜻한다.

---

1) '팔(8·八)'을 흔들어 춤추는 '시바 여신(女神)'과 갑골문 '춤출 무(無·舞)'자는 모두 우주를 창조하는 '창조율려(律呂)'를 상징한다.

'홀 규(圭)'는 두 개의 '土(토)'로 되어 있는데, 『설문해자』에서 "'홀(圭)'은 서옥이다. 위는 둥글고 아래는 네모난 모양이다.[圭, 瑞玉也. 上圜下方.]"라고 하였다. 여기서 홀(圭)의 '위가 둥글다(●)'라는 것은 '하늘(天)'을 나타내고, 홀(圭)의 '아래가 네모나다(■)'라는 것은 '땅(地)'을 나타낸 것으로, '홀(圭)'은 '하늘(●·土)이 지상의 천자(■·土)를 신임(信任)한다'는 증표(證票)이다.

홀(圭)을 든 천자

이러한 의미의 '홀(圭)'을 인간 세상에 똑같이 적용하여 천자가 제후(諸侯)를 봉(封)할 때도 그 증표로 '홀(圭)'을 사용하였다.

| 홀·圭 | (上)土 | 천원(天圓)·● | 하늘(天) | 천자 |
|---|---|---|---|---|
| | (下)土 | 지방(地方)·■ | 천자(子) | 제후 |

이상을 종합하면 창조주 하느님을 의미하는 '木(목)'과 천자를 의미하는 '圭(규)'가 합쳐진 성씨 '계(桂)'는 '하늘(木)이 인정한 천자(圭)'를 뜻한다.

고대 그리스의 제전(祭典)에서 우승자의 영예를 드러내 주기 위하여 '월계관(月桂冠)'을 씌워준 것도 '계수나무 계(桂)'에 '하늘(木)이 인정한 천자(圭)'라는 뜻이 있었기 때문이다. 월계수로 만든 월계관 대신에 종려나무의 잎으로 만든 관을 쓰기도 하였는데, 이는 종려나무의 잎이 '하늘의 자손'을 상징하는 '태양의 햇살'을 닮았기 때문이다.

월계관을 쓴 카이사르

| 高 | 高 | 亠→높은 하늘(태양).<br>口→누대 아래의 건물(땅). |
|---|---|---|
| 높은하늘 고 | 小篆 | 高☞높은 하늘(高)의 자손. |

'돼지머리 해(亠)'는 '돼지 해(亥)'자의 '머리(亠)'를 말하는데, '해(亥)'[1])는 만물을 낳는 '뿌리 해(荄)'로 '해(태양)'를 의미한다.

'亠(해)'의 소전 '亽' 또한 '높은 하늘(우주)'을 형상한 것으로, '높은 북두하늘의 해' 즉 '마음속의 해(본태양)'를 뜻한다. 이러한 마음속의 해(亠)를 노자(老子)는 '현빈(玄牝)'[2])이라고 하였고, 『천부경(天符經)』에서는 '본심본태양(本心本太陽)'이라 하였으며, 불교에서는 '일체유심조(一切唯心造)의 마음(心)'이라 하였다.

또 '돼지머리 해(亠)'의 '돼지'라는 말은 '도아지'의 준말이며, 옛말은 '돝'이다. '도+아지'의 '도'나 '돝(도+ㅌ)'의 '도'라는 말도 '본태양 하늘'을 나타내는 '도(道)[3])'를 뜻한다.

소전의 '高'는 '누대의 모양이 높은 것'을 나타내고, '口'는 '누대 아래의 건물'을 나타낸다. 따라서 '高·高(고)'는 '높은 누대'를 형상한 것으로, 이는 '높은 하늘'을 뜻한다.

'고(高)'를 『주역』「계사전(繫辭傳)」에서는 "낮고 높음으로써 펼치니 귀하고 천함이 자리한다.[卑高以陳, 貴賤位矣.]"라고 하였는데, 그 주석에서 "고(高)는 천(天)이요 체(體)이다.[高, 謂天體

---

1) '돼지 해(亥)'의 소전 '𠆢'는 '二+乚+𠆢'인데, '二'는 '위 상(上)'의 고문으로 '높은 하늘'을 나타내고, '乚'는 '아이를 밴 모양'을 나타내며 '𠆢'는 '건도(乾道, 남자)와 곤도(坤道, 여자)'를 나타낸다. 따라서 '𠆢·亠(해)'는 '음(陰)·양(陽)이 교접하여 만물을 낳는 본태양 하늘'을 의미한다.
2) '현빈(玄牝)'은 '까마득한 북두하늘(玄)에 있는 창조주 하느님(牝)'을 의미한다.
3) '도(道)'는 '우주를 운행하는(辶·辵) 본태양(首)'을 뜻한다.

也.]"라고 하였으니, '高(고)'는 역시 '높은 하늘'을 나타낸다.

이상을 종합하면, '고(高)'는 '높은 하늘의 태양'을 형상한 글자로, 성씨 '고(高)'는 '높은 하늘(태양)의 자손'이라는 의미가 된다.

한편, 『삼국유사』에 "국호를 고구려라 하고, '고(高)'를 씨(氏)로 삼았다.(본성은 '해(解)'였다. 그러나 지금 천제의 아들이 햇빛을 받아 태어났다 하여 스스로 고(高)로 씨(氏)를 삼은 것이다.)[國號高句麗, 因以高爲氏.(本姓解也. 今自言是天帝子承日光而生, 故自以高爲氏.)]"라고 하였다.

위에서 말한 '해(解)'는 부여의 시조 해모수(解慕漱)의 성으로 높은 하늘의 '해(태양)'를 뜻한다는 말인데, 고주몽(高朱蒙)이 고구려를 건국하고 이 뜻을 그대로 이어받아 높은 하늘의 '해(태양)'를 뜻하는 '고(高)'를 성씨로 삼았다는 것이다. 그러므로 '해(解)'씨나 '고(高)'씨는 모두 '높은 하늘(태양)의 자손'을 뜻한다.

| 骨 |  |  → 숨겨진 해(본태양). |
| | | ⑨ → 몸·육신(肉·月). |
| 뼈 골 | 小篆 | 骨 ☞ 본태양(骨). |

'骨(골)'은 '冎 + 肉(月)'으로 구성되어 있다.

'冎(과)'는 '몸속(冖)에 숨은 해(⼁·⼂)'를 나타내어 '본태양'을 뜻하고, '살 육(肉)'은 '몸·육신(肉身)'을 뜻한다.

『설문해자』에서 "'골(骨)'은 살의 핵(覈, 核)이다. '뼈(冎)'에 살(肉)이 붙어 있는 모양이다.[骨, 肉之覈也. 从冎有肉.]"라고 하였는데, '뼈에 살이 붙어 있는 모양'이라고 한 것은 '육신(肉) 속에 있는 뼈', 다시 말해 '몸속에 숨겨진 해(骸·뼈)'를 말한다.

따라서 '骨(골)'은 '몸속(肉)에 숨은 해·태양(冎)'을 형상한 글자로, 성씨 '骨(골)'은 '태양(骨)의 후예'라는 의미가 된다.

'뼈 골(骨)'자가 '육신 속에 숨은 해(태양)'를 말한다고 밝혔는데, 우리가 소우주라고 여기는 사람의 몸에서 '높은 하늘의 해(태양)'에 해당하는 '머리뼈'를 '해·골·박'이라고 하는 것도 이와 같다. '해·골·박'은 '해(태양) = 골(고리)1) = 박(밝다)'을 나타낸 말이다.

---

1) '고리(高麗)'는 '하늘(高)의 빛(麗)'을 뜻한다.

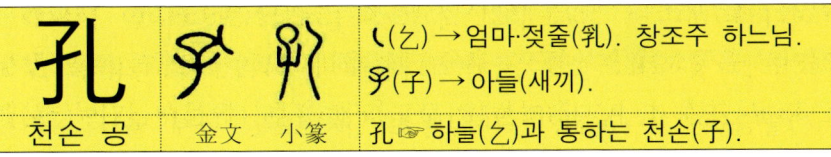

'孔(공)'의 금문 '⿰'을 파자하면 'ㄣ(乙) + 윻(子)'가 된다.

'ㄣ(乙)'은 '엄마의 젖(줄)'을 형상한 것으로, 이는 곧 '창조주 하느님'을 나타낸다.

'윻(子)'는 '아들 자(子)'인데, '아들'이라는 말은 '새끼'를 뜻하고 '새끼'는 '해끼'에서 온 말이며, '해끼'는 '해의 기운(氣)', 즉 해의 햇살과 같은 '하늘의 자손'을 나타낸다. 그래서 성인 노자(老子)나 공자(孔子) 등의 호칭에 '자(子)'를 붙였던 것이다.

이렇게 '아들 자(子)'가 '하늘(천지)의 아들'을 나타낸다는 증거는 '아들 자(子)'의 갑골문 '윻'와 똑같은 고대 이집트의 '☥(앙크)'를 보면 명확히 드러난다.

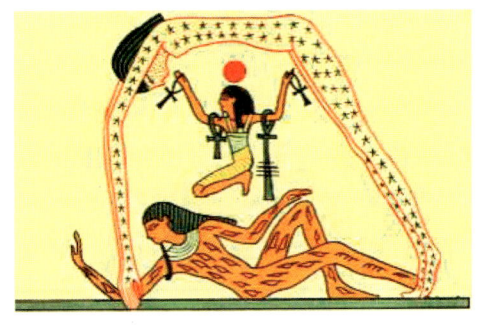

▲ 아들(子·☥)을 낳는 여신, 누트
◀ 태양의 아들(子·☥), 호루스

위의 왼쪽 그림에서 오시리스(天)와 이시스(地)의 아들(子)인 호루스가 왼손에 '☥(앙크)'를 들고 있는 모습은, 호루스가 '천지

(天地)의 아들(子)'임을 보여주는 것이고, 위의 오른쪽 그림에서 창조여신 누트의 팔에 '☥(앙크)'가 걸려 있는 모습은, 이 '☥(앙크)'가 곧 '창조여신이 낳은 아들(子)'임을 보여주는 것이다. 따라서 갑골문의 '아들 자(�)'자와 고대 이집트의 '☥(앙크)'는 '하늘이 낳은 아들(子)'을 상징한다는 것을 알 수 있다.

이상을 종합하면, '𝆑·孔(공)'은 '엄마의 젖(乳)을 물고 있는 아들(子)'을 형상한 글자로, 이는 곧 '하늘(乚·乙)과 통(通)하는 아들(𝆑·子)'을 뜻한다.

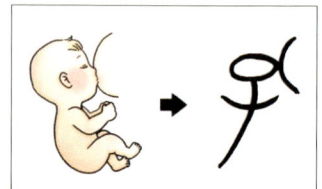

『설문해자』를 보면 "'공(孔)'은 통(通)하는 것이다. '乙'과 '子'자로 이루어졌다. '乙'은 자식을 청하는 공작새이다. '乙'이 이르면 아들을 얻을 수 있어서 아름답게 여긴다.[孔, 通也. 从乙从子. 乙, 請子之候鳥也. 乙至而得子, 嘉美之也.]"라고 하였다. '통(通)한다'는 것은 '하늘과 통한다'는 말이고, '乙'은 '자식을 청할 때 부르는 공작새'인데 '공작새'는 '큰 깃털을 가진 새'로 '북두칠성 본태양 하느님(창조새)'을 상징한다.

따라서 성씨 '공(孔)'은 '북두칠성 삼신 하느님(乙)이 점지하여 낳은 천손(子)'을 뜻한다. 아이슬란드 신화에서 '삼신(三神)할미의 젖을 물고 있는 뱀(아해)의 모습'은 '천손 공(孔)'의 의미를 잘 보여주고 있는데, 우리의 속담에도 "태몽에서 뱀1) 꿈은 삼신할미가 점지한 아들(아해)이다."라고 하였다.

삼신할미와 아해(뱀)

---

1) '뱀(蛇)'은 '虫 + 宀 + 匕'로 '북두칠성(匕) 하늘(宀)의 빛(虫)'을 뜻한다.

|  | 八(八) → 하느님의 창조율려(律呂). |
|---|---|
| 임금 공 | 小篆 |
|  | ㅇ(厶) → 하늘에서 내린 나(台). 임금. |
|  | 公 ☞ 하늘의 창조율려(八)로 태어난 임금(厶). |

'公(공)'은 '八 + 厶'로 구성되어 있다.

창조주 하느님을 뜻하는 '나무 목(木)'을 파자하면 '十 + 八'이다. '八(팔)'은 '나무 목(木)'에서 창조주를 의미하는 '十(십)'이 생략된 것으로, '八(팔)'은 '창조주 하느님의 팔(八)', 즉 '하느님의 창조율려(創造律呂)'를 뜻한다.

  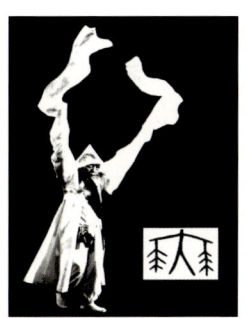

창조주(十)의 창조율려(八)   시바(十)의 창조율려(八)   창조율려(八)·춤

'厶(사)'는 '하늘에서 내려온 나(台·私)'를 뜻한다.

따라서 '공(公)'은 '하늘의 창조율려(八)로 태어난 나(厶)'를 나타낸 것으로, 성씨 '공(公)'은 '하늘이 낳은 임금'을 뜻한다.

또한, '公(공)'의 고문은 '𠫔'인데, '八 + 白'으로 구성되어 있다.

'八(팔)'은 '하느님의 창조율려(創造律呂)'를 뜻하고, '白(백)'은 '태양'을 뜻한다. 따라서 '公(공)'의 고문 '𠫔' 역시 '하늘이 낳은 태양(임금)'을 뜻한다.

| 郭 | 𩵋(小篆) | 享(형) → 하늘(高)과 형통하는 자손(子). |
|---|---|---|
| 천손 곽 | 小篆 | 阝(읍) → 하늘(巴)의 자손(口). 고을(邑).<br>郭 ☞ 하늘과 형통(享)하는 자손(阝). |

'郭(곽)'은 '享 + 阝(邑)'으로, '郭(곽)'의 소전은 '𩵋'이다.

'𩵋·郭(곽)'은 '高(高) + 子(子) + 邑(邑)'으로 '享(향)'이 '高 + 子'임을 알 수 있는데, '享(향)'은 '높은 하늘(高)에 제사 올리는 자손(子)'을 나타내어 '하늘(高)과 형통하는 자손(子)'을 뜻한다.

또한 '享(향)'을 '亠 + 口 + 子'로 파자하면, '돼지머리 해(亠)'의 소전 '𠆢'는 '높은 하늘'을 형상한 것으로, '북두하늘의 해(본태양)'를 나타내고, '口(구)'는 '제단'을 나타내며, '子(자)'는 '제사 지내는 자손'을 나타낸다. 따라서 '享(향)'은 '하늘(亠)에 제사 지내는 (口) 자손(子)'을 의미한다.

'고을 읍(阝·邑)'은 '巴 + 口'이다.

'큰뱀 파(巴)'는 '• + 巳'로 구성되어 있는데, '점 주(•)'는 '북극성'을 나타내고, '뱀 사(巳)'는 북극성을 중심축으로 하여 우주를 춘하추동(春夏秋冬) 운행하는 '북두칠성'을 나타낸다. 따라서 '큰뱀 파(巴)'는 우주를 운행하며 주재하는 '북두하늘'을 뜻한다.

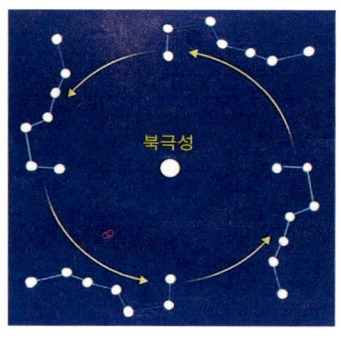 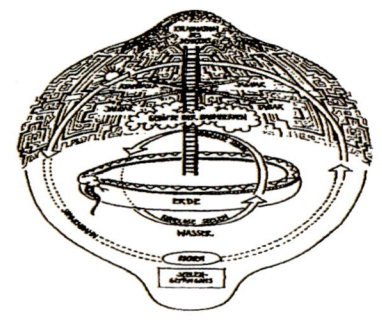

우주를 운행하는 큰뱀 파(巴)　　고대 페루의 우주도

'큰뱀 파(巴)'에 이런 의미가 있다는 것은 '큰뱀(巴)'이 우주(천체)의 운행을 주재한다고 생각한 고대 페루인의 우주관(宇宙觀)에도 잘 나타나 있다.

'입 구(口)'는 '사람(人)이 출입(出入)하는 곳(口)'을 나타낸다.

따라서 '고을 읍(阝·邑)'은 '하늘(巴)의 자손이 모여 사는 곳(口)'을 의미한다. 또한 '고을 읍(阝·邑)'은 '하늘(巴)의 자손(口)'[1]이라는 의미로도 쓰이는데, 이는 '마고(麻)의 새끼(乙)'를 뜻하는 '마을(麻乙)'이나 '하늘(天)의 새끼(乙)'를 뜻하는 '천을(天乙)'과 같은 의미라고 할 수 있다.[p.381 '조(曹)' 참조]

| 고을·邑 | 하늘 파(巴) ☞ 고(高) · 마(麻) · 천(天) · 천(天) |
|  | 사람 구(口) ☞ 을(乙) · 을(乙) · 을(乙) · 손(孫) |

이상의 풀이를 정리하면 성씨 '곽(郭)'은 '하늘과 형통(亨)하는 하늘의 자손(阝)'을 의미한다.

한편, '곽(郭)'은 '내성(城)의 둘레를 감싼 외곽(郭)'이라는 뜻을 가진 글자인데, 이런 의미의 '곽(郭)'은 본체인 해를 둘러싸고 있는 햇무리[2], 즉 '하느님을 둘러싸고 있는 둘레(주변)'라는 의미로 확장된다. 따라서 성씨로 쓰인 '곽(郭)'은 '하느님 둘레에 있는 햇무리처럼 친근한 천손'을 뜻하기도 한다.

해의 햇무리

---

1) 그래서 '성씨(姓氏)'를 대신하여 '본관(本貫)·고을(지역)'을 말하기도 한다.
2) 여기서 '햇무리'는 '해의 무리'로 '하늘의 자손'을 뜻한다.

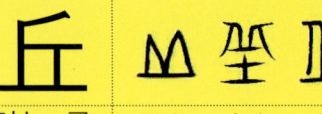

'丘(구)'의 소전 '瓜'를 파자하면 '瓜(北) + 一(一)'이 된다.

'瓜'은 두 사람이 서로 등진 모습을 형상한 것으로, '북(北)'인데, 북(北)은 '높고 신성한 북두하늘'을 나타낸다.

'一(一)'은 '丘(구)'의 고문 '坒'를 보면 '土(토)'에 해당되는 글자로서 '땅'을 나타낸다. 『설문해자』에서 "'구(丘)'는 땅의 높은 곳인데, 사람이 만든 것이 아니다.[丘, 土之高也, 非人所爲也.]"라고 하였다. '사람이 만든 것이 아니다'라는 것은 사람이 인위적으로 만든 것이 아니라 '하늘이 부여한 신성한 곳'이라는 의미이다.

따라서 '구(丘)'는 '높은 북두 하늘처럼 신성한 곳'을 나타내어, 성씨 '구(丘)'는 '신성한 북두하늘의 자손'을 뜻한다.

이렇게 '구(丘)'가 '북두하늘처럼 높고 신성한 곳'을 의미한다는 것은 청구(靑丘)와 대구(大丘·大邱), 그리고 우리나라의 환구단(圜丘壇)이나 중국의 원구단(圓丘壇)에서도 확인할 수 있다.

환구단(圜丘壇)

원구단(圓丘壇)

'청구(靑丘)'는 치우천왕의 나라 이름이자 '우리나라'를 지칭하는 별칭으로 쓰였는데, '청구(靑丘)'의 '파라 청(靑)'은 '파라(Para)', 즉 '하늘'을 나타내고, '언덕 구(丘)'는 '높고 신성한 곳'을 뜻한다. 따라서 '청구(靑丘)'는 '파란 하늘(靑)과 같이 높고 신성한 곳(丘)'을 의미하고, 대구(大邱) 또한 '높고 신성한 땅(邱)'을 뜻한다.

 우리나라의 '환구단(圜丘壇)'은 '환한 하늘(圜)처럼 높고 신성한 곳(丘)'이라는 뜻이 되고, 중국의 '원구단(圓丘壇)'은 '둥근 하늘(圓)처럼 높고 신성한 곳(丘)'이라는 뜻이 된다.

 이러한 의미의 '구(丘)'를 영어로 하면 '아크로폴리스(Acropolis)'인데, 아크로(Acro)는 '높다, 신성하다'라는 뜻이고, 폴리스(polis)는 '도시, 땅'이란 뜻으로 '아크로폴리스' 역시 '높고 신성한 곳'을 의미하는 '하늘 구(丘)'자와 통한다.

구(丘)·천부도(天符都)·아크로폴리스

| 邱 | 小篆 | 丘(구) → 높은 하늘(北)의 신성한 땅(一).<br>阝(읍) → 하늘(巴)의 자손(口). 고을(邑). |
|---|---|---|
| 하늘 구 | | 邱☞ 신성한 하늘(丘)의 자손(阝). |

'邱(구)'는 '丘 + 阝(邑)'이다.

'丘(구)'의 소전 '𠀒'를 파자하면 '𠀒(北) + 一(一)'이 된다.

'𠀒'은 두 사람이 서로 등진 모습을 형상한 것으로, '북(北)'인데, 북(北)은 '높고 신성한 북두하늘'을 나타낸다.

'一(一)'은 '丘(구)'의 고문 '𠀒'를 보면 '土(토)'에 해당되는 글자로서 '땅'을 나타낸다. 『설문해자』에서 "'구(丘)'는 땅의 높은 곳인데, 사람이 만든 것이 아니다.[丘, 土之高也, 非人所爲也.]"라고 하였다. '사람이 만든 것이 아니다'라는 것은 사람이 인위적으로 만든 것이 아니라 '하늘이 부여한 신성한 곳'이라는 의미이다.

'고을 읍(阝·邑)'은 '巴 + 口'이다.

'큰뱀 파(巴)'는 '·+ 巳'로 구성되어 있는데, '점 주(·)'는 '북극성'을 나타내고, '뱀 사(巳)'는 북극성을 중심축으로 하여 우주를 춘하추동(春夏秋冬) 운행하는 '북두칠성'을 나타낸다. 따라서 '큰뱀 파(巴)'는 우주를 운행하며 주재하는 '북두하늘'을 뜻한다. '입 구(口)'는 '사람(人)이 출입(出入)하는 곳(口)'을 나타낸다. 따라서 '고을 읍(阝·邑)'은 '하늘(巴)의 자손이 모여 사는 곳(口)'을 의미한다.

이상을 종합하면 '구(邱)'는 '신성한 하늘(丘)의 자손이 사는 마을(阝)'을 나타내어, '성씨 구(邱)'는 '신성한 하늘(丘)의 자손(阝)'을 나타낸다.

'具(구)'의 금문 '具'는 '貝+𠬞'로 되어 있고, 소전 '具'는 '目+廾'로 되어 있다. 따라서 금문 '具'의 '貝(패·조개)'와 소전 '具'의 '目(目·눈)'은 같은 의미로 통용된다는 것을 알 수 있다.

'조개 패(貝)'의 금문 '貝'는 '甘+八'로 되어 있는데, '甘'은 '조갑(조가비)'으로 여성의 음부와 닮아 '창조주 하느님'을 나타내고, '八'은 '조갯살'로 '햇살'을 나타낸다. '조갑'을 한자로 표현하면 '祖甲'인데, '祖(조)'는 '할·아버지>한·아버지'로 '하느님'을 나타내고, '甲(갑)'은 창조주 자궁에서 출산하는 모습을 표현한 소전 '甲(甲)' 자나, 하느님을 표현한 금문 '十(甲)'자에서 알 수 있듯이 '창조주'를 나타낸다. 결국 '조갑(祖甲)'은 '창조주 하느님'을 의미한다.

이렇게 '조개(貝)'가 '창조주 하느님'을 상징한다는 것을 잘 보여주는 그림이 「비너스 탄생」이다. 이 그림은 '창조주 하느님(조갑)이 낳은 비너스'를 표현한 것인데, '비너스'는 '금성(金星)·샛별'이라는 뜻으로 '태양(貝)이 낳은 새 빛(샛별)'을 의미한다.

위에서 '조개 패(貝)'와 '눈 목(目)'이 같은 의미로 쓰인다고 하였는데, '조개 패(貝)'가 '태양(하늘)'을 상징한다는 것은 이상에서 확인하였고, 이제 '눈 목(目)' 역시 '태양(하늘)'을 상징한다는 것을 고대 이집트의 '호루스 눈'과 미국 1달러의 '전시안(全視眼)'을 통해 확인하여 본다.

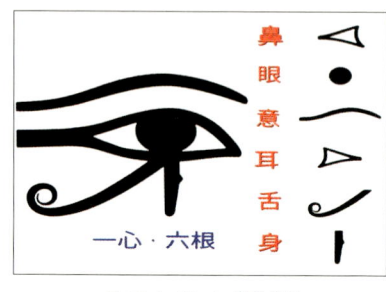     

호루스의 눈(태양)                        전시안(全視眼)

'호루스의 눈(目)'은 '일심(一心)·육근(六根)'을 상징한 것인데, '일심(1)'은 바로 '본심·본태양'으로 '하나님'을 가리키고, '육근(6)'은 '안·이·비·설·신·의'로 '몸·우주'를 가리킨다. 따라서 '호루스의 눈(目)'은 '우주를 창조하는 본태양 하나님'을 상징한다. 1달러 지폐 뒷면에 있는 '전시안' 역시 본태양 하나님이 온 우주를 두루 보살피는 눈(目)을 형상한 것이다.

이렇게 '눈(目)'이 태양에 비유되는 것은 '사람(소우주)의 눈'이 '하늘(우주)의 태양'에 비견되기 때문이며, 또한 '태양'이 눈의 인식 대상인 '빛(色)의 근원'이기 때문이다.

이상에서 살펴본 바와 같이 금문 '(구)'의 '貝(貝)'자와 소전 '具'의 '目(目)'자에는 모두 '태양'이라는 의미가 들어 있음을 살펴보았다. 여기에 '받드는 손'을 나타낸 '廾'이 합쳐진 '具(具)'는 '태

양(日)을 받드는 손(𠂇)'을 형상한 글자로, 성씨 '具(구)'는 '태양(日)을 다 함께 받드는 자손(𠂇)'을 나타낸다.

이렇게 '구(具)'는 '태양(日)을 자손들이 함께 받드는(𠂇) 모습'을 형상한 것이므로 '(하늘과) 함께, 온전하다, 갖추다' 등의 의미로 파생되어 쓰이는 것이다.

참고로, '신(神)과 자손이 함께 한다'라는 '구(具)'의 의미는 미국의 1달러 지폐 'IN GOD WE TRUST'와도 같은 의미인데, 피라미드 전시안(태양) 아래의 '13'층 역시 '1+12'의 구조로서, '1'은 하나님(神)을 나타내고 '12'는 자손을 나타내어, '13'이라는 수(數)는 '신(1)과 자손(12)이 함께 한다'라는 것을 상징한다.[1][2]

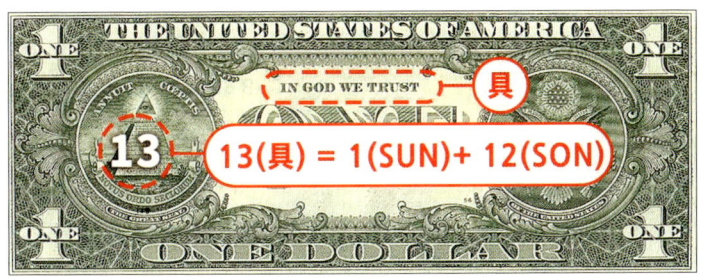

---

1) '1'은 북극성을 말하고, '12'는 북극성을 둘러싸고 있는 12궁을 말한다. 이 '1+12'의 구조로부터 '예수와 12제자', '아미타불과 12보살' 등의 개념이 나온 것이다.
2) '13일의 금(金)요일'이란 말에서 '13'은 '하나님(1)과 자손(12)이 함께 한다'는 것을 나타내고, '금(金)'은 '빛(광명)'을 나타낸다. 따라서 '13·金(금)'은 '하나님(1)과 자손(12)이 함께한 신성한 하나님의 빛(金)'을 상징한다. 또 우리가 흔히 오해하여 '13일의 금요일'을 불길하게 여겨 삼가(禁)해야 한다고 하는데, 사실 '금(禁)'자는 '示(神·하늘) + 林(자손들)'으로 '신성한 하늘의 자손들'이라는 뜻이다. 중국 천자의 궁궐인 자금성(紫禁城)의 '금(禁)'이나 하늘의 자손이 태어날 때 표시하던 '금(禁)줄·새끼줄(孫)'의 '삼가할 금(禁)'자도 '신성한 하늘의 자손이 있는 곳'이므로 '삼가 조심하라'는 뜻으로 쓴 것이다.

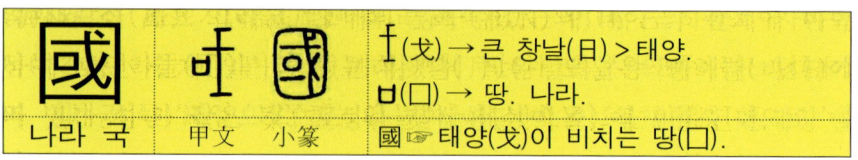

'國(국)'의 갑골문 '𢍏'은 '𢦏(戈) + 凵(口)'으로 구성되어 있다.

'창 과(𢦏·戈)'는 '긴 창날'을 형상한 것으로, '긴 창날(日)'은 '큰 빛살(태양)'을 나타낸다. [p.79 '창 과(戈)' 참조]

'나라 국(凵·口)'은 '땅'을 나타낸다.

따라서 '나라 국(𢍏·國)'은 '태양(𢦏)이 비치는 땅(凵)'을 뜻한다.

'國(국)'의 소전 '國'은 '戈(태양) + 口(나라) + 一(땅) + 口(곳)'으로 구성하였는데, 이는 갑골문 '𢍏(戈) + 凵(口)'에 '一(땅) + 口(나라)'을 덧붙여 땅을 강조한 형태이다. 그러므로 '나라 국(國)'은 '창(戈)을 들고 국경(口)을 경계하는 모습'이 아니라 '태양(戈)이 비치는 땅(口)'을 의미한다.

이상을 종합하면 성씨 '국(國)'은 '태양(戈)이 비치는 곳(口)에 사는 자손'을 뜻한다.

| | | |
|---|---|---|
| 鞠 | 鞠 | 革 → 빛나다(革新). <br> 匊 → 햇살(米)을 품은 태양(勹). |
| 태양 국 | 小篆 | 鞠☞ 태양(鞠)의 자손. |

'鞠(국)'은 '革 + 匊'으로 구성되어 있다.

'革(혁)'의 금문 '𩉼'은 '𠬡 + ㅌㅑ'이다.

'𠬡'은 '뿔 달린 짐승의 몸'을 형상한 것인데, '뿔'은 '태양(불)'을 상징한다. 'ㅌㅑ'은 '사람의 손'을 나타낸다. 따라서 '𩉼·革(혁)'의 1차적 의미는 '가죽'이지만, 여기서는 '짐승의 가죽에서 털을 깨끗하게 다듬어 태양(뿔)처럼 빛나게 한다'라는 것으로, '새롭게 빛나게 하다(革新), 빛나다'라는 뜻이다.

또한, '革(혁)'에 '새의 날개'라는 뜻이 있는데, 여기서 '새의 날개'는 '해의 햇빛'을 나타낸 것으로, 역시 '해(태양)처럼 빛나다'라는 뜻이다.

'匊(국)'의 소전 '匊'은 '𠂆(勹) + 米(米)'로 구성되어 있다.

'쌀 포(𠂆·勹)'는 '둥근 하늘'을 형상한 것으로 '둥근 태양'을 나타내고, '쌀 미(米·米)'는 '해의 햇살'을 나타낸다. 따라서 '匊·匊(국)'은 '햇살(米)을 품고 있는 둥근 태양(勹)'을 형상한 것으로, 이는 곧 '태양'을 상징한다.

이상을 종합하면, '둥근 태양'을 상징하는 '국(匊)'자에 '빛나다'라는 의미의 '혁(革)'자가 합쳐진 '국(鞠)'은 '빛나는(革) 둥근 태양(匊)'을 형상한 것으로서, 성씨 '국(鞠)'은 '빛나는(革) 태양(匊)의 자손'을 뜻한다.

국(鞠)　121

『설문해자』에서 "'국(鞠)'은 축구공(蹋鞠)이다.[鞠, 蹋鞠也.]"라고 하였는데, 이는 '태양'이란 의미의 '국(鞠)'을 '가죽(革)으로 만든 공(匊)'에 비유한 것이다.

태양 국(鞠)　　　　　축구공 국(鞠)　　　　　국화 국(菊)

참고로, '국(鞠)'의 뜻에 '국화(菊花)'라는 의미가 있는데, 위의 의미를 살펴보면 '태양 국(鞠)'자와 '국화 국(菊)'자는 사실상 같은 의미임을 알 수 있다. 곧 '국(匊)'자에 '빛나다'라는 뜻의 '혁(革)'자를 붙인 '태양 국(鞠)'자나, '국(匊)'자에 '빛'을 뜻하는 '풀 초(艹)'를 붙인 '국화 국(菊)'자는 똑같이 '빛나는 태양'을 상징한 것이다. '둥근 태양(勹) + 꽃잎(米)'으로 구성된 국화(菊花)를 보더라도 '빛나는(米) 태양(勹)'을 닮았다.

| 權 | 權 | 木(나무) → 남무(Nammu). 창조주 하느님.<br>雚(황새) → 큰 눈(目)의 새. 밝은 태양. |
|---|---|---|
| 태양 권 | 小篆 | 權☞ 밝은 태양(雚) 같은 하느님(木). |

'權(권)'은 '木(목) + 雚(관)'으로 구성되어 있다.

'Nammu(나무·木)'는 고대 수메르(Sumer) 신화에서 하늘(An)과 땅(Cybele)을 낳은 창조주 여신(女神)을 말하고, 고대 이집트 신화에서는 창조여신 '이시스(Isis)'를 '나무(木·Nammu)'에 비유하였다. 또한 고대 인도 범어 '나무(木·Namo)'는 한자 '南無(나무)'로 음역하는데, '나무'의 본래 의미는 '귀의(歸依)'가 아니라 '불(佛), 창조주 하느님'을 뜻한다.

▲ 나무(木)에 경배하는 용왕
◀ 창조여신 나무(木), 이시스

또한 '나무 목(木)'자를 파자하면 '十 + 八'이 되는데, '十(십)'은 '하늘'을 나타내고, '八(팔)'1)은 창조율려인 '8려음(呂音)'을 나타낸다. 따라서 '나무 목(木)'은 8려음(八)으로 천지(十)를 창조하는 '창조주 하늘'을 뜻한다.

---

1) '팔(8·八)'을 흔들어 춤추는 '시바 여신(女神)'과 갑골문 '춤출 무(羙·無·舞)'자는 모두 우주를 창조하는 '창조율려(律呂)'를 상징한다.

창조주(十)의 창조율려(八)　시바(十)의 창조율려(八)　창조율려(八)·춤

'황새 관(雚)'은 '艹 + 吅 + 隹'으로 구성되어 있다.

'艹(초)'는 '풀 > 뿔 > 불'로 발음상 서로 통하여 '불빛(光)'을 나타내고, '吅(훤)'은 '두 개의 큰 눈(目)'으로 '해(日)'를 나타내며 [p.118 '구(具)'씨의 '목(目)' 참조], '隹(추)'는 '새'로 '해'를 나타낸다.2) 따라서 '황새 관(雚)'은 '큰 눈을 가진 큰 새(한새, 황새)'를 나타내어 '크게 빛나는 태양'을 상징한다.

이상을 종합하면 '밝은 태양'을 뜻하는 '황새 관(雚)'에 '창조주 하느님'을 뜻하는 '나무 목(木)'이 합쳐진 '權(권)'은 '밝은 태양(雚) 같은 하느님(木)'을 형상한 것으로, 성씨 '權(권)'은 '밝은 태양(雚) 같은 하느님(木)의 자손'을 뜻한다.

이러한 의미의 '權(권)'을 『설문해자』에서는 "권(權)은 황화목(黃華木)이다.[權, 黃華木.]"라고 하였는데, '황(黃)'은 '우주(田)의 빛(光)'3)을 나타내고, '화(華)'는 '밝은 빛'을 나타내며, 나무(木)

---

2) 높은 하늘을 나는 '새'는 높은 하늘에 떠 있는 '해'와 동일시된다. 따라서 '새'는 '해'를 상징한다.
3) '黃(황)'의 갑골문 '𤴐'은 '大 + 口'인데, '大'은 '큰 화살(矢)'을 형상한 것으로 '태양(빛)'을 나타내고, '口'은 '우주·세상(田)'을 나타내어 '황(黃)'은 '우주(田)의 빛(光)'을 뜻한다.

는 '창조주 하늘'을 나타낸다. 따라서 '황화목(黃華木)'은 '우주의 빛(黃華)을 발하는 하느님(木)' 즉 '본태양 하느님'을 의미한다.

참고로, '황새 관(雚)'자가 '태양'이란 의미로 쓰인 예를 보면, '햇불 관(爟)'은 '火 + 雚'이니 '태양(雚) 같은 불(火)'이라는 뜻이고, '광대뼈 권(顴)'은 '雚 + 頁'이니 '태양(雚)처럼 튀어나온 얼굴뼈(頁)'라는 뜻이며, '큰힘 권(勸)'은 '雚 + 力'이니 '태양(雚) 같은 큰 힘(力)'이라는 뜻이다. 그리고 '볼 관(觀)'은 '雚 + 見'이니 '태양(雚)을 보듯 밝고 분명하게 본다(見)'라는 뜻이다.

| 琴 | 珡 | 珡→옥황상제. 신(神).<br>今→하늘의 소리가 지금(至今) 여기에 이름.<br>1) 예로부터 지금(至今)에 이르기까지.<br>2) 하늘로부터 땅(여기)에 이르기까지. |
|---|---|---|
| 천음 금 | 小篆 | 琴 ☞ 옥황상제(神)의 음성(音). 신(神)의 빛(자손). |

『설문해자』에 "'금(琴)'은 본래 '珡'[1]으로 썼는데, '禁(금)'이라는 뜻이다.[琴, 本作珡, 禁也.]"라고 하였다. 이에 대해 『백호통(白虎通)』은 "거문고로 음탕하고 사악한 것을 금하여, 사람의 마음을 바르게 한다.[琴以禁制淫邪, 正人心也.]"라고 하여 거문고의 효용적 측면만 강조해 설명하였는데, '禁(금)'자의 본래 의미는 '신(示·神)의 빛(林)'으로서 '신성한 자손'을 의미한다. 이로부터 '(신성하니) 조심하고 삼가라'는 것으로 '禁(금)'자의 뜻이 확장된 것이다. [p.242 '금(禁)' 참조.]

이상을 종합하면 성씨 '琴(금)'은 '禁(금)'과 마찬가지로 '신(神)의 빛(林)[2]'을 의미한다.

또한 '琴(금)'은 '珡 + 今'으로 구성되어 있는데, '쌍옥 각(珡)'은 '옥황상제'를 뜻하고, '이제 금(今)'은 '예로부터 오늘에 이르기까지' 곧 '지금(至今)'을 나타내고, 공간적으로 말하면 '하늘로부터 땅(세상)에 이르기까지' 곧 '여기'를 나타낸다.

따라서 '금(琴)'은 '옥황상제 하느님(珡)의 음성(音)이 지금 여기(세상)에 이르다(今)'라는 뜻으로, 성씨 '琴(금)'은 '하늘의 음성(말씀)에 의하여 세상에 태어난 자손'을 뜻한다고 할 수 있다.

---

1) '珡(금)'은 '珡 + 人'인데, '珡'은 '옥황상제, 신(神)'을 뜻하고 '人'은 '햇살(빛)'을 의미한다. 따라서 '珡(금)' 역시 '신(神)의 음성(빛)'을 뜻한다.
2) '수풀 림(林)'을 『이아(爾雅)·석고(釋詁)』에서 "림(林)은 임금(君)이다.[林, 君也.]"라고 한 것처럼 '수풀 림(林)'은 '하늘의 빛(임금)'을 뜻한다.

또한 '비파·금(琵琶·琴)'이라는 말에서 '비(琵)'의 '비(比·匕)'는 북두칠성 하늘을 나타내고, '파(琶)'의 '파(巴)'는 북극성 하늘을 나타내어, '비파·금(琵琶·琴)'은 '북두하늘(琵琶)의 음성(마음)3)을 내는 금(琴)'을 상징한다.

불교 탱화에서 북두 하느님을 상징하는 '뱀의 눈'이 그려진 '비파·금(琴)'과 비파를 타는 상주의 '비파금 천인상(天人像)'은 비파금으로 '하늘의 음성(뜻)에 맞지 않는 나쁜 악귀를 다스린다'라는 것을 상징한다. 또 성경에서 악귀에 시달리는 사울왕에게 다윗이 '비파·금(琴)'을 타 악귀들을 잠재워 치유하는 장면에서도 '금(琴)'은 '하느님의 음성(音·意)'을 상징한다.

뱀눈의 비파금(琴)　　비파금 천인상(天人像)　　비파금을 타는 다윗

'거문고(금·琴)'라는 말은 한문 기록에서는 '현금(玄琴)', 한글 문헌에서는 '검은(玄)·고(琴), 감은고' 등으로 나타난다. 고구려어에서 '검은'의 '검(곰)'은 '신(神)'을 뜻하고, 여기에 악기를 뜻하는 '-고'를 붙이면 '검은고(거문고)'가 된다.

따라서 '거문고 금(琴)'은 '신(神)의 음성을 내는 악기'를 뜻한다.

---

3) 마음(麻音)은 '마고(麻)의 음성(音)'으로 천지를 창조하는 '하느님의 음성(말씀)'과 같은 의미이다.

| 奇 | 奇 | 大(大) → 창조주 하느님.<br>口(可) → 하늘(가·Ka). 천자(칸·Khan). |
|---|---|---|
| 천손 기 | 小篆 | 奇 ☞ 하늘(大)이 내린 훌륭한 천자(可). |

'奇(기)'는 '大 + 可'로 구성되어 있다.

'큰 대(大)'의 주문(籒文) '大'는 '㇇(마고) + ㇉(궁희) + ㇉(소희)'로 구성되어 있는데, 이는 우주 창조의 주체인 '마고(㇇)'가 창조의 보조역할을 담당하는 두 딸 '궁희(㇉)'와 '소희(㇉)'를 거느린 모습으로, '大·大(대)'는 체(體, ㇇)와 용(用, ㇉㇉)이 갖춰진 창조주 '마고삼신⊛ 하느님(大)'을 의미한다.1)

'可(가)'의 소전 '可'는 'ㅡ + ㇉ + ㅂ'로 되어 있는데, 이는 '하늘(ㅡ)에서 내린(㇉) 존재(ㅂ)' 즉 '하느님, 신(神)'을 뜻한다. '可(가)'가 '신(神)'을 뜻하는 말이기 때문에 '신(神)의 칭호, 오랑캐 천자의 칭호'로 쓰이며 '옳다'라는 뜻으로도 쓰인다.

또한 '가(可)'는 고대 이집트어로 '하느님·신(神)'을 뜻하는 '카(Ka)'와 같은 말이다. 그래서 고대 이집트인도 "아빠(父)는 카(Ka)의 대리자이며, 카(Ka)는 아빠(父)를 통해서 세상을 통치한다."라고 하였다. 이렇게 '可(가)'가 '신(神)'을 뜻하는 말이기 때문에 '可(가)의 아들'인 '천자(天子)'를 '간(干·칸·Khan)'2)이라고 불렀던 것이다.

참고로 '가(可)'라는 말은 '오랑캐 천자의 호칭'으로 쓰일 경우

---

1) 『부도지』(박제상 지음, 김은수 번역, 한문화) '제1장'의 내용 참조.
2) '간(干)'에 '칸(khan·왕)'이라는 뜻이 있으므로 신라시대에 '왕(王)'을 '거서간(居西干), 마립간(麻立干)'이라고 했고, 페르시아·몽고·터키·위구르 등에서도 예로부터 왕을 '칸(干)'이라고 하였던 것이다.

'오랑캐 임금 이름 극'으로 발음하는데, '오랑캐'라는 말은 본래 '호랑+개'에서 온 말로, '호랑개'는 북두칠성 하늘을 뜻하는 '호랑(虎狼)'에 '해'와 같은 말인 '개'를 붙인 말이다. 즉, 호랑개는 '북두하늘의 해(본태양)'를 뜻하는 말이다.

'개'가 '해(태양)'의 상징으로 쓰인 예는 '푸른 늑대(개)'라는 말에서 볼 수 있다. '푸른 늑대'의 '푸른'은 '파랗다'라는 뜻의 '파라(para)'로 '하늘(天)'을 나타내고, '늑대' 즉 '개'는 '해(태양)'를 나타낸다. 따라서 '푸른 늑대'는 '하늘의 해' 곧 '창조주 하느님'을 뜻한다. 로마 신화의 로물루스 레무스 형제가 늑대(개)의 젖을 빨고 있는 형상이나, 위슨족의 쿤모왕이 푸른 늑대(개)의 젖을 빨고 있는 모습은 이들이 '푸른 개(해)의 자손'임을 나타낸다.

태양(개)의 아들, 로물루스 레무스　　태양(개)의 아들, 쿤모왕

이상을 종합하면, 성씨 '기(奇)'는 '하늘(大)이 내린 훌륭한 천자(可)'라는 의미가 된다.

'기(奇)'자에 '맡기다'라는 훈이 있는데, 이것은 '하늘이 낳은 훌륭한 자손'인 '기(奇)'씨에게 '세상을 맡긴다'는 의미이다. 또 『설문해자』에 "'기(奇)'는 '특이하다', 혹은 '짝이 없다'라는 말이다.[奇, 異也. 一曰不耦.]"라고 하였는데, 이는 짝이 없을 정도로 '기특하다, 뛰어나다'라는 의미이다.

'吉(길)'의 갑골문 '👁'은 '👁(士) + ㅂ(口)'로 구성되어 있다.

'갑골문 '👁'는 신전에 세워두는 '신위(神位)' 즉 '신(神)이나 조상(祖上)의 이름을 적어 놓은 위패'를 형상한 것으로 '신(神)'을 나타낸다. 'ㅂ'는 '높은 받침대'를 형상한 것으로 '신성한 하늘'을 상징한다.

따라서 '吉(길)'의 갑골문 '👁'은 '신성한 하늘의 신(神)'을 상징적으로 나타낸다. 이렇게 '하늘의 신(神)'을 뜻하기에 '길하다, 착하다(善)'라는 뜻을 가진다.

'吉(길)'의 금문 '👁'은 '士+ㅂ'인데, '士'는 '큰(十) 도끼의 날(👁)'을 형상한 것으로 '태양(日), 신(神), 불(佛)1)' 등을 나타내고, 'ㅂ'는 '높은 받침대'로 '신성한 하늘'을 상징한다. 따라서 '吉(길)'의 금문 '👁'도 갑골문 '👁'과 마찬가지로 '신성한 하늘의 신(神)'을 나타낸다.

이상을 종합하면 '吉(길)'은 '하늘의 신(神)'을 뜻하여, 성씨 '吉(길)'은 '신성한 신의 자손'을 뜻한다.

'吉(길)'의 소전은 '吉'로, 갑골문과 금문에서 '신(神)'을 뜻하던 '👁'과 '태양(神)불'을 뜻하던 '士'을 '선비 사(士)'로 표현하면서

---

1) '佛(불)'은 'イ+弓+ノ'인데, 'イ(인)'은 '돼지머리 해(亠)'의 변형으로 '북두하늘'을 나타내고, '활 궁(弓)'은 '태양'을 나타내며, 'ノ'은 '불빛'을 나타낸다. 따라서 '佛(불)'은 '북두하늘(玄天)의 본태양(本太陽)'을 뜻한다.

의미에 변화가 생기게 되었다.

즉, 소전 '吉'은 '士 + 口'로 구성되어 있는데, '선비 사(士)'는 '하나(一)를 들으면 열(十)을 미루어 안다(聞一知十)'라는 것으로 '지극히 총명함'을 뜻한다. 그래서 『설문해자』에서 "사(士)는 일을 맡아 잘한다.[士, 事也.]"라고 하였다.

'입 구(口)'는 '말씀(言)'을 나타낸다.

따라서 소전 '吉(길)'은 '선비(士)의 말(口)'을 나타낸 것으로, '선비의 말'은 선량(善良)하기 때문에 '길(吉)하다', '착하다'라는 뜻을 가진다. 그러므로 『설문해자』에서 "길(吉)'은 선(善)이다.[吉, 善也.]"라고 한 것이다.

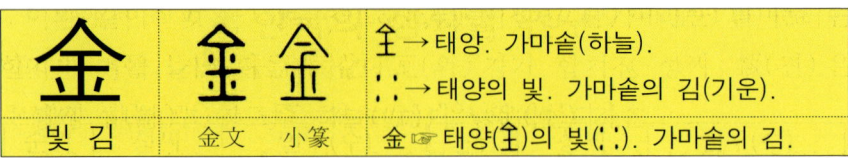

'金(금)'의 금문 '金'은 '全 + ∴'으로 구성되어 있다.

'全'은 '큰 화살'을 형상한 것으로, '큰 화살'은 '큰 햇살' 곧 '태양'을 나타낸다. '∴'은 '(태양의) 빛살'을 나타낸다. 따라서 '金·金(금)'은 '태양(全)의 빛(∴)'을 나타낸다.

'金(금)'의 소전 '金'은 'ᐱ + 壬 + ll'으로 구성되어 있다.

'ᐱ'은 '하늘지붕'을 형상한 것으로 '하늘'을 뜻한다. '壬'은 '창 과(戈)'자의 갑골문으로 청룡언월도와 같은 '큰(大) 창날(日)'을 형상하였는데, '큰 창날'은 '태양'을 나타낸다. 'll'은 '태양의 빛살'을 나타낸다. 따라서 '金·金(금)'은 '하늘(ᐱ)의 태양(壬)이 발산하는 빛(ll)'을 형상한 것으로, 성씨 '金(김)'은 '태양의 빛과 같은 자손'을 의미한다.

그런데 왜 '빛 금(金)'자를 성씨로 부를 때는 '김(金)'으로 발음하는가? 이는 '태양에서 나오는 기운(氣)'인 '태양의 빛(金)'을 '가마솥에서 나오는 김(金)'에 비유하였기 때문이다.

또한 '쇠 금(金)'이라고 할 때의 '쇠'는 '소 + 의'의 준말인데, 여기서 '소'는 '소의 뿔(Ψ)'로 '태양(불)'을 나타낸다. 따라서 '쇠' 역시 '태양의 빛(金)'을 의미한다.

| 금 | 태양의 빛 금(金) | 태양의 쇠 금(金) | 태양의 기운 기(氣) | 가마(태양) 솥 김(金) | 김 |
|---|---|---|---|---|---|

그러면 어떻게 '가마·솥의 김(金)'과 '태양의 빛(金)'이 동일한 의미를 가지는지 '가마·솥'의 의미를 분석하여 풀어본다.

'가마'는 '감을 현(玄)'자에서 알 수 있듯이, '까마득한(幺) 하늘에 있는 해(亠)' 즉 '본태양(本太陽)'을 뜻한다. 또한 도자기를 굽는 '가마'나 쇠를 녹이는 '가마(용광로)'를 보더라도 '가마'[1]는 '불덩이(태양)를 담는 그릇'을 나타내는 말로, '태양'을 뜻한다.

'솥'이라는 말은 '소(하늘) + ㅌ(같다)'인데, '소 우(牛)'는 하늘을 향한 '소의 뿔(Ψ)'[2]을 형상한 것으로 '하늘의 불(태양)'을 뜻하고, '솥'의 종성 'ㅌ'은 '~같다'를 뜻하여, '솥'은 '태양'을 상징한다.

따라서, 까만 하늘의 태양을 뜻하는 '가마'와 태양을 뜻하는 '솥'이 합쳐진 '가마·솥'은 '까만 하늘(玄天)의 태양'을 상징한다.

가마(태양) · 솥

가마(태양) · 솥

'솥'이 '태양'을 상징한다는 것을 '솥 정(鼎)'자를 통해서 다시 한 번 확인해본다.

'솥 정(鼎)'자의 금문 '鼎'은 '曰 + 爿'인데, '曰'는 '조개(조가비)'

---

1) '가마'는 '곰'에서 비롯된 말로, '곰'은 '감·검·곰·금'으로 음운변화를 일으킨다. 이에 대해 최남선과 양주동은 곰 숭배 토템과 단군신화의 곰녀(熊女), 단군왕검의 '검' 등의 예를 들어 '감·검·곰·금'을 신(神)을 뜻하는 말로 보았다. 참고로 여기서 '곰'은 큰곰자리(Ursa Major)로 '북두칠성 하느님'을 나타낸다.
2) '소 우(牛)'의 금문이나 소전 'Ψ·Ψ'는 '나무 목(木)'이 거꾸로 놓인 모양으로 '뿌리가 하늘(天)을 향한 나무'로 볼 수 있다. 뿌리는 '뿌리>뿔>불'로, '불'은 '태양(불)'을 뜻한다.

를 나타내고 '八'은 '조갯살'을 나타낸다. '조개'는 여성의 음부와 닮아 '창조주 태양'을 나타내고, 조갯살은 '햇살'을 나타낸다. 따라서 '솥 정(鼎·鼎)'은 '창조주 태양(조개)의 햇살(조갯살)'을 형상한 것으로, 이는 곧 '태양(하늘)'을 상징한다.

이렇게 '솥(鼎)'은 '태양(하늘)'을 상징하기 때문에 하(夏)나라의 우(禹)임금이 구주(九州)의 쇠(金)를 모아 천하의 보물인 구정(九鼎)을 만들었고, 은(殷)나라와 주(周)나라에서도 '태양(하늘)'을 상징하는 '솥(鼎)'에 천제(天祭)를 지냈던 것이다.

다음은 신화(神話) 속에 담긴 상징을 통하여 성씨 '김(金)'이 '태양의 빛(金)과 같은 하늘의 자손'임을 알아본다.

김수로왕 신화를 서술한 『삼국유사』 「가락국기(駕洛國記)」의 내용에 따르면, 구지봉(龜旨峰)에서 구간(九干) 등 수백 명의 사람들이 모여 「구지가(龜旨歌)」를 부르고 춤을 추어 6가야의 시조를 얻었다고 한다. 이들 시조는 여섯 개의 황금(金) 알(卵)로 금합(金盒)에 싸여 자색(紫色) 줄을 타고 하늘에서 내려왔다고 한다.

또한 김알지 신화를 서술한 『삼국사기』와 『삼국유사』의 내용에 따르면, 65년(탈해왕9) 호공(瓠公)이 시림(始林) 속에서 큰 광명이 비치는 것을 보니, 자색(紫色) 구름이 하늘에서 땅으로 뻗쳤는데, ...... 닭(鷄)이 나무숲(林)에서 울어 왕께 아뢰었으므로 왕이 숲에 가서 궤를 열어보니 사내아이가 누워 있었다. 금합에서 나왔기 때문에 성을 김(金)씨라 하고, 시림(始林)에서 닭이 우는 소리를 듣고 얻었기 때문에 시림을 계림(鷄林)으로 바꾸었다고 한다.

이상의 신화에서 핵심 단어 몇 개를 뽑아보면 '구지봉(龜旨峰), 알(卵), 자색(紫色)의 줄, 닭(鷄)울음, 계림(鷄林)' 등이 있는데,

이들 단어가 지니는 상징적 의미를 하나하나 살펴본다.

우선, 구지봉(龜旨峰)의 '구(龜)'는 '거북'인데, 거북(巨北)은 '거대(巨大)한 북쪽 하늘(北)'로 '북극성(하느님)'을 나타낸다.

아래 사진을 보면 신라 무열왕의 비석을 거북 위에 세웠는데, 그 이유는 '거북에 업힌 천자'는 '하느님에 업힌 자손'을 나타내어 곧 '하늘이 낳은 천자'를 상징하기 때문이다. 그래서 고대에는 천자(天子)의 경우에만 거북 위에 비석을 세울 수 있었다.

고대 인도의 우주관은 북극성을 상징하는 '거북(巴)'과 북두칠성을 상징하는 '뱀(巳)'이 서로 교합(交合)하여 우주를 창조한다는 것을 나타내는데, 거북과 뱀이 갖는 이런 상징은 고구려의 고분벽화 '현무도(玄武圖)'에도 그대로 나타난다.

무열왕의 거북(巨北) 비석

고대 인도의 우주관

'자색 줄'과 '자색 구름'의 '자색(紫色)'은 '북두하늘'을 상징하는 색인데, '紫(자)'의 '止(지)'는 '발(足) > 불(북극성)'로 '붉은(赤) 색'을 나타내고, '匕(비)'는 '북두칠성'으로 '파란(靑) 색'을 나타내어 이 두 색이 합쳐진 자색(紫色)은 '북두하늘'을 나타낸다. '糸(사)'는 '새끼줄(孫)'로 '자손'을 나타낸다. 따라서 '자색(紫)'은 '자손을 낳는 창조

紫(자) = 止 + 匕

주 북두하늘'을 상징한다.

이렇게 '자색'이 '북두하늘'을 상징한다는 것은 중국 천자의 궁궐인 자금성(紫禁城)이 온통 북두하늘의 자미성(紫微星)을 상징하는 자색으로 되어 있는 데에서도 알 수 있다. 또 천자의 어의(御衣)가 북두칠성이 새겨진 '자색(紫)'인 이유도 천자가 '북두하늘(紫)의 자손'임을 상징하기 때문이며, 신라 왕릉에서 출토된 '자도(紫桃) 모양의 귀고리'3) 또한 자도가 북두하늘을 상징하는 자색(紫)이기 때문이다. [p.347 '자도(紫桃)' 참조]

자색(紫) 자금성(紫禁城)

천자의 자포(紫袍)

자도 귀고리

'알(卵)'은 고대 신화에서 영웅이나 건국 시조의 탄생을 신비화시키고 초인적(超人的)인 권위를 부여하기 위하여 '알(卵)'에서 태어났다고 하는 난생설화(卵生說話)의 한 표현이다. '난생(卵生)'은 '닭(鷄)이나 새가 낳은 알(卵)'로, 닭(鷄)이나 새는 '해(태양)'를 상징하기 때문에 '난생(卵生)'은 '해(태양)가 낳은 알(卵)' 곧 '하늘이 낳은 천손'을 상징한다.

이렇게 '닭(鷄)'이 '태양(하늘)'을 상징한다는 것을 '닭 계(鷄)'자를 분석하여 확인해본다.

---

3) '귀고리'의 귀(耳)는 '북두칠성(紫) 하늘'을 나타내고, 고리는 '연결고리'를 나타낸다. 따라서 '귀고리'는 '하늘의 음성을 듣는 연결고리'를 상징한다. 이와 같은 귀고리를 『부도지』 제4장에서는 '오금(烏金, 까마득한 현천의 빛, 삼족오 본태양을 의미함)'이라 했다.

'닭 계(雞)'의 갑골문 '🐓'는 '奚(해)'+'隹(추)'로 구성되어 있다. '奚(해)'는 다시 '爪(조)' + '幺(요)' + '大(대)'로 나눌 수 있다. '爪(조)'는 '새의 발'을 나타내고, '幺(요)'는 '실 사(糸)'의 생략형으로 '묶다, 매다'를 나타내며, '大(대)'는 '사람'을 나타낸다. 따라서 '奚(해)'는 '발(爪)을 묶어서(幺) 사람(大)의 집안에 둔 새'를 의미한다. '隹'는 '새 추(隹)'로 '해(태양)'를 나타낸다.

이상을 보면 '닭 계(雞)'는 '집에 묶여(奚) 있는 새(隹)'이다. 이렇게 '묶여 있는 새'는 '묶은 새'로서 발음상 '묵은 새'와도 통용되는데, 이 '묵은 새'는 또 집안에서 '쉬는 해'를 뜻한다.

결국 '쉬는(奚) 해(隹)'를 나타내는 '닭(雞)'은 '둥우리에 앉아 새끼를 까는 까닭(태양새)'[4]으로 '창조주 하느님'을 상징한다.

까닭(창조주 하느님) 계(雞)

까·닭(창조·새) 계(雞)

이상 '닭 계(雞·鷄)'의 의미를 상기하면, 김알지의 탄생 신화에서 '닭(鷄)이 계림(鷄林)[5]의 숲에서 울었다(鳴)'라는 말은, 곧 '창조

---

4) 태양새는 '삼족오(三足烏)'와 같은 개념으로 '삼족(三足)'은 '삼신(三神)'을 말하고, '까마귀 오(烏)'는 '까만 하늘(현천)에 있는 새·해(玄鳥)'를 말하므로 '삼족오'는 '삼신 본태양(북극성☸) 하느님'을 뜻한다.
5) '계림(鷄林)'의 '닭 계(鷄)'는 '태양새(해·奚+새·鳥)로 '창조주 본태양'을 뜻하고, '수풀 림(林)'은 '태양새가 깃든 수풀(둥우리)'을 뜻한다. 따라서 '계림(鷄林)'은 '창조주 본태양 하느님이 계시는 곳', 즉 '천국(天國)'을 의미한다.

주 하느님(鷄)의 음성(鳴)'을 뜻하므로 김알지는 '창조주 하느님(鷄)의 음성(鳴)이 낳은 자손'을 상징한다.

또한 '닭(鷄) 울음소리'는 '소(牛) 울음소리'와 같은 의미인데, '소 우(牛)' 역시 '소의 뿔(牛)'을 형상한 것으로 '태양(하늘)'을 나타내기 때문이다. '소(牛)의 울음소리(鳴)'를 인도에서 '브라흐마(Brahma)'라고 하는데, '브라흐마(Brahma)'는 우주를 창조하는 '창조주 하느님'을 뜻한다.

다음은 김수로 왕릉에 있는 '물고기'의 의미에 대해 알아본다. 물고기가 중앙 삼층탑을 향하고 있는 아래 그림은 삼신 하느님이 계시는 하늘로 돌아가는 것(歸天)을 상징하는데, 이 '물고기'는 '삼신 하느님의 자손'을 뜻하여 '김수로왕'이 자신의 고향인 북두하늘로 돌아간다는 것을 표현한 그림이다. 이와 똑같은 의미를 담아 표현한 유물이 초기 기독교의 비문인 Licinia Amias의 묘비에 새겨진 '물고기' 문양이다.

김수로 왕릉의 물고기

Licinia Amias 묘비의 물고기

이렇듯 '물고기'[6])는 '하늘의 자손'을 뜻하므로 '예수' 또한 종종

---

6) 그리스어로 물고기를 '익투스(Ichthus)'라고 하는데, 'Ichthus'는 '예수 그리스도, 하느님의 아들'을 가리키는 'Iesous Christos Theou Huios Soter'의 첫 글자를 딴 것이다.

'물고기'로 표현되는데, 하늘이 부여한 천부삼인(天符三印) 중의 하나인 청동거울에 새겨진 '물고기' 역시 같은 의미로 앞면의 '거울'은 '본심본태양, 하늘'을 상징하고, 뒷면의 '물고기'는 '자손'을 상징적으로 표현한 것이다.

물고기, 예수 ▲
청동거울의 물고기 ▶

이스라엘 타부가(가버나움)에 있는 '물고기' 그림이나, 인도 아요디아시에 있는 '물고기' 그림 역시 '본태양 하늘로 돌아간다(歸天)'라는 의미를 나타낸다. 또한 인도 아요디아시의 쌍어문(雙魚紋) 위에 있는 '활과 화살'도 '물고기'와 마찬가지로 '하늘(활·弓)의 자손(화살·矢)'을 상징한다.

타부가의 물고기　　　　　아요디아시의 물고기

| 羅 | 𐎗𐎗 | 冂→하늘(冂) + 빛(㐅㐅). 빛그물(网). |
| | | 維→(빛살)벼리 유(維). |
| 빛 나(라) | 甲文  小篆 | 羅☞ 밤하늘의 별빛(스타) 같은 자손. |

'羅(라)'자를 파자하면 '网 + 維'로 구성되어 있다.

'그물 망(网)'은 '冂 + 㐅㐅'인데, '冂'은 '까마득히 먼 하늘'을 나타내고[p.68 '멀 경(冂)' 참조] '㐅㐅'은 '빛살'을 나타낸다. 따라서 '그물 망(网)'은 '멀고 까마득한 밤하늘에 늘어선 빛그물'을 뜻한다.

'벼리 유(維)'는 '糸 + 隹'인데, '새 추(隹)'는 높은 하늘을 나는 '새'가 높은 하늘에 떠 있는 '해'와 동일시되어 '해'를 나타내고, '糸'는 '가느다란 실'로 '빛줄기(糸)'를 나타낸다. 따라서 '벼리 유(維)'는 '태양의 빛줄기'를 뜻한다.

결국 '빛 라(羅)'는 '까마득한 밤하늘의 그물(网)같이 늘어선 별빛(維)'을 형상한 글자로, 성씨 '라(羅)'는 '밤하늘의 별빛(스타) 같은 자손'을 의미한다.

흔히 '羅(라)'자의 갑골문 '𐎗𐎗'를 보고, 그물(网) 안에 새(𐎗)의 모양이 표현되어 있다고 하여 '라(羅)'자를 단순히 '새를 잡는 그물'로만 인식하고 있는데, 이는 신성한 본래의 의미를 망각한 해석이다. 여기서 '새(𐎗)'는 '해(태양)'를 상징하므로 '새를 잡는 그물'이 아니라 '밤하늘에 망라(網羅)된 빛그물'로 파악해야 한다.

'라(羅)'자에 담긴 '빛'이라는 의미를 몇 가지 들어본다.

우선, '비단'이라는 뜻으로도 쓰이는 '라(羅)'는 '빛살이 비단같이 펼쳐진 모양'을 나타내는 것으로, '비단 금(錦)'자와 의미가 같은데, '비단 금(錦)'은 '金(빛) + 白(태양) + 巾(펼쳐진 비단)'으로

'태양 빛(金)이 비단(帛)처럼 펼쳐진 것'을 나타낸다. 또한 '라(羅)'와 음이 같은 영어 '라(RA)'는 고대 이집트 태양신 '라(RA)'와 같은 의미로 '라(羅)'는 '태양 빛, 솔라(solar)'를 의미한다.

태양신 라(羅·RA)

빛그물(법망) 라(羅)

'신라(新羅)'라는 말은 '새(新)·빛(羅)', 즉 '샛별(金星)'이라는 뜻이고, 미국의 '나성(羅城·LA)'이라는 말은 '화려하게 빛(羅)나는 성(城)'이라는 뜻이며, 불교의 수행자 중에서 가장 밝게 깨달은 자(者)를 일컫는 '아라한(阿羅漢)'은 '크게(阿) 빛나는(羅) 사람(漢)'이라는 뜻이다.

그리고, 『성경』 [욥기]에서 "하느님 그물(羅) 안에 갇히게 하소서!"라고 말한 것은 '하느님의 빛그물(罒·网), 즉 하나님의 광명(光明) 안에 있게 해달라'라는 의미이다.

또 '허물 죄(罪)'의 소전 '罪'를 보면 '죄(罪)'의 본래 의미는 '하느님의 빛그물(罒·网)에서 벗어난(非) 것'을 가리키고, 이 '죄(罪)'를 불교식으로 표현하면 '빛그물(罒·网)인 법망(法網)에서 벗어난(非) 것'을 가리킨다.

| 南 | 南 | ㄇ(宋)→삼신 본태양 하늘. |
|---|---|---|
| 임금 남 | 小篆 | ¥(羊)→ Ұ(임금·干). 나(午·牾). |
| | | 南☞ 본태양 하느님(宋)이 낳은 임금(羊·干). |

'南(남)'의 소전 '㡿'은 'ㄇ(宋) + ¥(羊)'으로 구성되어 있다.

『설문해자』에서 "'南(남)'은 '宋'과 '羊'으로 되어 있다.[南, 从宋 羊聲.]"라고 하였는데, 'ㄇ(宋)'은 '삼신(屮) 본태양이 환하게 빛나는(ㄇ) 모양'을 형상한 것으로 '삼신 본태양'을 나타낸다.

'¥(羊)'은 'Ұ(干)'의 변형으로, '羊'과 '干'은 같은 의미를 나타내는 글자인데, '干(간)'의 금문 'Ұ'은 '화살 시(矢)'자의 금문 '大'에서 '화살촉이 생략된 거꾸로 된 화살'을 나타낸다. 화살은 '햇살'을 뜻하므로, 거꾸로 된 화살은 '햇살이 땅(세상)으로 내려왔다'라는 것을 뜻한다.

따라서 'Ұ·干(간)'은 '땅(세상)으로 내려온 해의 햇살과 같은 임금(간·干·王)[1]'을 뜻한다.

이상을 종합하면 '남(南·㡿)'은 '본태양 하늘(ㄇ·宋)의 빛이 땅(세상)으로 내려온(¥·羊) 모습'을 형상한 것으로, '본태양 하늘이 내린 임금(칸·干)'을 뜻한다. 그러므로 『전한서(前漢書)·율력지(律歷志)』에서 '남(南)'을 풀이하여 "'남(南)'은 '(임금처럼) 맡다(任)'이다. 양기가 만물을 맡아서 기른다.[南, 任也. 陽氣任養物.]"라고 하였다. 이 구절은 달리 표현하면, '강력한 태양과 같은 임금(南)이 만물을 맡아서(任) 길러준다'는 말이다.

---

1) 이렇게 '干(간·칸)'자에 '왕'이라는 뜻이 있으므로 신라시대에 왕의 칭호로 '거서간(居西干), 마립간(麻立干)' 등을 썼고, 예로부터 페르시아·몽고·터키·위구르 등지에서도 왕의 칭호로 '칸(khan·干)'이라는 말을 썼던 것이다.

| 南·南 | 宀(米) | 태양·天 | 하늘·弓 | 하늘·天 | 하늘·天 |
|---|---|---|---|---|---|
|  | ¥(¥) | 햇살·干 | 화살·矢 | 임금·干 | 아들·子 |

한편, '남(南)'을 '북(北)'과 대비하여 생각해보면, '북(北)'은 '북두하늘(天)'을 나타내고, '남(南)'은 '북두하늘이 낳은 나(오午·悟)', 곧 '임금(칸·干)'을 나타낸다.2)

옛날의 '임금(칸·干)'격인 '대통령(天子)'의 휘장으로 우리나라에서는 '봉황새'가 사용되는데, 이 '봉황새'는 북두하늘 본태양을 뜻하는 '북·현무(北·玄武)'3)가 낳은 '남·주작(南·朱雀)'을 뜻한다.

이렇게 '북두하늘이 낳은 붉은(朱) 해(雀)', 즉 '봉황새'는 '북두하늘이 낳은 천자'를 상징하므로 '대통령'의 휘장으로 쓰는 것이다.

대한민국 대통령 휘장, 봉황새

남·주작(南·朱雀), 봉황새

---

2) '남(南)'은 지지(地支)의 오(午)에 해당하고, 오(午)는 '나 오(悟)', 곧 '하늘이 낳은 나(悟), 천자(칸·干)'를 의미한다.

3) '현무(玄武)'의 '玄(현)'은 '가물가물(幺) 보이지 않는 하늘(해·亠)'을 뜻한다. '武(무)'는 '戈 + 止'이다. '戈'의 갑골문 은 ' + '인데, ' '은 우주의 중심축인 북극성으로 현무도에서 거북으로 나타내고, ' '은 북극성을 중심축으로 하여 운행하는 북두칠성으로 현무도에서 뱀으로 나타내어 '戈(과)'는 우주를 주재하고 창조하는 '북두하늘'을 나타낸다. '止(지)'의 갑골문 ' '는 '발'을 형상한 것으로 '불'을 나타낸다. 따라서 '武(무)'는 '북두하늘(戈)의 불(止)', 즉 '본태양'을 나타낸다. 이상을 종합하면 '현무(玄武)'는 '본태양 하늘'을 뜻한다.

또한, '남·주작(南·朱雀)'을 『장자』「소요유」편에서 "북명(北冥)의 곤(鯤)이 …… 남쪽으로 날아와 붕새(鵬)가 되었다."라고 하였는데, 여기서 '북(北)의 곤(鯤)'은 북두하늘로 '북·현무(北·玄武)'를 나타내고, '남(南)의 붕새(鵬)'는 '북두하늘이 낳은 천자' 즉 '남·주작(南·朱雀)'을 의미한다.

| 北 | 하늘·天 | 북·현무 | 북·곤(鯤) | 하늘·天 | 하늘·天(十) | 태양·弓 |
|---|---|---|---|---|---|---|
| 南 | 천자·干 | 남·주작 | 남·붕(鵬) | 낮오·午 | 나오·䎸(五) | 햇살·矢 |

그리고 '남(南)'은 십이지지(十二地支)로 표현하면 태양의 기운이 가장 성한 때인 '오(午)'에 해당하기 때문에 중국 자금성의 남문(南門)을 오문(午門)이라 칭하는데, 이 오문(午門)의 '오(午)'는 태양의 빛과 같은 자손인 '나(오·䎸)'를 뜻하기도 한다.

중국 자금성의 '오문(午門)'이 북쪽에 자리한 북두하늘을 향하여 들어가는 문(門)을 의미하듯이, 우리나라의 남대문(南大門)인 '숭례문(崇禮門)'의 '숭례(崇禮)' 역시 '북두하늘에 대해 존숭(崇)의 예의(禮)를 표한다'라는 의미이다.

자금성의 남문(南門)인 오문(午門)

우리나라 남대문인 숭례문(崇禮門)

| 南宮 | 南宮 (小篆) | 남(南) → 하늘이 낳은 임금.<br>궁(宮) → 임금이 거주하는 집. |
|---|---|---|
| 임금 남(南)<br>궁궐 궁(宮) | 小篆 | 南宮 ☞ 하늘이 낳은 임금이 사는 궁궐. |

'남궁(南宮)'의 남(南)은 '남(南)씨'에서 이미 살펴본 대로 '본태양 하늘(宀·朱)의 빛이 땅(세상)으로 내려온(¥·羊) 모습'을 형상한 것으로 '본태양 하늘이 내린 임금(칸·干)'을 뜻한다.

또한 '남(南)'은 '북(北)'과 대비하여 보면 '북(北)'은 '북두하늘(天)'을 나타내고, '남(南)'은 '북두하늘이 낳은 나(오·午·悟), 임금(칸·干)'을 나타낸다.

'宮(궁)'은 '宀 + 呂'로 구성되어 있다.

'집 면(宀)'의 소전 '冂'은 '돼지머리 해(亠)'의 소전 '人'를 더 길게 내린 것이다. '人(해)'는 '높은 하늘(우주)의 지붕'을 형상한 것으로, '높은 북두하늘'을 뜻한다. 따라서 '돼지머리 해(人·亠)'에서 획을 더 길게 늘어뜨린 '집 면(冂·宀)'은 '까마득히 높은 북두하늘(우주)'을 뜻한다.

'呂(려)'는 '창조주 하느님의 창조율려(律呂)'를 나타내는 것으로, 여기서는 '하느님의 창조율려로 낳은 아들'을 뜻한다. [p.288 '여(呂)'씨 참조]

따라서 '宮(궁)'은 '높은 북두하늘이 낳은 아들, 즉 천자(呂)가 사는 집(宀)'을 의미한다.

이상을 종합하면 '남궁(南宮)'은 '하늘이 낳은 천자(南)가 거주하는 집(宮)'이라는 뜻이 된다.

| 盧 | 甲文 | 金文 | 小篆 | 虍→북두칠성 본태양(하늘).<br>田→(담는) 그릇(자손).<br>皿→굽이 높은 그릇. |
|---|---|---|---|---|
| 태양 노 | | | | 盧☞ 북두하늘 태양의 자손. |

'盧(노)'의 갑골문 ' '는 ' + '로 구성되어 있다.

' '는 '하늘(⌒·一) + 발( ·止)'로 구성되어 있는데, 이는 '하늘(⌒·一)의 불( ·止)' 즉 '태양(불)'을 나타낸다. ' '는 '굽이 높은 그릇'을 나타낸다. 따라서 '盧(노)'의 갑골문 ' '는 '태양( )을 담는 그릇( )'을 형상한 것으로 '태양'을 나타낸다.

'盧(노)'의 금문 ' '는 ' + '로 구성되어 있는데, ' '는 '새의 발(爪)'을 형상한 것으로 '새의 발'은 '해의 불' 즉 '태양(불)'을 뜻하고, ' '은 '굽이 높은 그릇(皿)'을 나타낸다. 따라서 '盧(노)'의 금문 ' ' 역시 '태양( ·爪)을 담는 그릇( ·皿)'을 형상한 것으로 '태양'을 의미한다.

태양 노(盧)

또한 '盧(노)'는 '虍 + 田 + 皿'으로 구성되어 있다.

'虍(호)'는 다시 '卜 + 厂 + 七'로 나눌 수 있는데, '卜(복)'은 '돼지머리 해(亠)'를 오른쪽으로 회전시킨 것으로 '해(태양)'를 나타낸다. '언덕 한(厂)'은 『설문해자』에서 "'한(厂)'은 높고 큰 바위로 된 절벽이다.[厂, 山石之厓巖.]"라고 하였는데, 이는 '하늘 높이(丨) 솟아 있는 절벽의 기암(一)'을 형상한 것으로, '높은(丨) 하늘(一)'을 뜻한다. '칠(七)'은 '북두칠성'을 뜻한다. 따라서 '범 호(虍)'는

'높은 하늘(厂)에 있는 북두칠성(七) 해(ㅗ)', 곧 '본태양 하늘'을 의미한다.

'田(전)'은 '十 + 囗'인데, '十(십)'은 '하늘'을 나타내고, '囗(구)'는 '땅·곳'을 나타낸다. 따라서 '田(전)'은 '하늘(十)의 뜻을 담는 곳(囗)'으로 '하늘(十)의 뜻을 품은 몸(囗)'을 뜻한다.

'皿(명)'은 '굽이 높은 그릇'을 형상한 것으로 '태양을 담는 신성한 그릇(자손)'을 뜻한다.

이상을 종합하면 '盧(노)'는 '태양(虍)을 담는(田) 그릇(皿)'을 형상한 글자로, 성씨 '盧(노)'는 '본태양 하늘(虍)을 받드는(田) 신성한 자손(皿)'을 의미한다. 그래서 『자휘(字彙)』에서도 "'노(盧)'는 큰 불(태양)을 담는 그릇이다.[盧, 盛火器也.]"라고 하였다.

참고로, '밥그릇 로(盧)'라고 할 때의 '밥(食)'이 곧 '태양, 태양의 햇살(米)'을 뜻한다는 것을 '밥 식(食)'자를 통해서 확인하여 본다.

'밥 식(食)'자는 '亼 + 日 + 乁'인데, '亼(집)'은 '모으다(集), 합(合)하다'라는 뜻이고, '日'은 '태양'을 뜻하며, '乁'는 '햇살' 즉 '쌀(米)'을 뜻한다. 따라서 '밥 식(食)'은 '태양(日)의 햇살·쌀(乁)을 모아 담은(亼) 모양'을 형상한 것으로, 결국 '밥(食☀)'은 '온 만물과 백성을 살리는 하늘' 곧 '태양의 햇살(쌀)'을 상징한다.

여기서 또 되짚어보아야 할 말이 있는데, 그것은 절에서 쓰는 밥그릇인 '발우(鉢盂)'이다. '발우(鉢盂)'의 뜻을 자세히 살펴보면, '바리때 발(鉢)'은 '근원(本)의 빛(金)'으로 '태양'을 뜻하고, '그릇 우(盂)'는 '그릇'을 뜻한다. 따라서 '발우(鉢盂)'는 위에서 살펴본 '태양 노(盧)'자와 마찬가지로 '태양(발·鉢)을 담는 그릇(우·盂)'이라는 의미가 된다.

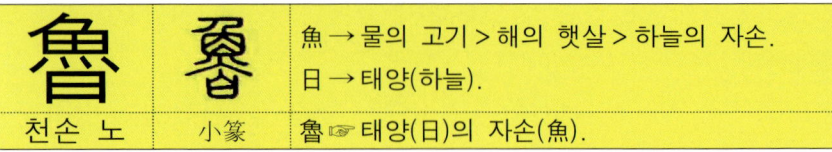

| 魯 | 叒 | 魚 → 물의 고기 > 해의 햇살 > 하늘의 자손. |
| --- | --- | --- |
| 천손 노 | 小篆 | 日 → 태양(하늘). |
|  |  | 魯 ☞ 태양(日)의 자손(魚). |

'魯(노)'를 파자하면 '魚 + 日'이 된다.

'魚(어)'의 소전 '🐟'를 보면, '⺈ + 田 + 灬'이다. '⺈'는 '태양빛'으로 '물고기의 머리'를 나타내고, '田'은 '몸(冂)에 햇살(人)이 쌓인 모습'으로 '물고기의 몸(肉)'을 말하며, '灬'는 '햇살, 불빛'으로 '물고기의 꼬리'를 나타낸다. 따라서 '🐟·魚(어)'는 '태양(⺈)의 빛(灬)을 발하는 물고기(田)'를 나타내어 '태양(⺈)의 빛(灬)과 같은 천손(田)'을 뜻한다.

| | ⺈·天 | 머리 | 하늘(天) |
| --- | --- | --- | --- |
| 🐟 | 田·地 | 몸 | 천자(天子) |
| | 灬·人 | 꼬리 | 천손(天孫) |

'日'은 '태양'을 나타낸다.

이상을 종합하면, '노(魯)'는 '태양(日)의 물고기(魚)'를 나타낸 것으로, 성씨 '노(魯)'는 '태양(日)의 자손(魚)'을 의미한다.

'노(魯)'가 '해(日)의 햇살(魚)'이라는 의미는 '노(魯)'의 고문인 '㱙'에 잘 드러나 있다. '㱙'는 '止 + 从'인데, '止(지)'는 '止'의 갑골문 '𣥂'에서 알 수 있듯이 '발'을 형상한 것으로 '태양(불)'을 나타내고, '从(종)'은 '햇살'을 나타내어, '㱙'는 '태양(止)의 햇살(从)'을 뜻한다.

또 『광아(廣雅)』에서는 "노(魯)는 도(道)이다.[魯, 道也.]"라고 하였는데, 이것은 '도(道)'가 '본태양·하늘(首)의 작용(辶·辵)1)'을 의미하는 것처럼 '노(魯)'를 '해(日·止)의 작용인 해의 햇살(从)'로 비유한 것이다.

이렇게 '태양(日)의 자손(魚)'을 의미하는 성씨 '노(魯)'에 더 이상 '노둔하다, 미련하다'라는 훈을 붙여서는 안 될 것이다.

'물고기(魚)'에 대해 좀 더 자세히 살펴본다.

아래 왼쪽 사진은 4,000년 전 수메르 문명의 어신(魚神) '오안네스'인데, 이는 성경에서 '하느님의 영원한 제사장 멜기세덱[창 14:18-20]'으로 언급된다. 물고기가 어신(魚神)으로 추앙받는 것은 '물고기'가 '하나님의 아들'을 상징하기 때문인데, 이런 사고의 연장선에서 교황이 '물고기(魚) 모자'를 쓰는 것도 '교황이 하나님의 아들(물고기·예수)을 숭상한다'라는 의미이다.

물고기·신(魚神)　　교황의 어모(魚帽)　　북두하늘의 물고기(북어)

또한, 제사 때 꼭 '북어(北魚)'를 올리거나 집의 현관에 북어를 걸어두는 이유도 '북어'가 '북두하늘(北)의 물고기(魚)' 곧 '북두하늘(北)의 자손(魚)'을 상징하기 때문이다.

---

1) '쉬엄쉬엄 갈 착(辶·辵)'은 '조금조금 갈 척(彳)'과 마찬가지로 '행(行)하다, 운행하다, 작용하다'라는 의미이다.

| 路 | 踏 | 𤴕(疋)→하늘(口)의 발(止) > 하늘의 행(行).<br>甹(各)→세상(口)의 발(夂) > 세상의 행(行). |
|---|---|---|
| 길 노(로) | 小篆 | 路☞ 하늘의 도(道)를 땅에서 행하는 자손(路). |

'길 로(路)'의 소전 '踏'를 파자하면 '𤴕(疋·足) + 甹(各)'이다.

'𤴕(疋·足·족)'은 '하늘(O·口)을 향한 발(Ψ·止)'을 형상한 것으로, '하늘의 행(行)·도리(道理)'를 나타내고, '甹(各·각)'은 '땅(H·口)을 향한 발(ᄎ·夂)'을 형상한 것으로, '땅(세상)의 행(行)·도리(道理)'를 나타낸다.

따라서 '로(路)'는 '하늘의 행(行·𤴕)과 땅(세상)의 행(行·各)'을 형상한 글자로, 성씨 '노(路)'는 '하늘에서 행함과 같이 땅(세상)에서 행하는 자손' 또는 '하늘의 도(道)를 땅(세상)에서 실행하는 자손(路)'을 의미한다.

그래서 『설문해자』에서 "로(路)'는 도(道)이다.[路, 道也.]"라고 하였다.

| 段 | 𠭖 | 𠂇 → 하늘사다리(天階) > 높은 하늘.<br>⺁ → 긴 창날(日) > 큰 빛(태양).<br>⼜ → 손(又). 자손. 받들다(계승하다). |
|---|---|---|
| 높을 단 | 小篆 | 段 ☞ 하늘(𠂇)의 태양(⺁)을 계승한 자손(⼜). |

'段(단)'의 소전 '𠭖'은 '𠂇 + 𠭅'이다.

'𠂇'은 '높은 하늘 계단(天階)'으로 '높은 하늘'을 뜻한다.

'창 수(殳)'의 소전 '𠭅'는 '⺁ + ⼜'으로 구성되어 있는데, '⺁'은 '긴(⺁) 창날(丿)'을 형상한 것으로 '긴 창날(日)'은 '큰 빛(태양)'을 나타낸다. 이렇게 '큰 빛(태양)'이라는 의미의 '⺁'은 '무(戊)'자와 통하는데, '丿 + 戈'로 구성된 '戊(무)'자는 '큰 빛(丿)이 빛나는 창날(戈)'을 강조한 것으로, 이 역시 '태양(戈)의 큰 빛(丿)'을 의미한다.

'⼜'은 '손(手)'으로 '받들다(계승하다), 자손'을 뜻한다.

이상을 종합하면 '𠭖(단)'은 '높은 하늘(𠂇)에 있는 태양의 큰 빛(⺁)을 받드는(⼜) 모양'을 형상한 것으로, 성씨 '段(단)'은 '높은 하늘(𠂇)의 빛(⺁)을 받드는 자손(⼜)' 또는 '하느님(𠂇)의 영광(⺁)을 계승한 자손(⼜)'을 뜻한다.

'긴 창살'은 '태양의 큰 빛살과 같은 자손'을 상징적으로 표현하는데, 이러한 뜻은 '태양의 큰 빛'을 상징하는 고대 이집트의 기념비 오벨리스크에서도 확인할 수 있다. 즉, 오벨리스크는 하늘로 뻗은 크고 강력한 햇빛을 상징한 천일창(天日槍)과 같은 것인데, 이는 왕(王) 자신이 '태양의 큰 빛과 같은 존재' 즉 '태양의 아들'이라는 의미로 세운 기념물이다.

천일창 오벨리스크　　　천일창(天日槍)　　　치우천왕과 도끼(창)

　또한 '창 수(殳)'자와 '창 과(戈)'가 지닌 이러한 상징성은 '도끼 척(戚)'에도 적용되는데, 도끼(戚·斤)의 '큰 날(日)'도 '창 수(殳)·창 과(戈)'자와 마찬가지로 '태양(日)'을 나타낸다. 그러므로 도끼를 들고 있는 치우천왕은 '태양(日)과 같은 천왕(天王)'을 상징하게 된다.

| 唐  〿 | 〿 → 하늘의 태양(广). |
|---|---|
| 천손 당  小篆 | ㅂ → 입(口). 말씀(言). |
| | 𦥑 → 받드는 손(手). 계승하는 천손(孫). |
| | 唐☞ 하늘(〿)의 말씀(ㅂ)을 받드는(𦥑) 천손. |

'唐(당)'의 소전 '〿'은 '庚(경) + ㅂ(口)'이다.

'庚(경)'의 소전 '〿'은 '〿 + 𦥑'이다.

'〿'은 '하늘을 향한 소뿔'을 형상한 것으로 '하늘의 태양'을 상징하고, '𦥑'은 '두 손'을 형상한 것으로 '받든다'는 뜻이다. 따라서 '〿·庚(경)'은 '하늘의 태양(〿)을 받드는(𦥑) 모양'으로 '하늘(태양)'을 뜻한다.

'ㅂ'은 '口(입 구)'를 형상한 것으로 '말씀(言)'을 뜻한다.

이상을 종합하면 '당(唐·〿)'은 '하늘(〿)의 말씀(ㅂ)을 받드는(𦥑) 모습'을 형상한 글자로, 성씨 '당(唐)'은 '하늘(〿)의 말씀(ㅂ)을 받드는(𦥑) 천손'을 의미하고, 나라 이름 '당(唐)'은 '하늘(〿)의 말씀(ㅂ)을 받드는(𦥑) 나라' 즉 '천명(天命)을 받드는 나라'를 의미한다. 그러므로 『설문해자』에서 "'당(唐)'은 하늘의 말씀이다.[唐, 大言也.]"라고 하였던 것이다.

한편, '唐(당)'을 '庚(경) + 口(국)'으로 파자하면, '庚(경)'은 '태양'을 나타내고, '口(국)'은 '나라'를 나타낸다. 따라서 성씨 '당(唐)'은 '태양을 받드는 자손'을 의미하고, 나라 이름 '당(唐)'은 '태양을 받드는 나라'를 의미하게 된다.

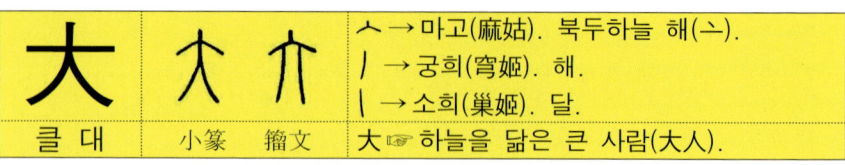

| 大 | 大 | 介 | ㅅ→마고(麻姑). 북두하늘 해(ㅅ).<br>丨→궁희(穹姬). 해.<br>丨→소희(巢姬). 달.<br>大☞하늘을 닮은 큰 사람(大人). |
|---|---|---|---|
| 클 대 | 小篆 | 籀文 | |

'큰 대(大)'의 주문(籀文) '介'는 'ㅅ(마고) + 丨(궁희) + 丨(소희)'로 구성되어 있는데, 이는 우주 창조의 주체인 '마고(ㅅ)'가 창조의 보조역할을 담당하는 두 딸 '궁희(丨)'와 '소희(丨)'를 거느린 모습으로, '介·大(대)'는 체(體, ㅅ)와 용(用, 丨丨)이 갖추어진 창조주 '마고삼신⁂ 하느님(介), 대아(大我)'를 의미한다.

마고삼신(麻姑三神)　　　대(大) : 마고삼신　　　무(無) : 창조주 하느님

이렇듯 '큰 대(大)'가 '창조주 마고삼신 하느님'을 의미한다는 것은 위의 가운데 무고(巫鼓) 그림에서 확인할 수 있는데, 가운데의 '大'자 모양은 우주 창조의 주체자인 '마고 할미'를 나타내고, 왼쪽의 해(日)는 '궁희', 오른쪽의 달(月)은 '소희'로, 이는 우주 창조의 보좌역할을 담당하는 두 딸을 나타낸다.

위의 오른쪽 무고(巫鼓) 그림은 창조주 하느님을 뜻하는 '大(대)'자와 같은 구조와 의미를 지닌 '남무(南無·Nammu) 무(無)' 즉 '창조주 무(無)'이다.

'창조주 무(無)'의 갑골문 '𣦼'를 파자하면 '大 + 𣎳'이다.

'大'는 '大(대)'로 '창조주 하느님'을 나타내고, '𣎳'은 '大(大)'의 팔(8·八)에서 갈라져 나온 '새끼줄(새털)'을 형상한 것으로 이 '새끼줄(새털)'은 '자손(孫)'을 의미한다. 따라서 '𣦼·無(무)'는 '무수한 새끼줄(자손)들을 창조하는(舞) 하느님'을 뜻한다.

이상을 종합하면 '대(大)'는 '창조주 마고삼신'을 형상한 것으로, 성씨 '대(大)'는 삼신 하느님 닮은 '큰 사람(大人)'을 뜻한다.

참고로, 마고삼신(마고·궁희·소희)에 대하여 『부도지』[1]의 설명을 보면, 우주 창조의 주체자로서 마고는 홀로 우주를 창조할 수 없어서 두 딸(궁희·소희)을 두어 우주 창조의 보좌역할을 담당하게 하였다고 한다.

이러한 마고삼신(마고·궁희·소희)의 '3(三·⸫)'수로 표현되는 우주창조 원리는 동서고금 인류문화에서 나타나는데, 예를 들면 『천부경(天符經)』의 천·지·인 '삼재(三才·⸫)'와 기독교의 성부·성자·성령 '삼위(三位·⸫)'와 불교의 불·법·승 '삼보(三寶·⸫)' 등이 마고삼신의 우주창조 원리에 바탕을 둔 예라고 볼 수 있다.

기독교의 삼신(三神·⸫)

불교의 삼신(三神·⸫)

---

1) 『부도지』(박제상 지음, 김은수 번역, 한문화) '제1장'의 내용 참조.

또한, 인류 문화유물에서 '마고삼신의 우주창조 원형'을 표현한 예를 더 들면, 삼신 솟대오리에서 앞의 오리는 '마고'를 상징하고 뒤의 두 오리는 마고의 두 딸 '궁희와 소희'를 상징한다. 그리고 인디언 추장이 쓰고 있는 '마고 삼신관(三神冠) 역시 '마고·궁희·소희'를 상징적으로 표현한 것으로 볼 수 있으며, 고대 남미 아즈텍 사람들이 숭배한 케찰코아틀(깃털뱀) 신전의 '마고 삼신탑(三神塔)'도 큰 신전은 북두칠성 본태양 '마고'를 상징하고, 태양(日) 피라미드는 '궁희'를 상징하며, 달(月) 피라미드는 '소희'를 상징하는 등 깃털뱀 신전 역시 '마고삼신의 우주창조 원형'을 본뜬 것이라고 할 수 있다.

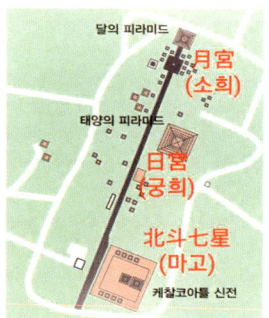

삼신(三神) 솟대오리　　마고 삼신관(三神冠)　　깃털뱀 삼신전

| 刀 | ✏ | 刀 | ᄀ → 태양(하늘·天)<br>／ → 빛살(자손·孫) |
|---|---|---|---|
| 천손 도 | 甲文 | 小篆 | 刀 ☞ 태양(ᄀ)의 빛(／)과 같은 천손. |

'刀(도)'의 소전 '刀'는 'ᄀ+／'의 구조로 되어 있다.

'ᄀ'는 '칼날'의 '본체'에 해당하는 '태양'을 나타내고, '／'는 본체인 태양(ᄀ)에서 갈라져 나온 '빛(／)'을 나타낸다. 따라서 '刀·刀(도)'는 '태양(ᄀ)에서 갈라져 나온 빛(／)'을 형상한 것으로, '태양(ᄀ)의 빛(／)'을 의미한다.

'칼 도(刀·刀)'가 '태양의 빛'을 상징한다는 것은 환두대도(環頭大刀)에서 확인할 수 있다. 아래의 사진 ①은 둥근 하늘(圜)의 태양을 상징하는 솔개(鳶)를 나타낸 것이고, ②는 둥근 하늘(圜)의 태양을 상징하는 봉황(鳳)을 나타낸 것이며, ③은 둥근 하늘(圜)의 태양을 상징하는 용(龍)을 나타낸 것이다. 이렇게 둥근 환두(環頭)는 단순한 장식이 아니라 '태양(ᄀ·하늘)'을 상징하고, 환두에 연결된 칼날은 '빛(／)'을 상징한다는 것을 알 수 있다.[1]

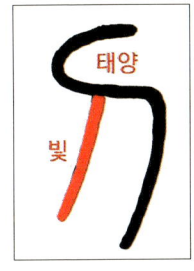   

도(刀)의 소전　　① 솔개 환두　　② 봉황 환두　　③ 용 환두

---

1) '솔개 연(鳶)'은 '弋 + 鳥'로 '태양(弋) 새(鳥)'를 뜻하고, '봉황 봉(鳳)'은 '凡 + 鳥'로 '우주(凡) 새(鳥)'를 뜻하며, '용(龍)'은 龍(용)의 금문 '龍'을 보면 '종 + ㄥ'으로 '태양(종)의 빛(ㄥ)'을 뜻하는 글자이다.

또한 '칼날 도(刀)'나 '창날 과(戈)', 그리고 '도끼날 근(斤)' 등에서 '날(日)'이라는 훈은 '빛'을 뜻하기 때문에 이 문자(부수)들은 흔히 '태양' 또는 '태양의 빛'을 상징한다.

이상을 종합하면, 성씨 '도(刀)'는 '태양(勹)의 빛(丿)과 같은 자손'을 뜻한다.

'칼(刀·刀)'이 '태양(勹)의 빛(丿)과 같은 사람'을 상징하는 예는 '비파검', '칠지도(七支刀)', '천부삼인(天符三印)의 칼(刀)', 그리고 '칼을 머금은 예수'에서도 확인할 수 있다.

비파검  칠지도  천부삼인  칼을 머금(숨)은 예수

'비파검(琵琶劍)'의 '비파(琵琶)'라는 말은 북두칠성을 나타내는 '비(比·琵)'자와 북극성을 나타내는 '파(巴·琶)'자가 결합한 말로 '북두하늘 본태양'을 나타내고, '칼 검(劍)'은 '천손'을 나타낸다. 그러므로 '비파검(琵琶劍)'은 '북두하늘 본태양(琵琶)의 빛과 같은 천손(劍)'을 상징하게 된다. 또 '비파검'이 '뱀(蛇)'의 모양인 것은 '뱀(蛇)'이 '虫 + 宀 + 匕'로 '북두칠성(匕) 하늘(宀)의 빛(虫)'을 상징하기 때문이다.

이와 같이 '비파(뱀)검'이 '북두칠성 하늘의 자손'을 상징하여 사용되었다면, 백제왕이 왜왕에게 '하늘이 인가한 왕(王)'임을 상징하여 보내준 '칠지도(七支刀)'는 '북두칠성 하늘의 자손'이라는 상징이 더욱 분명히 표현된 유물인데, '칠지(七支)'는 '북두칠성(北斗七星)'을 상징하고, '칼 도(刀)'는 '천손'을 상징한다. 따라서 '칠지도(七支刀)'는 '북두칠성(七支) 본태양의 빛과 같은 천손(刀)' 즉 '하느님 아들(天子)'을 상징한다.

또한 환웅이 세상에 내려올 때 '천부삼인(天符三印)' 즉 '거울·방울·칼'을 가지고 왔다고 하는데, 거울은 하늘의 마음인 '본심·본태양'을 상징하고, 방울은 하늘의 '창조율려'를 상징하며, 칼(刀)은 '태양(♎)의 빛(/)과 같은 천손'을 상징한다.

이렇게 '칼(刀)'이 '태양(♎)의 빛(/)과 같은 사람'을 상징한다는 것은 '칼을 머금은 예수(天子)' 그림에서도 확인할 수 있는데, 그림 속의 '7촛대'는 '북두칠성 본태양 하느님'을 나타내고 '칼(刀)'은 '하늘의 빛'을 나타낸다. 따라서 '칼(刀)을 머금(含)은 예수'는 '북두칠성 본태양 하느님의 빛(칼·刀)을 계승한 하느님의 아들, 예수'를 상징한다는 것을 알 수 있다.2)

참고로, '칼 도(刀)'자에 담겨 있는 '태양(♎)의 빛(/)과 같은 천자'라는 의미는 현대까지 이어지고 있는데, 그것은 대통령(천자)을 영접하는 의례 때 칼(刀)을 번쩍 들어 '받들어 칼(총)!'을 하는 것에서 볼 수 있다. '받들어 칼(총)!'은 국군(칼·刀)이 대통령(천자)을 '태양처럼 받들겠다'라는 의미이다.

---

2) 밤베르크 묵시록의 '칼을 머금(含)은 예수'를 일반적으로 '일곱 촛대 가운데 선 사람의 아들' 즉 '인자(人子)'라고 말하는데, 이는 '북두칠성 본태양 하느님의 빛(영광)을 계승한 아들' 즉 '하느님의 아들(天子)'을 의미한다.

| 都 천손 도 | 小篆 | 者→해(白)의 무리들(旅). 태양(天)의 후예들(族).<br>邑→하늘(巴)의 자손이 사는 고을(口). 천손.<br>都☞천손(者)이 사는 고을(阝). 천부도(天符都). |

'都(도)'는 '者 + 阝(邑)'으로 구성되어 있다.

'者(자)'에 대해 『설문해자』에서는 "'者(자)'는 별건을 나타내는 말이다. '白(백)'으로 구성되고 '炭(여)'라는 발음이다. '여(炭)'는 고문의 '여(旅)'자이다.[者, 別事詞也. 从白炭聲. 炭, 古文旅字.]"라고 하여, '者(자)'가 '白(백)'과 '炭(여)'로 구성되어 있음을 알 수 있다.

'白(백)'의 갑골문 '⊖'은 '하늘(○)의 태양(一)'을 나타낸 것이고, '白(백)'의 소전 '白' 역시 '하늘(凵)의 태양(人)'을 나타낸 것으로, '白(백)'은 '하늘의 밝은 태양'을 뜻한다.

'炭(여)'는 '止 + 从'인데, '止(지)'는 갑골문 '止'에서 알 수 있듯이 '발'을 형상한 것으로 '불(태양)'을 나타내고, '따를 종(从)'은 '햇살(사람)들'을 나타내어, '炭(여)'는 '태양(止)을 따르는 여러 무리(从)'를 나타낸다.

따라서 '태양'을 나타내는 '白(백)'과 '여러 무리'를 나타내는 '炭(여)'가 합쳐진 '者(자)'는 '태양(白)을 따르는 여러 무리(炭·旅)'를 의미한다.

'고을 읍(阝·邑)'은 '巴 + 口'이다.

'큰뱀 파(巴)'는 '丶 + 巳'로 구성되어 있는데, '점 주(丶)'는 '북극성 하늘'을 나타내고, '뱀 사(巳)'는 북극성을 중심축으로 하여 우주를 춘하추동(春夏秋冬) 운행하는 '북두칠성 하늘'을 나타내어, '큰뱀 파(巴)'는 우주를 운행하며 도(道)는 '북두하늘'을 뜻한다.

'입 구(口)'는 '사람(人)이 출입(出入)하는 곳(口)'을 나타낸다.

따라서 '고을 읍(阝·邑)'은 '하늘(巴)의 자손이 모여 사는 곳(口)'을 의미한다.

이상에서 본 것처럼 '태양(白)을 따르는 여러 무리(炏·旅)'를 뜻하는 '자(者)'에 '하늘(巴)의 자손이 사는 고을(口)'을 뜻하는 '읍(阝·邑)'이 합쳐진 성씨 '도(都)'는 '태양(天)의 후예들(族)이 사는 신성한 고을'을 의미한다.

해(白)의 햇무리(炏·旅)

아크로·폴리스 = 천부도(天符都)

참고로, 고대 그리스의 신전(神殿) '아크로·폴리스'라는 말도 'acro(신성한) + polis(도시)'로 위에서 밝힌 '신성한 고을'이라는 의미의 '도(都)'와 같다. 이렇게 '도(都)'자에는 '하늘(天)이 부여한(符) 신성한 도시(都)', 곧 '천부도(天符都)'라는 의미가 담겨 있기 때문에 '신(神)이 부여한 도시' 곧 '신시(神市)'라고도 할 수 있다.

|  |  | 阝→ 높은 언덕. 높은 하늘.<br>勹→ 천지(天地). 부모. 모태(母胎).<br>缶→ 물레 위의 흙덩이(흙살 > 햇살 > 자손). |
|---|---|---|
| 천손 도 | 小篆 | 陶☞ 신성한 하늘(阝)의 자손(匋). |

'陶(도)'는 '阝 + 勹 + 缶'로 구성되어 있다.

'언덕 부(阝·阜)'에 대하여 '흙이 쌓여 있는 언덕을 그린 것'이라고 흔히 설명하고 있으나, '언덕 부(阝·阜)'의 갑골문 '👉'와 소전 '👉'의 형태에서도 짐작할 수 있듯이, 이는 '하늘로 올라가는 하늘사다리' 즉 '천계(天階)'를 나타낸 것으로 '높은 하늘'을 나타낸다.

'쌀 포(勹)'는 '모태(자궁)'를 나타내는데, 여기서는 질그릇을 굽는 '불가마'를 나타낸다. '장군 부(缶)'의 갑골문은 '👉'인데, 이는 '물레(ㅂ) 위에 질그릇을 만들 흙덩이(↑·흙살·햇살·화살)를 올려놓은 모습'을 형상한 것으로 '질그릇'을 나타낸다.

천계(阝·阜)

따라서 '勹 + 缶'인 '질그릇 도(匋)'는 '불가마(勹)에 들어 있는 질그릇(흙덩이·缶)'을 형상한 글자로 '불가마·태양(勹)이 낳은 아해(缶)'을 뜻한다.

또한 '질그릇 도(匋)'는 '쌀 포(包)'와도 통하는데, '쌀 포(包)'는 '勹 + 巳'이다. '쌀 포(勹)'는 '엄마의 모태'를 나타내고 '아기 사(巳)'는 '태아'를 나타내어, '쌀 포(包)'[1]는 '엄마 모태(勹) 안의 아기(巳)'를 형상한 것으로 역시 '하늘의 자손'을 상징한다.

---

[1] 항아리(勹) 속에 시신(아해.巳·缶)을 넣어 매장하는 옹관묘의 의미를 살펴보면, 이때 '항아리(도자기)'는 '하느님의 품'을 상징하므로 옹관묘는 '하느님의 자손', 즉 사자(死者)가 '하느님 품으로 다시 돌아간다(歸天)'는 것을 상징한다.

이상을 종합하면 '신성한 하늘'을 나타내는 '언덕 부(阝)'와 '하늘(태양)의 자손'을 상징하는 '질그릇 도(匋)'가 합해진 성씨 '도(陶)'는 '신성한 하늘(阝)의 자손(匋)'을 의미한다.

이렇게 '질그릇(陶)'은 하느님이 흙으로 사람을 창조한 것처럼 사람이 창조한 질그릇은 곧 '신성한 하늘의 자손'을 상징하는데, 이를 증명해주는 것이 바로 '질그릇 무덤'이다.

무덤의 주인공 옆에 질그릇을 묻는 장례 전통은 '질그릇(陶)'을 그 주인공의 자손(측근)으로 여긴 데서 비롯된 것이다. 이는 위에서 살펴보았듯이 '질그릇(陶)'은 사람의 손에 의해 창조된 것으로서, 마치 하느님에 의해 창조된 자손과 같이 여겨졌기 때문에 사람 대신 '질그릇(陶)'을 순장품으로 넣게 된 것이다. 이러한 매장문화를 보더라도 '질그릇(陶)'이 '하느님의 자손'을 상징하였다는 것을 알 수 있다.

질그릇(항아리) 무덤

영어권에서 '도(陶)'씨에 해당하는 성(姓)은 '포터(potter)'인데, '포터(potter)'는 '도공(陶工)'으로 하느님이 흙살(흙덩이)로 사람을 창조하였듯이 '도공'도 하느님의 창조행위를 본떠서 '흙살로 도자기를 창조하는 사람'을 뜻한다.[2] 따라서 성씨 '포터(potter)'는 '하느님을 닮은 신성한 자손(陶工)'을 뜻한다고 볼 수 있다.

---

[2] 이는 『성경』「창세기」'2장 7절'에 "하나님이 흙살(햇살)로 사람을 지으시고 생기를 그 코에 불어 넣으시니 사람이 생령이 된지라."라고 한 말과 같은 의미이다.

| 獨孤 | 獨孤(小篆) | 獨 → 본태양. 하늘.<br>孤 → 외(瓜)아들(子). 독생자(獨生子). |
|---|---|---|
| 본태양 독(獨)<br>외아들 고(孤) | 小篆 | 獨孤 ☞ 하느님(獨)의 독생자(孤). |

 '독고(獨孤)'의 '독(獨)'에 대하여 『이아(爾雅)』에서는 "'독(獨)'은 '촉(蜀)'이다.[獨者, 蜀.]"라고 하여 '독(獨)'과 '촉(蜀)'을 같은 뜻으로 풀이하였다.

 '蜀(촉)'의 갑골문 '𤇾'은 '큰 눈(目)을 가진 뱀'을 형상한 것으로, 이는 높은 하늘에 있는 북극성을 상징하는 '큰뱀 파(巴)'자와 뜻이 같다. 그래서 『광운(廣韻)』에서 "'촉(蜀)'은 파촉이다.[蜀, 巴蜀.]"라고 한 것처럼 같은 의미인 '큰뱀 파(巴)'와 '큰눈뱀 촉(蜀)'을 중첩하여 '파촉(巴蜀)'이라 한 것이다. 이를 지명으로 쓴 것은 '큰뱀 파(巴)'자와 '큰눈뱀 촉(蜀)'은 똑같이 '북극성 본태양'을 나타내므로, '파촉(巴蜀)'은 '본태양 하느님의 자손이 사는 땅'이라는 의미를 담은 것이다.

 '큰뱀 파(巴)'를 좀 더 자세히 살펴보면 '巴(파)'는 '●＋巳'로 구성되어 있는데, '●(주)'는 '북극성'을 나타내고 '巳(사)'는 '북두칠성'을 나타낸다. 따라서 '큰뱀 파(巴)'는 '높은 북두하늘에 있는 본태양'을 나타낸다.

 '蜀(촉)'자는 갑골문 '𤇾'에서 금문 '𧈙'으로 변화되었는데, 금문 '𧈙'의 '𥄎'은 갑골문 '𤇾'과 마찬가지로 '태양'을 상징하고, '화살' 모양의 '𠂆'은 '햇살(빛)'을 상징한다. 따라서 '蜀(촉)'의 금문 '𧈙' 역시 '태양(𥄎)의 빛(𠂆)'을 나타낸다. 이것이 소전 '𧍙'으로 가면 '𠂆'이 '虫'으로 변화되는데, '虫'은 '벌레(虫)'가 아니라 '뱀(구리)'을 형상한 것으로 '뱀(구리)'은 '빛(光)'을 뜻한다. 따라서 소전 '촉' (촉)' 역시 '태양의 빛(본태양)'을 나타낸다.

이상을 종합하면, '태양의 빛(본태양)'을 뜻하는 '촉(蜀)'자에 '태양(하늘)'을 뜻하는 '개 견(犭·犬)'[1]자가 합쳐진 '홀로 독(獨)'자는 '높은 하늘에 오직 하나인(홀로인) 태양', 즉 '본태양 하나(참나)님'을 뜻한다.

'孤(고)'는 '외 과(瓜) + 아들 자(子)'로 되어 있다.

'瓜(과)'의 금문은 ''로 ''은 '덩굴'을 나타내고, ''은 '열매'를 나타낸다. 따라서 '·瓜(과)'는 '높은 덩굴()에 열매()가 외로이 매달린 모습'을 형상한 것으로 '높은 하늘에 홀로 있는 태양'을 나타낸다.

이상을 종합하면, '외 과(瓜)'에 '아들 자(子)'를 붙여 '하늘의 태양처럼 홀로(瓜) 존재하는 아들(子)'을 의미하는 '孤(고)'는 '하늘(獨)이 낳은(生) 외아들(子)', 즉 '독생자(獨生子)'를 뜻한다.

이상에서 설명한 대로 '본태양 하나님'을 뜻하는 '독(獨)'자와 '독생자'를 뜻하는 '고(孤)'자를 합한 성씨 '독고(獨孤)'는 '하나님의 독생자'라는 의미가 된다.

이렇게 '하나님의 독생자'를 의미하는 '독고(獨孤)'는 붓다가 말했다는 '천상천하유아독존(天上天下唯我獨尊)'의 '독존(獨尊)'과도 통한다.

---

[1] '개 견(犬)'의 소전 ''은 '一(丶) + 人(儿)'로 되어 있는데, '一'은 '도끼날(日)'로 '해'를 나타내고, '人'은 '어진 인(仁) 발(儿)'로 '하늘(亻) 같은(二) 불(빛)'을 나타낸다. 따라서 '·犬(개 견)'은 '해(一)의 불(人)'을 형상한 것으로, '해(태양)'를 나타낸다. 그래서, 해(개·犬)의 기운이 성하여 무더운 날을 '복날(初伏·中伏·末伏)'이라고 하는데, 복날의 '복(伏)'에 '개 견(犬)'을 쓴 것도 '개'가 '해(태양)'를 뜻하기 때문이다.

| 임금 동 | 小篆 | ㅛㅛ(艸) → 풀 > 불(빛). <br> 釐(重) → 새벽을 여는 태양(東) + 임금(壬). <br> 董☞개벽 태양(東)이 낳은 빛(艹)나는 임금(壬). |

'董(동)'은 '艸 + 重'으로 구성되어 있다.

'풀 초(艹·艸)'의 '풀'이라는 말은 '풀 > 뿔 > 불'로 발음상 서로 통하여 '불빛(光)'을 의미한다. [p.62 '풀 초(艹·艸)' 참조]

'重(중)'은 '東 + 壬'이고, '東(동)'은 '木 + 日'로 되어 있다.

'東(동)'은 『설문해자』에서 "'동(東)'은 해(日)가 나무(木)에 안겨 있는 모습이다.[東, 从日在木中.]"라고 했는데, 여기서 '나무(木)'는 신령한 나무 부상(扶桑)1)을 가리키는 바, '東(동)'은 '태초에 해(日)를 낳아 개벽(開闢)하는 창조주 하느님(木)'을 뜻한다.

'壬(임)'의 갑골문 'I'은 '하늘(一)과 땅(一)을 연결하는 사람(丨)'을 나타낸다. '壬(임)'의 금문 'Ⅰ'은 갑골문 'I'에서 하늘과 땅을 연결하는 주체인 '사람(●)'을 강조한 글자로 '하늘에서 이룬 뜻을 땅(세상)에서도 이루게 하는 임금(Ⅰ)'을 나타낸다. 그러므로 『설문해자』에서도 "'임(壬)'은 '무(巫)'와 같은 뜻이다.[壬, 與巫同意.]"라고 하였는데, '巫(무)' 역시 '하늘(一)과 땅(一)을 연결하는 (丨) 사람(人)'을 나타내기 때문이다.

따라서 '東(동) + 壬(임)'으로 구성된 '重(중)'은 '새 하늘을 여는 창조주 하느님(東)이 낳은 임금(壬)'을 나타낸다.

이상을 종합하면, 성씨 '동(董)'은 '새벽을 여는 태양(東)이 낳은 빛(艹)나는 임금(壬)'을 의미한다.

---

1) '부상(扶桑)'은 전설상의 신령한 나무로, 해가 태초에 이 나무로부터 떠오르므로 '천지를 개벽하는 창조주 나무'를 뜻한다.

| 杜<br>천손 두 | 杜<br>小篆 | 木→남무(Nammu). 창조주 하느님.<br>土→땅에서 나온 새싹(아해).<br>杜☞창조주 하느님(木)이 낳은 자손(土). |

'杜(두)'는 '木 + 土'로 구성되어 있다.

'나무(木·Nammu)'는 고대 수메르(Sumer) 신화에서 하늘 아버지 안(An)과 땅 어머니 키벨레(Cybele)를 낳은 여신(女神)을 말하고, 이집트 신화에서는 이 창조여신 '나무(木·Nammu)'를 누트(Nut)라고 하였다. 고대 인도 범어 '나무(木·Namo)'를 한자 '南無(나무)'로 음역하는데, '나무'의 본래 의미는 '귀의(歸依)'가 아니라 '불(佛), 창조주 하느님'을 뜻한다.

또한 '나무 목(木)'자를 파자하면 '十 + 八'이 되는데, '十(십)'은 '하느님'을 나타내고, '八(팔)'은 창조율려인 '8려음(呂音)'을 나타낸다. 따라서 '나무 목(木)'은 8려음(八)으로 천지(十)를 창조하는 '창조주 하느님'을 뜻한다.

'土(토)'의 갑골문은 '◌'이고 금문은 '●'로 '땅에서 싹이 나온 모양을 형상한 것이다. 그래서 『설문해자』에서도 "'토(土)'는 땅이 만물을 토해낸 것이다. '土(토)'자의 '二'는 땅의 위와 땅의 속을 형상한 것이고, 'ㅣ'는 만물이 나온 모양이다.[土, 地之吐生物者也. 二象地之上, 地之中, ㅣ物出形也.]"라고 한 것이다.

이상에서 설명한 대로 '木 + 土'인 '두(杜)'는 '창조주 하느님(木)이 낳은 새싹(土·◌)'을 형상한 글자로, 성씨 '두(杜)'는 '하늘(木)이 낳은 자손(土·◌)'을 뜻한다.

| 馬 | 古文 小篆 | ⊙ → 머리(頭). 북두(北斗). 본태양.<br>彡 → 머리털(갈기). 빛(光).<br>丿 → 몸. 朩 → 꼬리(자손). |
|---|---|---|
| 태양 마 | | 馬☞ 북두하늘 본태양의 자손. |

'馬(마)'의 고문 '彩'를 파자하면 '⊙ + 丿 + 彡 + 朩'이 된다.

'⊙'은 '북두(斗)머리(頭)'를 '태양(日)'으로 표현한 것으로, '북두(北斗)하늘의 본태양'을 뜻한다. '丿'은 '몸'을 나타내고, '彡'은 '갈기'로 '빛살(彩)'을 나타내며, '朩'은 '꼬리(자손)'를 나타낸다.

따라서 '馬(마)'의 고문 '彩'는 '북두(北斗)하늘의 본태양(⊙)이 빛나는(彡) 모습'을 형상한 것으로, 성씨 '彩·馬(마)'는 '북두하늘 본태양(⊙)의 자손(朩)'을 뜻한다.

'馬(마)'에 대해 『설문해자』에서 "'마(馬)'는 무(武)이다.[馬, 武 也.]"라고 하였는데, '武(무)'는 '戈 + 止'로 구성되어 있다.

'창 과(戈)'는 '큰 창날'을 형상한 글자로 '큰 창날(日)'은 '태양(빛)'을 나타내고, '발 지(止)'는 '止'의 갑골문 '𐊠'를 볼 때 엄지발가락을 강조한 '발'을 형상한 것으로 '발'은 '불(빛)'을 나타낸다.

결국 '武(무)'자의 의미는 '馬(마)'자와 마찬가지로 '태양의 빛'을 뜻한다는 것을 알 수 있다.

참고로, "소꼬리(말꼬리) 잡은 자가 임자(임금)"라는 속담에서 '소꼬리'의 '소'는 '하늘'을 상징하고, '꼬리'는 '자손'을 상징한다. 따라서 '소의 꼬리'는 '하늘의 자손'을 상징한다. 불교에서 법통(法統)을 계승한 선사가 잡는 '법채(法彩·拂子)' 또한 '소·꼬리'나 '말(⊙)·꼬리(朩)'로 만드는데, 이는 '소(牛)꼬리'나 '말(馬)꼬리'가 모두 '하늘을 계승한 법손(法孫)'을 상징하기 때문이다.

| 麻 | 麻 | 厂 → 높은 하늘(집).<br>朮 → 삼의 껍질. 새끼줄·자손(孫). |
|---|---|---|
| 마고 마 | 小篆 | 麻 ☞ 마고(厂)의 자손(朮). 마고(麻)의 자손(孫). |

'麻(마)'는 '厂 + 朮'이다.

'집 엄(广)'은 '厂 + 丶'로 구성되어 있다.

'언덕 한(厂)'은 『설문해자』에서 "'한(厂)'은 높고 큰 바위로 된 절벽이다.[厂, 山石之厓巖.]"라고 하였는데, 이는 '하늘 높이(丨) 솟아 있는 절벽의 기암(一)'을 형상한 것으로, '언덕 한(厂)'은 '높은(丨) 하늘(一)'을 뜻한다. 여기에 '높은 집(高屋)'을 나타내는 '점주(丶)'를 더한 '집 엄(广)'은 '높은 하늘(집)'을 나타낸다.

'朮(패)'는 '삼 줄기(卄)에서 미세하게 벗겨낸 삼껍질(朋)'을 나타낸 것으로, '실(絲)·새끼줄(孫)·빛살(우주DNA)' 등을 나타낸다.

따라서 '麻(마)'는 '삼실·빛살(朮)로 만물을 창조하는(짜는) 마고 삼신 하느님(广)'을 의미한다. 이는 『고사기(古事記)』에서 "하늘과 땅이 처음 생길 때 마고삼신(麻姑三神)이 만물 창조의 시조가 되었다."라고 말한 뜻과 같다.

만물을 창조하는 마고삼신(麻姑三神)

마고 직녀(織女)

마고 직녀성(織女星)을 서양에서는 '베가(vega)'라고 하는데, '베가'는 말 그대로 '베(布)를 짜는 가(집·家)'라는 뜻이다. 이 마고 직녀성은 1만 2천 년 전에는 지구의 북극에 위치한 마고삼신 하느님 자리였다.

마고삼신 직녀(織女)가 베를 짠다는 것은 실(絲·朮)로 만물을 창조한다는 뜻으로, 마고가 '우주창조 DNA'인 '빛(絲·朮)'으로써 우주를 창조한다는 의미이다.

'빛(絲·朮)으로 우주를 창조한다'는 '마(麻)'자의 의미에서 '우주창조주(Manu)의 빛(Ra)'을 뜻하는 '마누라(Manu·Ra)'와 '빛(Bra)의 창조주(Ma)'를 뜻하는 '브라·마(Bra·Ma)', '북두칠성'을 가리키는 '마·젠타(Ma·genta)', 그리고 예수를 낳은 성모 '마·리아(Ma·ria)' 등에 쓰인 '마(Ma·麻)'자는 모두 '마고(麻姑) 삼신 하느님'을 지칭한다. 프리·메이슨(Mason)의 '메이슨(Ma·son)'이라는 말도 '마고(Ma·麻)의 자손(son·孫)'을 뜻한다.

| 마고·마(Ma) 자손·손(son) | 마고·마(麻) 자손·손(孫) | 하늘(天) 자손(孫) |
|---|---|---|
| ↓ | | |
| 메이슨(Ma·son) | 마고·자손 | 천손 |

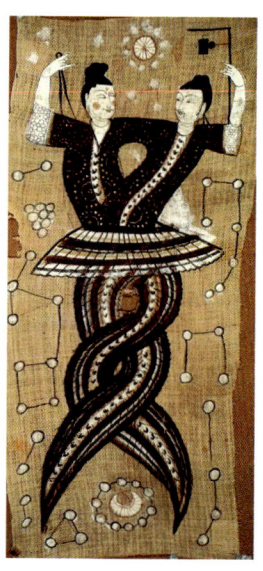

「복희여와도」

우주창조의 DNA인 '빛(絲·朮)'으로 우주를 창조한다는 상징적인 표현은 「복희여와도」에서 확인할 수 있다. 오른쪽 그림은 뱀의 모습을 지닌 복희·여와가 성교(性交)하는 모습을 형상하여 '뱀' 곧 '근원의 빛(光, 絲·朮)'으로 우주를 창조하는 행위를 나타낸다. 결국 우주는 '근원의 빛(뱀)'이 실(絲·朮)처럼 꼬여(직조하여) 창조되었다는 것을 나타낸다.

또한 우리나라 풍속에는 집집마다 현관문 위에 삼실(絲·枾)과 북어(北魚)를 달아 놓는 전통이 있는데, '삼실(絲·枾)'은 우주창조 DNA인 '마고삼신의 실(絲)'로 '마고삼신의 자손(孫)'을 뜻하고, '북어(北魚)'는 '북두하늘(北)이 낳은 물고기(魚)'로 '북두하늘(마고)의 자손'을 상징한다.

그리고 우리가 죽어서 '삼베옷(마의·麻衣)'을 입고 저승(하늘)에 가는 것도 우리의 본향인 '마고(麻姑)삼신 하느님에게로 돌아간다'는 것을 상징한다.

하늘의 물고기(북어·北魚)

삼베옷(마의·麻衣)

결국 '마(麻)'자에 담긴 의미는 '마고삼신 하느님'을 뜻하므로, 성씨 '마(麻)'는 '마고삼신(广)의 빛(絲·枾)으로 창조된 자손', 즉 '마고삼신(麻)의 자손(孫)'을 의미한다.

| 梅 | 橪 | 木→나무(南無). 창조주 하느님.<br>每→(하)늘. |
|---|---|---|
| 하늘 매 | 小篆 | 梅☞창조주(木) 하늘(每). |

 '梅(매)'는 '木 + 每'로 구성되어 있다.
 'Nammu(나무·木)'는 고대 수메르(Sumer) 신화에서 하늘(An)과 땅(Cybele)을 낳은 창조주 여신(女神)을 말하고, 고대 이집트 신화에서는 창조여신 '이시스(Isis)'를 '나무(木·Nammu)'에 비유하였다. 또한 고대 인도 범어 '나무(木·Namo)'는 한자 '南無(나무)'로 음역하는데, '나무'의 본래 의미는 '귀의(歸依)'가 아니라 '불(佛), 창조주 하느님'을 뜻한다.
 '每(매)'는 '亠 + 母'이다. '亠'는 '돼지머리 해(亠)'의 변형인데, '해(亠)'의 소전 '𠆢'는 '높은 하늘'을 나타낸다. '母(모)'의 갑골문은 '𠕁'로 '女(여)'의 갑골문 '𠄡'에 어미의 젖꼭지를 표시한 형태로 '낳아서 길러주는 창조주 하느님'을 뜻한다. 한편 '女(여)'의 갑골문 '𠄡'는 '𠄌 + 𠃜'이다. '女(여)'에 대해 임의광(林義光)은 "𠄡(女)'는 머리·몸·다리(𠄌) 및 두 팔(𠃜)의 모양을 본뜬 것이다.[女, 象頭身脛及兩臂之形.]"라고 하였는데, '𠄌(몸)'은 '창조주 하느님'을 나타내고 '𠃜(팔)'은 '8려음(呂音)'으로 '창조율려(律呂)'를 나타낸다. 따라서 '𠄡·女(여)'는 8려음(呂音)으로 천지를 창조하는 '창조주 하느님'을 뜻한다.

 이상을 볼 때 '木 + 每'로 구성된 '매(梅)'는 '창조주(木) 하늘(每)'을 나타내어, 성씨 '매(梅)'는 '하늘(梅)의 자손'을 의미한다.

이렇게 매화(梅花)가 '창조주 하느님'을 상징한다는 것은 북두칠성 하느님인 '관세음보살'1) 탱화 속의 매화를 보더라도 알 수 있다. 탱화 속의 '수선화'도 '창조주 하느님'을 상징하는데, 수선화(水仙花)는 '물(水) 하느님(仙)'이라는 뜻이다. '북두칠성 하느님'의 옛말이 '물마누라'였는데, '물마누라'는 '물(水) + 마누(仙) + 라(花)'로 역시 수선화(水仙花)의 다른 표현이다.

매화(梅) = 하늘(木+每)

일반적으로 관세음보살 탱화 속에 들어 있는 연꽃(蓮), 대나무(竹), 버드나무(柳), 파랑새(靈鳥) 등도 모두 '창조주 하느님'을 상징하는 것들이다.

그리고 또 매화(梅花)가 '창조주 하늘(天)'을 상징한다는 것은 수리역학인 '매화역수(梅花易數)'라는 말에서도 확인할 수 있는데, '매화역수'는 '하늘(梅花)의 운행원리'를 밝혀놓은 책이다.

---

1) 불교의 『천수경』에서 '관세음보살'을 '칠구지·불모·대준제보살(七俱胝·佛母·大准提菩薩)'이라고도 하는데, '칠구지·불모(七俱胝·佛母)'는 바로 '북두칠성(北斗七星) 하느님'을 가리킨다. 또한 '북두칠성(北斗七星) 하느님'을 '창조주 여신(女神)'으로 여긴 유물들을 보면 뉴욕의 자유 여신상, 고대 페르시아의 미트라 여신, 이집트의 여신 누트, 동아시아의 마고삼신(직녀)과 구천현녀(九天玄女·玄牝) 등이다.

참고로 '불(佛)'자에 들어 있는 '활 궁(弓)'자도 '북두칠성(본태양)'을 뜻하는 글자이다.

| | | |
|---|---|---|
| 孟 | 𢀖 | 우(子) → 천지(하늘)의 아들(子). <br> 皿(皿) → 높은 제사그릇. 높고 신성한 하늘. |
| 천손 맹 | 小篆 | 孟☞ 높고 신성한 하늘(皿)의 자손(우). |

'孟(맹)'은 '子 + 皿'으로 구성되어 있다.

'아들 자(子)'는 '천지의 아들' 곧 '하늘의 자손'을 나타내는데, 그 증거는 '아들 자(子)'의 갑골문 '우'자와 똑같은 모양인 고대 이집트의 '우(앙크)'를 보면 명확히 드러난다.

아래의 왼쪽 그림에서 오시리스(天)와 이시스(地)의 아들(子)인 호루스가 왼손에 '우(앙크)'를 들고 있는 모습은, 호루스가 '천지(天地)의 아들(子)'임을 보여주는 것이고, 아래의 오른쪽 그림에서 창조여신 누트의 팔에 '우(앙크)'가 걸려 있는 모습은, 이 '우(앙크)'가 곧 '창조여신이 낳은 아들(子)'임을 보여주는 것이다.

따라서 갑골문의 '우(아들 자)'자와 고대 이집트의 '우(앙크)'는 '하늘이 낳은 아들(子)'을 상징한다는 것을 확인할 수 있다.

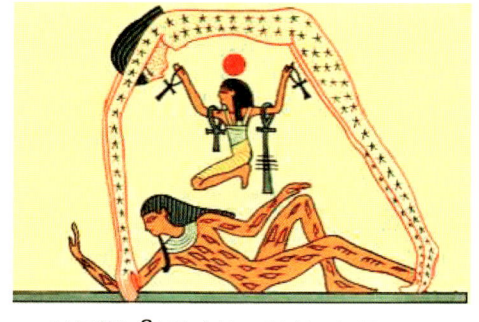

▲ 아들(子·우)을 낳는 여신, 누트
◀ 태양의 아들(子·우), 호루스

'皿(명)'의 갑골문 '皿'은 신(神)에게 제물을 올리는 '받침대가 높은 그릇'을 형상한 것으로 '신성한 제단, 높은 하늘'을 나타낸다.

이러한 '皿(명)'의 의미를 『설문해자』에서 "'명(皿)'은 밥 먹을 때 사용하는 그릇이다. '두(豆)'자와 글자 구성원리가 같다.[皿, 飯食之用器也. 與豆同意.]"라고 하였는데, '콩 두(豆)'자에 대해서 "'두(豆)'는 옛날에 밥과 고기를 담던 그릇이다.[豆, 古食肉器也.]"라고 하였다. 따라서 '콩 두(豆·荳)' 역시 '그릇 명(皿·Ⅲ)'과 마찬가지로 '높은(요) 하늘(一)'을 상징한다.

이상을 종합하면 '孟(맹)'은 '높고 신성한 제단(皿)에서 하늘의 아들(子)임을 맹세(盟誓)하는 모습'을 형상한 것으로, 성씨 '孟(맹)'은 '높고 신성한 하늘(皿)의 자손(子)'을 의미한다.

참고로 이러한 '맹(孟)'의 의미를 살려서 행한 의식이 고구려의 제천(祭天)의식인 '동맹(東盟)'[1]이라고 할 수 있는데, 이는 백성과 왕이 함께 하늘의 은총에 감사하며 '높고 신성한 북두하늘의 자손'이라는 자부심을 갖게 하는 의식이었던 것이다.

---

[1] '東(동)'은 『설문해자』에서 "'동(東)'은 해(日)가 나무(木)에 안겨 있는 모습이다.[東, 从日在木中.]"라고 했는데, 여기서 '나무(木)'는 신령한 나무 부상(扶桑)을 뜻하는 바, '東(동)'은 '태초에 해(日)를 낳아 새 하늘을 여는 창조주 하느님(木)'을 뜻한다.

| 明 | (고문) | ☞ 대명천지(大明天地). |
|---|---|---|
| 밝을 명 | 古文 | 明 ☞ 천지(天地)의 밝은 빛. 광명이세(光明利世). |

'明(명)'의 고문(古文) '㕻'은 '㘸(日)+⺼(月)'이다.

'明(명)'에 대해 『설문해자』에서는 "'명(朙)'은 비춘다(照)는 것이다. '月(월)'과 '囧(경)'으로 구성되었다.[朙, 照也. 从月从囧.]"라고 하였는데, '비춘다(照)'라는 말을 『주역(周易)』「이괘(離卦)」에서는 "대인(大人)이 이로써 밝음(明)을 이어받아 사방을 비춘다.[大人以繼明, 照于四方.]"라고 하였다. 이는 대인(大人)의 역할이 '광명(明)으로 세상을 비추는(照) 것', 즉 '광명이세(光明利世)'를 뜻한다.

그리고 '㘸·囧(경)'은 '창(窓)으로 빛이 들어오는 모양'을 나타낸 것으로 '밝은 빛'을 뜻하고, '⺼·月(월)'은 '달'을 형상한 것으로 역시 '밝은 빛'을 뜻한다.

이상을 종합하면 '明(명)'의 고문(古文) '㕻'은 '창(窓)을 통하여 들어오는 밝은 햇빛(㘸)과 밝은 달빛(⺼)'을 형상한 것으로, 이는 '천지의 밝은 빛(大明天地)'을 나타낸다. 그러므로 성씨 '明(명)'은 '광명(明)으로 세상을 비추는(照) 사람'을 뜻한다.

| 毛 | | | 毛 → 새의 깃털 > 해의 햇살 > 하늘의 자손. |
|---|---|---|---|
| | | | 毛 → 하늘(天)의 기운(氣) > 하늘의 자손. |
| 천손 모 | 金文 | 小篆 | 毛 ☞ 새의 깃털 > 하늘(天)의 자손(孫). |

'깃털 모(毛)'는 금문의 자형 ' '나 소전의 자형 ' '에서 알 수 있듯이 '새의 깃털'을 형상한 글자이다. '새'는 '해'를 상징하므로 '(새의)깃털 모(毛)'는 해에서 나온 '햇살'을 상징하며, 더 나아가 하늘이 낳은 '자손'을 상징한다.

이렇게 새(해)의 '깃털(毛)'이 하늘(天)의 '자손'을 상징한다는 것은 '깃털 모(毛· )'자와 '손 수(手· )'자의 자형이 서로 흡사하게 표현된 것에서 알 수 있다.

『시경』「소아(小雅)·소반(小弁)」에 "아버님의 털에 속하지 않겠는가.[不屬于毛]"라고 하였는데, 주석에서 "털은 몸과 뼈의 남은 기운으로 말단에 속한다.[毛者, 體骨之餘氣末屬也.]"라고 하였다.

이로써 '깃털 모(毛)'의 속성을 알 수 있는데, '깃털'은 '몸(體)의 말단에 해당되는 기운(氣)'이라 할 수 있다.

이런 의미의 '털 모(毛)'자를 성씨로 쓴 것은 '새의 털(毛)'을 '해(骸·日)의 햇살 기운(氣)'에 비유하여 '하늘(天)의 자손(孫)'임을 표현한 것이다.

이런 방식으로 성(姓)의 뜻을 표현한 성씨는 아래 표와 같다.

| 天 | 一 | 해 | 마음 | 마음 | 마음 | 마음 | 마음 | 마음 |
|---|---|---|---|---|---|---|---|---|
| 地 | 二 | 햇살 | 몸 | 몸 | 몸 | 몸 | 몸 | 몸 |
| 人 | 三 | 기운 | 가죽(韋) | 손(手) | 옷(衣) | 피부(皮) | 깃털(毛) | 깃털(羽) |
| | | ↓ | ↓ | ↓ | ↓ | ↓ | ↓ | ↓ |
| | | 金(김) | 韓(한) | 孫(손) | 裵(배) | 皮(피) | 毛(모) | 習(습) |

'깃털(毛)'이나 '꼬리(尾)'로써 '하늘을 계승한 사람(자손)'을 상징하는 것은, 불교에서 쓰는 '법채(法彩·拂子)'라는 상징물과 "소꼬리 잡은 자가 임자(임금)"라는 속담, 그리고 고대 이집트의 벽화에서 '태양의 아들 호루스가 꼬리를 달고 있는 모습'으로 표현된 것에서 확인할 수 있다.

소꼬리(毛·尾) 잡은 선사     지팡이 잡은 호루스

위의 그림은 불교의 선사가 '소의 꼬리털로 만든 법채(法彩·拂子)[1]를 잡은 모습'인데, '소'는 '하늘(天)'을 나타내고 '꼬리털'은 '자손(孫)'을 나타낸다. 따라서 '법채를 잡은 선사'는 '부처님(佛)의 법(法)을 계승한 자' 곧 '법손(法孫)'을 상징한다.

"소꼬리(털)[2] 잡은 자가 임자(천자)"라는 속담은 천자가 하늘에 제사를 지낼 때 '소꼬리(털)로 만든 법채(法彩)를 잡은 모습'을 표현한 말로, '소꼬리(털)' 역시 '하늘을 계승한 천자'를 나타낸다.

---

[1] 법채(法彩)를 '먼지를 털듯, 상념을 털어내는 털이개'라는 의미의 '불자(拂子)'로 이해하고 있는데, 이는 피상적인 해석이다.
[2] '꼬리'를 뜻하는 한자 '꼬리 미(尾)'자에는 '북두칠성 하늘(尸)의 자손(毛)'이라는 뜻이 담겨 있다.

또한, 고대 이집트의 '호루스' 벽화에서 오시리스(天)와 이시스(地)의 아들(子)인 호루스가 지팡이를 잡고 있는데, '지팡이(持巴이)'는 하늘을 뜻하는 '큰뱀 파(巴)'자에 '잡다'라는 뜻의 '지(持)'가 더해진 말로서 '지팡이를 잡은 것'은 '소꼬리(법채)를 잡은 것'과 마찬가지로 '하늘을 계승한 천자'라는 의미이다. 이러한 의미를 한 번 더 나타낸 것이 호루스의 '꼬리(尾)'이다. 게다가 천자를 상징하는 '앙크(아들·子)'를 손에 들고 있는 모습 역시 '천자(天子)'를 나타낸다.

| 牟 | 牟 | ㅇ(厶) → 소의 울음소리. 하늘이 낳은 나(台). |
|---|---|---|
| 소울음 모 | 小篆 | 牛(牛) → 소뿔. 태양. 하늘(天).<br>牟☞ 하느님의 음성(뜻)으로 태어난 나(천손). |

'牟(모)'의 소전 '牟'는 'ㅇ + 牛'로 구성되어 있다.

'厶(사)'의 소전 'ㅇ'는 '소의 입에서 울음소리가 나오는 모양'을 형상한 것으로 '하늘이 낳은 나(台)'를 나타내고, '牛(우)'의 소전 '牛'는 '소뿔'을 형상한 것으로 '태양(하늘)'을 상징한다.

따라서, 태양(하늘)을 상징하는 '牛(우)'와 소의 울음을 나타내는 '厶(사)'가 합쳐진 '소울음 모(牟)'는 '우주를 창조하는 하늘의 음성(말씀)'을 의미하여, 성씨 '모(牟)'는 '하느님의 음성(말씀)으로 태어난 자손'을 뜻한다.

'소의 뿔'이 '하늘의 태양'을 상징한다는 것은 고대 이집트 벽화에서 확인할 수 있다. 아래 왼쪽 그림은 고대 이집트인들이 숭상하던 성스러운 소(牛) '아피스(Apis)'이고, 오른쪽 소의 뿔(태양)을 이고 있는 여인은 고대 이집트인이 숭상하던 여신(女神) '이시스(Isis)'인데, '소의 뿔(태양)'을 한 '아피스(Apis)'나 '이시스(Isis)'는 '창조주 하느님'을 상징한다.

소의 뿔(태양), 아피스(Apis)

소의 뿔, 이시스(Isis)

'소의 울음소리'가 지니는 의미를 자세히 살펴본다.

'우주를 창조하는 하늘의 음성(말씀)'을 뜻하는 '소(牛)의 울음'을 인도 힌두교에서 '브라마(Brama)'라고 하는데, '브라마(Brama)'의 '브라(Bra)'는 우주를 창조하는 '근원의 빛'이라는 뜻으로 역시 우주를 창조하는 '우주(凡)의 빛(虫)'을 뜻하는 '바람 풍(風)'과 같은 뜻이다. '마(Ma·麻)'는 '마고삼신 본태양'을 뜻한다. 따라서 '브라·마(Bra·Ma)'는 우주 만물을 창조하는 '근원의 빛(본태양·卍)'을 의미한다.

결국, 하늘의 음성(말씀)을 뜻하는 '소울음 모(牟)'와 우주 만물을 창조하는 '브라마(Brama)', 그리고 범우주(凡)를 창조하는 근원의 빛(虫)을 뜻하는 '바람 풍(風)'은 모두 그 뜻이 같다는 것을 알 수 있다.

소울음, 모(牟)　　　브라마(Bra·ma)　　　바람, 풍(風)

위의 브라마(Brama) 상징 마크에서 '태양의 빛'은 또한 우주를 창조하는 '근원의 빛(卍)'으로 '창조주 하느님'을 나타내는데, 이것은 '마고삼신 하느님의 음성(麻音)'으로 일체 우주를 창조한다는 일체유심조(一切唯心造)의 '마음(麻音)'과도 그 의미가 통한다.

'본태양(근원의 빛)'을 의미하는 '브라마(Brama)'에 '사람'을 의미하는 '만(man)'을 붙인 것이 '브라·만(Bra·man)'이다. 그래서 '브라·만(Bra·man)'은 '태양의 빛과 같은 사람'을 의미하는데, 이는 우리나라의 '풍류도(風流徒)' 곧 '화랑도(花郞徒)'라는 말과 같은 뜻이다. '풍류(風流)'1)는 '하늘의 빛(風)과 같은 무리들(流)'이라는 뜻이고, '화랑(花郞)'2)은 '하늘의 빛처럼(花) 어진 사람(郞)'이라는 뜻이다.

불교의 관세음보살 육자·대명왕·진언(六字·大明王·眞言) '옴 마니 반메 훔(唵麼抳鉢銘吽)'에서의 '소울음 훔(吽)'이나 증산교의 태을주(太乙呪)에 나오는 '훔치훔치(吽哆吽哆) 태을천상원군 훔리치야 도래 훔리함리 사바하'에서의 '소울음 훔(吽)' 역시 '창조주 하느님을 부르는 주문'으로, '소울음 훔(吽)'과 '소울음 모(牟)'는 같은 의미이다.

---

1) '바람 풍(風)'은 '凡 + 虫'으로 구성되어 있다. '凡(범)'은 '북극성(丶) + 북두칠성(几)'으로 '범우주'를 나타내고, '虫(훼)'는 '살모사 뱀(구리)'으로 '빛'을 나타낸다. 따라서 '창조바람 풍(風)'은 '우주를 창조하는 근원의 빛(卍)'으로 '소울음(牟)·브라마(Brama)·풍류(風流)' 등과 뜻이 같다.

2) '랑(郞)'자의 '어질 량(良)'은 '艮 + 丶'인데, '간(艮)'의 갑골문은 '𓀀'이다. 이는 '사람 등(𝄖) 위의 눈(𝄗)'을 형상한 것으로 '북두하늘의 태양(𝄗)', 즉 동북 간방(艮方)에 있는 '북두칠성 본태양'을 나타낸다. '주(丶)'는 '주(主) 하나님의 빛'으로 '북극성 본태양'을 나타낸다. 따라서 '양심(良心)'은 '북두(艮) 하느님의 빛(丶)을 간직한 마음(心)'을 말한다.

| 睦 사랑 목 | 态 古文　小篆 睦 | 目(目) → 눈(태양). 하늘.<br>光(光) → 햇살. 사랑.<br>土(土) → 땅. 자손.<br>睦 ☞ 하늘(目)의 사랑(光)이 낳은 자손(土). |

'睦(목)'의 고문 '态'은 '光 + 囧'이다.

'光'은 '빛 광(光)'으로 '태양의 빛'을 나타내고, '囧'은 '빛날 경(囧)'으로 '창문을 통하여 햇살이 들어오는 것'을 나타낸다.

따라서 '睦(목)'의 고문 '态'은 '창문을 통하여 햇살이 방안에 들어오는 모양'을 형상한 것으로 '따뜻하고 화목함'을 뜻한다.

'睦(목)'의 소전 '睦'은 '目(目) + 光(光) + 土(土)'으로 되어 있다. '目'은 '눈(目)' 곧 '태양(하늘)'을 나타내고, '光'은 '빛(光)'을 나타내며, '土'는 '땅(土)'을 나타낸다.

따라서 '睦·睦(목)'은 '태양(目)의 따사로운 햇살(光)이 수북이 쌓인 땅(土)'을 형상한 것으로, 성씨 '睦·睦(목)'은 '하느님(目)의 온유한 사랑(光)이 낳은 자손(土)'을 나타낸다.

'화목할 목(睦)'의 '언덕 륙(坴)'을 자세히 살펴본다.

'언덕 륙(坴)'을 『설문해자』에서 "륙(坴)'의 음은 '록(鹿)'과 같다. 흙덩이가 수북하게 쌓인 것이다.[坴, 坴音鹿. 土塊坴坴也.]"라고 하였다.

여기서 '륙(坴)'의 음이 '록(鹿)'과 같다는 말은 '언덕 륙(坴)'의 뜻이 '사슴 록(鹿)'과 같다는 뜻인데, '사슴 록(鹿)'은 '사슴의 큰 뿔'을 형상한

햇살이 수북이 쌓인 '목(睦)'

것으로, 이는 곧 '태양(불)'을 상징한다.

따라서 '언덕 륙(坴)'은 '태양(日)의 햇살(米)이 수북이 쌓인 땅(土)'을 형상하여, '하늘의 따뜻한 사랑(睦)'을 의미한다.

한편, '화목할 목(睦)'자는 '화목할 목(穆)'자와 같은 의미인데, '화목할 목(穆)'자도 '햇볕'을 나타내는 '벼 화(禾)'자와 '햇살 비춤'을 나타내는 '목(㣎)'자가 결합된 것으로서 '따뜻하다', '화목하다'라는 뜻을 가지게 된다.

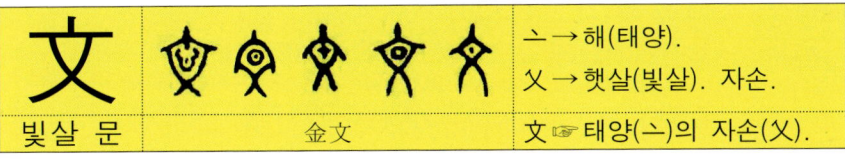

『설문해자』에서 "'문(文)'은 교차하여 그린 그림이다. 교차한 무늬를 상형한 것이다.[文, 錯畫也. 象交文.]"라고 하였다. 이는 '문(文)'이 '해(亠)의 빛깔(乂)을 교차하여 그린 그림'이란 뜻인데, '해(亠)의 빛깔(乂)'은 '근원의 빛(마음)이 창조한 이미지(象)'를 나타내고, '교차(乂)하였다'는 것은 '이원화(二元化)된 무늬(기호)를 교차(乂)하여 그렸다'는 의미이다.

또한 '문(文)'자의 '돼지머리 해(亠)'는 '돼지 해(亥)'자의 '머리(亠)'를 말하는데, '해(亥)'는 만물을 낳는 '뿌리 해(荄)'로 '본태양'을 의미한다. '예(乂)'는 '빛살을 교차(乂)시켜 그린 무늬(형상)'를 나타낸다.

이상을 종합하면 '문(文)'은 '태양(亠)의 빛살(乂)을 교차시켜 그린 형상'을 나타낸 것으로, 성씨 '문(文)'은 '태양(亠)의 빛(乂)으로 빚어진(탄생한) 사람'을 나타낸다.[1]

'文(문)'자의 금문(金文)의 의미를 형태에 따라 밝혀보면 아래와 같다.

'몸() 속에 마음()'이 그려져 있는 금문 '(문)'은 '마음(·心)이 만들어낸 몸()'이자 '마음(·心)이 만들어낸 이미지()'이며, '마음(心)이 밖으로 표현되는 통로이자 창문(門)'을 나

---

1) 『성경』 「창세기」에 "하나님이 흙(살)으로 사람을 지으시고……"라고 하였는데, 여기서 '흙살'은 '햇살(肉)'을 뜻한다. 따라서 '사람의 몸(肉)'은 '하나님의 햇살(厶)로 빚은 몸(冂)'을 의미한다.

타낸다. 그래서 붓다는 "몸(☥)은 마음의 창문(窓門)이다."라고 하였다.

이렇게 마음(心)과 몸(文)의 관계를 육조 혜능은 '해와 햇살'의 관계로 표현하였고, 신라 원효는 '물과 물결2)'의 관계로 표현하였으며, 성경에서는 '하나님과 아들'의 관계로 설명하였다.

결국, 금문 '☥(문)'의 의미에 따르면 성씨 '문(文)'은 '근원의 마음(♈)' 즉 '하나(참나)님의 사랑(♥)이 낳은 천손(文)'을 뜻한다.

| ☥ | ♈ | 마음·心 | 마음·心 | 태양(亠) | ☞사랑·♥ |
|---|---|---|---|---|---|
|   | 文 | 몸·身 | 창문·窓 | 빛살(乂) | ☞자손·文 |

'文'자 속에 하느님(十)이 그려져 있는 '☥'은 '하느님의 사랑으로 태어난 몸(文)'을 나타낸 것이고, '文'자 속에 둥근 하늘(○·空)이 그려져 있는 '☥'은 '하늘이 낳은 사람(文)'을 나타낸 것이며, '文'자 속에 우주 근원의 불씨(●), 즉 주(主·ヽ) 하나님이 그려져 있는 '☥'은 '하나님의 마음씨인 본심본태양(本心本太陽)이 깃든 사람(文)'을 나타낸다.

'文'자 속에 태양(日)이 그려져 있는 '☥'은 '태양의 빛살로 빚어진 몸(文)'을 나타내는데, 이것은 고대 유라시아인들이 빗살무늬토기에 빛살을 새겨서 자신들이 '태양의 빛살로부터 빚어진(태어난) 자손이다'라고 생각한 사고방식과 같다.

빛살무늬(文) 토기

---

2) 백련불교문화재단,『白蓮佛敎論集3』, 1993.

|  |  | 門→천지(天地)의 문(門). 보살피는 하늘(天).<br>文→해(亠)의 햇살(乂). 하늘의 아해(자손). |
|---|---|---|
| 햇살 민 | 小篆 | 閔☞ 천지(門)의 햇살(文). 하늘(門)의 자손(文). |

'閔(민)'은 '門 + 文'으로 구성되어 있다.

'門(문)'의 동자 '䦅'은 '지게문 호(戶)'자 두 개가 마주하고 있는 모양인데, '戶(호)'는 '근원의 빛(丶) + 북두칠성(尸)'으로 '세상을 보호(戶)해주는 북두칠성 본태양 하늘'을 뜻한다. 또 '門(문)'은 '가문(家門), 집(家)'을 나타내는 말로 '집 우(宇) + 집 주(宙)'인 '우주(宇宙)'을 뜻하기도 한다.

'文'은 '해(亠)의 햇살(乂)'을 형상한 글자로 성씨에서는 '하늘(亠)의 햇살(乂) 같은 자손'을 상징한다.

따라서 '閔(민)'은 '하늘(門)의 품 안에 있는 자손(文)'을 형상한 것으로, 성씨 '閔(민)'은 '하늘(門)의 보살핌을 받는 자손(文)'을 뜻한다.

이렇게 '하늘(천지)의 아해'를 뜻하는 '민(閔)'자와 동일한 구조와 뜻을 나타내는 '햇살(사이) 간(間)'자에 대해서 알아본다.

  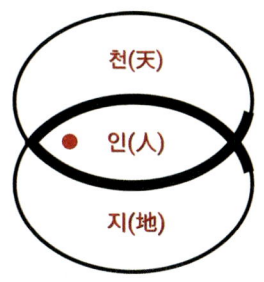

사람 인(人)　　천지(門)의 아해(日), 간(間)　　천지의 인간(人間)

'門 + 日'로 구성된 '햇살 간(間)'은 '하늘(門)의 아해(日)'라는 뜻으로 '민(閔)'자와 같은 구조인데, 이러한 '햇살 간(間)'자의 의미는 또한 '사람 인(人)'자와도 통한다.

'사람 인(人)'의 소전 '𠆢'은 '해(乁)에서 갈라져 나온 햇살(丿)'을 형상한 것으로, '사람(人)'이라는 말은 '해의 햇살'에서 유래하였음을 알 수 있다. 즉, 사람은 '(햇)살>사라>사라ㅁ>사람'으로 변천된 것으로 보는 것이다.

이상을 종합하면 '해의 햇살'을 나타낸 '사람 인(人)'자와 '하늘의 햇살'을 나타낸 '햇살 간(間)'자의 결합인 '인간(人間)'이라는 말은 '하늘(門)의 자손(文)'을 나타낸 '민(閔)'자와 통한다고 할 수 있다.

| 밝을 박 | 小篆 | 木 → 남무(Nammu). 창조주 하느님.<br>卜 → 작박구(灼剝龜) > 신(神)의 빛(광명).<br>朴☞ 하늘(木)의 빛·광명(卜). |

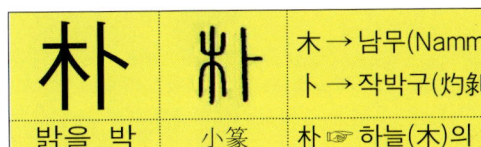

'朴(박)'은 '木 + 卜'으로 구성되어 있다.

'Nammu(나무·木)'는 고대 수메르(Sumer) 신화에서 하늘(An)과 땅(Cybele)을 낳은 창조주 여신(女神)을 말하고, 고대 이집트 신화에서는 창조여신 '이시스(Isis)'를 '나무(木·Nammu)'에 비유하였다. 또한 고대 인도 범어 '나무(木·Namo)'는 한자 '南無(나무)'로 음역하는데, '나무'의 본래 의미는 '귀의(歸依)'가 아니라 '불(佛), 창조주 하느님'을 뜻한다.

▲ 나무(木)에 경배하는 용왕
◀ 창조여신 나무(木), 이시스

또한 '나무 목(木)'자를 파자하면 '十 + 八'이 되는데, '十(십)'은 '하느님'을 나타내고, '八(팔)'[1]은 창조율려인 '8려음(呂音)'을 나타낸다. 따라서 '나무 목(木)'은 8려음(八)으로 천지(十)를 창조하는 '창조주 하느님'을 뜻한다.

---

1) '팔(8·八)'을 흔들어 춤추는 '시바 여신(女神)'과 갑골문 '춤출 무(爽·無·舞)'자는 모두 우주를 창조하는 '창조율려(律呂)'를 상징한다.

창조주(十)의 창조율려(八)　시바(十)의 창조율려(八)　창조율려(八)·춤

'점칠 복(卜)'을 『설문해자』에서 "복(卜)은 거북 껍데기를 지져 갈라지는 것이다.[卜, 灼剝龜也.]"라고 하였다. '거북 껍데기를 지져 갈라진다'는 것은, 점을 칠 때 거북 껍데기에다 태양 같은 둥근 구멍을 내고, 그 구멍을 지져 번개 빛 같은 금이 사방으로 번져 나가는 모습을 보고 점을 친다는 것이다. 이때 나타나는 조짐(상형)이 마치 하늘의 번개2) 빛이 지상으로 쫙 갈라져 내려치는 모습과 같다. 따라서 '점칠 복(卜)'은 '하늘의 빛(광명·복음)이 세상에 이른다'는 뜻을 나타낸다.

점칠 복(卜)　　　　　번개(神) 치기 = 점칠 복(卜)

또한 '점칠 복(卜)'이란 말은 '점(●) + 치다(丨)'인데, 점(●)은 주

---

2) 『옥추경(玉樞經)』에서는 번개(申)를 만물의 창조주인 '뇌성보화천존(雷聲普化天尊)'이라 하였는데, '번개(申·雷)'는 '신(神)의 빛(광명)'을 나타낸다.

(丶) 하느님으로 우주창조의 근원인 '북극성 하느님' 즉 '거대(巨大)한 북쪽 하늘(北)'인 '거북(巨北)'을 나타내고, 치다(丨)라는 말은 '거북등(●)이 갈라져 여러 변화에 이른다(丨)'는 말이다. 따라서 '점칠 복(卜)'은 '북극성 하느님(●)의 빛(광명·복음)이 세상에 이르다(丨)'라는 말이다.

| 卜 | 거북등(●) | 태양(●) | 신(神·●) |
|---|---|---|---|
|  | 갈라짐(丨) | 번개(丨) | 빛(광명) |

이상을 종합하면, 창조주 하늘을 뜻하는 '목(木)'과 신(神)의 빛을 뜻하는 '복(卜)'으로 구성된 '박(朴)'은 '창조주 하늘(木)의 빛(卜)'을 형상한 글자로, 성씨 '박(朴)'은 '하늘(木)의 밝은 빛(卜)과 같은 (배달)자손'을 의미한다.

'점칠 복(卜)'자의 의미를 고대 유물을 통해 좀 더 살펴본다.
오른쪽 아래의 그림은 '점칠 복(卜)'자 형태의 홍산(紅山) 옥기(玉器)인데, 이 홍산 옥기는 '천일생(天一生)·지육성(地六成)'의 형태로 '1'은 하늘을 나타내고, '6'은 자손을 나타낸다. 따라서 '卜(복)'자 모양의 옥기는 신(神)의 빛과 같은 '하늘(1)의 자손(6)'을 상징한다.

1·6(卜) 칠지도 = 1·6(卜) 옥기

이런 상징은 백제왕이 일본 왕에게 전해주었다는 칠지도(七支刀)에도 그대로 반영되어 나타나는데, 칠지도의 가운데 1개의 줄기는 '하늘'을 나타내고, 6개의 곁가지(支)는 '자손'을 나타내어 칠지도 역시 '卜(복)'자 옥기와 마찬가지로 신(神)의 빛과 같은 '하늘(1)의 자손(6)'을 상징한다.

| ㅏ | 점(●) | 거북등(태양) | 하늘 | 1·(一心) | 天一生 | 1·靈 | 하늘·天 |
|---|---|---|---|---|---|---|---|
|   | 칠(丨) | 갈라짐(빛살) | 복음 | 6·(六根) | 地六成 | 6·肉 | 자손·孫 |

↓ ↓ ↓ ↓ ↓ ↓ ↓
복(卜)   ✡   1·6(ㅏ)   1·6(ㅏ)   🔴   1·6(ㅏ)
                홍산옥기   칠지도         메타트론3)

　참고로, 『삼국유사』에서 "천상에서 내려온 백마가 나정까지 싣고 온 자색(紫色)의 알(卵)에서 박혁거세가 태어났기 때문에 그를 천자라 불렀다."라고 하였는데, '자색 자(紫)'자에 들어 있는 '止'는 '북극성'으로 '붉은색'을 나타내고, '匕'는 '북두칠성(七靑)'으로 '파란(靑)색'을 나타내어, 이 두 색을 합하면 '자색(紫)'이 된다. 따라서 '자색(紫)'은 '북두하늘'을 상징한다.

　'알(卵)'은 고대 신화에서 영웅이나 건국 시조의 탄생을 신비화시키고 초인적인 권위를 부여하기 위하여 알(卵)에서 태어났다고 하는 난생설화(卵生說話)의 한 표현인데, 난생(卵生)은 '사람(부모)이 낳은 것'이 아니라 '새(해)가 알을 낳았다'라는 것으로, 이는 곧 '하늘(태양)이 낳은 자손'을 상징한다.

　이상을 종합하면, 북두하늘을 상징하는 '자색(紫色)'과 하늘이 낳은 자손을 상징하는 '알(卵)'이 결합된 '자색(紫色)의 알(卵)'에서 박혁거세가 태어났다는 말은 '박혁거세'가 '하늘이 낳은 자손'이라는 것을 상징한다.

자색(紫色)의 알(卵)

---

3) '메타트론'은 '옥황상제(하느님)를 모시고 있는 자'라는 의미로, '신의 대리인'으로서 신과 인간을 이어주는 역할을 하는 천사(天使)이다. 따라서 하느님의 아들이라는 뜻의 '소(小) YHWH'로 불리기도 한다. '✡ 🔴' 두 문양 역시 하느님(1)과 그 아들(6)을 표현한 '(1·6)메타트론'을 나타낸다.

| 潘 | 瀋 | 巛(水) → 물결(겨레). 자손.<br>釆(采) → 근원의 빛(본태양).<br>⊕(田) → 하느님 터전(세상). |
|---|---|---|
| 햇살 반 | 小篆 | 潘 ☞ 본태양(采)이 낳은 자손(氵). |

'潘(반)'의 소전 '瀋'은 '巛(氵) + 釆(采) + ⊕(田)'으로 되어 있다.

'물 수(水)'의 소전 '巛'를 파자하면 '冫+ 巜'인데, '冫'는 '바닷물·해(海)'를 나타내고, '巜'은 '물살(물결)'을 나타낸다. 따라서 '巛·水(수)'는 '바다(해·海)의 물결(겨레)'을 나타내는데, 흔히 성씨에 쓰인 '물 수(氵·水)'는 '하늘의 자손(天族)'을 나타낸다. [p.58 '물 수(水)' 참조]

'釆·采(변)'은 『설문해자』에서 "'변(采)'은 변별이다. 짐승의 발톱이 갈라진 것을 형상한 것이다.[采, 辨別也. 象獸指爪分別也.]"라고 하였는데, '釆·采(변)'은 '분별하여 밝게 밝힌다'는 뜻이다. 『설문해자』에서 말한 짐승은 '사슴'을 가리키는 것으로 보아야 할 듯한데, '采(변)'은 사슴뿔(본태양)을 형상한 '丿(삐침 별)'에 사슴 발자국을 형상한 '米(햇살 미)'가 더해진 것으로 볼 수 있다.

결국, 사슴 발자국을 형상한 '釆·采(변)'은 '근원의 빛(丿)이 사방으로 뻗치는(米) 모양'으로, 이는 우주를 창조하는 '근원의 빛(본태양)'을 나타낸다.1)

'⊕·田(전)'은 '十 + 囗'인데, '十'은 '하늘'을 나타내고 '囗'는 '땅'을 나타내어 '田'은 '하늘(十)의 뜻을 펼치는 땅(囗)'을 의미한다.

---

1) 녹도문자(鹿蹈文字)를 '사슴의 발자국을 보고 만든 문자'라고 피상적으로 이해하고 있는데, 이는 잘못이다. '사슴 록(鹿)'은 '사슴뿔'로 '태양(하늘)'을 나타내고, '발자국 도(蹈)'는 '불(빛)'을 나타낸다. 따라서 '녹도문자'는 '사슴 발자국을 형상하여 만든 글자'가 아니라, '태양(鹿)의 빛살(蹈)' 즉 '본태양(본심)의 뜻을 잘 표현한 문자'라는 뜻이다.

따라서 '番(번)'은 '근원의 빛(釆)이 뿌려진 땅(田)'을 형상한 것으로, 성씨 '반(潘)'은 '본태양(釆)의 빛이 비치는 땅의 물결·겨레(氵)'를 의미한다.

참고로, '반(潘)'을 『설문해자』에서 "'반(潘)'은 쌀뜨물이다.[潘, 淅米汁也.]"라고 하였는데, 이런 뜻풀이에만 사로잡히게 되면 '반(潘)'자의 신성한 본래 의미인 '태양의 빛 물결'이라는 뜻이 묻히게 되어 '반(潘)'씨의 뜻이 무색해진다.

| 房 房 | 戶→丶(근원의 빛) + 尸(북두칠성). 북두하늘.<br>方→땅(곳). 자손. |
|---|---|
| 천손 방　　小篆 | 房☞ 북두하늘이 보호(戶)하는 자손(方). |

'房(방)'은 '丶 + 尸 + 方'으로 구성되어 있다.

'丶'는 '점 주(丶)'로 '근원의 빛'을 나타내고, '尸'는 '북두칠성'으로 '북두하늘'을 나타낸다. 따라서 '丶'와 '尸'를 합친 '戶(호)'는 근원의 빛인 '북두칠성 본태양 하늘'을 나타낸다.

'方(방)'은 '땅, 곳'을 나타낸다.

이상을 보면 '房(방)'은 '북두칠성(尸) 본태양의 빛(丶)이 비치는 곳(方)'을 형상한 것으로, 성씨 '房(방)'은 '본태양 북두하늘이 보호(戶)하는 자손(方)'을 의미한다.

또한 '房(방)'은 산스크리트어1)로 'Vah-ang(방·빵)'인데, 'Vah-ang(방·빵)'에는 '보호받는 곳(protective abode), 거주하는 방(dwelling-room)'이라는 의미가 들어 있어 위의 풀이와 어원적으로 상통함을 알 수 있다.2)

참고로 '房(방)'자와 그 구조나 의미가 비슷한 '집 옥(屋)'자는 '북두칠성 하늘(尸)이 이르른(至) 집'이란 뜻이고, '뒤따를 호(扈)'자는 '북두칠성 하늘의 보호(戶)를 받는 고을(邑)'이란 뜻이다.

---

1) '산스크리트(범어)'를 『단군세기(檀君世紀)』에서는 '산수·가림토(刪修·加臨土)'라고 하였는데, 언어학자 강상원 박사는 "범어와 우리말(사투리)은 동서양 언어의 뿌리이고, 범어(사투리)의 발음과 뜻을 집어넣은 것이 한자이다."라고 말하였다.[유튜브, '범어의 발음과 뜻이… 한자' 참조]
2) 강상원 著, 『東國正韻실담어註釋』, p.307 참조.

| 方 법 방 | 㫄 小篆 | ㄴ→ 하나로 묶음. 하나가 되는 법(法).<br>ㄣ→ 흩어진 여러 나무토막. 분리(분별).<br>方☞ 하늘과 하나가 된 법손(法孫). 방장(方丈). |

'方(방)'의 소전 '㫄'은 'ㄴ + ㄣ'으로 구성되어 있다.

'ㄴ'은 '하나로 묶는다'는 것을 나타내고, 'ㄣ'은 '둘로 갈라져 있는 모양'을 나타낸다. 따라서 '㫄·方(방)'은 '여러 개로 갈라져(ㄣ) 있는 것을 하나로 묶는(ㄴ) 방법(方法)'을 뜻한다.

위와 같은 의미의 '㫄·方(방)'을 『설문해자』에서 "'방(方)'은 나란히 묶은 배이다. 배 두 척의 모양을 생략하여 뱃머리 부분을 묶은 모양을 형상한 것이다.[方, 倂船也. 象兩舟省總頭形.]"라고 풀이하였다. 그런데 『시경』 「한광(漢廣)」에서 "뗏목으로도 갈 수 없네[不可方思]"라고 한 구절이나 『시경』 「곡풍(谷風)」에서 "뗏목과 배를 띄우네[方之舟之]"라고 한 구절의 '방(方)'에 대해 모전(毛傳)에서 "방(方)은 '뗏목'이다.[方, 泭也.]"라고 한 예에서 알 수 있듯이, '방(方)'은 『설문해자』에서 말한 배는 '배(船)'가 아니라 흩어진 여러 나무토막을 묶어서 만든 '뗏목(泭)'으로 보아야 옳다.

뗏목(泭)

그럼 '배(船)'와 '뗏목(泭)'은 무슨 차이가 있는가?

'배(船)'는 이미 완전체로 굳이 다른 것과 합치지 않아도 강을 건너갈 수 있지만, '뗏목(泭)'은 분리된 여러 나무토막으로는 제구

실을 하지 못하기 때문에 여러 나무토막을 하나로 묶어야 비로소 강을 건너갈 수 있는 도구가 된다. 이런 의미에서 '방(方·方)'은 쓸모없는 여러 나무토막(ϟ)을 묶어서(ㄴ) 이곳에서 저곳으로 건너가게 해주는 유용한 뗏목(汸)이 되게 하는 '법(法)'을 말한다.

이렇게 훌륭한 법도(法道)를 의미하는 '방(方)'을 기독교식으로 표현하면 '하나님과 내가 떨어져 둘(二)로 분리되어 있다가 하나(一)가 되어 천국으로 건너는 법도'이고, 불교식으로 표현하면 '나와 세상이 분리된 것으로 보다가 하나(不二門·禪)가 되어 해탈(解脫)하는 법도'이며, 동학(東學)식으로 표현하면 '사람과 하늘이 따로가 아니라 "사람이 곧 하늘이다.[人乃天]"라고 하는 법도(法道)'를 말한다.

위와 같이 '방(方)'이 '둘(二)이 하나(一)가 되는 법(法)'이라는 뜻이고, '선(禪)'도 '신(示·神)[1]과 하나(單)가 되는 도(道)'라는 뜻이므로, '방(方)'이나 '선(禪)'의 뜻을 구현한 사람을 '선사(禪師)' 또는 '방장(方丈)'이라고 하는 것이다.

이상을 종합하면 'ϟ·方(방)'은 '여러 개로 갈라져(ϟ) 있는 것을 하나로 묶는(ㄴ) 법(法)'을 형상한 글자로, 성씨 '方(방)'은 '하늘(神)과 하나가 된 법손(法孫)' 즉 '방장(方丈)'[2]을 의미한다.

---

1) '示(시)'의 고문 '𥘅'는 '一 + 巛'이다. '一'은 '하늘(天)'을 나타내고, '巛'는 '하늘에서 땅에 무엇을 나타내 보여준다'는 뜻을 나타낸다. 따라서 '보일 시 (示)'는 '하늘(神)이 있음을 보여준다(God is)'는 것으로 '신(神)'을 의미한다.
2) '방장(方丈)'의 '방(方)'은 '법(法)'을 뜻하고, '장(ᄏ·丈)'은 '하늘(十)을 계승한(ᄏ) 어른'을 뜻한다. 따라서 '방장(方丈)'이라는 말은 '불법(佛法)을 계승한 어른(아라한)'을 말한다.

| 裵 | 裵 | 非(非) → 새의 날개 > 해의 웅장한 빛. 태양. |
|---|---|---|
| | | 衣(衣) → 해(亠)의 햇살(依). 하늘의 자손. |
| 태양 배 | 小篆 | 裵 ☞ 태양(非)의 자손(衣). 태양(非)의 후예(衣). |

'裵(배)'의 소전 '裵'를 파자하면 '亠(亠) + 非(非) + 依(衣)'이다.

'돼지머리 해(亠)'는 '돼지 해(亥)'자의 '머리(亠)'를 말하는데, '해(亥)'[1]는 만물을 낳는 '뿌리 해(荄)'로 '해(태양)'를 의미한다.

'亠(해)'의 소전 '亠' 또한 '높은 하늘(우주)'을 형상한 것으로, '높은 북두하늘의 해' 즉 '마음속의 해(본태양)'를 뜻한다. 이러한 마음속의 '해(亠)'를 노자(老子)는 '현빈(玄牝)'[2]이라고 하였고, 『천부경(天符經)』에서는 '본심본태양(本心本太陽)'이라 하였으며, 불교에서는 '일체유심조(一切唯心造)의 마음(心)'이라 하였다.

또 '돼지머리 해(亠)'의 '돼지'라는 말은 '도아지'의 준말이며, 옛말은 '돝'이다. '도+아지'의 '도'나 '돝(도+ㅌ)'의 '도'라는 말도 '본태양 하늘'을 나타내는 '도(道)[3]'를 뜻한다.

'非(비)'의 소전 '非'는 '새가 날개를 좌우로 넓게 펼친 모양'으로, 이는 '해의 햇살이 넓고 밝게 빛나는 모양'을 나타내어 '태양 주위에서 크게 빛나는 햇무리'를 뜻한다.[4] 이런 의미의 '非(비)'가

---

1) '돼지 해(亥)'의 소전 '亥'는 '二 + 乚 + 从'인데, '二'는 '위 상(上)'의 고문으로 '높은 하늘'을 나타내고, '乚'는 '아이를 밴 모양'을 나타내며 '从'는 '건도(乾道, 남자)와 곤도(坤道, 여자)'를 나타낸다. 따라서 '亥·亠(해)'는 '음(陰)·양(陽)이 교접하여 만물을 낳는 본태양 하늘'을 의미한다.
2) '현빈(玄牝)'은 '까마득한 북두하늘(玄)에 있는 창조주 하느님(牝)'을 의미한다.
3) '도(道)'는 '우주를 운행하는(辶·辵) 본태양(首)'을 뜻한다.
4) '비(非)'자와 같은 뜻을 지닌 글자가 '수컷 웅(雄)'자의 '굉(厷)'이다. 즉, '수컷 웅(雄)'자는 '隹(새·해) + 厷(날개)'으로 구성되어 있는데, 이는 '해(隹)의 햇살(厷)이 크게 빛나는 모양'으로, '웅장(雄壯)하고 굉장(宏壯)한 밝은 빛'을 나타낸다. '환웅(桓雄)'의 '웅(雄)'은 이러한 뜻이다.

들어 있는 글자를 들어보면 '햇무리 배(輩)', 현란한 '배우 배(俳)', 바큇살(햇살) 같은 '배키 배(排·❂)' 등이 있다.

새의 날개 = 非　　　해의 햇무리 = 非　　　배키 = 非

'亻'의 소전 '〜'은 햇살을 나타내는 '人(인)'자가 두 개 겹쳐진 것으로 '햇살들'을 뜻한다.

이상을 종합하면, '裴(배)'자는 '해(亠)의 웅장한(非) 햇살(亻)'을 형상한 것으로 '하늘(亠)의 훌륭한(非) 자손(亻)'을 뜻하고, '裵(배)'자는 '웅장한(非) 햇살(衣)'을 형상한 것으로 '태양(非)의 후예(衣)'를 뜻한다.

| 裵 | 非 | 태양(非) | 태양·배(非) | 태양·백(白) | 하늘·천(天) |
|---|---|---|---|---|---|
|   | 衣 | 후예(衣) | 아들·달(衣) | 햇살·의(衣) | 자손·손(孫) |

또한, '태양(非)의 후예(衣)[5]'를 나타내는 '裵(배)'자는 '후손 예(裔)'자의 구조와 뜻이 같은데, '후손 예(裔)'자는 '冏(빛날 경) + 衣(옷 의)', 즉 '밝은 빛(冏)의 자손(衣)'으로 '裵(배)'자와 뜻이 같다는 것을 알 수 있다.

이로써 보면 후고구려의 건국자 '궁예(弓裔)'라는 이름은 '태양(弓)의 후예(裔)'라는 뜻이 된다.

---

5) 불교에서는 스승이 불법(佛法)을 계승한 법손(法孫)에게 '의발(衣鉢)'을 전해 주는 전통이 있다.

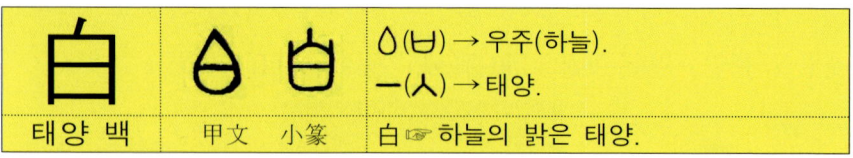

 '白(백)'의 갑골문 '☉'은 '우주(○)의 태양(ー)'을 나타낸 것이고, '白(백)'의 소전 '白' 역시 '우주(ㅂ)의 태양(人)'을 나타낸 것으로, '白(백)'은 '하늘에 있는 밝은 태양'을 뜻한다.

 '밝을 백(白)'의 갑골문 '☉'과 '서녘 서(西)'의 갑골문 '⊗'는 형태뿐만 아니라 의미도 같은데, '서(西)'의 갑골문 '⊗' 역시 '우주(○)의 태양빛(X)'을 나타낸다. 이는 『설문해자』에 "'백(白)'은 서방의 색깔이다.[白, 西方色也.]"라고 한 것처럼 '⊗·西(서)'자와 '☉·白(백)'자는 모두 '밝은(근원의) 태양'을 나타낸다.

 그리고 '밝을 백(白)'과 같은 의미인 '서녘 서(西)'는 '새(一)가 둥우리(囗)에 발(儿)을 내린 모습' 또는 '해(一)가 서산(囗)에 내린(儿) 모습'을 나타낸 것으로, 이는 '본태양'을 뜻한다.

 또 『석명(釋名)』에서는 '백(白)'을 "열린다는 것이다. 물이 열릴 때의 빛과 같은 것이다.[啓也. 如水啓時色也.]"라고 풀었는데, '물이 열린다'는 것은 '만물이 창조된다'는 뜻으로, 이는 '만물이 창조되어 우주에 펼쳐지는 모습'을 나타내는 마지막 천간(天干) '계수(癸水)'와 의미가 통한다. 결국 '백(白)'은 우주 만물을 창조하는 '계수(癸水)'1)와 같이 우주 만물을 창조하는 '근원의 빛'을 뜻한다.

 이상을 종합하면 '백(白)'은 '만물을 창조하는 근원의 빛(본태양)'을 나타낸 것으로, 성씨 '백(白)'은 '본태양 하느님이 낳은 자

---

1) '계수(癸水)'는 성숙한 여자의 자궁에서 나오는 생리혈인데, 본문에서는 우주 만물을 창조하는 '물(水)'을 뜻한다.

손'을 의미한다.

　또한 '밝을 백(白)'의 소전 '白'은 '스스로 자(自)'의 소전 '自'에서 한 획을 생략한 것인데, '自·自(자)'자의 의미를 분석하여 '白·白(백)'자의 의미와 비교하여 본다.

　'자(自)'의 갑골문 '自'는 '自 + 人'로 구성되어 있다.

　'자(自)'를 『설문해자』에서 "'자(自)'는 코이다. 코의 모양을 형상한 것이다.[自, 鼻也. 象鼻形.]"라고 한 것에서 알 수 있듯이 '自'은 코를 형상한 것으로, '코'라는 말은 '높을 고(高)'를 강하게 발음하여 '코'가 된 것이다. '人'은 '태양'을 나타낸다. 따라서 '자(自)'의 갑골문 '自'는 '높은 하늘(自)에 있는 태양(人)'을 나타낸다.

　이로써 보면 '하늘(ㅂ)에 있는 밝은 태양(人)'을 나타내는 '백(白)'의 소전 '白'자나 '높은 하늘(自)에 있는 태양(人)'을 나타내는 '자(自)'의 갑골문 '自'는 똑같이 '높은 하늘의 태양'을 뜻한다는 것을 알 수 있다.

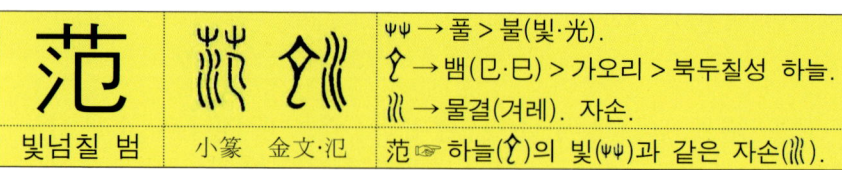

| 范 | | | ₩ → 풀 > 불(빛·光).<br>↑ → 뱀(巳·巳) > 가오리 > 북두칠성 하늘.<br>⑾ → 물결(겨레). 자손. |
|---|---|---|---|
| 빛넘칠 범 | 小篆 | 金文·氾 | 范 ☞ 하늘(↑)의 빛(₩)과 같은 자손(⑾). |

'范(범)'은 '₩ + 氾'으로 구성되어 있다.

'₩·艸(풀 초)'의 '풀'은 '풀 > 뿔 > 불'로 발음상 서로 통하므로 '불빛(光)'을 의미한다. [p.62 '풀 초(₩·艸)' 참조]

'氾(범)'의 금문 '⑾'은 '↑(巳) + ⑾( 氵)'로 구성되어 있다.

'↑'은 '뱀'을 형상한 것인데, '뱀'은 '북두칠성 하늘'을 의미한다.

'뱀'은 우리말로 '구리'인데, '구리(銅)'는 '빛(金)과 같다(同)'는 뜻이고, 또 북두칠성(七星)을 우리말로 '나난(七)·구리(星)'라고 한 데서도 알 수 있듯이 '구리(뱀)'는 '빛'을 뜻한다. 그리고 '뱀(巳)'은 'ᄇᆞᄅ>ᄇᆞ롬>ᄇᆞ람>ᄇᆞ얌/ᄇᆡ암 > 뱀'으로 변천한 것으로, '뱀'의 옛말 'ᄇᆞᄅ'는 '밝다(빛)'는 뜻이다. '뱀'을 영어로 'serpent'라고 하는데, 'serpent' 또한 '빛'을 뜻한다.

이집트 피라미드 벽화에서 전구 발광체(필라멘트)를 '뱀'으로 그린 것을 보더라도 '뱀'은 '북두칠성 하늘의 빛(光)'을 상징한다는 것을 확인할 수 있다.

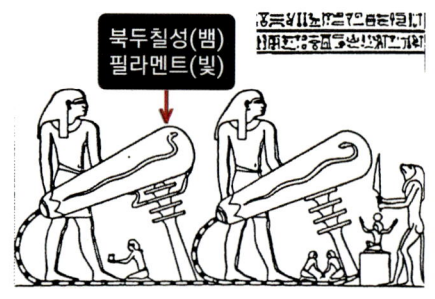

북두칠성(뱀·巳) = 필라멘트(빛·光)

가오리(빛·光) = 북두칠성

한편 '✤'은 '가오리'를 형상한 것으로도 볼 수 있다. '가오리'는 영어로 'Ray'인데, 'Ray'는 '빛'이라는 뜻이다.

이렇듯 '가오리(✤)'가 '북두칠성 하늘'을 나타내기 때문에 우리 전통 민속놀이에서 '가오리·연(鳶)'을 날리는 풍속은 '북두칠성 하늘의 자손'임을 잊지 않기 위한 것이다. '가오리·연(鳶)'의 '연줄'은 '북두칠성 하늘(天)의 새끼줄(孫)'을 상징하므로, 이 줄을 잡는 것은 '하늘(天)과 연결된 자손(孫)'을 의미한다.

'물 수(水)'의 소전 '巛'는 '丨 + 巜'인데, '丨'는 '바닷물·해(海)'를 나타내고, '巜'은 '물살(물결)'을 나타낸다. 따라서 '巛·水(수)'는 '바다(해·海)의 물결(겨레)'을 나타내는데, 흔히 성씨에 쓰인 '물 수(氵·水)'는 '하늘의 자손(天族)'을 나타낸다. [p.58 '물 수(水)' 참조]

이상을 종합하면 '범(氾)'은 '북두칠성 하늘의 빛(✤·㔾)이 우주에 넘치는 물결(巛·氵)'을 형상한 것으로, 성씨 '범(范)'은 '북두칠성(㔾) 하늘의 빛(艹)과 같은 자손(氵)'을 의미한다.

참고로 '넘칠 범(氾)'과 서로 통하는 한자가 '넘칠 범(汎)'이다.

'凡(범)'[1]은 '丶 + 几'인데, '점 주(丶)'는 '우주를 창조하는 근원의 빛'이면서 범우주의 주재자인 '본태양 북극성'을 나타내고, '궤(几)'는 북극성을 중심축으로 하여 운행하는 모든 뭇별을 대표하는 '북두칠성'을 본뜬 것이다.

따라서 '넘칠 범(汎)'은 '근원의 빛(丶)이 우주(几)에 두루 넘치다(氵)'라는 의미에서 '빛넘칠 범(氾)'과 같다.

---

[1] '우주 범(凡)'의 '几(궤)'는 본문에서 밝힌 대로 '모든 것을 포괄(包括)하는 높은 하늘'을 의미한다. '풍(風)·범(梵)·범(汎)·봉(鳳)·황(凰)'자에 들어 있는 '궤(几)'도 모두 위와 같은 의미를 따른다.

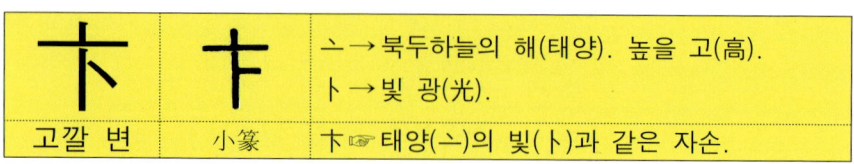

'卞(변)'은 'ㅗ + 卜'으로 구성되어 있다.

'돼지머리 해(ㅗ)'1)는 '돼지 해(亥)'자의 '머리(ㅗ)'를 말하는데, '해(亥)'2)는 만물을 낳는 '뿌리 해(荄)'로 '해(태양)'를 의미한다.

'ㅗ(해)'의 소전 '人' 또한 '높은 하늘(우주)'을 형상한 것으로, '높은 북두하늘의 해' 즉 '마음속의 해(본태양)'를 뜻한다. 이러한 마음속의 해(ㅗ)'를 노자(老子)는 '현빈(玄牝)'3)이라고 하였고, 『천부경(天符經)』에서는 '본심본태양(本心本太陽)'이라 하였으며, 불교에서는 '일체유심조(一切唯心造)의 마음(心)'이라 하였다.

또 '돼지머리 해(ㅗ)'의 '돼지'라는 말은 '도아지'의 준말이며, 옛말은 '돝'이다. '도+아지'의 '도'나 '돝(도+ㅌ)'의 '도'라는 말도 '본태양 하늘'을 나타내는 '도(道)4)'를 뜻한다.

'점칠 복(卜)'을 『설문해자』에서 "복(卜)은 거북 등껍데기를 태워서 갈라지는 것이다.[卜, 灼剝龜也.]"라고 하였는데, '거북(龜)을 태워(灼) 갈라지는(剝) 모습'은 '신(神)의 빛인 번개(申)가 지상에 쫙 내리치는 모습'으로, 이는 곧 '하늘의 빛(광명·복음)이 세상에

---

1) 제사에서 '검은 돼지의 머리'를 올리는 것은, 검은색이 오행상 '북쪽(北)'에 해당되고 머리(頭)는 '높은 하늘'을 나타내어 '돼지머리(ㅗ)'가 '높은 북두(北斗)하늘'을 상징하기 때문이다.
2) '돼지 해(亥)'의 소전 '𠕄'는 '二 + ㄴ + 𢆉'인데, '二'는 '위 상(上)'의 고문으로 '높은 하늘'을 나타내고, 'ㄴ'는 '아이를 밴 모양'을 나타내며 '𢆉'는 '건도(乾道, 남자)와 곤도(坤道, 여자)'를 나타낸다. 따라서 '𠕄·ㅗ(해)'는 '음(陰)·양(陽)이 교접하여 만물을 낳는 본태양 하늘'을 의미한다.
3) '현빈(玄牝)'은 '까마득한 북두하늘(玄)에 있는 창조주 하느님(牝)'을 의미한다.
4) '도(道)'는 '우주를 운행하는(辶·辵) 본태양(首)'을 뜻한다.

이른다'는 것을 나타낸다.

또 '점칠 복(卜)'은 '점(•) 치다(丨)'인데, '점(•)'은 모든 변화의 근원인 '북극성·거북(巨北) 하늘'을 나타내고, '치다(丨)'라는 말은 '거북등(점•)이 갈라져 여러 변화에 이른다(丨·致)'는 뜻으로, '점칠 복(卜)'은 '북두하늘의 빛(•)이 온 세상을 비춘다(丨)'라는 뜻이다.

이상을 종합하면 '卞(변)'은 '태양(亠)의 빛(卜)' 즉 '고깔(高光)'을 형상한 것으로, 성씨 '卞(변)'은 '태양(亠)의 빛(卜)과 같은 자손'을 뜻한다.

이렇게 '변(卞)'의 뜻에 '고깔'이 있는데, '고깔(高光)'은 '높은 태양(高)의 빛(光)'을 뜻한다. 예컨대 아이의 돌 때나, 하느님 아들(예수)이 태어난 날인 크리스마스 때 빨간 '고깔(高光)'을 쓰는 풍습이나, 크리스마스 트리(木)에 반짝이는 별빛(고깔)들을 달아맨 풍습에서 '고깔(高光)'은 모두 '태양(高)의 빛(光)'을 나타낸다.

그리고 고대 이집트의 '피라미드' 즉 '금자탑(金字塔)'은 '고깔(高光)·탑'이라는 뜻인데, '고깔(高光)·탑'은 '태양의 탑'을 뜻하고, 그리스 신화에 나오는 프티아의 왕 필레우스가 '고깔(高光)'을 쓴 것도 자신이 '태양의 빛' 즉 '하느님의 뜻을 받드는 왕(王)'임을 나타낸 것이다.

크리스마스 트리(木)

피라미드(金字塔)

고깔을 쓴 필레우스

또한 무교의 탱화에서 마고삼신이 '고깔'을 쓰고 있는 것이나, 불교의 의식에서 승려가 바라·춤5)을 출 때 '고깔'을 쓰는 것이나, 서양의 수도승이 '고깔'을 쓰는 것이나, 이슬람의 수도승이 '고깔(高光)'을 쓰고 수피 춤을 추는 것에서 볼 수 있듯이 동서양 종교에서 '고깔'을 쓰고 있는데, 이는 '고깔(高光)'이 '태양의 빛'으로 '하늘의 빛(광명)을 받드는 사람'을 상징하기 때문이다.

| 고깔 | 하늘·고(高) | 태양(日) | 하늘(天) |
|---|---|---|---|
| | 빛깔·깔(光) | 빛깔(光) | 자손(孫) |

무교 마고삼신의 고깔(高光)

불교 승려의 고깔(高光)

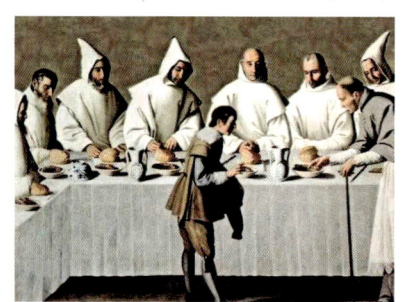

기독교 수도승의 고깔(高光)

이슬람교 수피의 고깔(高光)

---

5) '바라'는 '파라(Para·巴羅)'로 '하늘(Pa·巴)의 빛(ra·羅)'을 뜻하여, '바라춤'은 '하늘(근원)의 빛으로 천지를 창조하는 율려'를 나타낸다. 이를 히브리어로는 '빠라(bbara·巴羅)'라고 하는데, '빠라(bbara)'는 무(無)에서 유(有)를 창조하는 '하늘·근원(巴)의 빛(羅)'을 뜻한다. '마하반야바라밀(摩訶般若波羅蜜)'이나 '바라(願)'에서의 '바라' 역시 '근원(原)의 하늘·빛(頁)'을 뜻한다.

| 弁 | 界 肏 | ㅅ(厶) → 해(太陽). 고깔(高光). |
| --- | --- | --- |
| 고깔 변 | 籒文 小篆 | 廾(廾) → 받드는 두 손(手). 자손.<br>肏·弁 ☞ 태양(ㅅ)을 받드는 자손(廾). |

'弁(변)'의 소전 '肏'은 'ㅅ + 廾'으로 구성되어 있다.

'돼지머리 해(亠)'는 '돼지 해(亥)'자의 '머리(亠)'를 말하는데, '해(亥)'는 만물을 낳는 '뿌리 해(荄)'로 '해(태양)'를 의미한다.

'亠(해)'의 소전 'ㅅ' 또한 '높은 하늘(우주)'을 형상한 것으로, '높은 북두하늘의 해' 즉 '마음속의 해(본태양)'를 뜻한다. 이러한 마음속의 해(亠)'를 노자(老子)는 '현빈(玄牝)'[1]이라고 하였고, 『천부경(天符經)』에서는 '본심본태양(本心本太陽)'이라 하였으며, 불교에서는 '일체유심조(一切唯心造)의 마음(心)'이라 하였다.

또 '돼지머리 해(亠)'의 '돼지'라는 말은 '도아지'의 준말이며, 옛말은 '돝'이다. '도+아지'의 '도'나 '돝(도+ㅌ)'의 '도'라는 말도 '본태양 하늘'을 나타내는 '도(道)[2]'를 뜻한다.

'弁(변)'의 소전 '肏'을 보면 '厶(사)'가 '돼지머리 해(亠·ㅅ)'로 나타나는데, 이는 '면류관(厶)'이나 '고깔(高光)'을 '태양(亠·ㅅ)'으로 표현한 것이다.

'받들 공(廾)'의 소전 '廾'은 '받드는 두 손(手)'을 나타낸다.

이상을 종합하면 '弁(변)'의 소전 '肏'은 '고깔(高光)' 즉 '태양(ㅅ)을 받드는 손(廾)'을 형상한 것으로, 성씨 '肏·弁(변)'은 '태양(ㅅ)을 받드는 자손(廾)'을 뜻한다.

---

1) '현빈(玄牝)'은 '까마득한 북두하늘(玄)에 있는 창조주 하느님(牝)'을 의미한다.
2) '도(道)'는 '우주를 운행하는(辶·辵) 본태양(首)'을 뜻한다.

또한 '弁(변)'의 주문은 '🐦'인데, '⊛'은 '새의 보금자리'를 형상한 것으로, 이는 '현천의 해(본태양)'를 의미한다.

'받들 공(廾)'의 주문 '𦥑'은 '받드는 두 손(手)'을 나타낸다.

따라서 주문 '🐦·弁(변)'은 '본태양(⊛)을 받드는 두 손(𦥑)'을 형상하여, 역시 '태양(⊛)을 받드는 자손(𦥑)'을 뜻한다.

위에서 '弁(변)'의 '厶(사)'는 '고깔(高光)' 내지 '면류관(冕旒冠)'을 표현한 것이라고 하였는데, '고깔'과 '면류관'은 서로 모양은 다르지만, 그 뜻은 마찬가지로 '태양의 빛'을 상징한다.

동양의 '면류관(冕旒冠)'은 내리뜨린 실(絲)과 구슬(玉)의 형태로 '태양의 빛'을 표현한 것이고, 예수의 '가시·면류관'은 가시 형태로 '태양의 빛'을 표현한 것이며, 서양의 '왕관(王冠)'은 위로 뻗은 뿔 모양으로 '태양의 빛'을 표현한 것이다.

동양의 면류관(冕旒冠)　　　가시·면류관　　　서양의 왕관(王冠)

| 邊 | 甲文 | 小篆 | ⽺→코(高). 높은 하늘(天).<br>冂→입(口). 사람(자손).<br>邊☞하늘(⽺)과 가까운 자손(冂). |
|---|---|---|---|
| 친손 변 | | | |

'邊(변)'의 갑골문 '⽺'은 '⽺+冂'으로 구성되어 있다.

'⽺'은 '코(高)'를 형상한 것으로 '높은 하늘(天)'을 나타내고, '冂'은 코의 바로 밑에 있는 '입'을 형상한 것으로 '사람'을 나타낸다.

이와 같이 '邊(변)'의 갑골문 '⽺'은 '코(⽺)'의 바로 밑 가까이에 있는 입(冂)'을 형상함으로써 성씨 '邊(변)'은 '높은 하늘(⽺)과 가까이에 있는 사람(冂)', 즉 '하느님(⽺)의 친근한 자손(冂)'을 의미한다.

한편, 갑골문 '⽺·邊(변)'의 자형에 따라 '사람(人)'의 의미를 살펴본다.

코(⽺)는 하늘(天)을 상징하고, 입(冂)은 땅(地)을 상징한다. 따라서 천지(天地)의 사이에 있는 '사람(人)'은 '천지(天地)의 마음을 하나로 간직한 존재'라고 할 수 있다. 이는 『천부경』에서 '인중·천지일(人中·天地一)' 즉 '사람(人) 마음(中)속에 천지(天地)가 하나(一)로 들어 있다'라고 말한 의미와 통한다고 할 수 있다. 이런 차원에서 보면 성씨 '변(邊)'은 '천지(天地)의 마음을 지닌 사람(人)'을 의미한다고 볼 수 있다.

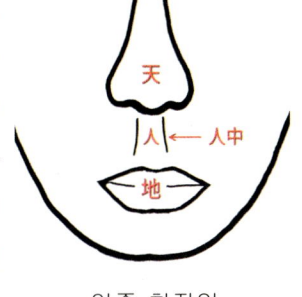

인중·천지일
(人中·天地一)

'邊(변)'은 '自 + 穹 + 辶(辵)'으로 구성되어 있다.

'自(자)'의 갑골문 '㠯'는 '코(鼻)'를 형상한 것으로 '높은 하늘(高)'을 나타낸다. [p.201 '자(自)' 참조]

'𥤢'은 '穴 + 方'으로 구성되어 있는데, '穴(혈)'은 '구멍'을 나타내고 '方(방)'은 '네모'를 나타내어, '𥤢'은 '네모난(方) 구멍(穴)' 즉 '입(口)'을 나타낸다.

'辶·辵(착)'의 갑골문 '𣥆'은 '彳 + 止'인데, '止'은 '발(止)'을 나타내고 '彳'은 '사방주변(四方周邊)'을 나타내어, '𣥆·辵(착)'은 '가까운 주변, 친근하다'라는 뜻이 된다.

이상을 종합하면 '邊(변)'은 '코(自)와 가까운(辶) 입(𥤢)'을 형상한 것으로, 성씨 '邊(변)'은 '하늘(自)과 친근한(辶) 자손(𥤢)'을 의미한다.

'邊(변)'씨의 기본 뜻은 이미 '𥤢'자에 다 들어 있는 것이고, '가깝다, 주변'이란 뜻의 '辶·辵(착)'[1]은 '가깝다, 친근하다'라는 뜻을 더해주기 위하여 부가적으로 붙인 획에 불과하다.

---

[1] '쉬엄쉬엄 갈 착(辶·辵)'은 '조금조금 행(行)하다'라는 의미인데, 여기서 '辵'은 '태양·불(止)'이 밖으로 번져 나간 불빛(彡)'을 형상한 것으로 '가까운 주변, 친근하다'라는 뜻이다.

| 卜 | ㅏ | 점(•) → 거북등(巨北燈). 본태양. 신(神). |
| --- | --- | --- |
| 빛 복 | 小篆 | 칠(ㅣ) → 빛(광명·복음)이 세상에 이르다(致). |
| | | 卜 ☞ 신(神)의 빛(천손). |

'점칠 복(卜)'을 『설문해자』에서 "복(卜)은 거북 껍데기를 지져 갈라지는 것이다.[卜, 灼剝龜也.]"라고 하였다. '거북 껍데기를 지져 갈라진다'[1])는 것은, 점을 칠 때 거북 껍데기에다 태양 같은 둥근 구멍을 내고, 그 구멍을 지져 번개 빛 같은 금이 사방으로 번져 나가는 모습을 보고 점을 친다는 것이다. 이때 나타나는 조짐(상형)이 마치 '하늘의 번개'[2]) 빛이 지상으로 쫙 갈라져 내려치는 모습과 같다. 따라서 '점칠 복(卜)'은 '하늘의 빛(광명·복음)이 세상에 이른다'는 뜻을 나타낸다.

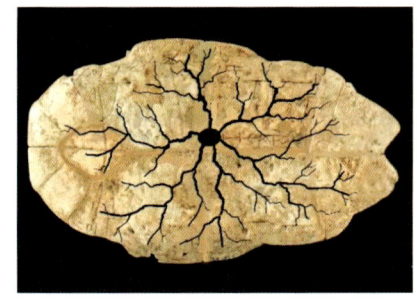
점칠 복(卜)

번개(神) 치기 = 점칠 복(卜)

또한 '점칠 복(卜)'이란 말은 '점(•) + 치다(ㅣ)'인데, 점(•)은 주(丶) 하느님으로 우주창조의 근원인 '북극성 하느님' 즉 '거대(巨

---

1) '거북 껍데기(龜甲)'에서 '甲(갑)'의 소전 '㊉'은 '창조주 자궁(○)에서 새끼(丁)를 창조하는 모양'으로, '태초의 창조주'를 뜻한다. 따라서 '귀갑(龜甲)'은 '북극성 창조주 하느님'을 상징한다.
2) 『옥추경(玉樞經)』에서는 번개(申)를 만물의 창조주인 '뇌성보화천존(雷聲普化天尊)'이라 하였는데, '번개(申·雷)'는 '신(神)의 빛(광명)'을 나타낸다.

大)한 북쪽 하늘(北)'인 '거북(巨北)'을 나타내고, 치다(丨)라는 말은 '거북등(●)이 갈라져 여러 변화에 이른다(丨)'는 말이다. 따라서 '점칠 복(卜)'은 '북극성 하느님(●)의 빛(광명·복음)이 세상에 이르다(丨)'라는 말이다.

| 卜● | 거북등(●) | 태양(●) | 신(神·●) |
|---|---|---|---|
|  | 갈라짐(丨) | 번개(丨) | 빛(광명) |

이상에서 살펴본 대로 '복(卜)'은 '신(神·●)의 빛이 세상(땅)에 이름(丨)'을 나타낸 글자이니, 성씨 '복(卜)'은 '신(神·●)의 빛과 같은 자손'을 의미한다.

'점칠 복(卜)'자의 의미를 고대 유물을 통해 좀더 살펴본다.

오른쪽 아래의 그림은 '점칠 복(卜)'자 형태의 홍산(紅山) 옥기(玉器)인데, 이 홍산 옥기는 '천일생(天一生)·지육성(地六成)'의 형태로 '1'은 하늘을 나타내고, '6'은 자손을 나타낸다. 따라서 '卜(복)'자 모양의 옥기는 신(神)의 빛과 같은 '하늘(1)의 자손(6)'을 상징한다.

1·6(卜) 칠지도 = 1·6(卜) 옥기

이런 상징은 백제왕이 일본 왕에게 전해주었다는 칠지도(七支刀)에도 그대로 반영되어 나타나는데, 칠지도의 가운데 1개의 줄기는 '하늘'을 나타내고, 6개의 곁가지(支)는 '자손'을 나타내어 칠지도 역시 '卜(복)'자 옥기와 마찬가지로 신(神)의 빛과 같은 '하늘(1)의 자손(6)'을 상징한다.3)

| ト | 점(●) | 거북등(태양) | 하늘 | 1·(一心) | 天一生 | 1·靈 | 하늘·天 |
|---|---|---|---|---|---|---|---|
| | 칠(ㅣ) | 갈라짐(빛살) | 복음 | 6·(六根) | 地六成 | 6·肉 | 자손·孫 |
| ↓ | | ↓ | ↓ | ↓ | ↓ | ↓ | |
| 복(卜) | | | ✡ | 1·6(卜) | 1·6(卜) | 🍕 | 1·6(卜) |
| | | | 홍산옥기 | 칠지도 | | 메타트론4) |

---

3) '신(神)의 빛'을 뜻하는 '점칠 복(卜)'은 '가온찍기'이고, '참나(●) 깨치기(ㅣ)'이며, '신(神)의 복음'이다.
4) '메타트론'은 '옥황상제(하느님)를 모시고 있는 자'라는 의미로, '신의 대리인'으로서 신과 인간을 이어주는 역할을 하는 천사(天使)이다. 따라서 하느님의 아들이라는 뜻의 '소(小) YHWH'로 불리기도 한다. '✡ 🍕' 두 문양 역시 하느님(1)과 그 아들(6)을 표현한 '(1·6)메타트론'을 나타낸다.

| 奉 받들 봉 | 金文 | 小篆 | ᄽ(丰) → 무성한 풀(불빛) > 태양.<br>(廾) → 받드는 두 손.<br>(手) → 손. 자손.<br>奉☞ 태양(丰)을 받드는(廾) 자손(手). |
|---|---|---|---|

'奉(봉)'의 소전 '奉'은 'ᄽ + 廾 + 手'으로 구성되어 있다.

'ᄽ'은 '무성한 풀 봉(丰)'인데, 여기서 '풀'은 '풀>뿔>불'로 발음상 서로 통하여 '불빛(光)'을 의미한다. 그러므로 '무성한 풀'이라는 말은 '큰 불빛' 즉 '태양'을 나타낸다. 결국 '무성한 불빛 봉(ᄽ·丰)'[1])은 '우주를 창조하는 근원의 불빛(본태양)'을 뜻한다.

'廾'은 '받들 공(廾)'으로 '받드는 두 손'을 형상한 것이다.

'手'은 '손(手)'을 형상한 것으로 '자손'을 뜻한다.

이상의 내용을 종합하면 '奉·奉(봉)'은 '태양(ᄽ)을 받드는(廾) 손(手)'을 형상한 것으로, 성씨 '奉·奉(봉)'은 '태양(ᄽ)을 받드는(廾) 자손(手)'을 의미한다.

또한, '奉(봉)'의 금문 '奉'을 보더라도 '奉(봉)'이 '본태양을 받드는 사람'이라는 의미가 분명하게 나타나는데, '奉'의 '王'은 '임금 왕(王)'자가 아니고 '구슬 옥(玉)'자로서 '옥황상제 하느님'을 나타낸다. 따라서 '奉(봉)'의 금문 '奉'은 '옥황상제를 받들고 있는 모습'으로 '옥황상제의 자손'을 뜻한다.

---

1) '무성한 빛 봉(ᄽ·丰)'자는 '바람 풍(風)'자와 통하는데, '바람 풍(風)'은 '凡 + 虫'으로, '凡(범)'은 '북극성( ノ ) + 북두칠성(几)'으로 '범우주'를 나타내고, '虫(훼)'는 '뱀(구리)'으로 '빛'을 나타낸다. 따라서 '風(풍)'은 '丰(봉)'자와 마찬가지로 '범우주(凡)를 창조하는 근원의 빛(虫·卍)'을 상징한다.

|  | 賓 寳 賓 | 宀 → 신(神). 하늘.<br>止 → 태양의 불.<br>貝 → 조갯살 > 햇살 > 자손. |
|---|---|---|
| 손(孫) 빈 | 古文 小篆 異體 | 賓 ☞ 하늘(태양)이 낳은 자손. |

 '賓(빈)'의 소전 '賓'은 '宀(宀) + 尸(止) + 貝(貝)'로 되어 있다.

 '집 면(宀)'의 소전 '宀'은 '돼지머리 해(亠)'의 소전 '𠆢'를 더 길게 내린 것이다. '𠆢(해)'는 '높은 하늘(우주)의 지붕'을 형상한 것으로, '높은 북두하늘'을 뜻한다. 따라서 '돼지머리 해(𠆢·亠)'에서 획을 더 길게 늘어뜨린 '집 면(宀)'은 '까마득히 높은 북두하늘(우주)'을 뜻한다.

 이렇게 '높은 하늘(宀)'이 '높은 집(우주)의 지붕'을 닮았다고 보는 우주관은 아래 그림과 같이 고대 수메르와 고대 이집트 등 세계 곳곳에서 공통적으로 나타난다. 그리고 '집 면(宀)'을 소우주인 사람의 몸을 덮어 보호해주는 '갓머리 면(宀)'이라고도 하는데, 이 역시 '높은 하늘, 신(神·God)'을 뜻한다.

 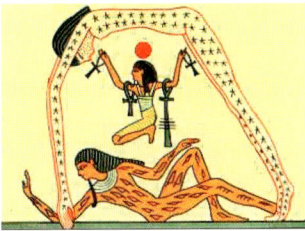 

고대 수메르인의 하늘(宀)　　고대 이집트인의 하늘(宀)　　사람의 하늘(宀)

 '尸'은 '止(지)'를 거꾸로 뒤집은 것이다.

 '止(지)'의 갑골문 '𧘇'는 엄지발가락을 크게 그린 '발'을 형상한 것으로, '불'을 뜻한다. 이 '止'를 거꾸로 놓았다는 것은 하늘에서 땅을 향하고 있는 '태양(불)'을 나타낸다.

'貝·貝(패)'의 금문 '㑒'는 '㘶+氺'로 구성되어 있다.

'㘶'은 '조갑(조가비)'으로 '태양'을 나타내고, '氺'은 '조갑(조가비)에서 비쳐 나온 조갯살'을 나타낸다. 따라서 '貝(패)'의 금문 '㑒'는 '조갑에서 비쳐 나온 조갯살'을 형상한 것으로 '해의 햇살(조갯살), 하늘의 자손'을 의미한다.

위의 내용을 정리하면 '賓(빈)'은 '하늘(宀)의 태양(止)이 낳은 햇살(貝)'을 형상한 것으로, 성씨 '賓(빈)'은 '하늘(宀)의 태양(止)이 낳은 자손(貝)'을 상징한다.

또한 '賓(빈)'의 고문 '𡪴'은 '冗(으뜸·元, 하늘·冂) + 貝(조갯살·햇살)'로 구성되어 있고, '賓(빈)'의 이체자 '寍'을 파자하면 '宀(하늘·宀의 북극성·巴) + 貝(조갯살·햇살)'로 구성되어 있다.

결국 '賓(빈)'의 고문 '𡪴'과 '賓(빈)'의 이체자 '寍'은 모두 '하늘(태양)이 낳은 자손(햇살)'을 의미한다.

| 𡪴寍賓 | 冗 으뜸하늘 | 宀 하늘의 태양 | 宀 북극성 하늘 | 하늘(天) |
|---|---|---|---|---|
| | 貝 조갯살 | 貝 조갯살(햇살) | 貝 조갯살(햇살) | 자손(孫) |

한편, '宀 + 止 + 貝'로 구성된 '손 빈(賓)'자나 '宀 + 夊 + 口'로 구성된 '손 객(客)'자는 같은 구조와 뜻을 나타내는 글자인데, '손 객(客)' 역시 '하늘(宀)의 태양불(夊)이 낳은 사람(口)'을 뜻한다.

따라서 여기에서 말한 '손 빈(賓)'이나 '손 객(客)'의 '손'은 하늘의 '손(孫)', 즉 '자손'을 의미한다.

| 史 | 甲 | 벗 | 中(中) → 중심(中心). 마음(心). 하늘. |
|---|---|---|---|
| 천손 사 | 甲文 | 小篆 | 又(又) → 손(手). 자손(孫). 사관(史官).<br>史☞ 하늘(中)의 뜻을 받드는 자손(又). |

'史(사)'의 갑골문은 '甲'이고, 소전은 '벗'이며, 고문은 '벗'로 모두 '中 + 又(手)'로 구성되어 있다.

'中(중)'의 금문 '♣'은 '○ + ♣'으로 구성되어 있다.

'♣(中)'의 '○'은 우주·삼라만상의 중심(中心)인 '마음'을 뜻한다. '♣'은 '바람에 깃발이 춤추는 모습'을 형상한 것으로, 여기서 바람은 '바람났다'는 말에서도 알 수 있듯이 '창조율려'를 뜻한다. 또한 '바람'은 한자로 쓰면 '풍(風)'인데, '바람 풍(風)'은 '범 우주(凡)를 창조하는 근원의 빛(虫·卍)'을 뜻한다.1)

또한, 창조율려를 뜻하는 '바람 풍(風)'자는 '빛펼칠 긍(亘)'자와 그 의미가 통한다.

'긍(亘)'의 소전 '亘'은 '二 + ⊙'으로, '二(二)'는 '하늘(一)과 땅(一)' 곧 우주(천지)를 나타내고, '⊙(日)'은 '빛의 파동(日)'을 나타낸다. 따라서 '긍(亘·亘)'2)은 '우주(二)에 펼쳐지는 빛의 물결파동(⊙)'을 나타낸 것으로, 이는 우주를 창조하는 '창조율려(亘·風)'를 뜻한다.

창조율려 바람(風·亘·卍)

---

1) '바람 풍(風)'은 '凡 + 虫'으로 되어 있는데, '凡(범)'은 '북극성( ノ ) + 북두칠성(几)'으로 '북두하늘(우주)'을 나타내고, '虫(훼)'는 '뱀(구리)'으로 '빛'을 나타낸다. 따라서 '風'은 '범우주(凡)를 창조하는 근원의 빛(虫·卍)'을 뜻한다.
2) '빛펼칠 긍(亘)'의 소전 '亘'은 '하늘(一)과 땅(一) 사이에 태양의 빛(日)이 펼쳐지는 모양'을 나타내는데, 이를 표현한 문양이 '🌐, ✡, 卍' 등이다.

사(史) 221

이상의 내용을 보면 '𰀀·中(중)'은 '일체 삼라만상을 창조하는(𰀁) 마음(ㅇ·麻音)3)'과 같은 의미로, 불교에서 말하는 일체유심조(一切唯心造)의 '마음(心)'4)과 같은 의미이고, 『성경』에서 "하느님의 말씀(ㅇ)으로 천지 만물을 창조(𰀁)하였다."라고 한 구절의 '하느님의 음성(말씀)'과 같은 의미이다.

'ㅋ·又(우)'는 '손(手)'으로 '잡다, 받들다, 자손'을 뜻한다.

이상을 종합하면 '史(사)'5)는 '하늘의 말씀(𰀀·中)을 받드는 사람(ㅋ·又)'으로, 성씨 '史(사)'는 '하늘의 말씀을 받드는 자손'을 의미한다. 이로부터 '왕의 언행(中)을 받들어 기록하는 사관(又)'이라는 뜻도 나온 것이다.

| 史 | 中☞ 하늘의 말씀 | 왕의 언행(中) | 하늘(中·天) |
|---|---|---|---|
|  | 又☞ 받드는 손 | 사관의 손(又) | 자손(又·孫) |

---

3) 여기서 '마음(麻音)'은 '마고(麻) 하느님의 음성(音)'을 말한다.
4) 일체유심조(一切唯心造)의 '심(心)'은 『중용(中庸)』에서 "중(中)이란 천하 만물을 창조하는(𰀁) 큰 근본(ㅇ)이다.[中也者, 天下之大本也.]"라고 말한 '중(中)'과 뜻이 같다고 할 수 있다.
5) 『설문해자』에서 "사(史)'는 손으로 중(中)을 잡는 것이다. 중(中)은 정(正)이다.[史, 从又持中. 中, 正也.]"라고 한 것도 동일한 방식으로 푼 것인데, 『설문해자』에서는 중(中)을 '정(正)'으로 본 것이고, 필자는 중(中)을 중심(中心), 본심(本心), 즉 '하느님 말씀'으로 본 것이다.

| 司空 | 司空 (小篆) | 司 → 맡다.<br>空 → 하늘.<br>司空 ☞ 하늘(空)의 뜻을 맡은(司) 자손. |
|---|---|---|
| 맡을 사(司)<br>하늘 공(空) | | |

 '사공(司空)'의 '사(司)'는 '맡다, 담당하다'라는 뜻으로, '하늘의 일을 맡아 돕는다'는 의미이다. '사(司)'자가 '임금 후(后)'자와 마주 보고 있는 자형(字形)임을 보더라도 '사(司)'자는 '임금(后)의 명령을 마주 받아 맡는다(司)'는 의미임을 알 수 있다.

 '空(공)'은 '穴 + 工'이다.

 '穴(혈)'은 '宀 + 八'인데, '宀(면)'은 '돼지머리 해(亠)'의 변형으로 '북두하늘'을 뜻하고, '八(팔)'은 '8·∞'와 같아서 무한대로 창조한다는 뜻이다. 따라서 '구멍 혈(穴)'은 '무한대로 창조하는 창조주 하느님'을 나타낸다. '工(공)'은 '하늘(一)에서 이룬 것같이 땅(一)에서도 이루게 하는 사람(丨)'을 뜻한다.

 따라서 '穴 + 工'인 '空(공)'은 '하늘(穴)의 뜻을 맡아서 실현하는 장인(工)'을 의미한다.

 이상을 종합하면 '하늘 공(空)'과 '맡을 사(司)'가 합해진 성씨 '사공(司空)'은 '하늘(空)의 뜻을 맡은(司) 자손'을 뜻한다.

 이로부터 '사공(司空)'이라는 직책은 '천자(하늘·空)의 뜻을 실현하는 장인 역을 맡은(司) 사람'을 의미하게 된 것인데, '사공(司空)'은 중국 한나라 때 '사마(司馬)·사도(司徒)·사공(司空)'의 삼공(三公) 중 하나였고, 고려 때 '태위(太尉)·사도(司徒)·사공(司空)'의 삼공 중 하나로서, 수리·토목·건축 등의 공정(工程)을 관장하던 관직명이었다.

| 司 馬 司馬 | 司 → 맡다. 담당하다. |
|---|---|
| 맡을 사(司)<br>태양 마(馬) 小篆 | 馬 → 하늘의 빛살(칼날·창·화살). 병기.<br>司馬 ☞ 빛살(병기)로 세상을 밝히는 천손. |

 '사마(司馬)'의 '사(司)'는 '맡다, 담당하다'라는 뜻으로, '하늘의 일을 맡아 돕는다'는 의미이다. 자형(字形)으로 보더라도 '맡을 사(司)'자는 '임금 후(后)'자와 마주 보고 있는 형상으로서, '임금(后)의 명령을 받아 맡는다(司)'라는 의미를 가지는 것이다.

 '말 마(馬)'의 의미는 고문 '馬(馬)'를 파자해보면 자세히 드러난다. '馬'는 'ⵙ + ク + ⼻ + 灬'로 구성되어 있다.

 'ⵙ'은 '말머리'로 '말 두(斗)'나 '머리 두(頭)'라고 할 수 있는데, 이는 '북두(北斗)하늘, 본태양'을 뜻한다. 'ク'은 말의 '몸'을 나타낸 것이고, '⼻'은 말의 '갈기'로 '태양의 큰 빛살'을 형상한 것이며, '灬'은 말의 '꼬리'를 나타낸다. 따라서 '馬·馬(마)'는 '북두하늘(본태양)의 빛'을 뜻한다. 이 '본태양의 빛'을 뜻하는 '말 마(馬)'의 의미와 같이 쓰이는 것이 칼날(刀)·창살(戈)·화살(矢) 등의 '병기(兵器)'이다.

 이상을 종합하면 성씨 '사마(司馬)'는 '태양의 빛(칼날·창살·화살)으로 세상을 밝혀주는 역할을 맡은 천손'을 의미한다.

 그래서 '사마(司馬)'는 병기(兵器)와 군사(軍事)의 일을 맡은 벼슬, 곧 '병조판서(兵曹判書)'의 별칭으로도 쓰인다.

| 尙 | 尙 | 尙 | 八 → 하늘의 창조율려(律法). 법도(法道). |
|---|---|---|---|
| 숭상 상 | 金文 | 小篆 | 向 → 본향(본태양)을 향함. 숭상(崇尙)함.<br>尙☞ 하늘의 법도(八)를 숭상하는(向) 자손. |

'尙(상)'은 '八 + 向'으로 구성되어 있다.

'八(팔)'은 '창조주 하느님'을 나타내는 '나무 목(木 = 十 + 八)'에서 '하느님'을 뜻하는 '十(십)'이 생략된 것으로, '八(팔)'은 '하늘의 창조율려(律法)' 또는 하늘의 법도(法道)'를 나타낸다.

'向(향)'은 '향할 향(嚮)'자와 같은 뜻으로 '본향(鄕)인 북두(北斗) 하늘을 향(向)한다'는 의미이다. 다시 말하면 '본향(鄕), 즉 나를 낳아준 북두(北斗) 하늘을 숭상한다'는 뜻이다. '向(향)'에 대해 『설문해자』에서 "'향(向)'은 북쪽으로 난 창이다.[向, 北出牖也.]"라고 하였는데, 여기서 '북(北)'은 '북두(北斗) 하늘'을 가리킨다.

또한 '八 + 向'이 합쳐진 '숭상 상(尙)'자와 '鄕 + 向'이 합쳐진 '향할 향(嚮)'자가 같은 뜻임을 보더라도, '尙(상)'의 '八(팔)'은 '嚮(향)'의 '鄕(향)'자와 같이 '본향(鄕), 북두(北斗)하늘'을 뜻한다는 것을 알 수 있다.

이상을 보면, '八 + 向'이 합쳐진 '尙(상)'은 '하늘의 법도(八)를 숭상하는(向) 모양'을 형상한 글자로, 성씨 '尙(상)'은 '하늘의 법도(八)를 숭상(向)하는 자손'을 의미한다.

참고로, "하늘의 법도(八)를 숭상(向)한다'는 뜻의 '상(尙)'자에 '땅(터)'을 뜻하는 '토(土)'을 더한 '집 당(堂)'자는 '하늘의 법도(八)를 숭상하는(尙) 집(土)'을 뜻한다.

| 徐 | 徐 | 亻→ 평온하고, 위엄 있는 행동(行). |
|---|---|---|
| 평온 서 | 小篆 | 余 → 하늘(△)의 새싹(↓). 나(余). 천손(天孫).<br>徐 ☞ 하늘의 자손(余)답게 평온함(亻·行). |

'徐(서)'를 파자하면 '亻 + 余'로 구성되어 있다.

'나 여(余)'의 갑골문 '↑'는 '△ + ↓'로 구성되어 있다.

'△'은 '높은 하늘의 지붕'을 형상한 것으로 '높은 하늘(天)'을 나타내고, '↓'은 '새싹(屮)'을 형상한 것으로 '새끼·자손(孫)'을 나타낸다. 따라서 '나 여(余)'의 갑골문 '↑'는 '하늘(△)이 낳은 새싹(↓)'을 형상한 것으로, '하늘(△)이 낳은 새싹(↓) 같은 나(자손)'를 뜻한다.

'나 여(余)'의 소전 '𣎴'는 '△ + 屮 + 八'인데, 이는 '나 여(余)'의 갑골문 '↑'에 '하늘에서 갈라져(八·八·分) 나왔다'는 것을 강조하여 '八'을 덧붙인 형태이다. 따라서 '𣎴·余(여)'는 '하늘(△)이 낳은 새싹(屮)처럼 하늘에서 갈라져(八·八·分) 나온 나(余)'를 나타내어 '하늘의 자손'이라는 점을 좀 더 분명하게 표현하였다.

또한 '나 여(余)'자와 뜻이 같은 '나 여(予)'자에는 '주다(하사하다), 인정하다, 함께 하다' 등의 뜻이 있는데, 이는 모두 '하늘이 자손에게 주다', '하늘의 자손임을 인정하다', '하늘이 자손과 함께 하다'라는 뜻이다. '나 여(予)'의 소전 '𠂕'를 보더라도, '하늘(▽)이 자손(↑·子)에게 주다(하사하다)'라는 뜻이 분명히 나타난다.

| 余·予 | △·▽<br>↓·↑ | 하늘(天)<br>새싹(屮) | 하늘(天)<br>자손(孫) | 하늘(▽)<br>나(↑) | 하늘(▽)<br>자손(↑) |
|---|---|---|---|---|---|

'조금 걸을 척(彳)'은 '아주 천천히 걷다(小步)'라는 뜻으로, '평온(平穩)하고, 위엄 있는 모습(行)'을 나타낸다.
  이상을 종합하면, '徐(서)'는 '하늘의 자손(余)답게 평온함(彳·行)'을 나타낸 글자로, 성씨 '徐(서)'는 '하늘의 자손(余)답게 평온하고 위엄 있는(彳·行) 사람'을 의미한다.
  그러므로 『설문해자』에서 '서(徐)'를 "편안한 행(行)이다.[安行也.]"라고 하였고, 『옥편(玉篇)』에서는 "위엄 있는 모습이다.[威儀也.]"라고 하였던 것이다.

  위와 같이 '하늘의 자손(余)답게 평온하고 위엄 있는(彳·行) 사람'을 뜻하는 '徐(서)'자는 또한 '하늘의 자손(余)답게 평온하고 위엄 있는 행(辶·辵)[1]'을 뜻하는 '길 도(途)'자와 같다. 이 '길 도(途)'는 또한 '하늘(首)[2]의 평온한 운행(辶)'을 나타내는 '길 도(道)'와 뜻이 같다. 따라서 성씨 '徐(서)'는 '하늘의 도리(道理)를 행하는 사람'을 나타낸다.
  이에 '하늘의 자손(余)답게 평온한 행(彳·行)'을 뜻하는 '徐(서)'자의 의미가 담긴 경구(警句)를 소개한다.

  마음이 움직이면 사람이다.
  마음이 급하면(急) 광인이다.
  마음이 평온하면(徐) 성인이다.
  마음이 그치면(止觀) 신(神)이다.     －메허 바바－

---

1) '쉬엄쉬엄 갈 착(辶·辵)'은 '조금조금 갈 척(彳)'과 마찬가지로 '평온한 행(行)'을 뜻한다.
2) '머리 수(首)'의 금문 '𦣻'는 '⺌(뿔)＋◉(눈)'으로 구성되어 있는데, '⺌'은 '사슴뿔'로 '태양(불)'을 나타내고, '◉'은 '눈(目)'으로 '높은 하늘(태양)'을 나타낸다. 따라서 '머리 수(首)'는 '북두(北斗)하늘의 본태양'을 뜻한다.

| 西門 西門 | 西 → 새(⺅)의 둥지(⊠). 본태양(하늘).<br>門 → 가문(家門). 집안. |
|---|---|
| 하늘 서(西)<br>천지 문(門) | 小篆 | 西門 ☞ 본태양·하늘(西)의 가문(門). |

  '西(서)'를 파자하면 '새(⼀)가 둥지(囗)에 발(儿)을 내린 모습'을 나타내고, 또 '西(서)'의 소전 '西'를 파자하면 '⺅(새) + ⊠(둥지)'로 역시 '새(⺅)가 둥지(⊠)에 앉은 모습'을 나타낸다. 여기에서 '새(鳥)'는 '해(日)'를 뜻하므로 '새가 새집에 앉은 모양'은 '해가 서산(西山)에 내린 모양'과 같은 의미를 나타낸다. 그래서 『설문해자』에서도 "'서(西)'는 새가 새집에 있는 것이다. 해가 서방으로 기울면 새가 새집에 깃드는 것을 말한다.[西, 鳥在巢上. 日在西方而鳥棲.]"라고 하였다.

  이렇게 '새가 둥지에 내려앉는 것'이나 '해가 서산에 내리는 것'은 마치 '창조주 계집(女)이 집안에서 자손을 낳는 모습'과 같다. 따라서, '새집에 앉은 새'를 형상한 '西·西(서)'는 '창조주 본태양 하느님'을 상징한다. [p.50 '계집 녀(女)' 참조]

  '門(문)'은 '가문(家門), 집안'을 말한다.

  이상을 종합하면 성씨 '서문(西門)'은 '본태양 하늘(西)의 가문(家門)'을 뜻한다.

| 昔 | 答 | 苔 | 〰〰 → 오래된 빛의 파동. |
|---|---|---|---|
| 본태양 석 | 甲文 | 小篆 | ⊙ → 태양(日). 昔☞ 본태양(昔)의 자손. |

'옛 석(昔)'의 갑골문 '答'은 '〰〰 + ⊙'으로 구성되어 있다.

'〰〰'은 '까마득히 오래된 빛의 파동'을 형상한 것으로 '태초(太初)에 우주를 창조하는 근원의 빛(〰〰)'을 나타낸다.

'⊙'은 '태양(日)'을 나타낸다.

따라서 '答·昔(석)'은 '태양(⊙)이 발산하는 오래된 빛(〰〰)'을 형상한 글자로 '태초의 태양(본태양)'을 상징한다.

결국 성씨 '석(昔)'은 '본태양의 후예(後裔)'를 의미한다.

| 昔·答 | 〰〰 | 오래된 빛 | 옛·卄 | 태초의 |
|---|---|---|---|---|
| | ⊙ | 태양 | 날·日 | 하느님 |

또한 '오래된 태양의 빛'을 뜻하는 '옛날 석(昔)'자와 같은 뜻을 지닌 글자가 '옛날 구(舊)'인데, '舊(구)' 역시 '卄(빛) + 隹(새·해) + 臼(창조주 자궁)'로 구성되어 '창조주(臼) 태양(隹)의 빛(卄)' 즉 '창조주 본태양 하느님'을 나타낸다.

『삼국사기』「신라본기(新羅本記)」에 석(昔)씨의 시조인 탈해왕(脫解王)의 탄생 신화가 기록되어 있다. 이에 따르면, 아이의 성씨(姓氏)를 알지 못하였는데, 처음 배가 올 때 '까치(鵲)가 울면서(鳴)' 따라왔으므로 '까치 작(鵲)'자에서 '새 조(鳥)'를 떼어 버리고 '석(昔)'을 성(姓)으로 삼았으며, 포장한 궤짝에서 나왔다고 하여 탈해(脫解)라는 이름을 지었다고 한다.

위에서 '까치 작(鵲)'은 '본태양 하느님'을 뜻하는 '옛 석(昔)'에 '해(태양)'를 뜻하는 '새 조(鳥)'를 덧붙인 것으로 역시 '본태양 하느님'을 뜻한다. 그러므로 '까치(鵲)가 울면서(鳴) 따라왔다'라고 하는 것은 '석(昔)·탈해왕'이 '본태양 하느님(鵲)의 음성(鳴)으로부터 태어났다'는 것을 상징한다.

이러한 상징은 김알지(金閼智)의 신화에서도 '닭(鷄)이 계림(鷄林)의 숲에서 울었다'라는 표현이 나오는 바, 김알지 역시 '본태양 하느님의 음성(말씀)이 낳은 자손'을 상징한다.

이렇게 '까치(鵲)의 울음소리(鳴)'는 '하느님의 음성(말씀)'을 상징하기 때문에 '까치가 울면 좋은 소식이 온다'고 믿었던 것이다. 그리고, "까치 까치 설날은 어저께(昔)고요, 우리 우리 설날은 오늘이래요."라는 동요는 '태초의 본태양 하느님이 하늘을 개천(開天)한 날은 옛날(昔)이고, 우리 천손들의 올해(歲) 설날(첫날)은 오늘이다'라는 의미이다.

태양 석(昔)과 까치 작(鵲)

| 石 | 卣 | 戸 | 厂→높은 언덕. 높은 하늘.<br>ㅁ→돌(태양). |
|---|---|---|---|
| 돌(태양) 석 | 甲文 | 小篆 | 石☞태양. 태양의 자손. |

'石(석)'의 소전 '戸'을 파자하면 '厂(厂) + ㅁ(口)'이다.

'언덕 한(厂)'은 『설문해자』에서 "'엄(厂)'은 높고 큰 바위로 된 절벽이다.[厂, 山石之厓巖.]"라고 하였는데, 이는 '하늘 높이( ) 솟아 있는 절벽의 기암(一)'을 형상한 것으로, '언덕 한(厂)'은 '높은( ) 하늘(一)'을 뜻한다.

'ㅁ·口(구)'는 '돌'을 형상한 것으로 '태양'을 뜻한다. '돌'이 '태양'을 상징하는 이유는 흙살(土) 속의 '돌(石)'은 살(肉) 속의 '뼈(해·骸)'에 비유되고, '뼈(骸)' 또한 햇살(肉)의 근원인 '해(태양)'에 비유되기 때문이다. 이를 도표로 나타내면 아래와 같다.

| 돌(石) · 뼈(骸) · 해(日)<br>흙(土) · 살(肉) · 햇살(肉) | ⇒ | 우주(天·一) = 해(日) + 햇살(肉)<br>육지(地·二) = 돌(石) + 흙살(土)<br>육신(人·三) = 뼈(骸) + 살(肉) |
|---|---|---|

따라서 '戸·石(석)'은 '높은 하늘(厂·厂)의 태양(ㅁ·口)'을 뜻한다. '돌(石)'이 '태양'이라는 의미로 쓰인 예는 다음과 같다.

크게 밝을 석(碩) : 태양(石) 같은 머리(頁). ※석학(碩學).

확실할 확(確) : 태양(石)같이 확실(분명)하다.

자세히 밝힐 연(硏) : 태양(石)같이 분명하게 밝히다.

또한 '프리·메이슨(Free·Mason)'은 석공(石工)이라는 뜻인데, Free는 '돌(石)'로 '태양(하늘)'을 나타내고, Mason은 '공(工)'으로 '장인'을 나타내어 '프리·메이슨(Free·Mason)', 곧 '석공(石工)'은

'하늘(石)에서 이룬듯이 땅(세상)에서도 이루는 사람(工)'을 뜻한다.

| 프리 | Free[1] | 태양·석(石) | 태양 | 마고(麻姑)(三神) |
|---|---|---|---|---|
| 메이슨 | Mason | 장인·공(工) | 자손 | 마손(麻孫)(天孫) |

이렇게 '돌(石)'이 '태양·하늘'이라는 의미로 사용되고 있는 예를 세계의 많은 문화유물에서도 찾을 수 있는데, 우선 동이족이 활동하였던 지역에서 흔히 보이는 '고인돌'부터 살펴본다.

'고인돌'의 '고인'은 '높게 고(高)여 놓인 것'을 뜻이고, '돌(石)'은 '태양'을 뜻한다. 따라서 '고인돌'은 '태양(하늘)을 높게 받든다'[2]는 의미로 세운 조형물이다. 또한, '돌(石)'이 '태양(하늘)'을 상징한다는 것은 아래 왼쪽 사진의 '바윗돌(石)'에 본태양(하늘)을 상징하는 '북두칠성'이 새겨진 것으로도 알 수 있다.

북두칠성과 고인돌(石)

파사석탑(婆娑石塔)

---

1) '프리(Free)'는 발음상 '뿌리'와 통하여, '뿌리>뿔>불(태양)'을 뜻한다.
2) 고인돌을 '지석묘(支石墓)'라고 하는데, '지석(支石)'은 '태양(石)을 받든다(支)'는 뜻이고, '묘(墓)'는 '죽어서 돌아갈 곳'으로 '내가 태어난 곳'을 말한다. 따라서 태양(石)을 받드는(支) 형태의 무덤(墓), 즉 '고인돌'은 태양(石)의 후예로서 다시 '본태양(石) 하늘(고향)로 돌아간다'는 것을 상징한다.

또한 『삼국유사』의 「가락국기(駕洛國記)」에 따르면, 허황후가 인도에서 '돌(石)' 배를 타고 바다를 건너올 때 풍랑으로부터 안전을 기원하는 파사석탑을 싣고 왔다고 하는데, 여기서 돌배의 '돌(石)'은 태양을 나타내므로 돌배를 타고 왔다는 말은 하늘(태양·石)의 계시(꿈)에 따라 허황후를 싣고 온 배를 상징한다.

또 파사석탑(婆娑石塔)의 '파사(婆娑)'는 '파사(巴巳)'와 같은 의미로 파(巴)는 '북극성'을 나타내고, 사(巳)는 '북두칠성'을 나타내므로 파사석탑(婆娑石塔)은 '본태양(石) 북두하늘(婆娑)'을 상징한다는 것을 알 수 있다.

그리고 허황후가 돌배를 타고 가야로 올 때 가져왔다는 김해 해은사(海恩寺)의 '허황후 돌(石)' 역시 태양을 상징하므로 이 '돌(石)'을 문지르면 신성한 기운을 받는다고 하는 것이다.

이처럼 '돌(石)'을 태양(하늘)같이 신성시하는 전통은 사우디아라비아 메카에 있는 '카바의 검붉은 돌'에서도 확인된다. 카바(Ka'aba)라는 말은 'Ka(하느님)[3] + aba(아빠)'로 '하느님 아버지'라는 뜻을 지닌 '검붉은 돌'을 말하는데, '검붉은 돌'은 '자색(紫色) 돌(石)'로 역시 '북두칠성(紫) 본태양(石) 하느님'을 상징한다.

메카의 카바(Ka'aba), 자석(紫石)    영국의 스톤헨지

---

3) '카(Ka)'는 고대 이집트어로 '하느님·신(神)'을 뜻하는 말이다. 그래서 고대 이집트인은 "아빠(父)는 카(Ka)의 대리자이며, 카(Ka)는 아빠(父)를 통해서 세상을 통치한다."라고 하였다.

영국의 '스톤헨지'는 돌기둥 위에 푸른 돌이 얹혀 있는데, 이 파란(Para) 돌은 '청석(靑石)'으로 태양을 상징하는 '돌(石)'에 하늘빛인 파란(Para) 빛을 더하여 '하늘(Para)의 태양'을 나타낸다. 이렇게 보면 '스톤헨지'는 우리의 '고인돌'과 마찬가지로 태양(하늘)을 숭배하는 민족이 만든 것임을 알 수 있다.

또한 신라 박제상이 저술한 『부도지(符都誌)』4)에서 "황궁씨(黃穹氏)가 아들 유인씨(有因氏)에게 명하여 인간 세상의 일을 밝히게 하고, 곧 천산(天山)에 들어가 '돌(石)'이 되어 인간 세상의 어리석음을 남김없이 없앨 것을 도모하고……"라고 하였는데, 여기서도 '돌(石)'은 곧 '본태양(本太陽) 하늘'을 의미한다.

『성경』「창세기」에 야곱이 꿈에서 천사를 봤을 때 베고 있었다고 알려진 '돌베개' 역시 '태양·하늘'을 상징하기 때문에, 야곱이 하느님(태양)의 계시를 얻었다고 하는 것이다.

그리고 칼 융이 저술한 『인간과 상징』에서 "오랜 옛날부터 세계 곳곳에서 돌(石)을 문지르거나 갈거나 하는 행위를 인간은 해왔다."라고 하였는데, 이는 옛날부터 사람들이 '돌(石)'을 '태양'으로 여겼음을 말한다.5)

이상의 여러 설명을 통하여 '돌(石)'이 '태양(하늘)'을 상징한다는 것을 확인하였다. 결국 성씨 '석(石)'은 '태양(하늘)의 자손'을 의미한다고 할 수 있다.

---

4) 『부도지(符都誌)』: 신라 박제상(朴堤上, 363~419)의 저술로 알려진 『징심록(澄心錄)』의 15지(誌) 가운데 맨 처음에 실린 '지(誌)'의 이름으로, 마고성(麻姑城)의 황궁씨(黃穹氏)로부터 시작한 1만 1천여 년 전의 한민족 상고사를 기록한 문헌이다.
5) 칼 융 외 지음, 이윤기 옮김, 『인간과 상징』, 312쪽 참조.

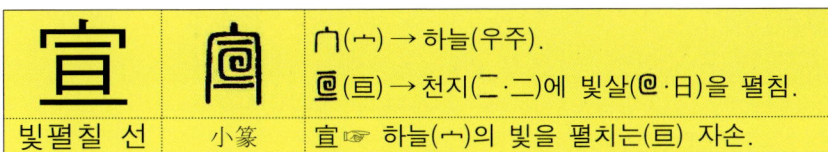

| 宣 | 宣(小篆) | ⌒(宀) → 하늘(우주).<br>🔲(亘) → 천지(二·二)에 빛살(🔲·日)을 펼침. |
|---|---|---|
| 빛펼칠 선 | 小篆 | 宣☞ 하늘(宀)의 빛을 펼치는(亘) 자손. |

'집 면(宀)'의 소전 '⌒'은 '돼지머리 해(亠)'의 소전 '人'를 더 길게 내린 것이다. '人(해)'는 '높은 하늘(우주)의 지붕'을 형상한 것으로, '높은 북두하늘'을 뜻한다. 따라서 '돼지머리 해(人·亠)'에서 획을 더 길게 늘어뜨린 '집 면(⌒·宀)'은 '까마득히 높은 북두하늘(우주)'을 뜻한다.

이렇게 '높은 하늘(宀)'이 '높은 집(우주)의 지붕'을 닮았다고 보는 우주관은 아래 그림과 같이 고대 수메르와 고대 이집트 등 세계 곳곳에서 공통적으로 나타난다. 그리고 '집 면(宀)'을 소우주인 사람의 몸을 덮어 보호해주는 '갓머리 면(宀)'이라고도 하는데, 이 역시 '높은 하늘, 신(神·God)'을 뜻한다.

고대 수메르인의 하늘(宀)　　고대 이집트인의 하늘(宀)　　사람의 하늘(宀)

'빛펼칠 긍(亘)'의 소전 '🔲'은 '二 + 🔲'으로 구성되어 있다.

'二'에서 위의 '一'은 '하늘(天)'을 나타내고, 아래의 '一'은 '땅(地)'을 나타내며, '🔲(日)'은 '하늘과 땅 사이에 펼쳐지는 빛(日)'을 나타낸다. 따라서 '빛펼칠 긍(🔲·亘)'은 '천지(天地)를 창조하는 근원의 빛이 온 우주에 펼쳐지는 모습'으로, 이는 우주를 창조하는 근원의 빛을 표현한 '빛펼칠 만(卍)'자와 그 의미가 같다.

빛펼칠 긍(亘)　　　빛펼칠 만(卍)　　　빛펼치는(亘) 한인(桓)

  이상을 종합하면, '宣(선)'은 '한울님(宀)의 빛이 온 우주에 펼쳐지는(亘) 모양'을 형상한 것으로, 성씨 '宣(선)'은 '하늘의 빛(광명)을 세상에 펼치는 자손'을 의미한다.

  또한 '하늘의 빛을 세상에 펼친다'는 뜻의 '빛펼칠 선(宣)'자와 같은 의미를 가진 글자가 '빛펼칠 환(桓)'인데, 그 이유는 '집 면(宀)'이 '하늘(우주)'을 뜻하듯이 '나무 목(木)'도 '창조주·하늘'을 뜻하기 때문이다. 그래서 단군신화에 등장하는 '환인(桓因)'이라는 말은 '하늘의 광명(桓)을 세상에 펼치는 원인(因)'으로 '한울님'을 의미하고, '환웅(桓雄)'이라는 말은 '하늘의 광명(桓)을 활짝 펼친 사람(雄)'으로 '배달 군주'를 의미한다.

  위와 같은 '환(桓)'자에 대해 『환단고기』 「태백일사(太白逸史)·신시본기(神市本紀)」에서는 "하늘로부터의 광명을 '환(桓)'이라 하고 땅으로부터의 광명을 '단(檀)'이라 한다.[自天光明謂之桓也, 自地光明謂之檀也.]"라고 하였다.

| 鮮于 | 鮮于 | 鮮→빛나는(羊) 하늘의 자손(魚). |
|---|---|---|
| 빛날 선(鮮) 천손 우(于) | 小篆 | 于→하늘이 내린 천손. 鮮于☞하늘이 내린(于) 자손(鮮). |

'鮮于(선우)'의 '鮮(선)'은 '魚 + 羊'으로 구성되어 있다.

'魚(어)'는 물고기로 '하늘의 자손'을 상징한다.

'魚(어)'의 소전 '魚'를 보면, '⺈ + 田 + 灬'로 되어 있다. '⺈'는 '태양빛'으로 '물고기의 머리'를 나타내고, '田'은 '몸(冂)에 햇살(人)이 쌓인 모습'으로 '물고기의 몸(肉)'을 말하며, '灬'는 '햇살, 불빛'으로 '물고기의 꼬리'를 나타낸다. 따라서 '魚·魚(어)'는 '태양(⺈)의 빛(灬)을 발하는 물고기(田)'를 나타내어 '하늘(⺈)의 빛(灬)과 같은 천손(田)'을 뜻한다. 하느님 아들 예수를 물고기에 비유하는 것도 '물고기(魚)'가 '하늘의 빛(그리스도)과 같은 자손'을 의미하기 때문이다.

| 魚 | ⺈ | 天 | 머리 |
|---|---|---|---|
| | 田 | 地 | 몸 |
| | 灬 | 人 | 꼬리 |

| 魚 | 물 (海) | 코 (高) | 하늘(天) |
|---|---|---|---|
| | 고기(肉) | 끼리(氣) | 자손(孫) |
| | ↓ | ↓ | ↓ |
| | 예수 | 붓다 | 천손 |

'羊(양)'의 금문 'ᛘ'은 '하늘을 향해 솟아 있는 양의 뿔'을 형상한 글자로, '하늘의 불(태양)'을 상징한다.

따라서 '하늘의 태양'을 상징하는 '羊(양)'자와 '하늘의 자손'을 상징하는 '魚(어)'자가 결합한 '鮮(선)'은 '태양(羊)의 자손(魚)'을 뜻한다.

'鮮于(선우)'의 '于(우)'는 'ᅳ + 亅'로 구성되어 있다.

'二(상)'의 고문 '='은 '두 이(二)'가 아니라 하늘 위를 나타내는 '위 상(上)'자의 고문으로 '높은 하늘(天)'을 나타낸다. 그래서 『설문해자』에서도 '"상(二)'은 높다.[二, 高也.]"라고 하였다.

'亅(궐)'은 '하늘에서 내려오는 모양'을 나타내어, 성씨에 쓰인 '우(于)'는 '하늘(二)에서 내린(亅) 자손'을 뜻한다.

또한 '于(우)'의 고문 '亏(우)'를 보면 '하늘에서 내린 자손'이라는 뜻이 확실하게 드러나는데, '亏(우)'는 '二(上·天) + 乙'로 '하늘(二·上·天)이 낳은 자손·새끼(乙)'를 뜻한다.

이상을 종합하면, '태양(羊)의 자손(魚)'을 뜻하는 '선(鮮)'자에 '하늘(二)에서 내린(亅) 자손'을 뜻하는 '우(于)'자가 합쳐진 성씨 '선우(鮮于)'는 '하늘이 내린(于) 태양의 자손(鮮)'을 의미한다.

흉노(匈奴)가 '넓고 크다'는 뜻으로 군주나 천자를 높이어 부르던 칭호였던 '선우(單于)'라는 말 역시 '선우(鮮于)'와 마찬가지로 '하늘에서 강림한(天降) 천자(單于)'라는 뜻인데, 중국 내몽골에서 출토된 한(漢)나라 때의 명문와당(銘文瓦當)에 새겨진 '선우·천강(單于·天降)'이라는 글귀도 성씨 '선우(鮮于)'의 의미를 잘 표현한 것이라 할 수 있다.

선우·천강(單于·天降)

| 偰 㔿 | 丰 → 찬란한 빛살(풍채風采). <br> 刀 → 하늘에서 갈(칼刀)라지다. 새기다. <br> 大 → 삼신(三神) 하느님. <br> 亻 → ~같은 사람. |
|---|---|
| 빛살 설　小篆 | 偰(契) ☞ 하늘(大)이 낳은(刀) 빛살(丰) 같은 자손(亻). |

'偰(설)'은 '亻 + 丰 + 刀 + 大'로 구성되어 있다.

'예쁠 봉(丰)'은 『설문해자』에 "'봉(丰)'은 '풀이 무성한 모양이다.[丰, 艸盛丰丰也.]"라고 하였는데, 이는 '무성한(찬란한) 빛살'을 상징한다. '칼 도(刀)'는 '하늘에서 갈(칼·刀)라져 나온 것'을 의미한다. '클 대(大)'는 『설문해자』에 "'대(大)'는 하늘이 크고, 땅이 크고, 사람도 크다는 것이다.[大, 天大, 地大, 人亦大焉.]"라고 하였는데, 이는 우주의 삼대(三大) 근원인 천(天)·지(地)·인(人) 삼재(三才)를 모두 갖춘 온전한 '삼신(三神) 하느님'을 의미한다.

이상을 종합하면 '契(설)'은 '하늘(大)에서 갈라져 나온(刀) 빛살(丰)'을 형상한 글자이다. 이에 '~와 같은 사람'이라는 뜻의 '사람 인(人·亻)이 합쳐진 성씨 '偰(설)'은 '하늘(大)이 낳은(刀) 빛살(丰) 같은 자손(亻)'을 의미한다.

'契·偰(설)'의 뜻은 여러 가지가 있지만 크게 분류하면 세 가지 정도로 정리할 수 있다.

첫째는 '맺을 계(契)'로 '계약, 약속' 등을 나타낸다. 이때의 '契(계)'는 '하늘(大)과의 약속(刧)'을 의미한다. 우리나라의 전통적 협동조직인 '대동계(大同契)'라는 말은 '契(계)'자를 세 글자로 풀이한 것으로, '契(계)'는 '大(大, 하늘) + 刀(同, 한 뿌리에서 갈라짐) + 丰(契, 빛·천손들의 묶음)'을 형상한 것으로 '대동계(大同契)'는 '같은 하늘(大) 한 뿌리에서 갈라진(刀·同) 빛살·천손(丰)들이 맺은 계(契)'라고 할 수 있다.

둘째는 '새길 글(契)'로 '칼로 새긴 글(文)'을 나타내는데, '契(글)'의 갑골문 '㓞'은 '칼(刀)로 새긴 빗살들(丯)'을 형상한 것으로 '칼(刀)로 새긴 글(丯)'을 나타낸다. '글(契)'자에 '하늘의 빛살(빗살)'이란 의미가 담겨 있다는 사실은 고대 수메르인이 사용한 설형(楔形)문자1)를 보면 확인할 수 있는데, 설형문자의 뾰족뾰족한 쐐기 모양들은 '태양의 빛살'을 본뜬 것인 바, '契(글)'자 속의 '빛살 봉(丯)'도 '태양의 빛살'을 상형한 것이다. '丯(봉)'의 훈을 찬란하게 빛나는 '풍채(風采)'라고 한 것 역시 이 때문이다.

수메르인의 설형문자
(녹도문자)

또 '새길 글(契)'에 '귀갑을 지지다'라는 뜻이 있는데, '귀갑(大)'은 '거북등'으로 '본태양·하늘'을 나타내고, '지지다(㓞)'는 거북등을 지져서 갈라져 나가는 '빛살(금)'로 '하늘(天)의 무늬(文)'를 나타낸다. 그리고 '亠 + 乂'로 구성되어 있는 '글 문(文)'자 역시 '해(亠)의 빛깔(乂)을 교차하여 그린 그림(무늬)'을 나타낸다.

셋째는 '성씨 설(契·偰)'로 이는 '하늘(大)의 찬란한 빛살(㓞)'을 형상한 것으로, '하늘(大)이 낳은 훌륭한 사람(㓞)'을 뜻한다.

은(殷)나라 시조 '설(契)'은 그의 어머니 간적(簡狄)이 천제(天帝)가 보낸 '제비(燕)의 알(卵)'을 삼키고 낳았다고 한다. 여기서 '제비알'은 '북두하늘'을 상징하므로, '설(契)'은 '북두하늘이 낳은 사람'을 상징한다.

---

1) '쐐기(契·楔)'라는 말은 '쐐(태양·소의) + 기(빛살·氣)'로 '태양의 빛'을 뜻하는데, 이는 '녹도문자(鹿蹈文字)'와 같은 말이라고 할 수 있다.

| 薛 | 辥 | ++ → 풀. 불빛(光)<br>𦣹 → 하늘(天)에서 내림(降)<br>辛 → 새로운(新) 임금 | ] 임금 벽(辟·𨐓) |
|---|---|---|---|
| 임금 설 | 小篆 | 薛☞ 하늘에서 내린(𦣹) 빛나는(++) 임금(辛). | |

 '薛(설)'은 '++ + 辥'으로 구성되어 있다.

 '++·艹(풀 초)'의 '풀'은 '풀 > 뿔 > 불'로 발음상 서로 통하므로 '불빛(光)'을 의미한다. [p.62 '풀 초(++·艹)' 참조]

 '辥'은 '𦣹 + 辛'으로 구성되어 있다.

 '𦣹(퇴)'는 '근원의 빛'을 뜻하는 'ㆍ'에 '높은 하늘'을 뜻하는 '自'이 합쳐진 것으로, '𦣹(퇴)'는 '높은 하늘'을 의미한다.

 '辛(신)'에 대해 『예기(禮記)·월령(月令)』에 "그 날은 경(庚)과 신(辛)이다.[其日庚辛.]"라고 한 것의 주석에서 "신(辛)이란 새롭다는 말이다.[辛之言新也.]"라고 하였고, 『전한서(前漢書)·율력지(律歷志)』에서는 "모든 것이 신(辛)에서 새로워진다.[悉新于辛.]"라고 하였으며, 『사기(史記)·율서(律書)』에서는 "만물이 새로 생겨난 것을 말한다.[言萬物之辛生也.]"라고 한 내용 등에서 알 수 있듯이 '辛(신)'은 '새롭다(新)'는 뜻이다. [p.271 '신(辛)' 참고]

 이상의 내용으로 보면 '辥'은 '하늘(𦣹)에서 내린 새로운 임금(辛)'을 뜻한다. 따라서 '辥'은 '임금 벽(辟)'과 같은 글자임을 알 수 있으니, 『광운(廣韻)』에서 "'벽(辟)은 임금이다.[辟, 君也.]"라고 하였고, 『이아(爾雅)·석훈(釋訓)』에서 "황(皇)·왕(王)·후(后)·벽(辟)은 임금이다. 천자와 제후를 통칭하여 벽(辟)이라 한다.[皇王后辟, 君也. 天子諸侯通稱辟.]"라고 한 것이다.

 결국 '빛'을 뜻하는 '++'에 '임금'을 뜻하는 '辥'이 합쳐진 성씨 '薛(설)'은 '하늘(𦣹)에서 내린 빛나는(++) 임금(辛)'을 의미한다.

| 成 戚 | 戊→큰 창날(日)>큰 빛>태양.<br>丁→빛살. 자손(个). |
|---|---|
| 이룰 성 　　小篆 | 成☞ 태양(戊)의 빛(丁). 하늘(戊)의 자손(个·丁). |

'成(성)'은 '戊 + 丁'으로 구성되어 있다.

'戊(무)'의 갑골문 '𐡷'는 '†(戈) + )( ノ)'로 구성되어 있는데, '𐡷·戊(무)'는 '긴 창'을 나타내는 '창 과(†·戈)'자에 '큰 빛'을 나타내는 '삐침 별( )·ノ)'을 더한 것으로, 창처럼 길고 큰 빛(천일창·天日槍)을 형상하여 '태양'을 나타낸다.

'丁(정)'의 금문 '🕴'은 '태양(●)에서 길게 뻗은 빛(丨)'을 표현한 것이다. '丁(정)'의 소전은 '个'인데, '亠'는 북두하늘을 상징하는 '돼지머리 해(亠)'의 소전으로 '태양'을 나타내고, '丨'은 '길게 뻗은 빛'을 나타낸다. 따라서 '丁(정)'의 소전 '个'도 '태양(亠)에서 강하게 내리뻗은 빛(丨)'을 나타낸다.

태양의 빛, 무(戊)
(천일창·天日槍)

이상에서 본대로 '태양'을 나타내는 '戊(무)'와 '빛'을 나타내는 '丁(정)'자가 합쳐진 성씨 '성(成)'은 '태양(戊)의 강력한 빛(丁)과 같은 하늘(戊)의 자손(丁)'을 뜻한다.

또한 '成(성)'의 고문 '戚(성)'은 '戊 + 午'인데, '戊(무)'는 '태양'을 나타내고, '낮 오(午)'자는 7번째 지지(地支)로 남(南)에 해당하여 '가장 왕성(旺盛)한 태양의 빛'을 나타낸다. 따라서 '成(성)'의 고문 '戚(성)' 역시 '태양(戊)의 강력한 빛(午)과 같은 하늘

(戊)의 자손(午)'을 뜻한다.

결국, '成(성)'자는 '태양 무(戊)'자에 '빛 정(丁)'자를 붙여 표현하든, '个(개)'를 붙여 표현하든, '午(오)'자를 붙여 표현하든, 모두 '태양(戊)의 강력한 빛(个·午)'을 나타낸다.

이렇게 '이룰 성(成)'자에 '태양의 큰 빛'을 의미하는 '창 과(戈)'자가 들어간 이유는 '강력한 태양의 빛'과 같은 위력으로 '악한 세력을 제거하고 하늘의 뜻을 이룬다(成)'는 뜻을 담기 위해서이다.

'이룰 성(成)'자의 이런 의미를 잘 보여주는 것이 바로 도끼를 들고 있는 치우천왕이다. '成(성)'자 속의 '창 과(戈)'자가 '태양의 강력한 빛'을 상징하듯 넓고 커다란 '도끼날(斤)' 역시 '태양의 큰 빛'을 상징한다. 그래서 '도끼를 들고 있는 치우천왕'은 '강력한 태양의 빛과 같은 천왕'을 나타낸다.

도끼(斤·戈) 든 치우천왕

| 蘇<br>천손 소 | 蘇<br>小篆 | 艹→풀 > 불(빛).<br>魚→물고기 > 물살(햇살) > 천손.<br>禾→벼 > 해의 햇볕 > 해의 햇살(米). |
|---|---|---|
| | | 蘇☞ 햇살(禾)처럼 빛나는(艹) 천손(魚). |

'蘇(소)'는 '艹 + 魚 + 禾'로 구성되어 있다.

'艹·艸(풀 초)'의 '풀'은 '풀 > 뿔 > 불'로 발음상 서로 통하므로 '불빛(光)'을 의미한다. [p.62 '풀 초(艹·艸)' 참조]

'魚(어)'의 소전 '魚'를 보면, '⼎ + ⽥ + ⽕'로 되어 있다. '⼎'는 '태양빛'으로 '물고기의 머리'를 나타내고, '⽥'은 '몸(冂)에 햇살(人)이 쌓인 모습'으로 '물고기의 몸(肉)'을 말하며, '⽕'는 '햇살, 불빛'으로 '물고기의 꼬리'를 나타낸다. 따라서 '魚·魚(어)'는 '하늘(태양·⼎)의 빛(⽕)을 발하는 물고기(⽥)'를 나타내어 '하늘(⼎)의 빛(⽕)과 같은 천손(⽥)'을 뜻한다.

| 魚 | ⼎·天 | 머리 | 하늘(天) |
|---|---|---|---|
| | ⽥·地 | 몸 | 천자(天子) |
| | ⽕·人 | 꼬리 | 천손(天孫) |

또 '물·고기(高氣)'의 '고기'라는 말은 '물의 물살'과 같은 말로 '물의 물살'은 '해의 햇살 > 하늘의 자손'을 나타낸다. 하느님의 아들 예수를 '물·고기(高氣)'에 비유하는 것도 '물고기'가 '하늘의 자손'을 의미하기 때문이며, 붓다를 '코끼(高氣)리'에 비유한 것도 '코끼(高氣)리'가 '하늘(高)의 훌륭한 자손(氣)'을 상징하기 때문이다.

| 魚 | 물·고(高) | 코(高) | 하늘(天) |
|---|---|---|---|
| | 기(氣) | 끼(氣)·리 | 자손(孫) |
| | ↓ | ↓ | ↓ |
| | 예수 | 붓다 | 천손 |

'벼 화(禾)'의 '벼'는 '해의 햇볕' 곧 '볕'에서 나온 말로 '벼(禾)'는 '해가 낳아 기른 벼'라는 뜻이다. 이 말은 '해의 햇살(米)'을 뜻하는 '쌀 미(米)'와 의미상 통하는데, '쌀(米)'은 '해(十)의 햇살(乂)'로 '해가 낳아 기른 쌀'이라는 뜻이다. 따라서 '벼 화(禾)'자나 '쌀 미(米)'자는 모두 '해가 낳아 기른 열매'를 나타내는데, 이는 곧 '하늘이 낳은 자손'을 뜻한다.

또한 '벼 화(禾)'의 금문 ' '는 '뿌리(个·天) + 줄기(↓·地) + 알곡(ㄱ·人)'으로, 이는 '해가 낳아 기른 잘 익은 벼(알곡)'를 뜻한다. 그러므로 『설문해자』에서도 "'화(禾)'는 좋은 알곡이다.[禾, 嘉穀也.]"라고 하였다.

이상의 내용을 종합하면 '穌(소)'는 '좋은 알곡'을 나타내는 '禾(화)'자와 '천손'을 나타내는 '魚(어)'자가 합한 것으로, 성씨 '蘇(소)'는 '빛(艹)과 같은 훌륭한(禾) 천손(魚)'을 의미한다.

참고로, '蘇(소)'자에 '소생하다(蘇生·甦生--)'라는 뜻이 있는데, '소생(蘇生)'은 하느님의 아들 예수와 같이 '하늘의 빛(蘇)과 같은 자손으로 다시 태어난다(生)'라는 뜻이고, '소생(甦生)' 또한 '하늘의 빛(그리스도)으로 거듭(更) 태어난다(生)'는 뜻이다. 이로써 보면 '蘇(소)'자가 '빛나는(艹) 하늘의 자손(穌)'을 뜻한다는 것은 알 수 있다.

그리고 천군(天君)이 하늘에 제사 지내던 곳을 '소도(蘇塗)'라고 하는데, '소도(蘇塗)'라는 말은 '빛나는 천군(蘇)이 거주하는 곳(塗)'을 뜻한다. 전라도에서는 '소도(蘇塗)'를 '소주(蘇住)'라고 하는데, '소주'라는 말도 '신성한 천군(蘇)이 거주(住)하는 곳'을 의미한다. 결국 '소도(蘇塗)'의 '蘇(소)'자나 '소주(蘇住)'의 '蘇(소)'자는 모두 '빛나는(艹) 하늘의 자손(穌)'을 뜻한다.

솟대(蘇塗) 오리(鴨)   청동(靑銅) 오리(鴨)

 '솟대'는 '신성한 천군(蘇)이 거주(住)하는 곳'을 의미하는 '소도(蘇塗)'를 말하는데, 마을 입구에 솟대를 세우는 풍속은 '하늘의 자손이 사는 신성한 마을'이라는 것을 나타낸다.

 솟대 위의 '세 마리 청동·오리'에서 '세 마리'는 '삼신(三神)'을 뜻하고, '청동(靑銅)'은 '파란 하늘'을 뜻하는 '청(靑)'과 '빛(金)'을 뜻하는 '동(銅)'이 합쳐진 말로 '파란 하늘의 빛(하늘)'을 의미한다. '오리 압(鴨)'은 '창조주(甲) + 새(鳥)'로 '창조주'를 뜻한다. 따라서 '세 마리의 청동·오리'는 '창조주 삼신(三神) 하느님'을 상징한다.

 우리나라 전통혼례식에서 '청동·오리'를 올리는 것도 '삼신 하느님의 자손'이라는 의미이다.

| 邵 | 촛대그림 | 召 → 하늘이 부름(召). 천명(天命). |
|---|---|---|
| 천손 소 | 小篆 | 阝(邑) → 하늘(巴)의 자손(口). 천손. |
| | | 邵 ☞ 하늘의 부름(召)을 받은 천손(阝). |

'邵(소)'는 '召 + 阝(邑)'으로 구성되어 있다.

'부를 소(召)'는 『광운(廣韻)』에서 "'소(召)'는 부르는 것이다. [召, 呼也.]"라고 하였다. 이렇게 '刀 + 口'자로 구성된 '召(소)'자의 의미를 '칼을 머금(含)은 예수'[1]에서 확인할 수 있다. 그림 속의 '7촛대'는 '북두칠성 본태양'을 상징하고, '칼(刀)'은 '태양의 빛'을 상징한다. 따라서 '칼을 머금은 예수'는 '북두칠성 본태양의 빛(刀)을 계승한 하늘의 아들(口)'을 상징한다.

다시 말하면, '입(口)에 칼(刀)을 문 모양'을 형상한 '召(소)'는 '하느님의 부름을 받은 사람', 즉 '천명(天命)을 받은 사람'을 뜻한다.

칼을 머금(含)은 예수

'고을 읍(阝·邑)'은 '巴 + 口'로 구성되어 있다.

'큰뱀 파(巴)'는 '丶 + 巳'로 구성되어 있는데, '점 주(丶)'는 '북극성'을 나타내고, '뱀 사(巳)'는 북극성을 중심축으로 하여 우주를 춘하추동(春夏秋冬) 운행하는 '북두칠성'을 나타낸다. 따라서 '큰뱀 파(巴)'는 우주를 운행하며 주재하는 '북두하늘'을 뜻한다.

---

[1] 일반적으로 밤베르크 묵시록의 '칼을 머금(含)은 예수'를 '일곱 촛대 가운데 선 인자(人子)'라고 말하지만, 이는 '북두칠성 본태양의 빛(영광)을 계승한 하느님의 아들(天子)'을 의미한다.

'큰뱀 파(巴)'에 이런 의미가 있다는 것은 '큰뱀(巴)'이 우주(천체)의 운행을 주재한다고 생각한 고대 페루인의 우주관(宇宙觀)에도 잘 나타나 있다.

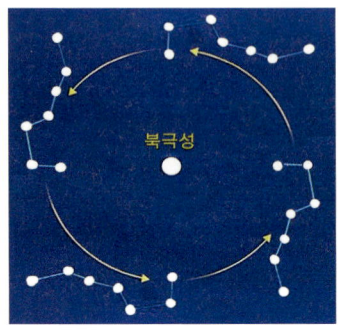 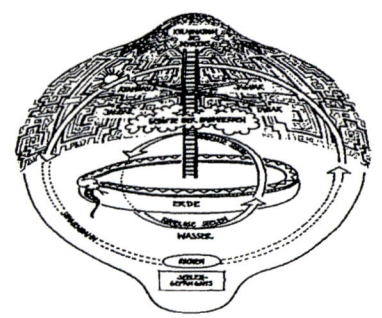

우주를 운행하는 큰뱀 파(巴)　　　고대 페루의 우주도

'입 구(口)'는 '사람(人)이 출입(出入)하는 곳(口)'을 나타낸다.

따라서 '고을 읍(阝·邑)'은 '하늘(巴)의 자손이 모여 사는 곳(口)'을 의미한다. 또한 '고을 읍(阝·邑)'은 '하늘(巴)의 자손(口)'2)이라는 의미로도 쓰이는데, 이는 '마고(麻)의 새끼(乙)'를 뜻하는 '마을(麻乙)'이나 '하늘(天)의 새끼(乙)'를 뜻하는 '천을(天乙)'과 같은 의미라고 할 수 있다.[p.381 '조(曹)' 참조]

이상을 종합하면 '하늘의 빛·광명(刀)을 계승한 사람(口)'을 뜻하는 '召(소)'와 '하늘(巴)의 자손(口)'을 뜻하는 '阝·邑(읍)'이 합쳐진 성씨 '邵(소)'는 '하늘의 천명(召)을 받은 천손(阝)'을 의미한다.

---

2) 그래서 '성씨(姓氏)'를 대신하여 '본관(本貫)·고을(지역)'을 말하기도 한다.

| 孫 | | | 子 → 하늘의 아들(子). 새끼. |
|---|---|---|---|
| 천손 손 | 金文 | 小篆 | 系 → 하늘(丿)을 잇는 줄(糸). 새끼줄.<br>孫☞ 하늘의 아들(子)을 잇는(系) 자손(孫). |

'孫(손)'은 '子 + 系'로 구성되어 있다.

'아들 자(子)'는 '천지의 아들' 곧 '하늘의 자손'을 나타내는데, 그 증거는 '아들 자(子)'의 갑골문 '♀'자와 똑같은 모양인 고대 이집트의 '♀(앙크)'를 보면 명확히 드러난다.

아래의 왼쪽 그림에서 오시리스(天)와 이시스(地)의 아들(子)인 호루스가 왼손에 '♀(앙크)'를 들고 있는 모습은, 호루스가 '천지(天地)의 아들(子)'임을 보여주는 것이고, 아래의 오른쪽 그림에서 창조여신 누트의 팔에 '♀(앙크)'가 걸려 있는 모습은, 이 '♀(앙크)'가 곧 '창조여신이 낳은 아들(子)'임을 보여주는 것이다.

따라서 갑골문의 '아들 자(♀)'자와 고대 이집트의 '♀(앙크)'는 '하늘이 낳은 아들(子)'을 상징한다는 것을 확인할 수 있다.

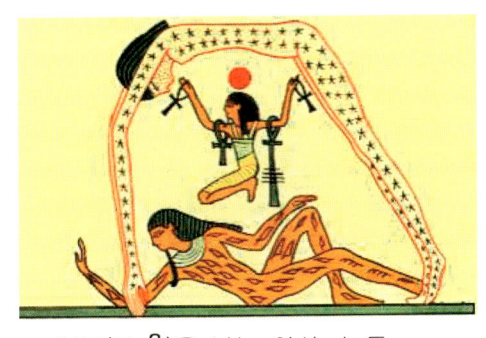

▲ 아들(子·♀)을 낳는 여신, 누트
◀ 태양의 아들(子·♀), 호루스

'이을 계(系)'는 '丿 + 糸'로 구성되어 있는데, '삐침 별(丿)'은

'까마득한 하늘의 빛이 삐친 것'을 형상한 것으로 '본태양 하늘'을 나타내고 '糸(사)'는 '새끼줄(실)'을 나타낸다. 따라서 '이을 계(系)'는 '본태양 하늘(丿)을 잇는 줄(糸)', 즉 '새끼줄(우주DNA)'을 뜻한다.

이상을 종합하면, '孫(손)'은 '하늘의 아들(子)을 잇는(系) 자손(孫)'을 뜻한다. 그러므로 『설문해자』에서 "'손(孫)'은 아들의 아들이다.[孫, 子之子也.]"라고 하였다.

한편, '孫(손)'은 '새끼(子) + 줄(系)'인데, '새끼'는 '해의 기운(해끼)'을 뜻하는 말로 '하늘의 아들(子)'을 말하고, '이을 계(系)'는 '하늘의 빛(丿)을 잇는 줄(糸)'을 말한다. 따라서 '새끼·줄(孫)'은 '하늘의 자손(子)이 계속 이어지는(系) 자손(孫)'을 의미한다.

이렇게 '새끼·줄'이 '하늘의 자손(孫)'을 상징하기 때문에 신성한 하늘의 자손이 출생할(天命) 때 '새끼·줄' 즉 '금(禁)·줄'을 쳐서 사람들이 함부로 접근하는 것을 금지하는 것이고, 장례식에서 망자의 자손들이 '새끼·줄'을 머리와 몸에 두르는 것이다.

새끼(子)·줄 = 금(禁)·줄

새끼(子)·줄 = 금(禁)·줄

또한, '禁(금)'자를 파자하면 '示(神) + 林(자손)'으로 일반적으로 아는 '금지하다, 삼가하다'라는 뜻만이 아니라 본의는 '신(示·神)의 자손(林)'을 뜻한다. 중국 천자의 궁궐인 '자금성(紫禁城)'에 쓰인

'금(禁)'자도 '신(示·神)[1]의 자손(林)'을 뜻하여 '자금성(紫禁城)'은 '신성한 하늘(紫)의 자손(禁)이 사는 성(城)'을 뜻한다. [p.348 '자(紫)' 참조.]

참고로, 아래의 고대 이집트 그림은 '해의 햇살'을 '사람의 손(手)'으로 비유한 것인데, '하늘의 자손'을 뜻하는 '손(手)'이라는 말은 우리말 '손(孫)'과 영어 '손(SON)'이 같다는 것을 확인할 수 있다.

손(手) = 손(孫) = SON    해(SUN)의 햇살(SON) = 손(手)·손(孫) = 앙크(子)

또한 '해의 (햇살)기운'에 해당하는 '손(手)'이나 '자손 손(孫)'은 '마음 > 몸 > 손'의 관계에서 '세 번째'가 된다.

| 천(一) | 천(天) | 해 | 마음 | 마음 | 마음 | 마음 | 마음 |
|---|---|---|---|---|---|---|---|
| 지(二) | 자(子) | 햇살 | 몸 | 몸 | 몸 | 몸 | 몸 |
| 인(三) | 손(孫) | 기운 | 손(手) | 가죽(韋) | 옷(衣) | 피부(皮) | 깃털(毛) |
|  |  |  | ↓ | ↓ | ↓ | ↓ | ↓ |
|  |  |  | 金씨 | 孫씨 | 韓씨 | 裵·表씨 | 皮씨 | 毛씨 |

---

[1] '示(시)'의 고문 'ᗑ'는 '一 + 川'이다. '一'은 '하늘(天)'을 나타내고, '川'는 '하늘에서 땅에 무엇을 나타내 보여준다'는 뜻을 나타낸다. 따라서 '보일 시(示)'는 '하늘(神)이 있음을 보여준다(God is)'라는 것으로 '신(神)'을 의미한다.

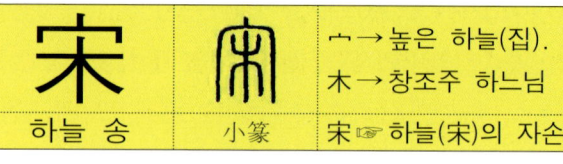

| 宋 | | ⌒→높은 하늘(집). |
| --- | --- | --- |
| 하늘 송 | 小篆 | 木→창조주 하느님 |
| | | 宋☞하늘(宋)의 자손. |

'宋(송)'은 '宀+木'으로 구성되어 있다.

'집 면(宀)'의 소전 '冂'은 '돼지머리 해(亠)'의 소전 '人'를 더 길게 내린 것이다. '人(해)'는 '높은 하늘(우주)의 지붕'을 형상한 것으로, '높은 북두하늘'을 뜻한다. 따라서 '돼지머리 해(人·亠)'에서 획을 더 길게 늘어뜨린 '집 면(冂·宀)'은 '까마득히 높은 북두하늘(우주)'을 뜻한다.

이렇게 '높은 하늘(宀)'이 '높은 집(우주)의 지붕'을 닮았다고 보는 우주관은 아래 그림과 같이 고대 수메르와 고대 이집트 등 세계 곳곳에서 공통적으로 나타난다. 그리고 '집 면(宀)'을 소우주인 사람의 몸을 덮어 보호해주는 '갓머리 면(宀)'이라고도 하는데, 이 역시 '높은 하늘, 신(神·God)'을 뜻한다.

 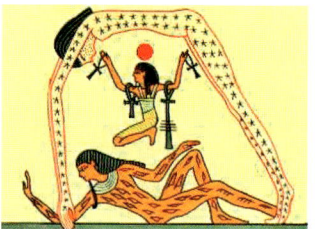 

고대 수메르인의 하늘(宀)   고대 이집트인의 하늘(宀)   사람의 하늘(宀)

'나무 목(木)'자를 파자하면 '十+八'이 되는데, '十(십)'은 '하느님'을 나타내고, '八(팔)'[1]은 창조율려인 '8려음(呂音)'을 나타낸

---

[1] '팔(8·八)'을 흔들어 춤추는 '시바 여신(女神)'과 갑골문 '춤출 무(雅·無·舞)'자는 모두 우주를 창조하는 '창조율려(律呂)'를 상징한다.

다. 따라서 '나무 목(木)'은 8려음(八)으로 천지(十)를 창조하는 '창조주 하느님'을 뜻한다.

창조주(十)의 창조율려(八)　시바(十)의 창조율려(八)　창조율려(八)·춤

이상을 종합하면, 높은 하늘을 나타내는 '집 면(宀)'과 창조주 하느님을 나타내는 '나무 목(木)'이 합쳐진 '宋(송)'은 '창조주 하느님(木)이 계시는 하늘(宀)'을 나타낸다. 따라서 성씨 '宋(송)'은 '창조주 하느님(木)이 계시는 하늘(宀)의 자손'을 나타내고, 나라 이름 '宋(송)'은 '창조주 하느님(木)이 계시는 하늘(宀)의 나라'를 나타낸다.

그러므로 『설문해자』에서도 "송(宋)'은 집(居)이다.[宋, 居也.]"라고 하였는데, 여기서 '집(居)'은 '태고(古)의 창조주 하느님이 계시는 북두칠성 하늘(尸)', 즉 '하늘(天)'을 뜻한다.

| 松 | 松 | 木→나무(Nammu·南無). 창조주 하느님. |
|---|---|---|
| 소나무 송 | 小篆 | 公→하느님의 창조율려(八)로 태어난 나(厶·台).<br>松☞창조주 하느님(木)이 낳은 훌륭한 공(公). |

'松(송)'은 '木 + 公'으로 구성되어 있다.

'木(목)'은 수메르어로는 '나무(Nammu)', 산스크리트어로는 '나모(Namo)'로 '창조주'를 뜻한다. 또한 '나무 목(木)'자를 파자하면 '十 + 八'이 되는데, '十(십)'은 '하느님'을 나타내고, '八(팔)'은 창조율려인 '8려음(呂音)'을 나타낸다. 따라서 '나무 목(木)'은 8려음(八)으로 천지(十)를 창조하는 '창조주 하느님'을 뜻한다.

'公(공)'은 '八 + 厶'로 구성되어 있다. '八(팔)'은 창조주를 나타내는 '木(목)'의 '十(창조주) + 八(팔)'에서 '十(창조주)'이 생략된 것으로, '八(팔)'은 '하느님의 창조율려'를 뜻한다. '厶(사)'는 '하늘에서 내려온 나(台)'를 뜻한다. 따라서 '공(公)'은 '창조주의 창조율려(八)로 태어난 나(厶)'를 나타낸 것으로, '하늘이 낳은 귀공자(貴公子)'를 뜻한다.

이상을 종합하면 성씨 '송(松)'은 '창조주 하느님(木)이 낳은 훌륭한 공(公)'을 뜻한다.

또한, 『자설(字說)』에서 "소나무는 온갖 나무 중에 가장 뛰어난 것이다.[松, 百木之長.]"라고 하였는데, 소나무의 '소'라는 말도 하늘을 향한 '소뿔(丫·牛)'에서 유래한 것으로, 소뿔은 '높은 하늘의 태양'을 상징한다. 결국 '솔 송(松)'[1]씨는 '높은 하늘의 태양처럼 백성 중에 가장 뛰어난 자손'을 의미한다.

---

1) '솔개 연(鳶)'의 '솔·개'라는 말도 '태양(戈)·새(鳥)'를 뜻한다.

| 荀 | 荀 | 艹 → 풀 > 뿔 > 불(빛).<br>勹 → 하늘(천지). 모태(母胎).<br>日 → 아해(자손). |
|---|---|---|
| 천손 순 | 小篆 | 荀☞ 하늘 품(勹) 안의 빛(艹)나는 자손(日). |

'荀(순)'은 '艹(卄) + 旬'으로 구성되어 있다.

'풀 초(卄·艹)'의 '풀'은 '풀 > 뿔 > 불'로 발음상 서로 통하므로 '불빛(光)'을 의미한다. [p.62 '풀 초(卄·艹)' 참조]

'열 순(旬)'은 '勹 + 日'인데, '감쌀 포(勹)'는 '엄마의 모태(母胎)'로 '하느님의 품'을 나타내고, '해 일(日)'은 '모태 안의 아해'를 나타내어 '순(旬)'은 '열 달 동안 모태 안에 있는 아해'를 나타낸다.

따라서, '荀(순)'은 '하늘의 품(勹) 안에 있는 빛(艹)나는 아해(日)'를 형상한 글자로, 성씨 '荀(순)'은 '하늘의 자손'을 나타낸다.

이와 같이 '旬(순)'자는 '엄마 모태(勹)에 아해(日)'를 감싸고 있는 모습을 나타낸 글자인데, '감쌀 포(包)' 역시 '엄마 모태(勹)에 아해(巳)'를 감싸고 있는 모습이다.

오른쪽 '감쌀 포(包)'의 소전 그림에서 '包'의 '뱀 사(巳)'는 '귀(耳)' 모양과 같은데, 우리 속언에 "귀(耳) 떨어졌다."는 말은 '아해가 태어났다'는 뜻이므로, '뱀 사(巳)'가 곧 '아해'임을 알 수 있다. '뱀(巳)'은 우리 옛말로 '구리'이며, 구리는 '빛(아해)'을 뜻한다.

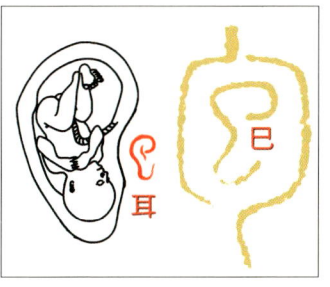

천손 순(旬) = 감쌀 포(包)

이렇게 '旬(순)'자와 '包(포)'자는 '모태(勹) 안의 아해(日·巳)'를 형상한 것으로, '하늘의 자손'을 나타낸다.

| 承 |   | ㄗ → 큰뱀 파(巴). 북두하늘.<br>𠂇 → 받드는 두 손. 계승하다.<br>半 → 손(手). 자손(孫). |
|---|---|---|
| 계승 승 | 甲文　　小篆 | 承☞하늘(ㄗ)을 계승하는(𠂇) 자손(半). |

'계승할 승(承)'의 소전 '𠃌'은 'ㄗ + 𠂇 + 半'으로 구성되어 있다.

'ㄗ'는 '큰뱀 파(巴)'인데, '巴(파)'는 '• + 巳'로 되어 있다.

'점 주(•)'는 '북극성'을 나타내고, '뱀 사(巳)'는 북극성을 중심축으로 하여 운행하는 뭇별들의 대표인 '북두칠성'을 나타낸다. 따라서 '큰뱀 파(ㄗ·巴)는 '북두하늘'을 뜻한다.

'𠂇'은 '받드는 두 손'으로 '받들다, 계승하다'라는 뜻이고, '半'는 '손(手)'으로 '자손(孫)'을 뜻한다.

이상을 종합하면 '𠃌·承(승)'은 '북두하늘(ㄗ)을 받드는(𠂇) 손(半)'을 형상하여 성씨 '承(승)'은 '하늘을 계승한 자손'을 뜻한다.

'承(승)'의 갑골문 '𠃌'은 '𠂤 + 𠬞'으로 구성되어 있다.

'𠂤'는 소전 'ㄗ'와 동일하게 '큰뱀 파(巴)'자로 '북두하늘'을 뜻하는데, '𠂤'자가 '큰뱀 파(巴)'의 갑골문이라는 것은 '파(巴)'자가 들어 있는 '고을 읍(邑)'의 갑골문 '𠁁'을 통해 확인할 수 있다. '𠬞'은 '받드는 두 손'으로 '받들다, 계승하다'라는 뜻이다.

따라서 '계승할 승(承)'의 갑골문 '𠃌' 역시 '북두하늘(𠂤)을 받드는(𠬞) 자손'을 의미한다.

그러므로 『설문해자』에서 "'승(承)'은 받드는 것이다.[承, 奉也.]"라고 하였고, "'승(丞)'은 돕는다는 것이니, 받들어 계승한다는 뜻이다.[丞, 翊也. 奉承之義.]"라고 하였던 것이다.

| 施 | 糀 | 𣃚(㫃) → 빛을 베풀어 천지를 창조하는 하느님.<br>也 → 창조주의 자궁(子宮). 창조주 하느님. |
|---|---|---|
| 빛베풀 시 | 小篆 | 施 ☞ 하느님의 빛(은총)으로부터 태어난 자손. |

'施(시)'의 소전 '糀'는 '𣃚(㫃) + 也 (也)'로 구성되어 있다.

'𣃚·㫃(언)'은 '깃발이 바람에 날려 춤추는 모양'을 형상한 것으로, 이는 '빛을 베풀어 우주를 창조하는 하느님의 창조 율려(律呂)'를 나타낸다.

빛을 베푸는 창조주

'也·也(야)'는 '창조주의 자궁(子宮·甲)'을 형상한 것으로 '창조주 하느님'을 나타내는데, 이를 두고 『설문해자』에서는 "야(也)는 여자의 음기(陰器)이다. 모양을 본뜬 것이다.[也, 女陰也. 象形.]"라고 하였다.

샤르트르 성당의 창조주(也)

창조주 요니(也)

프랑스 샤르트르 성당의 조각은 여성의 음기 모양 안에 '창조주 하나님'을 나타낸 것인데, 『설문해자』의 설명과 같이 여성의 음기 모양으로 '창조주 하나님'을 나타내었다. 또한 고대 인도에서 숭배

되는 여성의 생식기 상(像)인 '요니(yoni)' 역시 여성의 음기 모양(女陰像)으로 '창조주 하나님'을 표현하였다. '자궁 야(也)'의 '자궁(子宮)'이라는 말도 '새끼(子)를 창조하는 궁(宮)'을 표현한 것인데, 이는 북두하늘의 '자궁(紫宮)'1)을 본뜬 말이다.

이상을 종합하면 '施(시)'는 '창조주 하느님(也)이 우주에 빛을 베푸는(㫃) 모양'을 형상한 것으로, 성씨 '施(시)'는 '창조주 하느님(也)의 빛·은총(㫃)으로부터 탄생한 자손'을 의미한다.

한편, '施(시)'를 '方 + 𠂉 + 也'로 파자하면, '方(방)'은 '사방팔방(四方八方)으로 두루 펼쳐지는 모습'을 나타낸다. '𠂉'는 '돼지머리 해(亠)'의 변형인데, '돼지머리 해(亠)'의 소전 '𠆢'는 '높은 하늘'을 나타낸다. '也'자는 '자궁'을 형상한 것으로 '창조주 하느님'을 나타낸다.

따라서 '시(施)'는 '창조주의 시혜(施惠)가 두루 펼쳐지는 모습'을 형상한 것으로, 성씨 '시(施)'는 '창조주의 은혜(恩惠)를 받은 자손'을 뜻한다.

참고로 '시(施)'의 사전적 의미는 ① 베풀다, ② 널리 퍼지다, ③ 은혜(恩惠), 은총(恩寵) 등이다.

---

1) '자궁(紫宮)'은 큰곰자리(북두칠성)를 중심으로 170개의 별로 이루어진 별자리를 말한다. '자궁(紫宮)' 즉 '자미원(紫微垣)'은 '태미원(太微垣)', '천시원(天市垣)'과 함께 삼원(三垣)이라고 부르며, 또 이 별자리는 천자(天子)의 자리로도 비유된다.

| 柴 | 燚 | 此 → 가까운(친근한·近).<br>木 → 창조주 하느님. |
|---|---|---|
| 친손 시 | 小篆 | 柴 ☞ 하느님(木)과 가까운(此) 친손(親孫). |

'시(柴)'를 일반적으로 '섶(땔감) 시'라고 하는데, 성씨로 쓰인 '시(柴)'의 의미를 밝히기 위해서는 '시제사 시(柴)', '제사이름 시(柴)'라는 풀이에 주목하여야 한다.

'시제사(柴祭祀)'는 '섶(땔감)을 불살라 하늘에 지내는 제사'인데, '柴(시)'자를 파자하면 '止 + 匕 + 木'이니, 그 자체로 '창조주 하느님(木)의 쪼가리(匕) 불(止)[1]'이라는 뜻을 지닌다.

이는 모든 종교의식에서 '촛불(쪼가리 불)'을 켜는 행위와 통하는 것으로, 작은 촛불로 큰 태양불의 일부임을 나타내듯이, 촛불을 올리는 행위는 '하느님의 한 작은 소자(小子)'라는 의미이다.

촛불 = 천손

『설문해자』에서 "'시(柴)'는 작은 나무나 산재이다.[柴, 小木散材.]"라고 하였는데, 작은 나무(小木)는 '작은 새끼(小子)'를 나타내어 '하느님의 한 쪼가리(쪽·片), 하느님의 분신(짝·伴)'을 뜻한다고 볼 수 있다. 이상을 종합하면, 성씨 '시(柴)'는 '하느님의 소자(小子)', 즉 '하느님의 자손'을 나타낸다.

또한, 『광운(廣韻)』에서 "'시(柴)'는 신(薪)이다.[柴, 薪也.]"라고 하였는데, '신(薪)'자에 대해서 알아본다.

---

[1] '止(지)'의 갑골문 '𣥂'는 발을 그린 것으로, 여기서 '발'은 '불(火)'을 나타낸다.

'薪(신)'은 '艹(艸) + 新'으로 구성되어 있다.

'풀 초(艹)'의 '풀'은 '풀>뿔>불'로 발음상 '불(光)'을 의미한다.

'新(신)'의 갑골문 '▽ʔ'은 '▽(辛) + ʔ(斤)'으로 되어 있다. '▽·辛(신)'자는 '하늘(Ŧ·十) 위에 새로 선(▽·立) 모양'으로 '새롭다'는 뜻이고, '도끼 근(斤)'2)의 갑골문 'ʔ'은 '구부러진 화살 모양'으로 '햇살(자손), 소자(小子)'를 뜻한다. 따라서 '▽ʔ·新(신)'은 '새로운(▽) 자손(ʔ)'을 뜻한다.

이상으로 보면 '섶(땔감)나무 신(薪)'은 '빛나는(艹) 새로운 자손(新)'을 뜻하는 글자로 '섶(땔감) 시(柴)'와 뜻이 같다.

또 '섶(땔감) 시(柴)'를 '此 + 木'으로 파자하여 본다.

'此(차)'의 갑골문 'ᗯʔ'는 'ᗯ + ʔ'로 되어 있다.

'ᗯ'는 '止(지)'인데, '止(지)'는 '발'을 형상한 것으로 '불' 즉 '북극성 본태양'을 나타낸다. 'ʔ'는 '匕(비)'인데, 『설문해자』에 "'비(匕)'는 서로 더불어 나란히 있는 것이다.[匕, 相與比敘也.]"라고 하였으니, 여기서는 북극성과 더불어 나란히(가까이) 있는 '북두칠성'을 나타낸다.

따라서 '이 차(此)'는 북극성과 북두칠성처럼 '서로 가깝다'라는 뜻을 나타낸다. 그래서 서막(徐邈)은 『설문해자』'此(차)'자의 '匕(비)'에 대한 풀이를 "비(匕)는 가깝다는 것이다. 가깝다는 것은 여기에 있다는 것이다.[匕, 近也. 近, 在此也.]"라고 하였다.

또한 '나무 목(木)'자를 파자하면 '十 + 八'이 되는데, '十(십)'은 '하느님'을 나타내고, '八(팔)'3)은 창조율려인 '8려음(呂音)'을 나

---

2) '도끼 근(斤)'의 금문 'ʔ'과 소전 'ʔ'의 형태를 보아도 글자에 새끼라는 뜻이 들어 있음을 확인할 수 있는데, 금문과 소전에서 'ʔ·ʔ'은 '하늘(북두칠성)'을 나타내고, 'ʔ·ʔ'은 '하늘이 낳은 새끼'를 나타낸다.

타낸다. 따라서 '나무 목(木)'은 8려음(八)으로 천지(十)를 창조하는 '창조주 하느님'을 뜻한다.

창조주(十)의 창조율려(八)    시바(十)의 창조율려(八)    창조율려(八)·춤

위의 내용을 종합하면 '창조주 하느님'을 뜻하는 '木(목)'자에 '가깝다(近)'는 뜻인 '此(차)'자를 합친 성씨 '시(柴)'는 '하느님과 친근(親近)한 자손'을 뜻한다.

---

3) '팔(8·八)'을 흔들어 춤추는 '시바 여신(女神)'과 갑골문 '춤출 무(舞·無·舞)'자는 모두 우주를 창조하는 '창조율려(律呂)'를 상징한다.

| 慎 慎 眞 | ├→ 북두칠성(匕) 하늘. |
| --- | --- |
| | 目→ 조갑(태양). |
| | 氺→ 조갯살(햇살). |
| 진심 신 ｜ 小篆 ｜ 金文·眞 | 慎☞ 본심본태양. 진심(眞心). |

'愼(신)'은 '㣺+眞'으로 구성되어 있다.

'㣺(심)'은 '마음'이다.

'眞(진)'의 금문 '眞'은 '├+鼎(目+氺)'으로 구성되어 있다.

금문의 '├'는 '眞(진)'의 소전이나 해서체를 보면 '비수 비(匕)'자임을 알 수 있는데, '匕(비)'자의 의미를 『설문해자』의 풀이를 근거로 세 가지 방식으로 풀이하여 본다. 『설문해자』에 "① '匕(비)'는 서로 친밀하여 두 번째로 따르는 것이다. ② '人(亻)'자를 뒤집어 놓은 모양이다. ③ '匕(비)'는 또한 '匕(숟가락)'[1]로 밥을 뜨는 것이므로 일명 '柶(수저 사)'라고 한다.[匕, 相與比敘也. 从反人. 匕, 亦所以用比取飯, 一名柶.]"라고 하였다.

이에 따라 차례로 해석하여 보면 아래와 같다.

① '서로 친밀하여 두 번째로 따른다'는 것은 두 번째인 '북두칠성'이 첫 번째인 '북극성'과 친밀하여 서로 따른다는 뜻이다. 그러므로 '匕(비)'는 '북두칠성 하늘'을 의미한다.

② "사람 인(亻·人)'자를 뒤집어 놓았다'라고 한 것은 '사람 인(亻·人)'자를 뒤집어 놓은 것이 바로 '┕·匕(비)'자로, '┕·匕(비)는 '북두칠성(┕) 하느님'을 의미한다. 이렇게 '북두칠성(┕) 하느님'을 의미하는 '┕(匕)'자가 사람을 나타내는 '亻(人)'자를 뒤집어 놓은 모습(反人)

북두칠성

---

1) 단옥재(段玉裁)는 "比'는 마땅히 '匕'로 되어야 한다.[比當作匕]"라고 하였다.

이라고 하는 것은, 성경에서 "하나님이 이르시되, 우리의 형상(𔔁·匕)을 따라 우리의 모양대로 우리가 사람(𔕘·人)을 만들고…"[창세기 1장 26절]라고 말한 것과 같이 '북두칠성 하느님(𔔁·匕)'을 '사람(𔕘·人)의 원래 형상(원형)'으로 여기기 때문이다.2)

③ "匕(비)'는 숟가락이다'라고 한 것은 북두칠성을 숟가락으로 본 것이다. 그런데 우리는 흔히 북두칠성을 '숟가락' 모양이라고 할 뿐만 아니라, 물을 뜨는 '국자' 모양이라고 표현하고 있다. 이러한 인식은 서양에서도 마찬가지여서 북두칠성을 영어로 'Big Dipper', 즉 '큰 국자'로 표현한다.

이처럼 '匕(비)'자에 대한 『설문해자』 ① ② ③의 풀이를 보면 '匕(비)'자는 모두 '북두칠성 하늘'을 뜻한다는 것을 알 수 있다.

'貝(패)'의 금문 '𔓱'는 '𔓰 + 𔓯'로 되어 있다.

'𔓰'은 '조갑(조가비)'3)으로 '태양'을 나타내고, '𔓯'은 조갑(태양)에서 비쳐 나온 '조갯살(햇살)'을 나타낸다. 따라서 '𔓱·貝(패)'는 '태양(𔓰)의 햇살(𔓯)'을 형상한 것으로 '태양'을 상징한다.

---

2) '북두칠성'을 나타내는 '비수 비(匕·𔔁)'의 반대가 '사람 인(人·𔕘)'이기 때문에 사람은 '북두칠성 하늘'을 복본(復本)의 귀의처(歸依處)로 여긴다.
3) 조갑(조가비)의 '갑(甲)'은 귀갑(龜甲)의 '갑(甲)'처럼 조개(거북)의 바깥 껍데기를 말한다. 귀갑(龜甲)인 '거북(巨北)의 등(燈)'이 '북극성의 등(빛)', 곧 '본태양'을 뜻하듯이, 조갑의 '甲' 역시 둥근 하늘(음부)을 닮아 '태양'을 상징한다. 그러므로 '조갑(甲)에서 나온 살', 즉 '조갯살'은 '태양에서 나온 햇살'을 상징하게 된다.

이상을 종합하면 '북두칠성'을 뜻하는 'ㅏ(匕)'와 '태양'을 뜻하는 '鼎(貝)'가 합쳐진 '鼎·眞(진)'은 '북두칠성 태양' 곧 '본태양'을 의미한다.4)

또한 '眞(진)'의 소전 '眞'은 'ㄴ+目+八'인데, 'ㄴ(匕)'는 '북두칠성 하늘'을 나타내고, '目'은 '까마득하고 보이지 않는(亡·ㄴ) 태양(日)'을 나타내며, '八'5)은 '햇살'을 나타낸다. 따라서 '眞(진)'의 소전 '眞'은 '眞(진)'의 금문 '鼎'과 마찬가지로 '북두칠성 태양' 곧 '본태양'을 의미한다.

이상에서 살펴본 대로 '愼(신)'은 '본태양(本太陽)'을 뜻하는 '眞(진)'자에 '본심(本心)'을 뜻하는 '心(심)'을 더한 것으로, 성씨 '愼(신)'은 '본심본태양(本心本太陽)' 곧 '진심(眞心·愼)'을 의미한다.

'愼(신)'의 고문 '炏'은 '炏(光) + ⊙(日)'로 구성되어 있다.

'⊙(日)'은 '태양'을 나타내고, '炏'은 태양(⊙) 위의 빛(光)으로 '높은 하늘의 빛(光)'을 나타낸다. 따라서 '愼(신)'의 고문 '炏' 역시 '태양(⊙·日)의 빛(炏·光)'을 형상한 글자로 '본태양(本太陽)'을 의미한다.

---

4) 이와 같은 의미의 '참 진(鼎·眞)'자는 '암소 빈(牝)'자와 통한다. '암소 빈(牝)'은 '牛+匕'로 '牛(우)'는 '하늘을 향한 소뿔'을 형상한 글자로 '태양(불)'을 나타내고, '匕(비)'는 '북두칠성'을 나타내어, '牝(빈)'은 '북두칠성 본태양'을 뜻한다. 그러므로 '진심(眞心)·본심(本心)·본태양(本太陽)·현빈(玄牝)·도(道)'는 모두 같은 의미라고 할 수 있다.
5) '八'에 대해서 필자의 해석과는 다르게 일반적인 해석에서는 '八'을 '빛살'로 보지 않고 '높이 오르다'라는 뜻으로 풀이하여 '진(眞)'을 '본태양 하늘(直)로 승천(八)하다, 도(道)를 이루어 오르다[得道], 신선이 되어 승천하다[羽化而登仙]'라는 의미로 보고 있다. 이를 뒷받침하듯『설문해자』에서도 '진(眞)'자를 풀이하여 "신선이 형체를 바꾸어 하늘로 오르는 것이다.[仙人變形而登天也.]"라고 하였다.

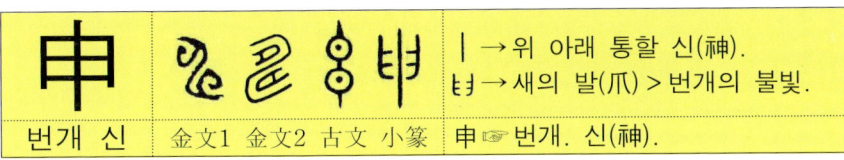

'申(신)'의 금문1은 '🌀'으로, '번개 치는 모습'을 형상한 것이다. '번개가 치는' 데서부터 비가 내리고, 비가 내림으로써 만물이 창조된다. 따라서 '번개(🌀)'는 만물의 창조주인 '신(神)'을 상징한다. 이러한 의미의 '번개 신(申)'을 『옥추경(玉樞經)』에서는 만물의 창조주인 '뇌성보화천존(雷聲普化天尊)'이라 칭하고, "번개(雷·申)는 모든 것이니, 여기에서 만물이 나오고 군품(群品)이 일어나나니……"라고 표현하였다.

'申(신)'의 금문2 '🌀'은 '乙 + 🌀'으로 구성되어 있다.

'乙'은 '번개'를 나타내고, '🌀'은 사람의 발(足)을 형상하여 '발(止)'와 마찬가지로 '불(빛)'을 나타낸다. 따라서 '🌀'은 '금문1의 🌀'처럼 '번개(乙)의 불빛(🌀)'을 나타낸다.

'申(신)'의 소전 '申'은 '丨 + 𠂉'으로 구성되어 있다.

'丨'에 대해 『설문해자』에서는 "'신(丨)'은 아래에서 위로 통하는 것이다. 아래에서 위로 끌어당겨 쓰는 경우는 '신(囟)'으로 발음한다.[丨, 下上通也. 引而上行, 讀若囟.]"라고 풀이하였고, 지석영(池錫永)의 『자전석요(字典釋要)』에서는 '위아래 통할 신(丨)'으로 풀이하였으며, 최남선(崔南善)의 『신자전(新字典)』에서는 '셈대 세울 신(丨)'으로 풀이하였다. 이렇게 '丨'을 '신'으로 발음하고 '위아래로 통한다'는 뜻으로 풀었으니, '丨'은 '신(神)'을 뜻하는 글자임을 알 수 있다.

'㣒'은 '새(鳥)의 두 발(爪)'을 형상한 것인데, '새의 발'은 '해의 불(빛)'로 '번개의 불빛'을 나타낸다.

따라서 '申(신)'의 소전 '㣒' 역시 '신(丨) + 불빛(㣒)'을 형상한 것으로 '번개의 불빛, 신(神)'을 나타낸다.

이상에서 살펴본 대로 '申(신)'의 금문1 '㣒'이나 금문2 '㣒'이나 소전 '㣒'은 모두 '번개의 불빛'을 형상한 것으로, '申(신)'은 '신(神), 하느님'을 상징한다. 그러므로 성씨 '申(신)'은 잔나비(원숭이)를 뜻하는 '납 신(申)'이 아니라 '신(神)의 자손'을 나타낸다.

아래 왼쪽 조형물은 그리스 신화에 나오는 제우스가 번개를 던지는 모습인데, 이는 '번개(申)'가 우주 만물을 창조하는 '신(神)'이라는 것을 나타낸다. 그리고 인도 힌두교의 '인드라 신(神)'이나 북유럽의 번개 신(神) '토르(Thor)'나 라마교에서 말하는 삼신창(三神槍) 모양의 '도르제(Dorje)'는 모두 '번개(申)'로써 '창조의 신(神)'을 상징한다.

제우스 = 번개(申)

금강저(金剛杵)

도르제(Dorje)

'申(신)'자의 고문 '𢑚'을 보면 제우스가 들고 있는 '번개'나 불교의 '금강저(金剛杵)'와 닮은 모양인데, 이 역시 '번개(申)'가 '창조의 신(神)'임을 상징한다.

그리고 아래 그림에서 코끼리 몸에 그려진 '申(신)'자의 갑골문 세 개(𢑚·三申)는 '삼신(三神) 하느님'을 나타내고, '코끼(高氣)·리'는 '훌륭한 자손'을 나타낸다. 따라서 '삼신(三申·𢑚)이 그려진 코끼리'는 '삼신 하느님의 훌륭한 자손'을 상징한다. 미국의 공화당이 상징 마크로 코끼리를 쓰는 것도 '코끼(高氣)·리'[1]가 '하느님의 훌륭한 자손'을 상징하기 때문이다.

번개 신(申·神)

삼신(三申) 하늘의 자손, 코끼리

이상에서 '申'자의 여러 형태와 유물을 통해서 밝힌 대로 '신(申)'자의 본래 의미는 '번개(申)로써 신(神)이 있음을 보여준다(示)'[2]라는 것으로, 이는 곧 '신(神)'을 의미한다.

---

1) '코끼·리(高氣·리)'는 '높은 하늘(高)의 햇살(氣)과 같은 사람'이라는 뜻으로, 고대 인도인들은 '하늘이 내린 위대한 사람, 깨달은 사람'을 코끼리에 비유하였다. 그래서 불경 『숫타니파타』에서도 붓다를 '코끼리'에 비유하여 "위대한 코끼리이신 당신께서 말씀하실 때, 모든 신(神)들이 기뻐합니다."라고 표현하였다.
2) '示(시)'의 고문 '𥘅'는 '一 + 川'이다. '一'은 '하늘(天)'을 나타내고, '川'는 '하늘에서 땅에 무엇을 나타내 보여준다'는 뜻을 나타낸다. 따라서 '보일 시(示)'는 '하늘(神)이 있음을 보여준다(God is)'라는 것으로 '신(神)'을 의미한다.

이처럼 '신(申)'자의 본래 의미는 '신(神)'이라는 뜻이었는데, 이 '신(申)'자가 '펴다, 아홉째 지지(地支)' 등의 의미로 쓰이게 되면서부터 '신(申)'자에 '보일 시(示)'자를 결합한 글자 '신(神)'을 쓰게 되었다.

| 辛 | 辛 辛 | ▽(立) → 땅에 선(立) 임금(해). |
|---|---|---|
| 임금 신 | 金文 小篆 | 十(十) → 하늘. 창조주 하느님. |
| | | 辛☞ 하늘(十)이 낳은 새(立) 임금(해). |

'辛(신)'의 금문 '辛'은 '十(十) + ▽(立)'으로 구성되어 있다.

'十'은 '十(십)'으로 '창조주 하느님'을 나타낸다.

'十(십)'의 갑골문 '丨'은 '하늘에서 땅으로 내리는 모양'을 형상한 것으로 '하늘의 창조작용'을 나타낸다. '十(십)'의 금문 '十'은 가운데가 볼록하게 나왔는데, 이는 '하늘의 창조작용'을 강조한 것이고, '十(십)'의 소전 '十'은 '창조작용'을 더 강조하기 위하여 가운데 획을 길게 그은 것이다. 이런 '十·十(십)'에서 우주의 창조작용을 더욱 적극적으로 표현한 것이 '卍(만)'자인데, 이 '卍(만)'자는 '북두칠성이 북극성을 중심축으로 하여 운행하는 것'을 나타낸다.

따라서 '十(십)'과 '卍(만)'자는 '우주를 운행하고 창조하는 하느님'을 상징한다. 이런 의미의 '十(십)'에 대해 그리스의 수학자 피타고라스는 '1~9까지를 모두 포함하는 완전한 수'로 여겨 '우주 만물의 주재자'라고 하였다.

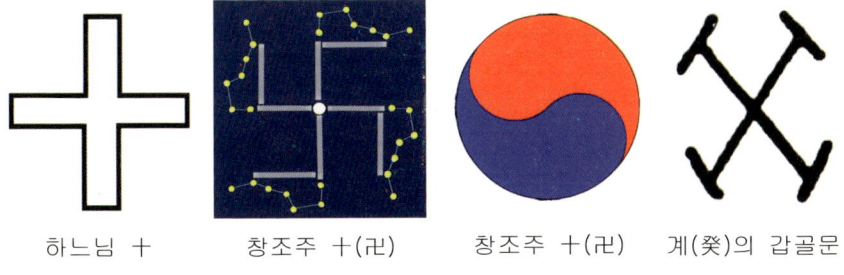

하느님 十     창조주 十(卍)     창조주 十(卍)     계(癸)의 갑골문

'열 십(十)'자에서 '열'이란 '하늘을 열다'라는 말인데, 열 번째

천간인 '열 계(癸)'자 역시 첫 번째 천간 '갑(甲)'[1]자에서 창조를 시작하여 끝내 '열 계(癸)'에서 '하늘(天)이 활짝 열린다(癶)'는 뜻이다. 이러한 뜻은 '癸(계)'의 갑골문 '✕'를 보면 분명한데, '✕'는 '十(십)'과 마찬가지로 '하늘을 사방으로 여는 모양'이다.

또한 '十(십)'은 보이지 않는 하늘(丨·天)과 보이는 땅하늘(一·地) 이 교합(交合)한 모양으로, 천지(天地)·우주를 창조하는 '창조주 하느님'을 나타낸다. 그리고 '10(십)'은 보이지 않는 하늘(丨)을 나타내는 '0(공·空)'과 보이는 땅하늘(一)을 나타내는 '1(색·色)'이 합쳐진 온전한 수(數)이다. 우리 옛말에 '十(10)'을 '온'이라고 한 것을 보더라도 '十·10'은 '온전한 하느님'을 나타낸다.

| 十 | 丨 | 하늘(天) | 공·空·0 | 영(靈) | 창조·갑(甲) | 10 |
|---|---|---|---|---|---|---|
|   | 一 | 땅 (地) | 색·色·1 | 육(肉) | 열·계(癸) |   |

'▽'은 '설 립(立)'자의 금문이다. '설 립(立)'의 갑골문 '❈'은 '땅(一)에 선(새·立) 하느님(大)' 즉 '임금(왕)'을 나타내는데, 이는 '왕(王)'의 갑골문 '❈'과 같은 모양이다. 이러한 근거로 청나라 금석학자 오대징(吳大澂)의 『각재집고록(愙齋集古錄)』에서는 '▽'을 '임금 제(帝)'의 옛 글자라고 하였다.

이상을 종합하면 '✝(十)+▽(立)'의 결합인 성씨 '쭌·辛(신)'은 '하늘(✝·十)이 낳은 새 임금(▽·立)'을 의미한다.

이와 같은 의미로 '신(辛)'자를 풀이한 예를 보면, 『예기(禮記)·

---

1) '甲(갑)'의 갑골문 '✝'은 '사방팔방으로 우주가 펼쳐지는 모습'을 표현한 것으로 '창조주가 하늘을 열다(창조하다)'라는 뜻을 나타내고, '甲(갑)'의 소전 '⊕'은 '하느님 자궁(⊃)에서 새끼(T)를 창조하는 모양'을 나타낸다. 따라서 '甲(갑)'은 '우주를 처음으로 열어 창조한 태초의 창조주'를 뜻한다.

월령(月令)』에 "그 날은 경(庚)과 신(辛)이다.[其日庚辛.]"라고 한 구절의 주석에서 "신(辛)이란 새롭다는 말이다.[辛之言新也.]"라고 하였고, 『전한서(前漢書)·율력지(律歷志)』에서는 "모든 것이 신에서 새로워진다.[悉新于辛.]"라고 하였으며, 『사기(史記)·율서(律書)』에서는 "만물이 새로 생겨난 것을 말한다.[言萬物之辛生也.]"라고 하였다. 이런 예에서 알 수 있듯이 '신(辛)'은 '새롭다(新)'는 뜻이다.

또한 '신(辛)'자에 '임금'이라는 뜻이 있다는 것을 확인해주는 글자가 '임금 벽(辟)'이다. '신(辛)'자가 들어 있는 '辟(벽)'의 '𠂉'자에서 '尸(시)'는 '북두칠성 하늘'을 나타내고, '口(구)'는 '사람'을 나타내어 '𠂉'자도 '북두하늘이 낳은 임금'을 나타낸다. 따라서 '하늘이 낳은 임금'을 뜻하는 '𠂉'자에 '새 임금(해)'을 뜻하는 '신(辛)'자를 결합한 '임금 벽(辟)' 역시 '하늘이 낳은 새 임금'을 뜻한다.

이렇게 '신(辛)'자의 본래 의미는 '새롭다(新), 새 임금'이라는 뜻이었는데, 흔히 '辛(신)'을 '맵다, 大辠(죄)'라는 뜻으로 쓰게 된 것은 『설문해자』에서 "'신(辛)'은 가을에 만물이 자라서 성숙하게 된다는 뜻이다. 금(金)은 강하고, 맛은 맵다. '신(辛)'은 '一'과 '䇂'으로 구성되어 있다. '䇂'은 '죄(辠)'라는 뜻이다.[辛, 秋時萬物成而孰. 金剛, 味辛. 从一从䇂. 䇂, 辠也.]"라고 풀이한 데서부터 비롯된 오해이다. 허신(許愼)이 '辛(신)'자를 이렇게 푼 것은 8번째 천간인 '辛'을 오행에 배속시켜 계절로는 '가을'이 되고, 기운으로는 '금(金)'이 되며, 맛으로는 '매운맛'이 되는 데서 기인한 것이라고 짐작된다.

'새 임금(해), 새롭다'는 뜻의 '辛(신)'자를 '맵다'는 뜻으로 사용하게 되면서 '辛(신)'자에 다시 '새끼(해의 기운)'를 뜻하는 '도끼 근(斤)'[2]을 더하여 '새로울 신(新)'자가 생긴 것이다. 그러므로 성씨 '辛(신)'은 더이상 '매울 신(辛)'이 아니라 '임금 신(辛)'이라고 해야 옳다.

참고로, '창조주 하느님(十) 위에 서(立) 있는 모습'을 형상한 '새(임금·해) 신(辛)'자의 뜻을 담고 있는 예는 보티첼리의 「비너스 탄생」인데, 이 그림에서 여성의 음문을 닮은 '바다 조개(貝)'는 '창조주 하느님'을 상징하여 '조개(十) 위에 선(立) 비너스'는 '창조주 하느님이 낳은 임금(辛)'을 상징한다.

또 '물동이(十) 위에 선(立) 붓다'의 조각상도 '하늘(바다)이 세운 임금(辛)'을 상징하고, 무교에서 '물동이(十) 위에 선(立) 무(巫)'도 '북두칠성(물마누라) 하늘의 대리자'를 상징한다.

비너스의 탄생, 신(辛)

물동이에 선 붓다(辛)

---

2) '도끼 근(斤)'의 금문 ' '과 소전 ' '의 형태를 보아도 글자에서 '새끼(자손)'라는 뜻이 들어 있음을 알 수 있는데, 금문과 소전에서 ' '은 '하늘(북두칠성)'을 나타내고, ' '은 '새끼'를 나타낸다. 따라서 '새 신(新)'자에서 '도끼 근(斤)'은 '하늘의 새끼(아해)'를 의미한다.

| 沈 | 𤳳 | 㳂 | ⚟ → 바다(하늘). 본심·본태양. |
|---|---|---|---|
| 심청 심 | 甲文 | 小篆 | ⚟ → 소(牛). 희생. 자손(심청). |
| | | | 沈☞ 하늘의 연꽃(빛)으로 소생한 심청. |

'沈(심)'의 갑골문 '𤳳'은 '⚟ + ⚟'로 되어 있다.

'⚟'는 '바다(바닷물)'로 '하늘'을 나타낸다. '바다'가 '하늘'과 같다는 것은 다음과 같다. '바다'는 '파다(巴多)'에서 온 말이고, '파다'는 '파라(巴羅)'에서 온 말인데, '파라'는 '북두하늘(巴)의 빛(羅)', 즉 '하늘'을 뜻한다. [p.58 '파라(巴羅)' 참조]

'⚟'는 '소 우(牛)'자의 갑골문으로 '소'를 나타내는데, 여기서는 희생물로 쓰인 '소'를 뜻한다.

따라서 '𤳳·沈(심)'은 '바다(⚟)에 소(牛·⚟)를 희생(犧牲)으로 바쳐 제사를 지내는 모습'을 형상한 것으로 '희생을 통해 빛(연꽃)으로 부활한다'라는 뜻이다. 그러므로 성씨 '심(沈)'은 '희생을 통해 빛(연꽃)으로 거듭난 자손'을 의미한다.

'沈(심)'의 소전 '㳂'은 '㳂 + 尤'인데, '尤·尢(유)'는 다시 '人 + H'로 구성되어 있다. '尤·尢(유)'의 'H'은 '멀 경(冂)'¹⁾의 소전으로 '멀 경(冂)'의 'ㅣㅣ'은 멀리 길이 잇닿은 모양이고, 'ㅡ'은 경계를 표시한 것으로, '멀 경(冂)'은 '까마득히 먼 하늘'을 나타낸다.

'人'은 '어진사람 인(人)'자의 소전으로 '어진 사람'이라는 말은 '하늘(어진)의 햇살(사람)'을 나타낸다.

따라서 '尤·尢(유)'는 '까마득히 먼 하늘의 빛'을 형상한 것으로 '하늘(H)의 빛(人)'을 나타낸다. 이런 의미의 '尤·尢(유)'자에 물을

---
1) '덮을 멱(冖)'으로도 볼 수 있는데, 덮을 멱(冖)의 소전 '冂(덮어 가릴 멱)'도 육안으로 보이지 않는 '까마득히 먼 하늘(天)'을 나타낸다.

나타내는 '𝍢·氵(수)'자를 합한 '沈(심)'의 소전 '𝍢'은 '하늘(H)·빛(人)의 물결(𝍢)', 즉 '하늘의 자손(天族)'을 나타낸다.

이상에서 살펴본 '심(沈)'자에 담긴 의미를 비유적으로 잘 표현한 것이 『심청전』의 '심청(沈淸)'이다. 심청이 바다 물속에 빠져 '연꽃'으로 환생한 것은 지극한 효심(희생)을 발휘하여 '빛(연꽃)'으로 태어났다는 의미인데, 이는 마치 예수가 십자가에 박히는 희생으로 '빛(그리스도)'으로 부활한 것이나 침례(浸禮, 세례) 의식을 통하여 '빛'으로 다시 태어나는 것과 같은 맥락이다.

또한 여기서 '연꽃'의 의미는 '흙탕물에서 나지만 흙탕물에 물들지 않는다'라는 것으로, 『중아함경』에 "여래께서는 세상에서 나서 자라고, 세상에 물들지 아니하며, 세상 법에 저촉되지 아니하셨다."고 한 것과 같이 '육(肉)의 존재'가 아니라 '빛(靈)의 존재'를 상징한다.

붓다가 '연꽃'을 들어 대중에게 보였다는 '염화시중(拈花示衆)'에 담긴 '연꽃'의 의미도 '몸(肉)의 존재'가 아니라 육(肉)을 해탈(解脫)한 '빛(靈)의 존재로 거듭남(부활)'을 상징한다.

결국 성씨 '심(沈)'은 '희생(사랑)을 통하여 하늘의 빛(연꽃)과 같이 존재로 부활한 자손'을 의미한다.

연꽃(빛)으로 부활한 심청(沈淸)

연꽃(빛) = 심청·붓다·예수

| 安 | 甲文 | 小篆 | ⌐→ 하늘. 신(神).<br>女→ 창조주. 계집(해).<br>安☞ 창조주(女) 하느님(⌐). 안(An). |
| --- | --- | --- | --- |
| 하늘 안 | | | |

'安(안)'은 '⌐ + 女'의 구조로 되어 있다.

'집 면(⌐)'의 소전 '冂'은 '돼지머리 해(亠)'의 소전 '人'를 더 길게 내린 것이다. '人(해)'는 '높은 하늘(우주)의 지붕'을 형상한 것으로, '높은 북두하늘'을 뜻한다. 따라서 '돼지머리 해(人·亠)'에서 획을 더 길게 늘어뜨린 '집 면(冂·⌐)'은 까마득히 높은 북두하늘(우주)'을 뜻한다.

이렇게 '높은 하늘(⌐)'이 '높은 집(우주)의 지붕'을 닮았다고 보는 우주관은 아래 그림과 같이 고대 수메르와 고대 이집트 등 세계 곳곳에서 공통적으로 나타난다. 그리고 '집 면(⌐)'을 소우주인 사람의 몸을 덮어 보호해주는 '갓머리 면(⌐)'이라고도 하는데, 이 역시 '높은 하늘, 신(神·God)'을 뜻한다.

   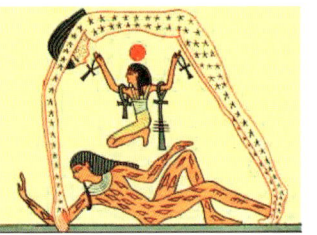   

고대 수메르인의 하늘(⌐)   고대 이집트인의 하늘(⌐)   사람의 하늘(⌐)

'女(여)'의 갑골문 는 ' 𠂉 + ᄆ '으로 구성되어 있다.

'女(여)'에 대해 임의광(林義光)은 "𠂉(女)'는 머리·몸·다리(𠂉) 및 두 팔(ᄆ)의 모양을 본뜬 것이다.[女, 象頭身脛及兩臂之形.]"라

고 하였는데, '㔾(몸)'은 '창조주 하느님'을 나타내고 'የ(팔)'은 '8
려음(呂音)'으로 '창조율려(律呂)'를 나타낸다. 따라서 '㔾·女(여)'
는 8려음(呂音)으로 천지를 창조하는 '창조주 하느님'을 뜻한다.

이렇게 '女(여)'의 'የ(팔·8·八)'에 담긴 '창조율려(律呂)'라는 의
미를 담은 글자로 또한 '나무 목(木)'자가 있다.

'木(목)'을 파자하면 '十 + 八'인데, '十(십)'은 '하늘'을 나타내고,
'八(팔)'은 '8려음(呂音)'으로 '창조율려'를 나타내어 '木(목)'은 창
조율려(八)로 천지(十)를 창조하는 '창조주 하느님'을 뜻한다.

　창조주(十)의 창조율려(八)　　시바(十)의 창조율려(八)　　창조율려(八)·춤

『강희자전(康熙字典)』'女'조에 "『박아(博雅)』에는 '여(女)는 같
다(如).[女, 如也.]'라고 하였고, 『예기(禮記)·증자문(曾子問)』에는
'여(女)는 직녀삼성으로 천녀이다.[女, 織女三星, 天女也.]'라고 하
였다."라고 되어 있는데, '여(女)는 같다(如)'라고 한 것에서 '같다'
는 것은 '하늘(天)과 같다'는 말이다. 이는 '여래(如來)·여여(如如)'
라는 말에서 그 의미를 살펴볼 수 있는 바, '여래(如來)'는 '하늘과
같이(如) 본래 그대로의 모습으로 오신(來) 부처'라는 뜻이고, '여
여(如如)'는 '하늘(如) 모습 그대로(如)'라는 뜻이다. 또 '여(女)는
직녀삼성(織女三星)으로 천녀(天女)이다'라고 하였는데, '직녀삼성'

은 베를 짜듯이 천지를 창조하는 '직녀' 곧 '마고삼신(三神)'을 뜻하고, '천녀'는 하늘에 계신 '창조주 여신(女神)'을 뜻한다.

'계집 녀(女)'를 '창조주 여신(女神)'으로 여긴 유물들을 보면 '뉴욕의 자유 여신상, 고대 페르시아의 미트라 여신, 이집트의 여신 누트, 마고삼신(직녀), 구천현녀(九天玄女·玄牝)' 등이 있다.

뉴욕의 자유 여신

고대 페르시아의 미트라 여신

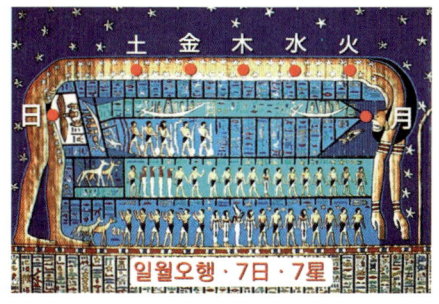
이집트의 여신 누트

마고삼신(직녀)

한편 '계집 녀(女)'의 '계집'이라는 말에도 '창조주 하느님'이라는 의미가 있는데, '계집'은 '계(雞) + 집'이다.

'닭 계(雞)'의 갑골문 '𩾏'는 '奚(奚)+ 隹(隹)'인데, '奚·奚(해)'는 '爫(爫) + 幺(幺) + 大(大)'로 구성되어 있다. '爫·爫(조)'는 '새의 발'을 나타내고, '幺·幺(요)'는 '실 사(糸)'의 생략형으로 '묶다, 매다'를 나타내며, '大·大(대)'는 '사람'을 나타낸다. 따라서 '奚·奚(해)'는

안(安)　277

'발(止)'을 묶어서(§) 사람(大)의 집에 둔 새'를 뜻한다. '隹'는 '새 추(隹)'의 갑골문으로 '해'를 나타낸다.

이상을 보면 '닭 계(雞·鷄)'는 '집에 묶여 있는(奚) 새(隹)'이다. 이렇게 '닭'은 '묶은 새'로서 발음상 '묵은 새'와도 통용되는데, 이 '묵은 새'는 '쉬는 새', 곧 집안에서 '쉬는 해'라는 의미가 된다.1)

결국 '쉬는(奚) 해(隹)'인 '닭 계(雞)'는 새 둥우리에 앉아 새끼를 까는 '까·닭(창조·새)'으로, '창조·해(雞)'를 상징한다.

까·닭(창조·새)

따라서 '계(雞)·집'이라는 말은 '창조·해(雞)가 있는 집'을 나타낸 말로, '창조주 하느님'을 가리킨다. 또한 '계집(女)'은 '집안의 해(雞)'이기 때문에 '계집·해'라고도 일컫는데, '계집·해'를 달리 표현하면 '안·해(아·내)'가 되고, 한자로는 '안(安)'이 된다.

이상을 종합하면, '安(안)'2)은 '창조주(女) 하느님(宀)'을 나타낸 것으로, 성씨 '安(안)'은 '창조주 하느님(安)의 자손'을 의미한다.

---

1) '묶은 새'를 뜻하는 '닭 계(雞·鷄)'자는 '묵은(쉬는) 새'를 뜻하는 '닭 유(酉)'자와 뜻이 같다. 또한 '닭 유(酉)'자에 '술'이라는 뜻이 있는데, 이는 '묶은>묵은 새'라는 뜻에서 비롯된 것으로 '묵은 새(酉) > 쉬는(쉰) 해(酉) > 익은(발효된) 물(술·酉)'로 변한 것이다.[해(日)가 해(海)의 뜻이 되고, 불(밝음)이 물(맑음)의 뜻이 되는 것은 중요 부수 '수(水)' 참조.] 이렇게 '발효된 물' 즉 '술(酒)'은 '본태양 하늘'을 상징하기 때문에 제사(祭祀) 때 술을 올리는 것이다. 그리고 흔히 하는 '건배(乾杯)' 역시 술이 '태양'을 상징하는 것이기 때문에 '우리는 태양의 빛과 같은 하늘의 자손이다.'라는 의미로 하는 행위이다.
2) 고대 수메르에서 '최고 신(神)'을 '안(An)'이라고 하였다.

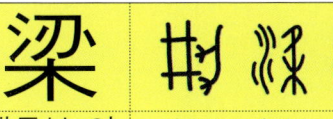

| 梁 | | | | |→우물(井). 북두칠성 하늘.|
|---|---|---|---|---|
| 대들보 양 | 金文1 | 金文2 | 小篆 | →발(足). 건너다.<br>梁☞ 하늘을 연결하는 대들보. |

'梁(양)'의 금문1 ' '은 ' + '으로 구성되어 있다.

' '은 '우물 정(井)'으로 '북두칠성'을 나타내고, ' '은 '건너가는 발'을 나타낸다. 따라서 ' '·梁(양)은 '북두칠성 하늘( )로 건너간다( )'는 것을 의미한다. 그래서 『설문해자』에서 "'양(梁)'은 물을 건너가는 다리이다.[梁, 水橋也.]"라고 한 것이다.

' '이 '발'을 나타낸다는 것은, 금문2 ' '의 ' '에서 확인할 수 있는데, ' '은 '止(지)'를 뒤엎은 글자로 '夂(발)'를 나타낸다.

따라서 '梁(양)'의 금문1 ' '은 '북두칠성( ·井) 하늘로 건너간다( ·夂)'라는 뜻인데, '梁(양)'의 이런 의미로부터 '이쪽(此岸)에서 저쪽(彼岸)으로 건너게 할 교량' 또는 '이쪽 칸(間)과 저쪽 칸(間)을 연결하는 대들보'라는 뜻으로 인신(引伸)되어 쓰이고 있음을 알 수 있다.

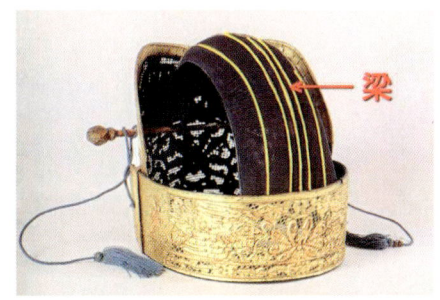

'대들보'는 인간 세상에 적용하면 '이 세상에서 천국의 뜻을 실

현시켜 줄 훌륭한 동량(棟梁)'이란 뜻이 된다. 이런 의미를 상징적으로 표현한 물건이 '양관(梁冠)'이다. 양관은 문무백관이 조복이나 제복에 착용하던 관모인데, '양(梁)'은 앞면에서 검은 다리를 지나 배면(背面)으로 연결되는 금(金)줄을 말한다. 이 금줄은 이 세상에서 검은 다리를 지나 '현천(玄天)의 북두하늘(♯·井)로 건너가게(勹·夂) 해주는 대들보(㙷·梁)'를 상징한다. 이 금줄의 수에 따라 5량관, 3량관, 1량관으로 나뉘었는데, 줄 수가 많을수록 큰 대들보의 역할을 한다는 의미이다.

  이상의 내용을 종합하면, 성씨 '양(梁)'은 '하늘나라(이상향)로 건너게 해주는 훌륭한 천손'을 뜻한다.

| 楊 | 楊 | 木 → 남무(南無). 창조주 하느님. |
| --- | --- | --- |
| 버들 양 | 小篆 | 昜 → 높은 태양(旦)에서 내려 비추는 햇살(勿). |
| | | 楊 ☞ 창조주 하느님(楊)이 낳은 자손. |

'Nammu(나무·木)'는 고대 수메르(Sumer) 신화에서 하늘(An)과 땅(Cybele)을 낳은 창조주 여신(女神)을 말하고, 고대 이집트 신화에서는 창조여신 '이시스(Isis)'를 '나무(木·Nammu)'에 비유하였다. 또한 고대 인도 범어 '나무(木·Namo)'는 한자 '南無(나무)'로 음역하는데, '나무'의 본래 의미는 '귀의(歸依)'가 아니라 '불(佛), 창조주 하느님'을 뜻한다.

▲ 나무(木)에 경배하는 용왕
◀ 창조여신 나무(木), 이시스

'昜(양)'은 '旦 + 勿'이다. '旦(단)'은 '해가 땅에서 떠오른다'는 뜻의 '아침 단(旦)'이 아니라 '높은 하늘(一) 위의 태양(日)'을 의미한다. '勿(물)'의 갑골문 은 '하늘에서 햇볕이나 물이 쏟아져 내리는 모습'이다. 따라서 '햇볕 양(昜)'은 '높은 하늘 위의 태양빛(旦)이 땅에 쏟아지는(勿) 모습'을 나타낸다.

이상을 종합하면 '楊(양)'은 '하늘(木)의 햇볕이 온누리에 내리

비추는(昜) 창조주 하느님'을 형상한 것으로, 성씨 '楊(양)'은 '창조주 하느님(楊)이 낳은 자손'을 의미한다.

'창조주 하느님'을 뜻하는 '버들 양(楊)'1)자는 '무(無)'자와 그 의미가 통하는데, '버드나무(楊)'의 굵은 가지(木)에 잔 실가지(昜)가 치렁치렁 늘어진 모습은 '無(무)'의 갑골문 '𣑭'자가 창조주(𠀁)의 팔에 새끼줄(𣍿)들이 치렁치렁 달린 형상과 닮았기 때문이다. '無(무)'의 갑골문 '𣑭'는 '𠀁 + 𣍿'인데, '𠀁'는 '大(대)'자로 '창조주'를 나타내고, '𣍿'은 '새끼줄'로 '자손(孫)'을 나타낸다.

치렁치렁 늘어선 버들가지(楊)

버들가지(楊)를 든 양류관음

---

1) '창조주 하느님'은 흔히 버들을 들고 있는 관세음보살로 표현되기도 하는데, 이러한 뜻을 나타낸 글자가 실담어 '𑖭'이다. '𑖭'의 발음은 '스(sa)'이고, 뜻은 '양류관음(楊柳觀音)'이다. 『세계의 문자』 240쪽 참조.

| 魚 | 𩵋 | ⺁(天) → 하늘(빛). <br> ⊖(田.肉) → 하늘(十)의 터전(田) > 하늘의 몸(肉). <br> 灬(火) → 불빛(火) > 꼬리(尾) > 자손. |
|---|---|---|
| 물고기 어 | 小篆 | 魚 ☞ 물의 고기 > 해의 햇살 > 하늘의 자손. |

'魚(어)'의 소전 '𩵋'를 보면, '⺁ + ⊖ + 灬'로 되어 있다. '⺁'는 '태양빛'으로 '물고기의 머리'를 나타내고, '⊖'은 '몸(冂)에 햇살(人)이 쌓인 모습'으로 '물고기의 몸(肉)'을 말하며, '灬'는 '햇살, 불빛'으로 '물고기의 꼬리'를 나타낸다.

따라서 '𩵋·魚(어)'는 '하늘(태양·⺁)의 빛(灬)을 발하는 물고기(⊖)'를 나타낸 것으로, 성씨 '𩵋·魚(어)'는 '하늘(⺁)의 빛(灬)과 같은 천손(⊖)'을 의미한다.

| | ⺁·天 | 머리 | 하늘(天) |
|---|---|---|---|
| 𩵋 | ⊖·地 | 몸 | 천자(天子) |
| | 灬·人 | 꼬리 | 천손(天孫) |

흔히 '하느님 아들, 예수'를 '물고기(魚)'에 비유하는데, 어떻게 '물고기'가 '하늘의 자손'을 뜻하는가?

이를 이해하기 위해 '해와 햇살', '물1)과 고기(살)', '하늘과 자손'의 관계를 '부모와 자식'의 관계에 대비시켜보면, '해·물·하늘'은 '부모'가 되고, 그에서 나온 '햇살·고기(살)·자손'은 '자식'이 된다.

그러므로 '물의 물고기(살)'는 '해가 낳은 햇살'을 의미하고, '해가 낳은 햇살'은 또한 '하늘이 낳은 자손'을 의미하게 된다.

---

1) 여기서 '물'은 '바다 해(海)' 또는 '하늘의 해(日)'를 뜻한다. '바다'는 '파다(巴多)'에서 온 말이고, '파다'는 '파라(巴羅)'에서 온 말인데, '파(巴·Pa)'는 '해(태양)'를 말하고 '라(羅·Ra)'는 '빛'을 말하여 'Pa·Ra(巴羅)'는 '하늘의 해(태양)'를 말한다. 따라서 '바다'는 '하늘(Para·dise)'을 뜻한다.

어(魚)

아래 왼쪽 사진은 고대 수메르 문명에 나오는 어신(魚神)인데, 이는 성경에서 하느님의 영원한 제사장 멜기세덱[창14:18-20]으로 언급된다. 이렇게 '물고기 신(神)'이 추앙되는 것은 '물고기'가 '하나님의 아들'을 상징하기 때문인데, 교황이 '물고기(魚) 모자'를 쓴 모습을 보더라도 '물고기'가 '신의 아들'을 상징한다는 것을 알 수 있다.

또한, 제사를 지낼 때 '북어(北魚)'를 꼭 올리는 이유도 북어가 '북두하늘(北)의 물고기(魚)' 곧 '북두하늘(北)의 자손(魚)'을 상징하기 때문이다.

물고기 신(오안네스)

교황의 물고기(魚) 모자

| | | | |
|---|---|---|---|
| 嚴 | 厳 | 嚴 | 吅 → 큰 돌 > 태양.<br>厂 → 높은 언덕 > 높은 하늘.<br>耳 → 북두칠성(耳) 하늘(一).<br>攵 → 받들다. |
| 태양 엄 | 古文 | 小篆 | 嚴 ☞ 높은 하늘의 태양(嚴). |

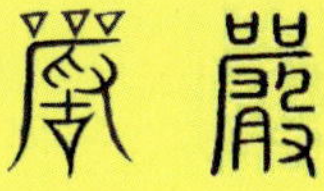

'嚴(엄)'은 '吅+厂 + 耳 + 攵'으로 구성되어 있다.

'吅'은 '두 개의 돌(口)'을 나타내는데, '돌 석(石)'의 소전 '石'을 파자하면 '厂(厂) + ㅁ(口)'이다. '언덕 한(厂·厂)'은 『설문해자』에서 "'한(厂)'은 높고 큰 바위로 된 절벽이다.[厂, 山石之厓巖.]"라고 하였는데, 이는 '하늘 높이(丨) 솟아 있는 절벽의 기암(一)'으로, '높은(丨) 하늘(一)'을 뜻한다. 'ㅁ(口)'는 '태양'을 나타낸다. 따라서 '石·石(돌)'은 '높은 하늘의 태양'을 상징한다.

'耳'은 '높은 하늘(一)과 잇닿은(丨) 북두칠성(耳)'을 나타낸다.

'耳'이 '嚴(엄)'의 고문 '嚴'에서는 '爫+古'으로 되어 있는데, '爫'은 '새의 발(爪)'로 '태양(불)'을 나타내고, '古'는 '옛 고(古)'를 나타내어, '耳(耳)'은 '태고(古)의 북두칠성 태양(爫)'을 나타낸다.

이렇게 '귀(耳)'를 '높은 북두칠성 하늘'로 여긴 예를, 신라 왕(王)의 '귀고리'에서 확인할 수 있는데, '귀(耳)+고리'의 '귀(耳)'는 '북두칠성 하늘'을 나타내고, '고리'는 '연결고리'를 나타내어, '왕의 귀고리'는 '북두칠성 하늘과 왕이 서로 연결되었다'라는 뜻을 나타낸다.[1]

'攵(복)'의 갑골문 '攴'은 아래의 그림에서 모세와 호루스가 지팡

---

[1] 또한, '귀고리'는 '하늘의 음성을 듣는 연결고리'를 상징하는데, 이와 같은 귀고리를 『부도지』「제4장」에서는 '오금(烏金)'이라 했다.

이를 잡은 것과 같이 '지팡이(丨)2)를 잡은 손(⺕)'을 형상한 것으로, '하늘(丨)을 받든다(⺕)'는 의미이다.

왕의 귀고리          지팡이 잡은 모세          지팡이 잡은 호루스

이상을 종합하면 '엄(嚴)'은 '높은(厂) 북두하늘(耳)에 있는 태양(吅)을 받드는(攵) 모습'을 형상한 것으로, 성씨 '엄(嚴)'은 '높은(厂) 북두하늘(耳)의 태양(吅)을 받드는(攵) 자손'을 뜻한다.

위와 같이 '엄(嚴)'자가 '태양'이라는 뜻으로 쓰인 낱말은, 태양처럼 높다는 뜻의 '존엄(尊嚴)', 태양처럼 빛난다는 뜻의 '화엄(華嚴)', 태양처럼 의젓하다는 뜻의 '장엄(莊嚴)', 태양처럼 위의(威儀)가 있다는 뜻의 '위엄(威嚴)' 등이 있다.

---

2) '지팡이(持巴이)'는 '받들 지(持) + 하늘 파(巴) + 이', 즉 '하늘(巴)을 받드는(持) 모양'을 형상한 것으로, '하늘(天)'을 상징한다.

| 余 | 仐 余 | △ → 높은 하늘(天).<br>↓ → 새싹. 나(천손). |
|---|---|---|
| 나 여 | 甲文   小篆 | 余☞ 하늘(△)의 새싹(↓) 같은 나. |

'나 여(余)'의 갑골문 '仐'는 '△ + ↓'로 구성되어 있다.

'△'은 '높은 하늘의 지붕'을 형상한 것으로 '높은 하늘(天)'을 나타내고, '↓'은 '새싹(屮)'을 형상한 것으로 '새끼·자손(孫)'을 나타낸다. 따라서 '나 여(余)'의 갑골문 '仐'는 '하늘(△)이 낳은 새싹(↓)'을 형상한 것으로, 성씨 '나 여(余)'는 '하늘(△)이 낳은 새싹(↓)같은 나(자손)'를 뜻한다.

'나 여(余)'의 소전 '余'는 '△ + ↓ + 八'로 구성되어 있다.

이는 '나 여(余)'의 갑골문 '仐'에 '하늘(△)이 낳은 새싹(↓)처럼 하늘에서 갈라져(八·八·分) 나왔다'는 것을 강조하여 '八'을 덧붙인 형태이다. 따라서 소전 '余·余(여)'는 '하늘(△)이 낳은 새싹(↓)처럼 하늘에서 갈라져(八·八·分) 나온 나(余)'를 나타내어 '하늘의 자손'이라는 점을 좀 더 분명하게 표현하였다.

또한, '나 여(余)'자와 뜻이 같은 '나 여(予)'자에는 '주다(하사하다), 인정하다, 함께하다' 등의 뜻이 있는데, 이는 모두 '하늘이 자손에게 주다', '하늘의 자손임을 인정한다', '하늘이 자손과 함께하다'라는 뜻이다. '나 여(予)'의 소전 '予'를 보더라도, '하늘(▽)이 자손(予·子)에게 주다(하사하다)'라는 뜻이 분명히 나타난다.

| 余·予 | △·▽ | 하늘(天) | 하늘(天) | 하늘(▽) | 하늘(▽) |
|---|---|---|---|---|---|
| | ↓·予 | 새싹(屮) | 자손(孫) | 햇살(予) | 아들(予) |

여(余) 287

| 呂 | 呂 | 吕 | 위의 口 → 하늘(天). |
|---|---|---|---|
| 천손 여 | 甲文 | 小篆 | 아래의 口 → 자손(孫). |
| | | | 呂 ☞ 하늘(口)을 닮은 자손(口). |

 『설문해자』에 "'여(呂)'는 척추뼈이다.[呂, 脅骨也.]"라고 하였는데, '척추뼈 여(呂)'는 '척추뼈'처럼 위의 뼈(口)와 아래의 뼈(口)가 연결된 모습을 형상한 것으로, 성씨 '여(呂)'는 '하늘(口)과 똑 닮은 자손(口)'을 의미한다.

 『성경』 창세기 1장 26절에 "우리1)의 형상을 따라 우리의 모양대로 우리가 사람을 만들고…"라고 한 말을 '呂(여)'자에 비유하여 풀이하면, 위의 뼈(口)는 '하늘(天)'을 나타내고 아래의 뼈(口)는 '사람(人)'을 나타내어, 이 말도 '하늘(口)을 닮은 사람(口)'을 나타낸 말이라고 볼 수 있다.

 또한 '呂(여)'는 '창조주 하느님의 율려(律呂)'를 나타내는데, 이 역시 위의 '口'는 '하늘(天)'을 나타내고, 아래의 '口'는 '율려(말씀)'를 나타내어 성씨 '呂(여)'는 '하느님(口)의 창조율려(口)로 태어난 자손(呂)'을 뜻한다고 할 수 있다.

| 여·呂 | 하늘·口 | 하늘·口 | 하늘·口 | 하늘·口 | 하늘(天) |
|---|---|---|---|---|---|
| | 사람·口 | 짝· 口 | 율려·呂 | 말씀·口 | 자손(孫) |
| | ↓ | ↓ | ↓ | ↓ | ↓ |
| | 呂(여) | 짝 려(侶) | 율려(律呂) | 呂(여) | 천손(呂) |

---

1) 여기서 '우리'라고 한 것은 수메르 문명에서 말하는 '하늘의 일곱 주신'으로, 후에 기독교의 '하나님의 일곱 영(seven spirits of God)'(요한계시록4:5)으로 전승된 '칠성령(七聖靈)'을 가리키는데, 이는 칠성(七星) 문화의 전통으로서 '북두칠성 하느님'을 말한다. '7일 만에 천지창조가 이루어졌다'고 한 말이나 '일곱 개의 금 촛대', '일곱 교회', 그리고 하(夏)나라 우(禹) 임금이 행하였다는 '칠성보(七星步)', 석가모니 붓다가 태어나 '일곱 걸음(七步)'을 걸었다는 내용 등은 모두 '(북두)칠성' 신앙이 반영된 말이다.

위와 같은 의미의 '呂(여)'는 '하늘의 자손'을 뜻하는 '홀 규(圭)'와 의미가 통하는 글자이다.

'홀 규(圭)'는 두 개의 '土(토)'로 되어 있는데, 『설문해자』에서 "'홀(圭)'은 서옥이다. 위는 둥글고 아래는 네모난 모양이다.[圭, 瑞玉也. 上圜下方.]"라고 하였다. 여기서 홀(圭)의 '위가 둥글다(●)'라는 것은 '하늘(天)'을 나타내고, 홀(圭)의 '아래가 네모나다(■)'라는 것은 '땅(地)'을 나타낸다. 따라서 '홀(圭)'은 '하늘(●·土)이 낳은 땅(■·土)'을 형상한 것으로, 이는 '하늘(●·土)이 낳은 천자(■·土)'를 상징하는 증표(證票)이다.

이러한 의미의 '홀(圭)'을 인간 세상에 똑같이 적용하여 천자가 제후(諸侯)를 봉(封)할 때도 그 증표로 '홀(圭)'을 사용하였다.

| 圭 | (上)土 | 천원(天圓)·● | 하늘(天) | (上)口 | 呂 |
|---|---|---|---|---|---|
|  | (下)土 | 지방(地方)·■ | 천자(子) | (下)口 |  |

▲ 천원지방 모양의 일본 왕릉
◀ 홀(圭)을 든 천자

| 汝<br>너 여 | 𣱵<br>小篆 | 氵(水) → 물살(햇살) > 물결(겨레族).<br>女 → 창조주. 계집(해).<br>汝 ☞ 창조주(女)의 겨레(氵). 천족(天族). |

'여(汝)'를 파자하면 '氵(水) + 女'가 된다.

'물 수(水)'의 소전 '𣱵'를 파자하면 '氵 + 巛'인데, '氵'는 '바닷물·해(海)'를 나타내고, '巛'은 '물살(물결)'을 나타낸다. 따라서 '𣱵·水(수)'는 '바다(해·海)의 물결(겨레)'을 나타내는데, 흔히 성씨에 쓰인 '물 수(氵·水)'는 '하늘의 자손(天族)'을 나타낸다.

'女(여)'에 대해 임의광(林義光)은 "女는 머리·몸·다리(丿) 및 두 팔(𠃌)의 모양을 본뜬 것이다.[女, 象頭身脛及兩臂之形.]"라고 하였는데, '丿(몸)'은 '창조주 하느님'을 나타내고 '𠃌(팔)'은 '8려음(呂音)'으로 '창조율려(律呂)'를 나타낸다. 따라서 '女(여)'는 8려음(呂音)으로 천지를 창조하는 '창조주 하느님'을 뜻한다.

이렇게 '女(여)'의 '𠃌(팔·8·八)'에 담긴 '창조율려(律呂)'라는 의미를 담은 그림이 오른쪽 '구궁도(九宮圖)'인데, 구궁도에서 '4·5·6'은 '우주창조의 중심축(丿)'을 나타내고 '1·2·3'과 '7·8·9'는 '창조율려(𠃌)'를 나타낸다. 따라서 '구궁도(九宮圖)'는 '8려음(팔·𠃌)'으로 천지를 창조하는 '창조주 하느님 여(女)'를 나타낸다.

창조주 하느님, 여(女)

『강희자전(康熙字典)』 '女'조에 "『박아(博雅)』에는 '여(女)'는 같

다(如).[女, 如也.]'라고 하였고, 『예기(禮記)·증자문(曾子問)』에는 '여(女)는 직녀삼성으로 천녀이다.[女, 織女三星, 天女也.]'라고 했다."라고 되어 있다.

'여(女)는 같다(如)'라고 한 것에서 '같다'는 것은 '하늘(天)과 같다'는 말이다. 이는 '여래(如來)·여여(如如)'라는 말에서 그 의미를 살펴볼 수 있는 바, '여래(如來)'는 '하늘과 같이(如) 본래 그대로의 모습으로 오신(來) 부처'라는 뜻이고, '여여(如如)'는 '하늘(如) 모습 그대로(如)'라는 뜻이다. 또 '여(女)는 직녀삼성(織女三星)으로 천녀(天女)이다'라고 하였는데, '직녀삼성'은 베를 짜듯이 천지를 창조하는 '직녀' 곧 '마고삼신(三神)'을 뜻하고, '천녀'는 하늘에 계신 '창조주 여신(女神)'을 뜻한다.

그리고 우주의 중심인 북극성은 삼신 하느님을 상징하는 별인데, 12,000년 전에는 마고직녀를 상징하는 직녀성 곧 베가(Vega)성이 현재의 북극성 위치에 있었으므로, 이 직녀성을 창조주 하느님으로 여겼던 것이다.

또한 '여(女)'를 '창조주 여신(女神)'으로 여긴 유물들을 보면 뉴욕의 자유 여신상, 고대 페르시아의 미트라 여신, 이집트의 여신 누트, 마고삼신(직녀), 구천현녀(九天玄女·玄牝) 등이 있다.

이상에서 살펴본 대로 '해(海)의 물결(겨레)'을 뜻하는 '물 수(氵·水)'에 '창조주 하느님'을 뜻하는 '계집 녀(女)'가 결합된 성씨 '여(汝)'는 '창조주(女)의 겨레(氵)와 같은 너(자손)'를 의미한다.

'너 여(汝)'가 '하늘의 햇살과 같은 너'를 뜻한다는 것은 '너 이(爾)'와 대비시켜보면 더욱 분명해지는데, '너 이(爾)'자는 '빙 두른 하늘(帀)에서 햇살(爻)이 내리는(八) 모습'을 형상한 글자로 역시 '하늘의 햇살 같은 너'를 뜻한다.

참고로, '너 여(汝)'자와 같이 '하늘(태양)의 햇살 같은 너'라는 뜻으로 쓰이는 인사말이 '나마스떼'이다. '나마스떼(Namaste)'의 '나마스(Namas)'는 '활(弓)'로 '태양(하늘)'을 나타내고, '떼(te)'는 '너(汝·당신)'를 나타낸다. 따라서 '나마스떼'는 '하늘의 태양 같은 너(汝)'라는 뜻이다.

또 이런 의미를 담은 우리나라의 인사말이 '고맙습니다'인데, '고마'는 '곰(자리)'으로 '북두칠성 본태양(弓) 하늘'을 나타내고, 'ㅂ습니다'는 '~같습니다'라는 말이다. 따라서 '고맙습니다'라는 인사말 역시 '하늘의 태양과 같습니다'라는 뜻이 된다.

나마스테 = 고맙습니다
(하늘 같은 당신)

| 너(汝·爾) | 해<br>햇살 | 女<br>氵 | 市<br>焱 | 나마스(해)<br>떼(너·汝) | 고마(하늘)<br>같습니다 |
|---|---|---|---|---|---|
| | ↓ | ↓ | ↓ | ↓ | |
| | | 너 여<br>(汝) | 너 이<br>(爾) | 나마스·떼 | 고맙습니다 |

| 延 | 延 | 彳 → 길게 뻗어 나감(長行, 進). |
|---|---|---|
| 길이빛날 연 | 小篆 | 疋 → 근원의 빛(一)＋불빛(止). 태양빛. |
| | | 延 ☞ 길이(彳) 빛날(疋) 자손. |

'延(연)'은 '彳＋疋'으로 구성되어 있다.

'길게 걸을 인(彳)'은 '길게 걷는다, 멀리 뻗어 나간다'는 뜻이다.

'疋'은 '一＋止'로 구성되어 있는데, '一'은 '근원의 빛'을 나타내고, '발(足)'을 나타낸 '止(지)'는 '불빛(光)'을 나타낸다. '止(지)'가 '발(足)'을 나타낸다는 것은 '延(연)'의 갑골문 '𣥺'을 보면 분명히 알 수 있는데, '止(지)'의 갑골문 '止'는 엄지발가락을 유난히 강조한 '발'을 형상한 것으로, 이는 곧 '태양(불)'을 나타낸다. 따라서 '疋'은 '태양(불)'을 나타내는 '止'에 '근원의 빛(一)'을 덧붙인 것으로서 '근원의 태양빛'을 뜻한다.

이상을 종합하면, '延(연)'은 '태양빛(疋)이 길게 뻗어 나아가다(彳)'라는 뜻으로 이를 『설문해자』에서는 "'연(延)'은 길게 나아간다는 뜻이다.[延, 長行也.]"라고 하였고, 『광운(廣韻)』에서는 "'연(延)'은 나아간다는 뜻이다.[延, 進也.]"라고 하였다.

결국, 성씨 '연(延)'은 '세상에 길이 빛날 사람'을 뜻한다.

참고로, 연세대학교의 '연세(延世)'는 '세계(世)로 진리의 빛이 널리 뻗어나간다(延)'라는 의미이고, 연희궁(延禧宮)·연희동(延禧洞)의 '연희(延禧)'는 '복(禧)이 세상에 널리 뻗어나간다(延)'라는 의미이다.

| 燕 | 㷼 | 苂(光) → 빛. <br> 刂匕(北) → 북두(北斗) 하늘. <br> 凵(口) → 나라. 나(자손). |
|---|---|---|
| 본태양 연 | 小篆 | 燕 ☞ 북두(北) 하늘의 빛(光)이 비치는 나라(口). |

'연(燕)'의 소전 '㷼'을 파자하면 '苂 + 刂匕 + 凵'이 된다.

'光(광)'의 소전 '苂'은 '빛'을 뜻한다.

'북(北)'의 소전 '刂匕'은 '북두(北斗) 하늘'을 뜻한다.

'구(口)'의 소전 '凵'는 '땅(나라)'을 뜻한다.

따라서 '제비 연(燕)'의 소전 '㷼'은 '까만 북두(北斗) 하늘의 빛(光)'을 형상한 것으로 '본태양 하늘'을 뜻한다.

그러므로 '연(燕)'을 나라 이름으로 쓸 경우는 '북두(北) 하늘의 빛(光)이 비치는 나라(口)'라는 뜻이 되고, '연(燕)'을 성(姓)으로 쓸 때는 '북두 하늘(본태양)의 빛과 같은 자손'이라는 뜻이 된다.

상(商) 나라의 시조인 설(契)은 그의 어머니 간적(簡狄)이 천제(天帝)가 보낸 '제비(燕)의 알(卵)'을 삼키고 낳았다고 하여 현왕(玄王)이라고도 했는데, 여기서 '제비알을 삼켰다'고 설정한 것은 '제비(燕)'가 '북두 하늘'을 상징하므로, 상나라 시조 설(契)은 '북두 하늘이 낳은 왕'을 의미한다.

또한, 『설문해자』에는 "'연(燕)'은 현조(玄鳥)이다.[燕, 玄鳥也.]"라고 하였는데, 현조는 '까마득한 북두 하늘(玄)의 새(해)'로 '본태양(本太陽) 하늘'을 상징한다. 이 '현조(玄鳥)'를 달리 표현하면 '삼신(三神) 까막새(鳥)'인 '삼족오(三足烏)'가 된다.

삼족오(三足烏)·연(燕)

이렇게 검은 새(현조·玄鳥)인 '제비(燕)'는 검은 하늘을 상징하는 '검은 날개(玄)'에 밝은 태양빛을 나타내는 '흰 배(光)'의 모습을 띠고 있으므로 '제비(燕)'를 '현천(玄天)에 계신 본태양 하느님'에 비유한 것이다.

그리하여 저마다 '북두 하늘 본태양 하느님(燕)의 자손'이라는 의미를 나타내기 위하여 가톨릭 신부(神父)는 까마득한 본태양 하늘(玄天)을 상징하는 '검은 옷'에 밝은 빛(光)을 상징하는 '흰 목띠'를 한 '신부복(神父服)'을 입는 것이고, 중요 의례 때 귀빈(貴賓)들은 '검은 연미복(燕尾服)'을 입는 것이며, 하늘의 음성(소리)을 연주한다는 지휘자도 '제비옷(연미복)'을 입는 것이다. 이와 같은 뜻에서 고구려 시대에 북두칠성 본태양의 빛(전사)을 자처하던 조의선인(皁衣仙人)도 '검은 옷'을 입었던 것이다.

제비 연(燕)　　　신부복(神父服)　　　연미복(燕尾服)

| 廉 廉 | 厂(广) → 높은 북두하늘의 태양. |
|---|---|
| 밝을 염　　小篆 | 秝(兼) → 벼(秝) + 손(又). 크게 밝은 모습. |
| | 廉 ☞ 태양(广)같이 크게 밝은(兼) 자손. |

 '廉(염)'의 소전 '廉'은 '厂 + 秝'으로 구성되어 있다.
 '집 엄(广)'은 '厂 + ㇏'로 구성되어 있다.
 '언덕 한(厂)'은 『설문해자』에서 "'엄(厂)'은 높고 큰 바위로 된 절벽이다.[厂, 山石之厓巖.]"라고 하였는데, 이는 '하늘 높이(丿) 솟아 있는 절벽의 기암(一)'을 형상한 것으로, '언덕 한(厂)'은 '높은(丿) 하늘(一)'을 뜻한다. 여기에 '태양'을 뜻하는 '점 주(㇏)'를 더한 '집 엄(广)'은 '높은 하늘의 태양'을 나타낸다.
 또한 '집 엄(广)'은 '丿 + 亠'로 '丿'은 '높은 절벽'을 나타내고, '亠'는 '돼지머리 해(亠)'로 소전 '亠'는 '높은 하늘(우주)의 지붕'을 형상한 것인데, 이는 '높은 북두하늘의 해(태양)'를 나타낸다. 따라서 '집 엄(广)'은 '높은 절벽(丿) 위의 태양(亠)'을 형상한 것으로서 '높은 하늘의 태양'을 뜻한다.
 '겸할 겸(秝·兼)'은 '秝 + 又'로 '두 벼(秝)를 잡은 손(又·手)'을 나타내어 '합치다, 다하다'라는 뜻이지만, 여기서 '벼 화(禾)'는 '해의 햇볕'을 뜻하기 때문에 두 개의 '벼 화(禾)'를 다잡은 모습은 '많은 햇볕'을 형상한 것으로서 '크게 밝음'을 나타낸다.
 이상을 종합하면, '廉·廉(염)'은 '높은 하늘의 태양(广)처럼 크게 밝은 모양(秝)'을 형상한 것으로, 성씨 '염(廉)'은 '하늘의 태양(广)같이 밝고 청렴한(秝) 자손'을 뜻한다.

| 芮 | 芮 | 艸 → 풀 > 뿔 > 불(빛·光).<br>内 → 태양의 빛(入)이 깃든 몸(冂). 사람. |
|---|---|---|
| 빛 예 | 小篆 | 芮 ☞ 태양의 빛(入)이 깃든 빛나는 사람(冂). |

'芮(예)'는 '++(艸) + 内'로 구성되어 있다.

'풀 초(++·艸)'의 '풀'이라는 말은 '풀 > 뿔 > 불'로 발음상 서로 통하여 '불빛(光)'을 의미한다. '불(ㅂ)'에서 발음을 거세게 하여 격음화시키면 '풀(ㅍ)'이 되고, '불(ㅂ)'에서 발음을 경음화시키면 '뿔(ㅃ)'이 되어, '풀(艸) > 뿔(角) > 불(火)'은 모두 '불 화(火)'와 마찬가지로 '불빛(光)'을 나타낸다.

'안 내(内)'자는 '冂 + 入'으로 되어 있다.

'멀 경(冂)'의 'ㅣㅣ'은 멀리 길이 잇닿은 모양이고, 'ㅡ'은 경계를 표시한 것으로, '멀 경(冂)'은 먼 하늘(우주)을 나타내지만 여기서 '멀 경(冂)'은 소우주(하늘)인 '사람의 몸'을 나타낸다.

'들 입(入)'의 소전 '入'은 '하나의 줄기에서 땅 속으로 뻗어 들어간 뿌리'를 형상한 글자로 '뿌리'는 '태양의 빛'을 상징한다. 따라서 '안 내(内)'는 '태양의 빛(入)이 들어온 몸(冂)'으로, '태양의 빛(入)이 깃든 사람(冂)'을 나타낸다.

'안 내(内)'자에 담긴 이러한 의미는 사람 몸속에 들어 있는 척추 모양을 보면 묘하게 부합된다는 것을 알 수 있다.

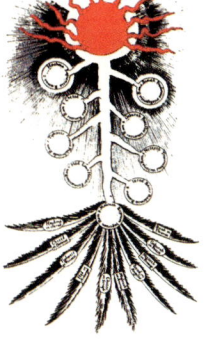

뿌리(태양)

척추를 앞에서 보면 '화살 모양의 빛(入)'이 몸속(冂)에 들어온 모양이고, 뒤에서 보면 '북두칠성(匕) 하늘의 빛(入)'을 상징하는

예(芮) 297

'비수(匕首)'가 몸(冂)에 들어온(入) 모양이다. 따라서 '안 내(內)'자는 '사람의 몸(冂)에 빛(人)이 깃들어 있는 모습'을 형상한 글자임을 짐작할 수 있다.1)

동양 최고의 의학서인 『황제내경(黃帝內經)』에서 이 '內'자를 쓴 것을 보더라도 옛 선조들은 사람의 몸을 그저 단순한 육신(肉)으로 보지 않고 '하늘의 빛(人)이 깃든 몸(冂)' 또는 '신(神)이 내린(經) 몸'으로 여겼음을 알 수 있다.

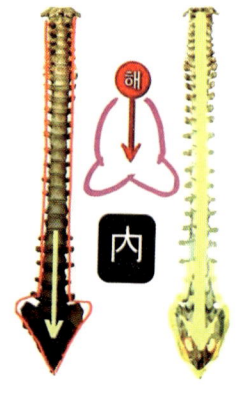

빛(人)이 든 몸(內)

이상을 종합하면 성씨 '예(芮)'는 '태양의 빛(人)이 깃든 빛나는(艹) 사람(冂)'을 뜻한다.

참고로, '안 내(內)'자에 비하여 '(햇)살 육(肉)'자는 그 햇살들이 쌓여 육안으로 보이는 형태로 굳어진(얼음·亽) 것을 말한다. 이는 '얼음 빙(冫)'의 소전이 '亽'인 바, '肉(육)'자 안의 '亽'이 얼어서 굳어진 것, 즉 '보이지 않던 근원의 빛이 물질화하여 보이는 (고기)살이 된 것'을 나타낸다.

---

1) 『성경』「창세기」에 "하나님이 흙(살)으로 사람을 지으시고……"라고 하였는데, 여기서 '흙살'은 '햇살(肉)'을 뜻한다. 따라서 '사람의 몸(肉)'은 '하나님의 빛살(亽)로 빚은 몸(冂)'을 의미한다.

| 吳<br>천손 오 | 㚣<br>小篆 | ㅂ(口)→입. 말씀(言).<br>㚁(矢)→천지를 창조하는 하늘(天).<br>吳 ☞ 하늘(矢·天)의 말씀(口)으로 태어난 나. |
|---|---|---|

 '吳(오)'는 '矢 + 口'로 구성되어 있다.
 『설문해자』에서 "'오(吳)'는 큰 소리이다.[吳, 大言也.]"라고 하였고, 『시경(詩經)』 「주송(周頌)·사의(絲衣)」의 '불오불오(不吳不敖)'라는 구절에 대해 『모전(毛傳)』에서는 "'오(吳)'는 시끄러운 것이다.[吳, 譁也.]"라고 하였다. 즉, '矢'은 '머리를 좌우로 흔드는 모습'이고, '口'는 '입'이라고 보아 '오(吳)'를 '머리가 흔들릴 정도로 크게 말하는(大言) 것'을 나타내었다고 하며 사람에 국한시켜 설명하였다.
 그런데 '오(吳)'자는 우주로 범위를 확장시켜야 본래의 의미를 밝힐 수 있다. 소우주인 사람의 '머리'는 대우주에 비겨 말하면 '높은 북두(北斗) 하늘(우주)'을 가리키므로 '머리가 흔들릴 정도로 크게 소리치는(大言) 것'은 '대우주인 북두 하늘이 운행(矢·大)하는 소리(口·言)'를 나타낸다고 볼 수 있다. 이렇게 '북두 하늘이 운행하는(矢) 소리(口)'는 곧 '천지를 창조하는(矢) 소리(口)'를 나타낸 것으로, 『부도지』에서 "마고(麻姑)의 8음(音)으로 천지를 창조하였다."라고 말한 것이나 『성경』에서 "하느님의 말씀으로 천지를 창조하였다."라고 말한 뜻과 같다.
 '吳(오)'의 금문은 '㚁'인데, 이는 두 팔을 들고 입을 벌리어 '춤추고(矢) 노래하는(口) 모습'을 나타낸 것으로서, 춤추고 노래하는 것[舞且歌]은 곧 '하늘의 창조율려'를 뜻한다. 다음의 그림들은 이러한 '吳(오)'의 의미를 잘 보여주는 것들이다.

  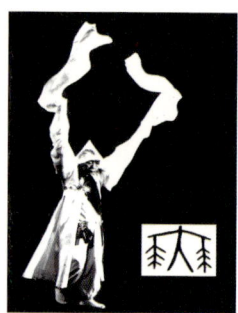

창조율려하는 하느님(吳)　　창조율려하는 시바(吳)　　창조율려·춤(吳)

한편, '吳(오)'의 이체자 '昊'와 '旲'의 형태를 보면, '吳'의 본뜻이 더욱 분명하게 드러난다.

'吳(오)'의 이체자 '昊(오)'는 '天 + 口'로 구성되어 '하늘(天)의 말씀(口)'이란 뜻이 되고, '旲(오)'는 '大 + 口'로 구성되어 역시 '하늘(大)의 말씀(口)'이란 뜻이 된다. 따라서 '吳(오)'는 위에서 풀이한 대로 '하늘의 창조율려(운행)하는 소리', 곧 '하느님(天)의 말씀(口)으로 천지를 창조하는 소리'를 나타낸다.

이상을 종합하면 '吳(오)'는 '천지를 창조하는 하느님(矢) 말씀(口)'을 형상한 글자로, 성씨 '吳(오)'는 '하늘의 말씀(言)[1]으로 태어난 나(我), 하늘의 창조율려(舞)로 태어난 천손'을 뜻한다.

| 吳 | 하느님의(矢) | 하늘(天·天) | 하늘(大·大) | 하늘(天) |
|---|---|---|---|---|
|  | 창조율려(口) | 말씀(口·言) | 말씀(口·言) | 자손(孫) |
|  | ↓ | ↓ | ↓ | ↓ |
|  | 대언 오(吳) | 천언 오(昊) | 대언 오(旲) | 천손 |

---

[1] 참고로, 『이아(爾雅)·석고(釋詁)』에서 "언(言)은 아(我)이다.[言, 我也.]"라고 하였는데, 이는 '하늘(大)의 말씀(言)으로 창조된 나(我)'를 뜻한다.

| 玉 | ‡ | 王 | 王 | 三→천·지·인. 삼신(三神).<br>｜→천·지·인 연결. 신(神).<br>、→점 주(、). 창조주(主). |
|---|---|---|---|---|
| 옥황 옥 | 甲文 | 金文 | 小篆 | 玉☞ 옥황상제. 삼신 하느님. |

'玉(옥)'의 갑골문·금문·소전은 각각 '‡·王·王'이다. 이로써 보면 '玉(옥)'자의 소전 '王'은 '王(왕)'자의 소전 '王'과 거의 차이가 없음을 알 수 있다. 이것이 후대로 오면서 '玉(옥)'자와 '王(왕)'자를 구분해 주기 위하여 '玉(옥)'자에 창조주(主) 하느님을 상징하는 '점 주(、)'를 붙여준 것으로 판단된다.

'玉(옥)'은 '三 + ｜ + 、'로 구성되어 있다.

'석 삼(三)'은 '천(天)·지(地)·인(人)'을 상징하는 '세 개의 옥(玉)'을 나타내므로 '삼(三)'은 '천·지·인을 갖춘 온전한 삼신(三神)'을 의미한다. '뚫을 곤(｜)'은 세 개의 옥을 꿰어 연결하는 것을 나타낸다. '점 주(、)'는 '삼라만상을 창조하는 창조주(主)'를 뜻한다. 『설문해자』에서는 위와 같은 뜻을 "'옥(玉)'은 세 개의 옥이 이어진 것을 형상한 것이다. '｜'은 세 개의 옥을 꿴 것이다. [玉, 象三玉之連. ｜, 其貫也.]"라고 풀이하였다.

이상을 종합하면 '옥(玉)'은 '천·지·인을 온전하게 갖춘 삼신 하느님'을 형상한 것으로 이는 곧 '옥황상제'를 뜻한다.

'옥(玉)'은 '인(仁)·의(義)·지(智)·용(勇)·결(絜)'의 오덕(五德)을 갖춘 귀중한 보배로서 최고로 높은 존재인 '옥황상제'를 상징한다. 이렇게 '옥(玉)'자에 내포된 '옥황상제 하느님'이라는 뜻은 아래의 여러 유물에서 확인할 수 있는데, 이 유물에 옥(玉)을 사용한 것은 자신이 '옥황상제의 아들'이라는 뜻을 나타내기 위한 것이다.

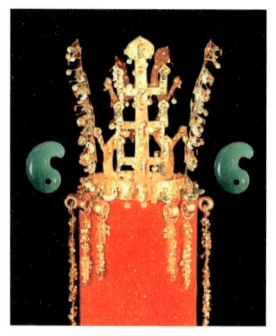 

왕관에 달린 곡옥      곡옥 달린 말을 탄 제일(第一) 기사

신라 금관의 '사슴뿔'은 '큰 불(태양)' 즉 '옥황상제'를 상징하는데, 이 사슴뿔에 매달린 '6'자 모양의 곡옥(曲玉)은 '6개월 된 태아'를 형상한 것으로 '옥황상제의 자손'을 뜻한다. 그래서 이 왕관을 쓴 자는 '옥황상제의 자손' 즉 '천자'를 나타낸다.

위의 오른쪽 사진은 제천(祭天) 행사의 화랑대회에서 일등한 화랑이 신선(샤만) 앞에서 장차 천자가 될 자격이 있다는 것을 공식적으로 인정받는 모습이다. 이 화랑이 타고 있는 말의 콧등과 가슴에 매달려 있는 '6'자 모양의 '곡옥' 역시 '옥황상제(玉)의 자손(6)' 즉 '천자'를 상징한다.

머리 위에 놓인 옥(玉)도끼      옥(玉)을 든 예수

위의 왼쪽 사진은 소남산 고분에서 출토된 옥도끼와 삼련옥이다. 머리맡에 놓인 '옥(玉)·도끼(斤)'는 '옥황상제(玉皇上帝)의 자손(斤)'임을 상징하고, 왼쪽에 놓인 삼련옥(三連玉·⦿) 역시 천지인이 하나로 연결된 '삼신(⦿, 마고·궁희·소희) 하느님'을 상징한다. 결국 망자의 곁에 '옥도끼(斤)'[1]나 '삼련옥'을 둔 것은 죽어서 다시 '옥황상제(삼신)에게로 돌아간다'[2]는 것을 상징한다.

레오나르도 다빈치의 그림에서 예수가 옥황상제를 상징하는 '옥(玉)·구슬'을 받쳐 들고 있는데, 이 또한 예수가 '옥황상제 하느님의 아들'이라는 것을 상징한다.

오른쪽 사진은 홍산(紅山) 유적에서 발견된 '옥새(玉璽)'인데, '옥새'의 '옥(玉)'은 '옥황상제'를 나타내고, '새(璽)'는 '옥황(玉)의 자손(爾)'을 나타낸다. 따라서 '옥새(玉璽)' 역시 '옥황의 자손'을 상징한다. 참고로, '새(璽)'의 '너 이(爾)' 자는 '하늘(帀)에서 햇살(㸚)이 내리는(八) 모습'을 형상한 글자로 '하늘의 햇살 같은 너'를 뜻한다.

홍산 옥새(玉璽)

이상에서 살펴본 옥(玉)의 상징성을 통해서 '옥(玉)'은 '옥황상제'를 나타낸다는 것을 확인한 바, 성씨 '옥(玉)'은 '옥황상제의 자손'을 의미한다.

---

1) '도끼 근(斤)'의 소전 '斤'에서 '𠂆'은 '하늘(북두칠성)'을 나타내고, '𠃌'은 '하늘이 낳은 새끼'를 나타내어 '도끼(斤)'는 '하늘의 새끼(자손)'를 상징한다. 그러므로 '옥(玉)도끼'는 '옥황상제의 자손'을 상징하게 된다.
2) '옥황상제에게로 돌아간다'는 의미를 달리 표현하면 '(옥황상제가 계신) 북두칠성 본태양(본향)으로 돌아간다'라고 할 수 있는데, 이런 뜻을 담고 있는 글자가 '죽을 사(死)'자이다. '死'자는 '까만(夕) 하늘(一)(歹)의 북두칠성(匕) 본태양'을 뜻한다.

| 溫 | 溫 (小篆) | ㋙(囚)→태양(日).<br>👑(皿)→굽이 높은 그릇 > 높은 하늘.<br>〰(氵)→물결(겨레). 자손. |
|---|---|---|
| 천손 온 | 小篆 | 溫☞ 하늘(皿)의 태양(日)과 같은 자손(氵). |

'溫(온)'의 소전 '溫'은 '〰(氵) + ㋙(囚·日) + 👑(皿)'으로 구성되어 있다.

'물 수(水)'의 소전 '〰'를 파자하면 '丨+〱'인데, '丨'는 '바닷물·해(海)'를 나타내고, '〱'은 '물살(물결)'을 나타낸다. 따라서 '〰·水(수)'는 '바다(해·海)의 물결(겨레)'을 나타내는데, 흔히 성씨에 쓰인 '물 수(氵·水)'는 '하늘의 자손(天族)'을 뜻한다.

'㋙'는 '囚(수)'의 소전인데, 여기서는 '사람(人)을 가두었다(囗)'는 뜻으로 쓴 '가둘 수(囚)'가 아니라 '햇살(人)을 담은(囗) 모양'을 형상한 것으로 '태양(日)'을 나타낸다. 그러므로 '囚(수)'자 대신에 '태양'을 나타내는 '日(일)'자를 써서 '온(溫)'을 '온(溫)'으로도 쓴다.

'皿(명)'의 갑골문 '👑'은 신(神)에게 제물을 올리는 '받침대가 높은 그릇'을 형상한 것으로 '신성한 제단, 높은 하늘'을 나타낸다. '皿(명)'을 『설문해자』에서 "'명(皿)'은 밥 먹을 때 사용하는 그릇이다. '두(豆)'자와 글자 구성원리가 같다.[皿, 飯食之用器也. 與豆同意.]"라고 하였는데, '콩 두(豆)'자 역시 '높은(요) 하늘(一)'을 상징한다.

이상을 종합하면 '溫·温(온)'은 '높은 하늘(皿)에 있는 태양(日)의 물결(氵)'을 형상한 글자로, 성씨 '온(溫)'은 '높은 하늘(皿)에 있는 태양(日)의 자손(氵)'을 의미한다.

| 邕 | 𢀳 | 巛 → (새·햇살·물살이) 하늘에서 내리는 모양. |
|---|---|---|
| 천손 옹 | 小篆 | 邑 → 하느님(巴)의 터전(口). 천손 마을. |
| | | 邕 ☞ 하늘에서 내린(巛) 천손(邑). |

'邕(옹)'은 '巛 + 邑'으로 되어 있다.

'巛(천)'은 '내 천(川)'의 본자로 '하늘(천·天)에서 지상으로 물살이나 햇살이 내려오는 모양'을 나타낸다. '巛(천)'에 '하늘에서 내려온다'라는 뜻이 있다는 것은 '하늘의 새(巛)들이 나무 둥지(果)에 내린 모양'을 형상한 '새집 소(巢)'에서 확인할 수 있다. 또 '순행할 순(巡)'과 '도리 경(經)'자에서도 확인해 볼 수 있는데, '순행할 순(巡·𢔎)'은 '하느님이나 임금이 세상을 내려보며 돌아보는 모양'을 나타내고, '도리 경(經)'은 '하느님이나 성인(聖人)의 말씀이 땅(세상)에 내리는 것'을 나타낸다.

'고을 읍(阝·邑)'은 '巴 + 口'이다. '큰뱀 파(巴)'는 '• + 巳'인데, '점 주(•)'는 '북극성'을 나타내고, '뱀 사(巳)'는 북극성을 중심축으로 하여 운행하는 뭇별들의 대표인 '북두칠성'을 나타내어, '큰뱀 파(巴)'는 우주를 운행하며 주재하는 '북두하늘'을 뜻한다. '입 구(口)'는 '사람(人)이 출입(出入)하는 곳(口)'을 나타낸다.

따라서 '고을 읍(阝·邑)'은 '하늘(巴)의 자손이 모여 사는 곳(口)'으로, 이는 곧 '하늘(巴)의 자손(口)'을 의미한다.

이상을 종합하면 '내 천(巛)'자와 '고을 읍(邑)'이 합쳐진 성씨 '邕(옹)'은 '하늘에서 내린(巛) 자손(邑)'을 뜻한다.

참고로 '邕(옹)'을 '화평 옹(邕)'이라고 훈독하는데, 이는 '하늘과 그 자손이 화평하다'는 뜻이다.

| 王 | 大 | 土 | 王 | 王 | 干→干(간). 칸(khan). 천자. |
|---|---|---|---|---|---|
| 임금 왕 | 甲文1 | 甲文2 | 金文1 | 金文2 | 　→도끼날(斤) > 큰 빛(태양). |
|  |  |  |  |  | 王 ☞ 땅(세상)에 내린 태양. |

'王(왕)'의 갑골문1 '大'은 '땅(一) 위에 선 하느님(大)'을 형상한 것으로 '임금'을 말한다. 갑골문2 '土'은 '하느님(十)의 불(火·▲)이 땅(세상)에 내려온 모습'을 형상한 것으로 이 역시 '임금(王)'을 나타낸다.

'王(왕)'의 금문1 '王'은 '干(干) + ▲(火)'로 구성되어 있다.

'干·干(간)'의 금문 '干'은 '화살 시(矢)'의 금문 '矢'에서 화살촉이 생략된 '거꾸로 된 화살'인데, 활의 '화살(矢)'은 해의 '햇살(빛)'을 뜻하므로, 거꾸로 된 화살(矢)은 '땅으로 내려온 햇살(태양빛)'을 뜻한다. 따라서 '干·干(간)'[1]은 '햇살(태양빛)이 땅에 이른 모양'으로 '간(칸·임금)'을 뜻하고, '▲'은 '태양불(火)'을 뜻한다. 결국 '王·王(왕)'은 '하늘에서 땅에 내린(干) 태양(▲)' 즉 '임금'을 뜻한다.

금문2의 '王·王(왕)'자는 금문1의 '王'자에서 '▲(불)' 모양이 '(도끼날)' 모양으로 바뀐 것인데, '도끼날(斤)'은 '큰 빛'으로 곧 '태양'을 나타낸다. 따라서 금문2의 '王·王(왕)'자 역시 '하늘에서 땅에 내린(干) 태양(▲)과 같은 존재' 즉 '임금(王)'을 나타낸다.

위와 같이 '큰 빛(태양)'을 상징하는 '도끼날(斤)'이 '왕(王)'을 상징한다는 것은 '왕(王)'자에서만 확인되는 것이 아니라 '하느님(天)'을 뜻하는 '하느님 제(帝)'자에도 확인된다는 것을 살펴본다.

---

1) 이렇게 '간(干)'에 '칸(khan·왕)'이라는 뜻이 있으므로 신라 시대 '왕(王)'의 칭호를 '거서간(居西干), 마립간(麻立干)'이라고 했고, 페르시아·몽고·터키·위구르 등에서도 예로부터 '칸(干)'이라는 말을 썼다.

'하느님 제(帝)'의 갑골문 '✚'는 '큰 도끼날(斤)이 하늘을 향하여 있는 모양'으로 이는 '하늘의 태양' 즉 '하느님(天)'을 나타낸 것이고, 이에 비해 '왕(王)'자는 '큰 도끼날(斤)이 땅(세상)을 향하여 있는 모양'으로 '땅(세상)의 태양' 즉 '임금(王)'을 나타낸 것이다.

이렇게 '도끼(斤)'가 '땅(세상)의 태양' 곧 '왕(王)'의 상징으로 쓰이는 것은 치우천왕이 '도끼(斤)'를 들고 있는 동상에서도 확인할 수 있다.

도끼(斤) 든 치우천왕

| ✚·帝 | 하늘의 태양 | 땅의 태양 | 王·王 |
|---|---|---|---|

'왕(王)'자에 대한 이상의 설명과 달리 『설문해자』에서는 "'왕(王)'은 옛날에 문자를 만든 사람이 '三'자를 긋고 그 가운데를 이어서 '왕(王)'이라고 하였다. '三'은 천(天)·지(地)·인(人)인데, 천지인에 참여하여 통하는 사람이 '왕(王)'이다.[王, 古之造文者, 三畫而連其中謂之王. 三者, 天地人也, 而參通之者王也.]"라고 하였는데, 이런 해석은 갑골문이나 금문의 자형에 따라 풀이한 '땅(세상)에 내린(干) 태양(♔·도끼날)'이라는 '왕(王)'의 본래 의미에서 벗어난 것이라 할 수 있다.

| 姚 | 𡛷 | 女 → 창조주. 하느님<br>兆 → 하늘의 조짐(兆紋). 하늘의 기운(氣). |
|---|---|---|
| 예쁠 요 | 小篆 | 姚 ☞ 하느님(女)이 낳은 예쁜 자손(兆). |

'姚(요)'를 파자하면 '女 + 兆'가 된다.

'女(여)'의 갑골문은 '𡿩'로 '㇈ + ㇆'이다.

'女(여)'에 대해 임의광(林義光)은 "'𡿩(女)'는 머리·몸·다리(㇈) 및 두 팔(㇆)의 모양을 본뜬 것이다.[女, 象頭身脛及兩臂之形.]"라고 하였는데, '㇈(몸)'은 '창조주 하느님'을 나타내고 '㇆(팔)'은 '8려음(呂音)'으로 '창조율려(律呂)'를 나타낸다. 따라서 '𡿩·女(여)'는 8려음(呂音)으로 천지를 창조하는 '창조주 하느님'을 뜻한다.

이렇게 '女(여)'의 '㇆(팔·8·八)'에 담긴 '창조율려(律呂)'라는 의미를 담은 글자로 또한 '나무 목(木)'과 '없을 무(無)'가 있다.

'나무 목(木)'을 파자하면 '十 + 八'인데, '十(십)'은 보이지 않는 하늘(丨·天)과 보이는 땅하늘(一·地)이 교합(交合)한 모양으로 '창조주 하느님'을 나타내고, '八(팔)'은 창조율려인 '8려음(呂音)'을 나타낸다. 따라서 '나무(木·Nammu)'는 8려음(八)으로 천지(十)를 창조하는 '창조주 하느님'을 뜻한다.

'없을 무(無)'의 갑골문 '𣁭'를 파자하면 '大 + 㸚'이다.

'大'는 '大(대)'로 '창조주 하느님'을 나타내고, '㸚'은 '大(대)'의 팔(8·八)에서 갈라져 나온 '새끼줄(깃털)'을 형상한 것으로 이 새끼줄은 '자손(孫)'을 의미한다. 따라서 '𣁭·無(무)'는 '무수한 새끼줄(자손)을 창조(율려·舞)하는 창조주 하느님'을 의미한다.

| (女) | (木) | (無·舞) |
|---|---|---|
| (몸·하늘) | (삼신·十·하늘) | (하늘·天) |
| (팔·율려) | (삼극·八·율려) | (자손·孫) |

'兆(조)'는 '거북 등딱지를 구워 갈라진 조짐(兆紋)'을 형상한 글자인데, 이는 '하늘의 조짐(兆朕)'을 나타낸다.

'兆(조)'는 '儿 + ※'로 구성되어 있다.

'어진 사람인(仁) 발(儿)'은 '하늘(亻) 같은(二) 발'[1]이라는 뜻인데, '발(足)'은 '불(빛)'을 나타내므로 '어진인 발(儿)'은 '하늘(태양) 같은 불(光)' 즉 '태양(하늘)'을 나타낸다. '※'은 '태양의 불빛'을 형상한 것으로 '하늘의 기운(氣)'을 나타낸다.

따라서 '兆(조)'는 '하늘(儿)의 기운(※·氣)이 겉으로 드러난 조짐(兆朕)[2]'을 형상한 것으로서, '兆(조)'는 '하늘의 기운(氣)으로 태어난 사람(나)'을 나타낸다. 이렇게 '조(兆)'와 '짐(朕)'이 '하늘이 낳은 자손'을 뜻하는 '나'라는 의미로 쓰인다는 것은, 진시황이 자신을 지칭하며 '짐(朕)'이라고 한 데서도 알 수 있다.

이상을 종합하면 '姚(요)'는 '창조주 하느님(女)의 아름다운 조짐(兆朕)'을 형상한 것으로, 성씨 '姚(요)'는 '하늘(女)이 낳은 아름다운 자손(兆)'을 의미한다.

---

1) '어질 인(仁)'을 '하늘(亻) 같다(二)'라고 풀이한 것은 이 책 뒤쪽 '인천(仁川)' 부분 참조.
2) '조짐(兆朕)'의 '兆(조)'와 '朕(짐)'은 실상 같은 뜻이다. '朕(짐)'의 이체자로 '皀·艅'이 있다. '皀'은 '하늘에서 내려온(白) 빛(巳)'으로 '나'를 의미한다. '艅(짐)'은 '舟 + 关'인데, '舟'는 바다에 떠 있는 배처럼 엄마의 양수에 떠 있는 아기를 뜻하고, '关(소)'는 'ヽヽ + 天'으로 해(天)의 햇살(ヽヽ) 같이 웃는 모습'을 나타낸다. 따라서 '艅(짐)'은 '하늘(天)의 햇살(ヽヽ)처럼 빛나는 자손(舟)'을 뜻한다.

| 龍 | 丟 龍 | 丟 → 뿔 달린 용머리 > 태양불. |
|---|---|---|
| 전자 용 | 金文  小篆 | 튽 → ㅏ(해·태양). 틍(번개빛). |
| | | 龍☞ 우주를 주재하는 조화주(창조주). |

『설문해자』에 "'용(龍)'은 비늘 짐승의 우두머리이다. 숨기도 하고 드러나기도 하며, 작아지기도 하고 커지기도 하며, 줄어들기도 하고 늘어나기도 한다.[龍, 鱗蟲之長. 能幽, 能明, 能細, 能巨, 能短, 能長.]"라고 하여 변화무쌍한 조화를 부린다고 설명하였다. 이는 '용(龍)'이 '우주를 주재하는 조화주(造化主)'임을 상징한다.

'龍(용)'의 금문 '丟'은 '▽ + ⑨ + ㄥ'으로 되어 있다.

'▽'은 '머리의 뿔(首角)'을 나타내고 '⑨'은 '머리의 입(首口)'을 나타낸 것으로 '丟'은 '뿔 달린 용머리'를 나타낸다. '龍(용)'에서 용머리(丟)를 특별히 강조한 것은 뿔과 입의 상징성 때문인데, '용의 뿔'은 '용각(龍角)'1)으로 '태양(불)'을 상징하며, '용의 입'은 입에 '여의주(如意珠)'를 물고 있어 '하늘(如)의 뜻(意)'을 상징하기 때문이다. 따라서 용머리를 표현한 '丟'은 '본심(여의주)·본태양(뿔)'을 나타낸다.

'龍(용)'의 소전 '龍'은 금문에 비하여 '용의 몸'인 'ㄥ'의 의미를 더욱 자세히 '튽'으로 표현한 것이다. '튽'은 'ㅏ + 틍'으로 구성되어 있는데, 'ㅏ'은 '돼지머리 해(亠)'의 변형으로 '해(태양)'를 나타내고, '틍'은 '번개(빛)'를 표현한 것이다. 따라서 '튽'은 '태양(ㅏ)의 번

---

1) '용각(龍角)'은 '사슴뿔(鹿)'이다. '사슴뿔'은 짐승 중에 가장 '큰 뿔'로 '태양(불)'을 상징한다. 그러므로 일본 천왕의 시조가 쓰고 있는 관이나 신라 왕관도 '사슴뿔'로 되어 있는 것이다. 또 뱀의 몸에 사슴뿔을 단 용(龍)은 '땅의 뱀'과 구별되는 '하늘의 뱀'으로서 '북두칠성 본태양'을 상징한다.

개(⻗)가 내리치는 모양'을 나타낸다.

 이상을 종합하면 '龍(용)'의 금문 '🐉'이나 소전 '龍'은 '태양(사슴뿔·🦌)의 빛(번개·⻗)'을 형상한 것으로, 이는 '번개(빛)로 우주를 창조하는 본심(여의주)·본태양(사슴뿔)'을 나타낸다.

 이렇게 '용(龍)의 번개'는 우주의 온갖 변화를 일으키는 창조에너지인 '기(氣)'와 같은 것으로 '번개를 친다'라는 것은 '조화주가 창조에너지로 뭇 생명을 창조한다'라는 뜻이 된다.

 위와 같은 '용(龍)'의 의미를 지닌 이름이 도교의 '뇌성보화천존(雷聲普化天尊)'인데, 뇌성보화천존 역시 '번개를 쳐서 우주 만물을 창조하는 하느님'을 의미한다.

 아래의 왼쪽 성당 벽화에 그린 용머리의 왕관(王冠)은 '태양'을 나타내고, 용의 입에 아들을 물고 있는 모습은 '아들을 낳았다'는 뜻으로 예수가 '태양(용·龍)의 아들'이라는 의미이다. 오른쪽 그림은 중남미 아즈텍 신화에 등장하는 '깃털 뱀(케찰코아틀)'인데, '깃털 뱀'은 뱀의 몸에 태양을 상징하는 '뿔' 대신 높은 하늘을 상징하는 '새의 깃털'을 달아서 '하늘(깃털)의 태양(뱀)'을 상징한다.

용(龍)의 아들, 예수

깃털 뱀, 용(龍)

이상에서 '용(龍)'은 '태양, 번개'를 상징하는 것이라고 풀이하였으나 실제 우리 생활에서는 용궁이니 용왕이니 하여 '용(龍)'2)을 '물'에 비유하여 쓰고 있는데, 여기서 말하는 '물'은 '하늘의 우물(天井)'로, 역시 '북두칠성 본태양 하늘'을 상징한다.

'물'이 '북두칠성 본태양 하늘'을 상징한다는 것은, 불교에서 부처님오신날 관불식(灌佛式)3)을 행할 때 '물'을 사용하는 것이나, 기독교에서 세례(洗禮)4)를 할 때 '물'을 사용하는 것이나, (북두)칠성 기도를 드릴 때 '우물(井)의 정화수'를 떠 놓고 기도하는 것이나, '자정수(子精水)'5)를 받아 써야 신묘하다고 믿는 것과 같은 예에서 확인할 수 있다.

세례(洗禮)　　　　관불(灌佛)　　　　정화수(井華水)

---

2) '용(龍)'을 『훈몽자회(訓蒙字會)』에서는 '미르'라 했고, 『아언각비(雅言覺非)』에서는 '미리'라고 한 데서 알 수 있듯이 '용(龍)'의 옛말은 '미르, 미리'로, '미르, 미리'는 '물'을 뜻한다. [진태하, 『한자는 동이족이 만들었다』 p.277 참조] 또한 '물'은 '바다'를 의미하는데, '바다(pada·巴多)'는 하늘을 뜻하는 '파라(para·巴羅)'에서 온 말로, '물'은 '하늘(天·paradise)'을 뜻한다.
3) 관불식(灌佛式)은 부처가 태어날 때에 아홉 마리의 용(龍)이 물을 뿜고 범천과 천녀들이 부처의 몸을 씻겨 주었다고 하는 데서 유래하였다.
4) 세례(洗禮)는 육체는 죽고 그리스도 안에서 빛으로 다시 태어남을 상징하는 의식이다.
5) 자정수(子精水)는 '자시(子時)에 북두칠성(精)이 땅(세상)에 내리는 물(水)'을 말하는데, 이는 '하늘이 내린 감로수(甘露水)'와 같다.

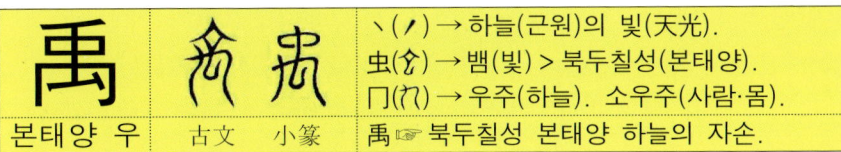

'禹(우)'는 '丶 + 虫 + 冂'으로 구성되어 있다.

'丶'은 '근원의 빛'을 나타내고, '虫'은 '뱀'을 형상한 것으로 '북두칠성(본태양)'을 나타내며, '멀 경(冂)'은 '먼 하늘(우주), 소우주(몸)'를 나타낸다. 따라서 '禹(우)'는 '먼 하늘(冂)에 있는 근원의 빛(丶)인 북두칠성(虫) 본태양'을 형상한 것으로, 성씨 '우(禹)'는 '북두칠성 본태양 하늘의 자손'을 의미한다.

'禹(우)'의 고문 '禼'는 '虫 + 冂'인데, '虫'은 뱀의 형상으로 '북두칠성'을 나타내고 '冂'은 '먼 하늘(九天)'을 나타내어, '禼(禹)'도 '먼 하늘(冂·冂)에 있는 북두칠성(虫·虫) 본태양'을 뜻한다.

또한 '虫(뱀)'을 '가오리'로도 보는데, '가오리'는 영어로 '레이(Ray)'이고, '레이(Ray)'는 '빛'을 뜻한다. 이는 이집트 피라미드 벽화에서 '북두칠성 하늘의 빛(光)'을 상징하는 '虫(뱀)'을 전구 발광체(필라멘트)로 그린 것을 보아도, '뱀(虫·虫)'과 '가오리(虫)'는 모두 '하늘의 빛(光)'을 상징한다는 것을 알 수 있다.

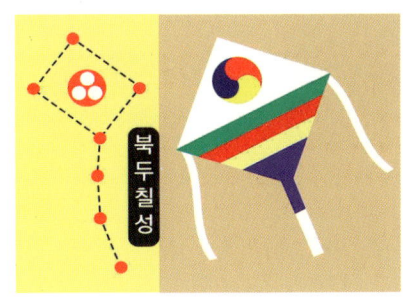

북두칠성(뱀·虫) = 가오리(虫·光)

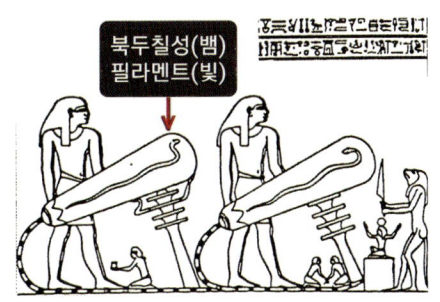

북두칠성(뱀·虫) = 필라멘트(빛·光)

이렇듯 '가오리(🜨)'가 '북두칠성 하늘'을 상징하기 때문에 우리 전통 풍속에서 '가오리연'을 날리는 것은 '북두칠성 하늘의 자손'임을 잊지 않기 위함이고, 가오리연의 연줄은 북두칠성 하늘의 '새끼줄(孫)'을 상징하므로, 이 연줄을 잡는 것은 '하늘(天)과 하나로 연결된 자손(孫)'임을 나타낸다.

'禹(우)'의 소전 '🦴'에서 '🦴'은 '風(풍)'[1]자 속의 '虫(훼)'와 같이 천지(凡)의 '빛(虫·光)'이란 뜻이다. 아래 왼쪽 유물에서 야훼(耶虫) 하느님을 '뱀(虫)'으로 표현한 것을 볼 때, 뱀은 '근원의 빛(본태양)'을 상징한다고 할 수 있는데, 이 '근원의 빛'이 불교에서는 '비로자나불(大寂光佛)'로 표현된다. 복희여와도에서 복희·여와를 꼬인 뱀 모양으로 표현한 것 역시 '뱀(虫)'이 우주를 창조하는 '근원의 빛(우주DNA)'임을 상징한다. 그리고 이집트 벽화에서 태양신 라(Ra)의 머리 위에 있는 '코브라·뱀(Cobra)'[2]도 우주 근원의 빛인 '본태양(本太陽)'을 상징한다.

야훼(耶虫) 하느님 　　　복희(뱀)·여와(뱀)　　　본태양·코브라(뱀)

---

1) '바람 풍(風)'은 '凡 + 虫'이다. '凡(범)'은 '북극성( ✦ ) + 북두칠성(几)'으로 '범우주, 북두하늘'을 나타내고, '虫(훼)'는 '살모사 뱀(구리)'으로 '빛'을 나타낸다. 따라서 '風(풍)'은 '우주를 창조하는 근원의 빛(卍)'을 상징한다.
2) '코브라'는 'Co(高) + bra(光)'로 '높은 하늘의 빛' 곧 '본태양'을 상징한다.

또한 '뱀(虫)'은 '밝다'라는 뜻의 'ᄇᆞᆰ(붉)'가 'ᄇᆞᆰ(붉)>ᄇᆞ름>ᄇᆞ람(風)>ᄇᆞ얌/비얌>뱀'으로 변화한 것으로, 이는 뱀을 영어로 빛을 뜻하는 'serpent'라고 하는 것과 통한다.

이상을 종합하면 '뱀(구리), Ray(가오리), Serpent(뱀), 코브라(뱀)'는 모두 '북두칠성 본태양의 빛'을 상징한다.

오른쪽 그림은 옛날 하(夏)나라 우(禹) 임금이 행하였다는 '우보(禹步)'인데, 이는 북두칠성의 모양을 따라 밟는 걸음으로, 달리 말하면 '북두칠성 하늘(파라·Para)을 향한 걸음(아제·gate)' 즉 '칠성보(七星步)'이다. '우(禹)'자 속의 '虫(훼)'는 '뱀' 곧 '북두칠성 본태양'을 나타내는 것이므로, '우보(禹步)'는 본래 하늘(Para)을 나타내는 '북두칠성(北斗七星) 본태양(禹)으로 돌아가자는(步) 귀천(歸天) 의식'을 나타낸다. '우보(禹步)'를 범어로 표현하면 '아제아제(가자가자) 바라아제(하늘가자)'가 된다.

우보(禹步) = 칠성보(七星步)

또 불교의 『전등록』에 따르면, 석가모니 붓다가 태어나 한 손은 하늘을 가리키고 한 손은 땅을 가리켜 '일곱 걸음(七星步)'을 걸으며 '천상천하유아독존(天上天下唯我獨尊)'이라고 말하였다는데, 이 말은 우(禹) 임금이 행하였다는 '우보(禹步)'와 마찬가지로 붓다가 '북두칠성 본태양(本太陽) 하늘에서 내려왔음'을 상징한다.

그리고 불교의 『천수경』에 나오는 칠구지·불모(七俱胝·佛母)의 '칠구지(七俱胝)'는 '북두칠성 본태양(本太陽)'을 나타내고, '불모(佛母)'는 '붓다를 낳은 본태양'을 가리킨다.

| 于 | ᇹ | 二 → 위(上). 하늘(天).<br>丿 → (하늘에서) 내려오는 모양 |
|---|---|---|
| 천손 우 | 小篆 | 于☞ 하늘(二)에서 내린 하늘을 닮은 자손. |

'于(우)'는 '二 + 丿'로 구성되어 있다.

'二(상)'의 고문 '二'은 '두 이(二)'가 아니라 하늘 위를 나타내는 '위 상(上)'자의 고문으로 '높은 하늘(天)'을 나타낸다. 그래서 『설문해자』에서도 "'상(二)'은 높다.[二, 高也.]"라고 하였다.

'丿(丿)'은 '(하늘에서) 내려오는 모양'을 나타낸다.

따라서 '于(우)'는 '하늘(二)에서 내려오는(丿) 모양'을 형상한 것으로 성씨 '于(우)'는 '하늘(二)에서 내린(丿) 자손'을 뜻한다.

사전에서 '우(于)'의 뜻을 밝혀 ① '~에서, ~로부터'라고 풀이한 것은 '(하늘·二)에서, (하늘·二)로부터'라는 뜻이고, ② '크다, 광대하다'라고 설명한 것은 '(하늘같이·二) 크다, 광대하다'라는 뜻이며, ③ '닮다'라고 설명한 것은 '(하늘·二)을 닮다'라는 뜻이다.

또한 '于(우)'의 본자(本字)는 'ᇹ(우)'인데, 이 본자를 보면 '于'를 '하늘에서 내린, 하늘을 닮은 자손'이라고 설명한 뜻이 보다 확실하게 드러난다. 즉, 'ᇹ(우)'는 '二(上·天) + 乙'로 구성되어 '하늘(天)에서 내린(乙) 귀한 자손'을 뜻한다. 한마디로 말해 '천을귀인(天乙貴人)'[1]이다.

---

[1] '천을귀인(天乙貴人)'을 『역학사전』에서 "천간의 자미궁(紫微宮)에 있는 천일지존(天一至尊)의 신(神)이다. 천을귀인은 총명하고 지혜가 있으며 흉사에 당해도 길(吉)로 화(化)하는 덕이 있다."라고 하였다.

| 元 | 禿 禿 | =(二) → 높은(上·高) 하늘. |
|---|---|---|
| 으뜸 원 | 甲文　小篆 | ⺅(儿) → 태양(불). 어진 사람. |
| | | 元☞ 높은 하늘(二)의 태양(儿). |

　'元(원)'은 '二 + 儿'으로 구성되어 있다.
　'二(상)'의 고문 '='은 '두 이(二)'가 아니라 하늘 위를 나타내는 '위 상(上)'자의 고문으로 '높은 하늘(天)'을 나타낸다. 그래서 『설문해자』에서도 "'상(二)'은 높다.[二, 高也.]"라고 하였다. 두 획을 가로 그은 획의 길이가 같으면 '두 이(二)'이고, 위의 획이 짧고 아래의 획이 길면 '위 상(上)'으로 '높다(高)'라는 뜻이다. 그래서 '원(元)'의 갑골문 '禿'이나 소전 '禿'의 '='은 '두 이(二)'가 아니라 '위 상(上)'으로 '높은 하늘'을 나타낸다.
　'儿(발)'의 갑골문은 '𣥂'인데, 소전으로 오면서 '儿'로 바뀌었다. 소전 '儿'의 형태로 바뀌기 전의 갑골문 '𣥂'은 사슴뿔이 위에 얹혀져 있는 모양으로, 사슴뿔은 '큰 뿔>큰 불'로 '태양(불)'을 상징한다. 따라서 '𣥂·儿(발)'은 '태양(사슴뿔)' 또는 '태양같이 으뜸가는 사람'을 나타낸다. 갑골문 '𣥂'이 소전 '儿'로 바뀌어 위의 태양을 상징하는 사슴뿔 모양이 없어졌는데, 이는 '발(儿)' 자체에 '불(光)'이라는 뜻이 들어 있으므로 위의 '태양'을 상징하는 사슴뿔을 생략한 것으로 보인다. 그러면서 '하늘 같다'는 의미의 '어질다'라는 말을 붙여 '儿'을 '어진 사람(仁)인 발(儿)'로 명칭한 것이다. 따라서 '어진인 발(儿)'은 '태양(亻) 같은(二) 불(발·儿)', 즉 '태양(불)'을 의미한다.
　이와 같이 '어진인 발(儿)'을 '해(태양)'라는 의미로 쓴 예를 들면 다음과 같다.

원(元)　317

우뚝할 올(兀) : 하늘(一)의 태양(儿)처럼 우뚝함.
서녘 서(西) : 하늘(一)의 해(새·儿)가 서산(둥지·口)에 내림.
선생 선(先·㒭) : 해(발·㐧·止)처럼 밝은 사람(㐅·儿).
진실 윤(允) : 하늘에서 내린(厶) 해(儿)처럼 밝고 진실함.
맏 형(兄) : 하늘에 고하는(口) 해 같은 사람(儿).
아해 아(兒) : 창조주 모태(臼) 안의 해(儿). 아해.
빛 광(光) : 태양(儿)의 빛(火).

  이상을 종합하면, 높다(上·高)는 의미의 '二(상)'과 태양을 뜻하는 '儿(인)'이 합쳐진 '元(원)'은 '높은 하늘(二)의 태양(儿)'을 의미하여, 성씨 '元(원)'은 '높은(二) 태양(儿)의 자손'을 뜻한다.

  참고로, 불교의 진언(眞言) 가운데 가장 신성한 음으로 여겨지는 '옴'은 '근원의 빛(본태양)'을 뜻하여 '원(元)'자와 의미가 통한다.

  오른쪽 그림을 보면, '원(元)'자는 삼신(二)과 칠성(儿)을 결합한 '삼신(칠성) 본태양 하느님'과도 뜻이 통한다고 볼 수 있다.

  또 중국에서 화폐단위로 '원(元)'1)을 쓰고 있는데, 이는 인류의 삶 속에서 화폐를 '태양의 빛'처럼 가치가 있는 수단으로 보기 때문에 '하늘·태양(二)의 빛(儿)'이란 뜻을 담고 있는 '원(元)'을 화폐단위로 쓴 것으로 볼 수 있다.

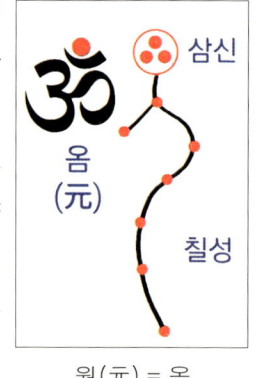

원(元) = 옴

---

1) 우리나라의 경우 화폐단위를 '원(圓)'으로 쓰고 있는데, '원(元)'이나 '원(圓)'의 뜻은 같다. 즉, '원(圓)'의 금문 '🠶'에서 '○'은 태양을 나타내고, '🠶'은 조갯살(햇살)을 나타내어 '원(元)'과 마찬가지로 '태양(○)의 빛(🠶)'을 상징한다.

| | | | |
|---|---|---|---|
| 尉 | 尉 | 尸(尸)→(북두칠성)하늘. <br> 二(二)→위(上). 높다(高). <br> 火(火)→해의 햇볕 > 닭의 볏(벼슬). <br> 寸(寸)→손(手). ~같다. 자손. | |
| 벼슬(볏) 위 | 小篆 | 尉 ☞ 북두칠성 본태양 하늘의 자손. | |

'尉(위)'의 소전 '尉'는 '尸 + 二 + 火 + 寸'로 구성되어 있다.

'尸'는 '주검 시(尸)'¹⁾로 '북두칠성 하늘'을 뜻한다.

'二(상)'의 고문 '二'은 '두 이(二)'가 아니라 하늘 위를 나타내는 '위 상(上)'자의 고문으로 '높은 하늘(天)'을 나타낸다. 그래서 『설문해자』에서도 "'상(二)'은 높다.[二, 高也.]"라고 하였다.

'火'는 '불 화(火)'로 '불빛'을 나타낸다.

'寸(寸)'은 '손(手)'을 형상한 것으로 '자손'을 뜻한다.

이상을 종합하면 '尉(위)'는 '높은 하늘(二)의 북두칠성(尸) 본태양(火)을 받드는(寸) 모양'을 형상한 글자로, 성씨 '위(尉)'는 '높은 북두칠성 본태양 하늘의 자손'을 뜻한다.

또한 '벼슬 위(尉)'의 '벼슬'이라는 말은 '닭의 볏(벼슬)'에서 나온 말인데, '볏(벼슬)'은 '해의 햇볕'에서 비롯한 것이다. '벼슬'은 곧 '태양의 햇볕'을 상징한다.

위와 같은 의미의 '벼슬 위(尉)'자와 같은 구조·의미를 가진 글자가 '벼슬 관(冠)'자인

닭의 볏(벼슬)

---

1) '주검 시(尸)'와 같은 의미인 '죽을 사(死)'자 역시 '까만(歹) 하늘(一)(歹)의 북두칠성(匕) 본태양'을 뜻한다.

데, '벼슬 관(冠)'자를 통해서 '벼슬 위(尉)'자의 의미를 다시 살펴본다.

'벼슬 관(冠)'은 '冖 + 元 + 寸'으로 구성되어 있는데, '冖(멱)'은 '하늘(머리)을 덮은 모양'을 형상한 것으로 '높은 하늘'을 뜻하고, '元(원)'은 '으뜸, 높은 하늘'을 뜻하며, '寸(촌)'은 '손(手)'을 나타낸 것으로 '~같다, 받들다'라는 뜻이다.

따라서 '벼슬 관(冠)' 역시 '벼슬 위(尉)'와 마찬가지로 '높은 하늘의 태양과 같은 존재'를 나타내어 '관(冠)'자에 '햇볕 > 벼슬(볏)'이란 훈이 붙는다는 것을 알 수 있다.

또한 '위(尉)'자에 '다릴 울'이라는 훈독이 있는데, 이는 위에서 밝힌 '위(尉)'자의 의미에 따라 풀어보면 '태양의 햇볕으로 주름을 펴다(평평하게 하다)'라는 뜻이 되고, 울산(蔚山)의 '울(蔚)'자도 '태양의 햇볕(尉) + 빛(艸)'이므로 '울창한 태양의 빛'이라는 뜻이 된다.

| 韋 | 갑문 고문 소전 | ᗇ → 위로 향한 발 > 불(빛).<br>ㅁ → 태양.<br>ᒣ → 아래로 향한 발 > 불(빛). |
|---|---|---|
| 밝은빛 위 | 甲文 古文 小篆 | 韋 ☞ 태양(ㅁ) 주위의 밝은 빛(ᗇ·ᒣ). |

'韋(위)'의 갑골문 '𩡳'는 'ᗇ+ㅁ+ᒣ'로 구성되어 있고, '韋(위)'의 고문 '𩡴'는 '𢆯+⊙+夫'로 구성되어 있다. '韋(위)'의 갑골문과 고문에 들어 있는 'ㅁ·⊙'은 각각 '태양'을 나타내고, 'ᗇ·𢆯'은 위로 향한 '발'을 나타내며, 'ᒣ·夫'은 아래로 향한 발을 나타내는데, 여기서 '발(夊)'은 '불빛'을 나타낸다.

따라서 '韋(위)'의 갑골문 '𩡳'와 고문 '𩡴'는 '태양(⊙)의 위아래에서 빛나는 밝은 빛(𢆯·夫)'을 형상한 글자로, 성씨 '위(韋)'는 '태양(⊙)의 밝은 빛(𢆯·夫)과 같은 자손'을 의미한다.

이렇게 '위(韋)'자에 '태양의 밝은 빛'이라는 의미가 담겼다는 것은 '위대할 위(偉), 밝을 한(韓), 빛날 위(韡), 밝게 빛날 위(煒), 아름다울 위(韙)' 등에서도 확인할 수 있다.

'위(韋)'를 『설문해자』에서는 "'위(韋)'는 서로 어긋남이다.[韋, 相背也.]"라고 하여 '사람 발이 서로 엇갈린 것'으로 풀이하였는데, 이는 본래 의미에서 멀어진 풀이이다.

또한 '위(韋)'자에 담긴 '가죽, 둘레, 주위'라는 훈은 '하늘의 친근한 자손'이라는 말인데, '위(韋)'자와 같은 의미와 구조로 성씨를 삼은 경우는 아래 표와 같다.

| 天 | 一 | 해 | 마음 | 마음 | 마음 | 마음 | 마음 | 마음 |
|---|---|---|---|---|---|---|---|---|
| 地 | 二 | 햇살 | 몸 | 몸 | 몸 | 몸 | 몸 | 몸 |
| 人 | 三 | 기운 | 가죽(韋) | 손(手) | 옷(衣) | 피부(皮) | 깃털(毛) | 깃털(羽) |
| | | ↓ | ↓ | ↓ | ↓ | ↓ | ↓ | ↓ |
| | | 金씨 | 韋씨 | 孫씨 | 裵·表씨 | 皮씨 | 毛씨 | 習씨 |

위(韋) 321

| 魏 | 魏 | 委 → 맡기다(위임하다). |
|---|---|---|
| 나라 위 | 小篆 | 鬼 → 북두칠성 하늘. 세상(땅)을 주재하는 신.<br>魏 ☞ 하늘(鬼)이 세상을 위임(委)한 나라(천자). |

'魏(위)'는 '委 + 鬼'인데, '委(위)'는 다시 '女 + 禾'로 되어 있다.

'女(여)'에 대해 임의광(林義光)은 "'女'는 머리·몸·다리(丨) 및 두 팔(尸)의 모양을 본뜬 것이다.[女, 象頭身脛及兩臂之形.]"라고 하였는데, '丨(몸)'은 '창조주 하느님'을 나타내고 '尸(팔)'은 '8려음(呂音)'으로 '창조율려(律呂)'를 나타낸다. 따라서 '女(여)'는 8려음(呂音)으로 천지를 창조하는 '창조주 하느님'을 뜻한다.

창조주(十)의 창조율려(八)　시바(十)의 창조율려(八)　창조율려(八)·춤

'벼 화(禾)'의 '벼'는 '해의 햇볕' 곧 '볕'에서 나온 말로 '벼(禾)'는 '해가 낳아 기른 벼'라는 뜻이다. 이 말은 '해의 햇살(米)'을 뜻하는 '쌀 미(米)'와 의미상 통하는데, '쌀(米)'은 '해(十)의 햇살(八)'로 '해가 낳아 기른 쌀'이라는 뜻이다. 따라서 '벼 화(禾)'자나 '쌀 미(米)'자는 모두 '해가 낳아 기른 열매(자손)'를 나타낸다.

또한 '벼 화(禾)'의 금문 '禾'는 '뿌리(丆·天) + 줄기(丨·地) + 알곡(ᄀ·人)'으로, 이는 '해가 낳아 기른 잘 익은 벼(알곡)'를 뜻한다.

그러므로 『설문해자』에서도 "'화(禾)'는 좋은 알곡이다.[禾, 嘉穀也.]"라고 하였다.

위의 내용을 종합하면 '위(委)'¹⁾는 '하늘(女)이 낳아 기른 좋은 알곡(禾)'이라는 뜻이므로 '맡길 위(委)'는 '하늘(女)이 훌륭한 자손(禾)에게 세상을 맡긴다(위임한다)'라는 뜻이 된다.

'귀(鬼)'는 『설문해자』에 "사람이 돌아갈 바를 '귀(鬼)'라고 한다.[人所歸爲鬼.]"라고 하여 '사람이 돌아가야 할 신성한 본래의 하늘(본태양)'을 말한다. 그래서 북두칠성의 일곱별, 즉 ① 괴(魁) ② 작(勺) ③ 관(䰩) ④ 행(𩴊) ⑤ 화(魋) ⑥ 보(䰢) ⑦ 표(魒)에 모두 '귀(鬼)'자가 붙은 것도 '북두칠성 하늘'을 죽어서 돌아가야 할 본향(本鄕)으로 여겼기 때문이다. 사람이 죽으면 칠성판(七星板) 위에 뉘는 것도 같은 이유이다.²⁾

또 하늘(天)을 다스리는 천신을 '신(神)'이라 하고, 땅·세상(地)을 다스리는 귀신을 '귀(鬼)'라고 한다.

| 鬼·神 | 神(신) ☞ 하늘(天)을 다스리는 천신 |
| --- | --- |
| | 鬼(귀) ☞ 세상(地)을 다스리는 귀신 |

이상에서 본대로 '위(委)'자와 '귀(鬼)'자를 합친 '나라이름 위(魏)'는 '하늘(鬼)로부터 세상을 위임(委)받은 나라'를 뜻하고, 성씨 '위(魏)'는 '하늘(鬼)로부터 세상을 위임(委)받은 천자(天子)'를 뜻한다.

이로부터 '위(魏)'자에 '훌륭하다, 전능(全能)하다, 천자' 등의 뜻이 생긴 것이다.

---

1) '맡길 위(委)'는 '하늘(女)이 훌륭한 자손(禾)에게 맡긴다'라는 뜻인데, '맡길 사(司)'자는 '임금 후(后)'자를 마주한 형태로 '임금(后)이 신하에게 맡긴다(司)'라는 뜻의 글자이다.
2) '돌아갈 사(死)'자는 '까만(夕) 하늘(一)(歹)의 북두칠성(匕) 본태양(본향)'으로 돌아간다는 뜻이다.

위(魏) 323

| 兪 兪 | ∧ → 높은 하늘. 본태양. <br> 月 → 배(舟). 자손(孫). <br> ⦅ → 유유히 흐름(順天). 따르다(順應). |
|---|---|
| 유유할 유  小篆 | 兪☞ 하늘(∧)을 잘 따르는(⦅) 자손(月). |

'兪(유)'의 갑골문은 ' '인데 ' + )'로 구성되어 있다.

' '는 '뱀' 또는 '가오리'를 형상한 것으로 모두 '북두칠성 본태양 하늘'을 나타낸다. '뱀( )'은 경상도 사투리로 '구리'인데, 구리(銅)는 '태양의 빛(金)'을 의미하고, '가오리'는 영어로 'Ray'인데, 'Ray' 역시 '태양의 빛'을 뜻한다.

' '의 ')'는 어미 고래를 따르는 새끼 고래처럼 '북두칠성 본태양( ) 하늘을 따르는()) 자손(새끼)'을 뜻한다. 따라서 '兪(유)'의 갑골문 ' '는 '북두칠성 본태양 하늘( )을 따르는()) 자손'을 의미한다.

어미 고래를 따르는 새끼 고래

'兪(유)'의 금문 ' '는 갑골문 ' '에 배를 나타낸 '배 주(月·舟)'자를 더하여 '북두칠성 본태양 하늘( )의 뜻에 맞게 배(月)가 흐르듯이 잘 따르는()) 모습'을 형상하였고, '兪(유)'의 소전 ' '도 '북두칠성 본태양 하늘(∧)의 뜻에 따라 배(月)가 물 위를 흐르듯이 잘 따라 움직이는(⦅) 모습'을 나타낸다.

결국 '兪(유)'의 갑골문( )·금문( )·소전( )은 모두 '북두칠성 본태양 하늘의 뜻에 순응(順應)하다, 천명(天命)에 따르다'라는 뜻이다.

그래서 『이아(爾雅)』에서도 '유(兪)'를 풀이하여 "연(然)이다.[然也.]"라고 하였으며, 그 소(疏)에서 "연(然)은 응답이다.[然, 應也.]"라고 한 것이다. 여기서 '응답한다'는 것은 하늘의 뜻에 '응답하다, 순응하다'라는 뜻이다.

금문의 '舩'와 소전의 '兪'에 들어 있는 '𦨶·月'는 '배 주(舟)'자인데, '바다 위에 떠 있는 배'는 '모태 양수(洋水) 위에 떠 있는 태아'처럼 '하늘의 자손'을 상징하기도 한다. '배 주(舟)'자의 의미를 이렇게 본다면 금문의 '舩'와 소전의 '兪'는 '하늘(A)의 뜻에 따라 움직이는(()) 배(月)'를 나타내어, 성씨 '兪(유)'는 '하늘(A)을 따르는(()) 자손(月)'을 뜻하게 된다.

이렇게 '천명(天命)에 순응한다'라는 '유(兪)'자의 의미에 따라서 생각해본다면 '유(兪)'자에 담긴 아래의 여러 가지 뜻이 분명하게 드러난다. 즉, '유연할 유(兪)'는 '물(水)이 막힘없이 잘 흐르듯이 유연하다'라는 말이고, '편안할 유(兪)'는 '배(舟)가 막힘없이 잘 나아가듯이 편안하다'라는 말이며, '치유할 유(兪)'는 '몸(肉)의 기혈(氣血)이 막힘없이 잘 운행되어 치유된다'라는 말이 된다.

'잘 흐른다'는 뜻의 '유(兪)'자의 의미를 살려 표현한 것이 『장자』「천도(天道)」편에 쓰인 '유유(兪兪)'이다. 즉, "무위하게 되면 편안하게 될 것이니 편안하게 되면 근심 걱정이 머물 수 없는지라 수명이 길어질 것이다.[無爲則兪兪, 兪兪者, 憂患不能處, 年壽長矣.]"라고 하였는데, 여기서 '유유(兪兪)'는 '편안한 모양'으로 '막힘없이 그러하게(然) 잘 흘러간다'라는 뜻이다.

| 庚 햇살 유 | 庚 小篆 | 广→ 높은 하늘의 태양.<br>臾→ 창조주(臼)가 낳은 햇살·사람(人).<br>庚☞ 하늘(广)이 낳은 사람(臾). |
|---|---|---|

'庾(유)'는 '广 + 臾'로 구성되어 있다.

'집 엄(广)'은 '厂 + 丶'로 되어 있다.

'언덕 한(厂)'은 『설문해자』에서 "'엄(厂)'은 높고 큰 바위로 된 절벽이다.[厂, 山石之厓巖.]"라고 하였는데, 이는 '하늘 높이(丿) 솟아 있는 절벽의 기암(一)'을 형상한 것으로, '언덕 한(厂)'은 '높은(丿) 하늘(一)'을 뜻한다. 여기에 '태양'을 뜻하는 '점 주(丶)'를 더한 '집 엄(广)'은 '높은 하늘의 태양'을 나타낸다.

'잠깐 유(臾)'는 '臼 + 人'으로 구성되어 있다.

'절구 구(臼)'는 '창조주 자궁'을 형상한 것으로 '창조주 하느님'을 나타내고, '사람 인(人)'은 '해의 햇살'을 형상한 것으로 '아해, 아기'를 나타낸다. 따라서 '유(臾)'는 '창조주 하느님(臼)이 낳은 아해(人)'를 뜻한다. 이는 마치 '인간(人間)'을 '영원불변한 태양(臼)에서 잠깐 빛나는 햇살(人)과 같은 존재'로 본 것과 같다. 그래서 '유(臾)'자에 '잠깐'이라는 뜻이 있는 것이다.

부연하면, '잠깐 유(臾)'는 '영원한 태양(臼)'에 비하여 '찰나의 햇살(人)'이라는 뜻으로서 '영원한 태양'은 '하늘(天)'을 말하고 '찰나의 햇살'은 '인간(사람)'을 말한다. 이로 볼 때 '사람(인간·人間)'이라는 말은, 영원한 태양(神)에 비하여 '태양의 햇살(人)과 같은 순간(間)의 존재'라는 의미이다.

햇살(人)

그래서 '사이 간(間)'의 뜻 역시 '하늘·천지(門) 간의 햇살(日)'을 뜻한다고 볼 수 있다.

| 庾 | 广 | 하늘(태양) | 영원한 태양 | 신(神) | 하늘(天) |
|---|---|---|---|---|---|
| | 臾 | 아해(햇살) | 찰나의 햇살 | 인간(人間) | 자손(孫) |

이상을 종합하면, '庾(유)'는 '본태양 하늘(广)이 낳은 햇살(臾)'을 형상한 것으로, 성씨 '庾(유)'는 '하늘(广)이 낳은 자손(臾)'을 뜻한다.

또한, 쌀(米)을 보관하는 집을 나타내는 '곳집 유(庾)'를 성씨로 삼은 것은 '곳집 유(庾)'가 '해가 낳아 기른 쌀(米)이 모여 있는 집'을 형상한 것으로, '하늘(广)의 자손(臾)이 모여 있는 집'을 뜻하기 때문이다. '쌀 미(米)'자 역시 '해(十)의 햇살(乂)'을 형상한 것으로서 '하늘(十)의 자손(乂)'을 의미한다.

유(庾) 327

| 劉 천자 유 | 𤎊 小篆 | 酉 → 본태양. 창조주.<br>金 → 빛(光).<br>刂 → 하늘(天)에서 내린 빛(자손).<br>劉 ☞ 본태양(酉)의 빛(金)을 계승한 천자(刀). |
|---|---|---|

 '劉(유)'는 흔히 '卯(묘) + 金(금) + 刂(도)'로 알고 있으나 '劉(유)'의 소전 '𤎊'는 '丣 + 金 + 刀'로, 실제로는 '酉(유) + 金(금) + 刂(도)'이다. '𤎊·劉(유)'의 '丣'는 '묘(卯)'자가 아니라 '닭 유(酉)'자의 고문이기1) 때문에 '劉(유)'를 '유'로 발음하는 것이다.

 이 '닭 유(酉)'자에 대한 종전의 해석은 "추문(秋門), 곧 서쪽 문을 뜻하며 숙살(肅殺)의 뜻을 내포하고 있다."라고 하여 '유(劉)'에 '죽일 유'라는 훈이 달린 것일 터인데, 유방(劉邦)으로부터 비롯된 한(漢)나라의 국성(國姓)을 어찌 '죽일 유'라는 뜻으로 쓸 수 있었겠는가? 이런 오해를 풀기 위해 '유(酉)'자를 풀어본다.

 '닭 유(酉)'의 소전 '酉'는 '西(서) + 八(一)'인데, '西(서)'는 '닭(一)이 둥지(囗)에 발(八)을 내린 모습'을 나타내고, '酉'자 속의 '八'은 '알(卵)'을 나타낸다. 따라서 '닭 유(酉·酉)'는 '둥지에 앉은 닭(西)이 알(八·卵)을 까는 모습'을 형상한 것으로, 이는 곧 '까닭(알을 까는 닭), 본태양 창조주 하느님'을 상징한다.

까닭 (창조주 하느님)　　　　　　까닭 (창조주 하느님)

---

1) 『강희자전』에 "유(酉): 고문은 '丣'이다.[酉: 古文, 丣.]"라고 하였다.

이렇게 '닭 유(酉)'자가 '본태양 창조주 하느님'을 뜻한다는 것은 '유(劉)'의 동의자인 '對'에서도 확인할 수 있는데, '帀·酉(유)'자 대신으로 쓰인 'ㅛ(훤)'은 '두 큰 태양(日)'을 나타낸 것으로, '본태양 창조주 하느님'을 나타낸다. 또한 '유(劉)'의 고문 '覂'에서도 '帀·酉(유)'자 대신으로 쓰인 '덮을 아(襾)'자는 '서녘 서(西)'자와 마찬가지로 '본태양 창조주 하느님'을 나타낸다. 그리고 '유(劉)'의 간체자인 '刘'자에서 '帀·酉(유)'자 대신으로 쓰인 '돼지머리(북두하늘) 해(亠)'도 역시 '본태양 창조주 하느님'을 상징한다는 것을 알 수 있다.

| 劉 | 帀: 본태양 | ㅛ: 본태양 | 襾: 본태양 | 亠: 해(태양) |
|---|---|---|---|---|
| | 金: 빛 | 圭: 닮다 | 八·土: 빛(흙)살 | 父: 햇살(빛) |
| | 刀: 자손 | 寸: 자손 | 又: 자손 | 刂: 자손 |
| | ↓ | ↓ | ↓ | ↓ |
| | 劉(소전) | 對(동의자) | 覂(고문) | 刘(간체자) |

'金·金(금)'의 금문 '金'은 '全 + ⋮'으로 구성되어 있는데, '全'은 '큰 화살'을 형상한 것으로 이 '큰 화살'은 '큰 햇살(빛)' 곧 '태양'을 나타내고, '⋮'은 '(태양의) 빛살'을 나타낸다. 따라서 '金·金(금)'은 '태양(全)의 빛(⋮)'을 나타낸다.

'刀(도)'의 소전 '刀'는 'ᄀ + ノ'로 구성되어 있는데, 'ᄀ'는 '칼날'의 '본체'에 해당하는 '태양'을 나타내고, 'ノ'는 본체인 태양(ᄀ)에서 갈라져 나온 '빛(ノ)'을 나타낸다. 따라서 '刀·刀(도)'는 '태양(ᄀ)의 빛(ノ)과 같은 자손'을 의미한다.

칼 도(刀)

이렇게 '칼 (刀·刀)'이 '태양(ᄀ)의 빛(ノ)과 같은 사람'을 상징하는

유(劉) 329

예는 '비파검', '칠지도(七支刀)', '천부삼인(天符三印)의 칼(刀)', '보검(譜劍)', 그리고 '칼을 머금(含)은 예수'에서 확인할 수 있다.

비파검(琵琶劍)   칠지도   천부삼인의 칼(刀)   보검(譜劍)

'비파검(琵琶劍)'에서 '비파(琵琶)'는 북두칠성을 나타내는 '비(比)'와 북극성을 나타내는 '파(巴)'가 결합한 말로 '북두하늘 본태양'을 나타내고, '칼 검(劍)'은 '빛(천손)'을 나타내어 '비파검(琵琶劍)'은 '북두하늘(琵琶)의 빛(劍)'을 상징한다. 그리고 '비파검'이 '비수(匕首)' 모양인 것도 '비수'가 '북두칠성(匕) 본태양 하늘(首)'[2]을 상징하기 때문이다.

위와 같이 '비파검'이 '북두하늘의 빛(자손)'을 상징한 것이라면, 백제왕이 일왕에게 보낸 '칠지도(七支刀)'는 '북두하늘의 빛(자손)'이라는 뜻이 더 분명하게 나타난다. 즉, '칠지(七支)'는 '북두칠성(七星)'을 상징하고, '칼 도(刀)'는 '빛'을 상징하여 '칠지도(七支刀)'는 '북두칠성(七支) 하늘이 낳은 천자(刀)'를 상징한다.

또한 환웅이 세상에 내려올 때 '천부삼인(天符三印)' 즉 '거울,

---

[2] '머리 수(首)'의 금문 ✱는 ✱(뿔) + ✱(눈)'으로 구성되어 있는데, ✱은 '사슴뿔'로 '태양(불)'을 나타내고, ✱은 '눈(目)'으로 '높은 하늘(태양)'을 나타낸다. 따라서 '머리 수(首)'는 '북두(北斗)하늘의 본태양'을 뜻한다.

방울, 칼'을 가지고 왔다고 하는데, 거울은 하늘의 '본심·본태양'을 상징하고, 방울은 하늘의 '창조율려'를 상징하며, 칼(刀)은 '태양(デ)의 빛(丿)' 즉 '천손'을 상징한다. 그리고 '보검(譜劍)'은 '전욱고양씨(顓頊高陽氏)의 삼세보(三世譜)를 새긴 칼'인데, '칼'이 '하늘(태양)의 자손(빛)'을 상징하므로 칼에다 족보를 새긴 것이다.

이렇게 '칼(刀)'이 '태양(デ)의 빛(丿)'을 상징한다는 것은 '칼을 머금(含)은 예수'3) 그림에서도 확인할 수 있는데, 오른쪽 그림 속의 '7촛대'는 '북두칠성 본태양 하느님'을 나타내고, '칼(刀)을 문 모습'은 '하느님의 빛(칼)을 계승했다'는 뜻을 나타낸다.

따라서 '칼(刀)'은 '북두칠성 본태양(デ) 빛(丿)을 계승한 하느님의 아들, 예수'를 상징한다는 것을 알 수 있다.

칼을 머금(含)은 예수

이상을 종합하면 '酉(닭 유) + 金(빛 금) + 刂(칼 도)'를 결합하여 만든 성씨 '劉(유)'는 '본태양 하늘(亞·酉)의 빛(金·金)을 계승한 천자(デ·刀)'를 의미한다.

이러한 '유(劉)'의 뜻을 밝게 헤아린 풀이가 『이아(爾雅)·석고(釋詁)』의 "유(劉)는 진(陳)의 뜻이다.[劉, 陳也.]"라고 한 것인데, '陳(진)'은 '높은(阝) 하늘(木·木)의 빛(申·申)을 세상에 베푼다'라는 뜻이다.

---

3) 밤베르크 묵시록의 '칼을 머금(含)은 예수'를 일반적으로 '일곱 촛대 가운데 선 인자(人子)'라고 말한다. 그러나 이는 '북두칠성 본태양 하느님의 빛(영광)을 계승한 천자(天子)'를 의미한다.

유(劉) 331

| 柳 | 柳 (小篆) | 木 → 창조주 하느님. 十+八.<br>卯 → 토끼·새끼·자손. 까닭·창조주(酉). |
|---|---|---|
| 버들 유(류) | 小篆 | 柳 ☞ 창조주 하늘(木)이 낳은 자손(卯). |

'柳(유)'의 소전 '柳'는 '木(木)+卯(酉)'로 구성되어 있다.

'卯'는 '닭(一)의 발(刂) 옆 알(吅)'을 형상한 것으로, '알(卯·吅)을 까고 있는 닭(酉·卯)' 즉 '까닭, 창조주 하느님'을 나타낸다. '나무 목(木·木)' 역시 '창조주 하느님'을 나타낸다.

따라서 '버들 유(柳)'의 소전 '柳'는 '창조주 하느님'을 의미한다. '柳(유)'를 '유'로 발음하는 것도 '卯'가 '묘(卯)'자가 아니라 '유(酉)'자이기 때문이다.

또한 '柳(유)'는 '木 + 卯'이다. '나무(木·Nammu)'는 수메르 신화에서 천지를 낳은 여신, 곧 '창조주 하느님'을 뜻한다. '나무(木)'는 '十 + 八'인데, '十(십)'은 보이지 않는 하늘(丨·天)과 보이는 땅하늘(一·地)이 교합(交合)한 모양으로 '창조주 하느님'을 나타내고, '八(팔)'은 창조율려인 '8려음(呂音)'을 나타낸다. 따라서 '木'은 8려음(八)으로 천지(十)를 창조하는 '창조주 하느님'을 뜻한다.

창조주(十)의 창조율려(八)　　시바(十)의 창조율려(八)　　창조율려(八)·춤

'토끼 묘(卯)'자의 금문 '𢆉'를 보면, '닭 유(酉)'자에서 알(卵)을 까는 주체인 '닭(一)'이 생략된 형태인데, '토끼 묘(卯)'와 '알 란(卵)'은 모두 '하늘의 새끼(자손)'를 상징한다.

'토끼(卯)'와 '알(卵)'이 '하늘의 자손'을 상징한다는 것은 부활절 때 '알(卵)'을 가져다주는 '토끼(卯)'가 '하느님의 아들, 예수'를 상징하는 것으로 확인할 수 있고, 또 발음상으로 보더라도 '토끼'는 '도끼'[1]와 발음이 통하여 '새끼(알)'를 의미한다.[2]

알(卵)을 까고 있는 닭(酉)

버들(柳) 든 토끼(卯)

토끼(卯)와 알(卵)

위의 가운데 그림에서 '버들가지(柳)를 들고 있는 토끼(卯)'[3]는 '버드나무 하느님(柳)이 낳은 새끼(卵)'를 의미하고, 토끼(卯)가 알(卵)을 들고 있는 모습 또한 '아기(baby)'[4]나 '알(卵)'과 같이 '하늘(柳)이 낳은 자손(卯)'을 의미한다.

---

[1] '도끼 근(斤)'의 금문 '𠂆'과 소전 '斤'에서 'ㄱㄱ'은 '하늘(북두칠성)'을 나타내고, '𠂆𠂉'은 '새끼'를 나타내어 '도끼 근(斤)'은 '하늘이 낳은 새끼'를 나타낸다.

[2] '토끼'가 새끼(자손)라는 의미로 쓰인 예를 달 속의 '토끼'로도 알 수 있는데, 달은 '해의 달'로 '하늘의 자손'을 뜻하듯이 달 속에 있는 '토끼, 도끼(독轟), 두꺼비(섬蟾)'도 모두 '하늘의 자손'을 뜻한다.

[3] '버들가지(柳)를 들고 있는 토끼(卯)'는 '빛(그리스도)으로 부활하신 예수'를 상징한 것으로, 'easter'로 표현된다. 'easter'는 'east(東) + er(사람)'인데, '東(동)'은 '새 세상을 열어갈 창조주 하느님(木)의 아해(日)'를 뜻한다.

[4] '버들 유(柳)'의 학명이 'Salix babylonica'로 '빛의 아기(baby)'라는 뜻이다.

이상을 종합하면 柳(유)'의 금문 '㮎'는 하느님을 뜻하는 '나무 목(木)'에 새끼(자손)를 뜻하는 '토끼 묘(卯)'가 결합한 글자로, 성씨 '유(柳·㮎)'는 '하느님(木)이 낳은 자손(卯)'을 의미한다.

한편, 버드나무(柳)를 들고 있는 양류관음(관세음보살)은 '새끼·자손(卯)을 낳는 창조주 하느님(木)'을 상징한 것이고,5) 알(卵)을 들고 있는 성모(柳) 역시 '새끼·자손(卵)을 낳는 창조주 하느님(柳)'을 상징한 것이다.

이렇게 '알(卵)'이 '하늘의 새끼·자손'을 상징하기 때문에 '알(卯·卵)'에서 태어난 난생(卵生)설화의 주인공인 '김수로왕, 박혁거세, 김알지, 고주몽(동명왕), 석탈해' 등은 모두 '하늘이 낳은 자손'을 뜻하게 된다.

버들(卵)을 든 양류관음(柳)

알(卵·卯)을 든 성모(柳)

---

5) '창조주 하느님'은 흔히 버들을 들고 있는 관세음보살로 표현되기도 하는데, 이러한 뜻을 나타낸 글자가 실담어 '저'이다. '저'의 발음은 'ᄉ(sa)'이고, 뜻은 '양류관음(楊柳觀音)'이다.『세계의 문자』240쪽 참조.

| 陸 陸 陸 | 阝(阝) → 하늘 사다리 > 높은 하늘. |
|---|---|
| | 光(光) → 햇살(光). 사랑. |
| | 土(土) → 땅(곳). 자손. |
| 천손 육　金文　小篆 | 陸☞ 하늘(阝)의 사랑(光)이 낳은 자손(土). |

'陸(육)'의 소전 '陸'은 '阝 + 光 + 土'로 구성되어 있다.

'언덕 부(阝·阜)'의 금문 '阝'와 소전 '阝'에 대하여 '흙이 쌓여 있는 언덕을 그린 것'이라고 흔히 설명하고 있으나, 이는 '높은 하늘의 사다리(天階)'를 형상한 것으로 '높은 하늘'을 나타낸다.

'光'은 '햇살·빛(光)'을 나타내고, '土'는 '땅·사람'을 나타낸다.

'光 + 土', 즉 '언덕 륙(坴)'에 대해 『설문해자』에서는 "륙(坴): '坴'의 음은 '록(鹿)'과 같다. 흙덩이가 수북하게 쌓인 것이다.[坴, 坴音鹿. 土塊坴坴也.]"라고 하였는데, 여기서 '륙(坴)'의 발음이 '록(鹿)'과 같다는 말은 '륙(坴)'의 뜻도 '록(鹿)'과 같다는 것이다. '사슴 록(鹿)'자는 '사슴의 큰 뿔'을 형상한 것으로 '큰 불(大光)' 곧 '태양(빛)'을 의미한다.

햇살이 수북이 쌓인 '륙(坴)'

따라서 '언덕 륙(坴)'은 '태양의 햇살(光)이 수북이 쌓여 생긴 땅(土)'을 나타낸다.

이상을 종합하면 '육(陸)'은 '하늘(阝)의 햇살(光)이 수북하게 쌓여 생긴 땅(坴)'을 형상한 것으로, 성씨 '육(陸)'은 '하느님(阝)의 온유한 사랑(光)으로 태어난 사람(土)'을 의미한다.[1]

---

[1] 이는 『성경』「창세기」'2장 7절'에 "하나님이 흙살(햇살)로 사람을 지으시고 생기를 그 코에 불어 넣으시니 사람이 생령이 된지라."라고 한 말과 같은 의미이다.

'육(陸)'의 '육'이라는 말이 상징하는 바를 알아본다.

'육(陸)'의 '육'이라는 말은 아래 표에서 보는 대로 '바다(海)의 섬(陸)'이자 '해(日)의 햇살(肉)'이고, '성령(靈)이 깃든 몸(肉)'이며, '하느님(天1生)의 말씀이 이룬 육(6成)'으로 '육(陸)'·'육(肉)'·'육(六)'은 모두 '하늘이 낳은 자손'을 뜻한다.

| 陸 | 바다(海·모태의 양수) | 해 (日) | 영(靈) | 하늘(一) |
|---|---|---|---|---|
|  | 육지(陸·모태의 태아) | 햇살(肉) | 육(肉) | 자손(六) |
|  | ↓ | ↓ | ↓ | ↓ |
|  | (육·陸) | (육·肉) | (육·肉) | (육·六) |

또한, '하나님(1生) 말씀이 육신(6成)'이 되어 우리 가운데 거하시는 것을 숫자 '666'으로 나타내는데, '6·6·6(陸·肉·六)'이란 "하나님 말씀으로 창조한 세계가 6(陸)이고, 창조의 끝에 지은 아담이 6(肉)이며, 그 아담 몸에서 뽑은 갈비뼈로 만든 하와가 6(六)이다."라는 뜻이다.

흔히 '6·6·6(陸·肉·六)'을 '짐승(중생)'을 상징한다고 하는데, 악심(惡心)을 품은 육(肉)은 중생이지만, 선심(善心)을 품은 육(肉)은 '하느님의 아들', 즉 '법신(法身)'이 된다.

6·6·6(陸·肉·六)

우주의 중심, 육(六)

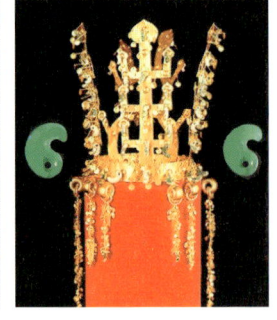

금관의 '6'자 곡옥

『천부경』 81자의 한 가운데에 숫자 '六(육)'이 있는데, 이 '六(육)'도 '일시(一始)로 시작되는 하늘(天)과 종일(終一)로 끝나는 땅(地)을 연결(工)해주는 사람(人)', 즉 '선천 하늘의 뜻을 후천 땅에서 실현하는 중심이 되는 사람'을 나타낸다.

또한 신라 금관의 '사슴뿔(鹿)'은 '높은 하늘의 태양'을 형상한 것으로, '옥황상제'를 의미한다. 따라서 이 사슴뿔에 매달린 6개월 된 태아를 상징하는 '6(육)'자 모양의 곡옥은 '옥황상제의 자손'을 의미한다.

| 尹 尹 | ╱ → 지팡이. 하늘(天). |
|---|---|
| 임금 윤　小篆 | ㅋ → 손(手). 잡다. 받들다(계승하다). |
| | 尹 ☞ 하늘(╱)을 계승한 임금(ㅋ). |

'尹(윤)'의 소전 '尹'은 '╱ + ㅋ'으로 구성되어 있다.

'╱'은 '지팡이'이다. '지팡이(持巴이)'는 '받들 지(持) + 하늘 파(巴) + 이', 즉 '하늘(巴)을 받드는(持) 모양'을 형상한 것으로 '하늘(天)'을 상징한다. '持巴(지파)'의 '파(巴)'가 '하늘(天)'을 상징한다는 것을 '하늘(큰뱀) 파(巴)'자를 통해 알아본다.

'큰뱀 파(巴)'를 파자하면 '• + 巳'인데, '•'는 '북극성'을 나타내고 '巳'는 북극성(•)을 중심으로 도는 '북두칠성'을 나타내어 '큰뱀 파(巴)'는 '북두하늘'을 나타낸다. 이런 의미의 '큰뱀 파(巴)'를 고대 이집트에서는 '북극성(•)'을 오시리스(父)로 '북두칠성(巳)'을 이시스(母)로 비유하였고, 동양에서는 '복희·여와(뱀)'로 비유하였으며, 로마에서는 하느님 아버지(파파·爸爸)로 여긴 '제우스'를 '큰뱀 파(巴)'로 묘사하였다. 결국, 동서양 모두 '큰뱀 파(巴)'를 '천지 부모(Pa·rents)와 같은 하느님'으로 여겼음을 알 수 있다.

오시리스와 이시스(巴)

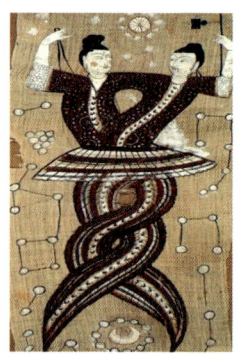
복희·여와(巴)

큰뱀 파(巴), 제우스

'ㅋ'는 '손(手)'으로 '잡다, 받들다, 자손' 등의 뜻을 나타낸다.

이상을 종합하면 '界·尹(윤)'은 '지팡이(丨)를 잡은 손(ㅋ)'을 형상한 글자로, 성씨 '界·尹(윤)'은 '하늘(丨)을 받드는 임금(ㅋ)'을 의미한다.1)

속담에 "소꼬리 잡은 자가 임자다."라는 말이 있는데, '소꼬리'의 '소'는 '지팡이'와 같이 '하늘'을 상징하므로 '소꼬리를 잡은 자'나 '지팡이(丨)를 잡은(ㅋ) 자'는 모두 '임금(界)'을 뜻한다.

위에서 '윤(尹·界)'을 '지팡이(丨)를 잡은 손(ㅋ)', 즉 '하늘을 계승한 임금'이라고 하였는데, 지팡이가 '하늘(天)'을 상징한다는 것은 아래의 세 그림에서 확인할 수 있다.

지팡이 잡은 모세 　　지팡이 잡은 호루스 　　지팡이 잡은 방장

'지팡이를 잡은 모세'는 '하나님의 뜻을 계승하여 받드는 사람'을

---

1) 'ㅋ'는 '또 우(又)'자의 소전인데, '또 우(又)'자의 '또'라는 말은 '똑(又) 닮은'이라는 뜻이다. 따라서 '界·尹(윤)'은 '하나님(丨)과 똑(ㅋ) 닮은 자손'을 뜻한다고 볼 수 있다.

상징하고, '지팡이를 잡은 호루스'는 '천지(오시리스·이시스)의 뜻을 받드는 임금(천자)'을 상징하며, '지팡이(주장자)를 잡은 방장(方丈)'은 '불(佛)을 깨달아 하나(참나)가 된 선사(禪師)'를 상징한다.2)

| 尹·尹 | ㅣ·지팡이 | 하늘(天)을 | 하느님 | 본태양 | 불(佛) |
|---|---|---|---|---|---|
|  | ㅋ·손 | 계승한 임금 | 모세 | 호루스 | 방장(方丈) |

위에서 살펴본 대로 지팡이는 '하늘(天)'을 상징하기 때문에 2022년 9월에 영국 여왕이 죽자 관 위에 부러뜨린 지팡이를 놓은 것은 '하늘(天)이 무너졌다' 곧 '왕(임금)이 죽었다'라는 뜻을 상징적으로 나타낸다.

관 위에 놓인 부러뜨린 지팡이 [출처:연합뉴스]

---

2) '방장(方丈)'의 '방(方)'은 '법(法)'을 뜻하고, '장(ㅋ·丈)'은 '하늘(十)을 계승한(ㅋ) 어른'을 뜻한다. 따라서 '방장(方丈)'이라는 말은 '불법(佛法)을 계승한 어른(아라한)'을 뜻한다.

| 殷 | 𣪘 | 𩠹 → 몸(身·頁)의 본향 > 본심·본태양. |
|---|---|---|
| 본태양 은 | 小篆 | 殳 → 긴 창(殳) > 큰 빛. |
| | | 殷 ☞ 본태양 하늘(殷)의 자손. |

'殷(은)'의 소전 '𣪘'은 '𩠹 + 殳(𠃌+殳)'으로 구성되어 있다.

'𩠹(의)'는 '몸 신(身·頁)'자를 좌우로 뒤집은 모양으로, 몸(頁)이 몸의 본향인 '마음(𩠹)으로 돌아간다[歸·復本]'라는 뜻이다. 따라서 '𩠹(의)'는 '몸(身·頁)'의 본향인 '본심·본태양'을 나타낸다.

또 이렇게 '𩠹(心)'과 '頁(身)'처럼 서로 마주 향한 형태를 가진 한자로 '임금 후(后)'와 '맡을 사(司)'를 들 수 있다. '𩠹'과 '頁'은 '마음(心)'과 '몸(身)'이 마주 보는 형태이고, '后(후)'와 '司(사)'는 '임금'과 '신하'가 마주 보는 형태이다. 이렇게 마주 보는 형태는 한 글자 안에서도 표현되는 경우가 있는데, '木·朿(나무 목)'이나 '予·㐬(나 여)'와 같은 예가 그것이다. 이때 '丵·▽'는 '하늘'을 나타내고, '朩·㐬'는 '땅·자손'을 나타낸다. 또한, 이스라엘 국기의 문양 '✡'도 '하늘(▽)과 자손(△)이 상하로 마주 결합한 형태'인데, 이는 '하늘(神)과 자손(人)이 함께 한다'라는 뜻을 나타낸다.

| 𩠹(맘·心) | God(神) | 하늘(天) | 后(임금) | 丵(三神) | ▽(하늘·天) | ▽(하늘) |
|---|---|---|---|---|---|---|
| 頁(몸·身) | Dog(犬)[1] | 자손(孫) | 司(신하) | 朩(三極) | 㐬(아들·子) | △(자손) |

朩·木  㐬·予  ✡

---

1) '개 견(犬)'의 소전 '犮'은 '一(丶) + 儿(儿)'인데, '一'은 '도끼날(日)'로 '해'를 나타내고, '儿'은 '어진 인(仁) 발(儿)'로 '불(빛)'을 나타낸다. 따라서 '犮·犬(개 견)'은 '해(一)의 불(儿)'을 형상한 것으로 '해(태양)'를 나타낸다.

은(殷) 341

'창 수(殳)'의 소전 '殳'는 'ㄟ + ㅋ'로 구성되어 있다.

'ㄟ'는 또 ')+ㄹ'의 구조인데, ')'는 '창살, 햇살'을 나타내고, 'ㄹ'는 '길다, 크다'는 뜻을 나타내어 'ㄟ'는 '긴 창날(日) 같은 큰 빛'을 뜻한다. 이런 의미의 'ㄟ'는 '태양의 빛'을 상징하는 기념비인 고대 이집트 유물 '오벨리스크'에서도 확인할 수 있다. 즉, 오벨리스크는 하늘로 뻗은 '강력한 태양의 빛'을 상징한 것으로, 이는 왕(王) 자신이 '태양의 후예'라는 의미로 세운 것이다. 'ㅋ'은 '손(手)'으로 '받든다(계승)'라는 뜻이다.

태양의 빛, 오벨리스크

결국 '창 수(殳·殳)'는 '태양의 빛'을 나타낸다.

이상에서 본대로 '𣍂 + 殳'로 구성된 '殷·殷(은)'은 '본태양(𣍂)의 빛(殳)'을 형상한 글자인데, 나라이름으로 쓴 '殷(은)'은 '본태양(𣍂)의 빛(ㄟ)을 받드는(ㅋ) 나라'를 뜻하고, 성씨로 쓴 '殷(은)'은 '본태양(𣍂)의 빛(ㄟ)을 받드는(ㅋ) 자손'을 뜻한다.

'본태양의 빛'을 뜻하는 '은(殷)'에 대해 『이아(爾雅)』에서는 "'은(殷)'은 중(中)이요, 정(正)이다.[殷, 中也, 正也.]"라고 하였는데, '중(中)'은 우주 만물의 중심(中心)인 '본심본태양(本心本太陽)'을 뜻하고, '정(正)'은 '하늘(一)을 향한 발(止)'로 역시 '본태양 하늘로 돌아가는(復本) 것은 바르다'라는 뜻이다.

또한 '은(殷)'을 '검붉은 빛 안(殷)'이라고도 하는데, '검붉은 빛'은 '자색(紫色)'으로 근원의 빛인 '북두자미성(北斗紫微星) 본태양의 빛'을 의미한다. [p.347 '자색 자(紫)' 참조]

| 陰 | 㐭 (古文) | 侌 (金文) | 陰 (小篆) | 阝(阝)→하늘 계단. 높은 하늘.<br>今(今)→태양(△)이 땅에 내림(ㄱ).<br>云(云)→하늘(二)이 땅에 이름(ㅇ).<br>陰☞본태양(숨은 해)의 자손. |
|---|---|---|---|---|
| 본태양 음 | 古文 | 金文 | 小篆 | |

'陰(음)'의 고문 '㐭'을 파자하면 '今 + 云'이다.

'今'은 '지금 금(今)'으로 '높은 하늘의 태양(△)이 땅에 지금 내린(ㄱ) 것'을 나타내고, '云'은 '이를 운(云)'으로 '높은 하늘(二·上)의 태양이 땅에 이름(ㅇ)'을 나타낸다.

따라서 '陰(음)'의 고문 '㐭'은 '하늘 높이 떠 있던 태양이 땅(西山)에 떨어져 내린 모양'을 형상한 것으로, '땅에 숨은 태양(西)' 즉 '본태양(酉)'을 상징한다.

'陰(음)'의 금문 '侌'을 파자하면 '阝 + △ + 酉'이다.

'언덕 부(阝·阜)'의 금문 '阝'에 대하여 '흙이 쌓여 있는 언덕을 그린 것'이라고 흔히 설명하고 있으나, '언덕 부(阝·阜)'의 갑골문 '阝'와 소전 '阝'의 형태에서도 짐작할 수 있듯이, 이는 '하늘로 올라가는 사다리(天階)'로 '높은 하늘'을 나타낸다.

'△'은 '높은 하늘의 지붕 모양'을 형상한 것으로 '하늘의 해'를 나타낸다.

'닭 유(酉)'의 소전 '酉'는 '西(西) + 八(一)'인데, '西(서)'는 '닭(一)이 둥지(口)에 발(八)을 내린 모습'을 나타내고, '酉'자 속의 '八'은 '알(卵)'을 나타낸다. 따라서 '닭 유(酉·酉)'는 '둥지에 앉은 닭(西)이 알(八·卵)을 까는 모습'을 형상한 것인데, 이는 곧 '까닭(알을 까는 닭), 본태양 창조주 하느님'을 상징한다.

음(陰) 343

이상을 종합해보면 '陰(음)'의 금문 '㱃'은 '높은 하늘(阝)의 해(厶)가 떨어져서 서산에 숨은(酉)¹⁾ 모습'을 형상한 것으로, 역시 '현천(玄天)의 본태양'을 의미한다.

이를 『설문해자』에서는 "'음(陰)'은 '숨다'이다.[陰, 闇也.]"라고 하였고, 『옥편(玉篇)』에서는 "그윽하여 형체가 없고 깊어서 헤아리기 어려운 것을 '음(陰)'이라 한다.[幽無形, 深難測, 謂之陰.]"라고 하였는데, 이것은 태양이 천지(天地)의 문 안으로 들어가 까만 하늘(玄天)에 숨은 태양, 즉 '본태양 하늘'을 나타낸다.

이상의 내용으로 보면 성씨 '음(陰)'은 '숨은 본태양 하늘의 자손'이라는 뜻이 된다.

---

1) 한편, '酉(유)'자를 '西 + 一'로 파자하면 이는 '닭이 닭집(西)의 횃대(一)에서 쉬는 모습'을 나타낸 것이라고 풀 수 있다. 이에서 '쉬다(休息)'라는 뜻이 나오고, '쉬다'에서 음식이 쉰다는 뜻의 '쉬다, 발효하다'라는 뜻으로 확장된다. '술 주(酒)'자에 '酉(유)'자를 쓴 것은 '물(氵)이 발효되었다(酉)'라는 뜻인데, 이는 '닭이 둥지에 앉아 쉰다(酉·酉)'는 뜻에서 '쉬다'라는 발음을 취하여 중의적(重義的)으로 쓴 것이다.

| 李 천자 이 | 牵 小篆 | 木 → 나무(Nammu·南無). 창조주 하느님.<br>子 → 아들. 앙크(우).<br>李 ☞ 하느님(木)의 아들(子). 하늘(紫)의 열매(桃). |
|---|---|---|

'李(이)'의 자형은 '木 + 子'로 구성되어 있다.

'Nammu(나무·木)'는 고대 수메르(Sumer) 신화에서 하늘(An)과 땅(Cybele)을 낳은 창조주 여신(女神)을 말하고, 고대 이집트 신화에서는 창조여신 '이시스(Isis)'를 '나무(木·Nammu)'에 비유하였다. 또한 고대 인도 범어 '나무(木·Namo)'는 한자 '南無(나무)'로 음역하는데, '나무'의 본래 의미는 '귀의(歸依)'가 아니라 '불(佛), 창조주 하느님'을 뜻한다.

▲ 나무(木)에 경배하는 용왕
◀ 창조여신 나무(木), 이시스

또한 '나무 목(木)'자를 파자하면 '十 + 八'이 되는데, '十(십)'은 '하느님'을 나타내고, '八(팔)'[1]은 창조율려인 '8려음(呂音)'을 나타낸다. 따라서 '나무 목(木)'은 8려음(八)으로 천지(十)를 창조하는 '창조주 하느님'을 뜻한다.

---

1) '팔(8·八)'을 흔들어 춤추는 '시바 여신(女神)'과 갑골문 '춤출 무(兼·無·舞)'자는 모두 우주를 창조하는 '창조율려(律呂)'를 상징한다.

창조주(十)의 창조율려(八)　시바(十)의 창조율려(八)　창조율려(八)·춤

'아들 자(子)'는 '천지의 아들' 곧 '하늘의 자손'을 나타내는데, 그 증거는 '아들 자(子)'의 갑골문 '♀'자와 똑같은 모양인 고대 이집트의 '♀(앙크)'를 보면 명확히 드러난다.

아래의 왼쪽 그림에서 오시리스(天)와 이시스(地)의 아들(子)인 호루스가 왼손에 '♀(앙크)'를 들고 있는 모습은, 호루스가 '천지(天地)의 아들(子)'임을 보여주는 것이고, 아래의 오른쪽 그림에서 창조여신 누트의 팔에 '♀(앙크)'가 걸려 있는 모습은, 이 '♀(앙크)'가 곧 '창조여신이 낳은 아들(子)'임을 보여주는 것이다.

따라서 갑골문의 '♀'자와 고대 이집트의 '♀(앙크)'는 '하늘이 낳은 아들(子)'을 상징한다는 것을 알 수 있다.

▲ 아들(子·♀)을 낳는 여신, 누트
◀ 태양의 아들(子·♀), 호루스

이상을 종합하면 '하늘'을 뜻하는 '木(목)'에 '아들'을 뜻하는 '子(자)'가 결합된 '李(이)'는 '하늘(木)이 낳은 아들(子)'을 의미한다.

이를 『설문해자』에서는 "'이(李)'는 열매이다.[李, 果也.]"라고 하였는데, '열매 과(果)'자의 금문 '🌳'와 갑골문 '🌱'를 보더라도 '열매 과(果)'자는 '나무(木) 위의 열매(田)'를 형상한 것으로, '하늘(木)이 낳은 자손(田)'을 상징한다. 그러므로 '하늘이 낳아 기른 자손'을 뜻하는 '오얏 이(李)'와 '하늘이 낳아 기른 열매'를 뜻하는 '열매 과(果)'자는 같다고 할 수 있다.2)

또한 『이아익(爾雅翼)』에서는 "'이(李)'는 나무 중에 열매(子)가 많은 것이다.[李, 木之多子者.]"라고 하였는데, '이(李)'씨가 세계에서 가장 많은 것을 보면 우연한 일이 아닌 듯하다.

일반적으로 '李(이)'를 '오얏 리(李)'라고 하는데, '오얏'이라는 말은 '오야지'로 '천자, (하나님)아버지, 최고'를 뜻하고, 영어로는 '플럼(plum)'인데 'plum' 역시 '아주 훌륭한, 최고'라는 뜻이다.

또한 '오얏'은 '자도(紫桃)'인데, '자도(紫桃)'는 북두하늘을 뜻하는 '자색 자(紫)'와 복숭아를 뜻하는 '복숭아 도(桃)'를 합친 '자색 복숭아'로, '자미성(紫微星)3) 하늘(木)의 열매(子)'4)를 상징한다. 따라서 '자도 이(李)'는 '오얏 리(李)'와 마찬가지로 '북두하늘(紫)이 낳은 자손(桃)'을 뜻한다.

'자도(紫桃)'라는 말을 자세히 살펴본다.

---

2) '李'는 '십(十) + 팔(八) + 새끼(子)'로 파자하면 그야말로 '십팔새끼'인데, 이는 욕이 아니라 위에서 살펴본 대로 '하늘(창조주)의 자손'이라는 뜻이다. 또 '십(十) + 팔(八) + 놈(者)' 즉 '십팔놈'은 '창조자(創造者)'라는 뜻이다. 참고로 말하자면, '욕(辱)'은 성현들이 후손에게 '하늘의 자손'임을 영원히 잊지 말라는 뜻에서 오래도록 전하기 위하여 쓴 말이었다.
3) 자미성(紫微星) : 자미궁(紫微宮)으로 북두칠성 하느님이 계신 곳이다.
4) 이는 '하늘(天)의 열매'를 뜻하는 '천도(天桃)'와 같은 의미이다.

'紫(자)'의 '止(지)'는 '발(足)>불(북극성)'로 '붉은(赤) 색'을 나타내고, 'ヒ(비)'는 '북두칠성'으로 '파란(靑) 색'을 나타내어 이 두 색이 합쳐진 자색(紫色)은 '북두하늘'을 나타낸다. '糸(사)'는 '새끼줄(孫)'로 '자손'을 나타낸다. 따라서 '자색 자(紫)'는 '자손을 낳는 창조주 북두하늘'을 상징한다.

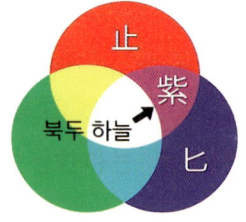

紫(자) = 止 + ヒ

자색(紫色)이 '북두하늘'을 상징하는 예를 들어보면, 천자가 거주하던 중국 자금성(紫禁城)의 '자(紫)'는 '북두하늘'의 자미성(紫微星)을 본뜬 것이고, 천자가 입는 어의(御衣)에 북두칠성이 새겨진 자포(紫袍)도 천자가 '북두하늘'의 자손임을 나타내며. 홍살문(紅箭門)도 북두하늘을 상징하는 자색(紫色)으로 이 홍살문 안은 '북두하늘의 자손이 있는 신성한 곳'임을 나타낸다.

자색(紫) 자금성(紫禁城)

천자의 자포(紫袍)

자색 홍살문

북두하늘의 빛을 상징하는 '자색(紫色)'을 벽사(辟邪)에도 사용하였으니, 그 예는 우리나라에서 동짓날 자색 '팥죽'을 먹는 풍습이나 유대인이 유월절에 자색 '양(羊)의 피(血)'를 문틀에 바르는 풍습에서도 확인할 수 있다.

이러한 '자색(紫色)'의 상징성 때문에 김수로왕 신화의 '자색 줄'과 김알지 신화의 '자색 구름', 그리고 '자색의 알(卵)'에서 태어난 박혁거세, 왕건의 탄생 신화에서 말한 '자색 기운' 등은 모두 '북두하늘의 기운을 받고 태어난 천손'을 상징하는 말로 쓰인 것이다.

'자도(紫桃)'의 '복숭아 도(桃)'에 대해서 알아본다.

'桃(도)'는 '木 + 兆'인데, '木(목)'은 '창조주 하느님'을 의미한다. '兆(조)'는 '거북 등딱지를 구워 갈라진 모양(兆紋)으로 길흉을 점치는(卜) 것인데, 이는 '하늘의 조짐(兆朕)·기운(氣)'을 의미한다. 따라서 '桃(도)'는 '하늘(木)의 기운(氣)이 밖으로 드러난 조짐(兆朕)'으로 '하늘의 자손'을 상징한다.

이상을 종합하면 '북두하늘'을 상징하는 '자(紫)'와 '하늘의 자손'을 상징하는 '도(桃)'가 합쳐진 '자도(紫桃)'는 '하늘(紫)이 낳은 자손(桃)'을 상징한다.

또한, '하늘(紫)의 자손(桃)'을 상징하는 '자도(🍎)'와 '하늘의 사랑'을 상징하는 '하트(❤)'가 모양이 같은 것을 보면 '자도 이(李)'는 '하늘(木)의 사랑이 낳은 열매(子·🍒)'라고 할 수 있다.

| 하늘(天) | 此 | 木 | 木 | |
|---|---|---|---|---|
| 자손(孫) | 糸 | 兆 | 子 | 자도·李 |
| ↓ | ↓ | ↓ | ↓ | |
| 천손 | 자(紫) | 도(桃) | 이(李) | |

그리고, 신라 시대의 '자도(紫桃) 귀고리' 유물을 보면 '하늘(木)'을 상징하는 큰 자도가 '자손(子·兆)'을 상징하는 작은 자도를 품고(胞胎) 있는 모습이다. 이는 '자도 귀고리'5)가 '하늘의 음성(말씀)을 듣는 자손'이라는 것을 나타내어 '자도 이(李)'자와 '복숭아

자도(李) 귀고리

---

5) '귀고리'의 귀(耳)는 '북두칠성(紫) 하늘'을 나타내고, 고리는 '연결고리'를 나타낸다. 따라서 '귀(耳)고리'는 '하늘의 음성을 듣는(耳) 연결고리'를 상징한다. 이와 같은 귀고리를 『부도지』 「제4장」에서는 '오금(烏金)'이라 했다.

도(桃)'자의 의미가 같다는 것을 알 수 있다.

오른쪽 그림은 마고 삼신(三神)으로, 마고(麻姑)는 연꽃을 들고 있고, 궁희(穹姬)는 징을 들고 있으며, 소희(巢姬)는 자도(紫桃)를 들고 있는 모습인데, 마고가 들고 있는 '연꽃'은 '마음(麻音)6), 하나(참나)님'을 상징하고, 궁희가 들고 있는 '징'은 '창조율려, 하나님의 말씀(음성)'을 상징하며, 소희가 들고 있는 '자도(紫桃)'는 '하나(참나)님의 말씀이 낳은 자손'을 상징한다.

자도를 든 마고삼신

이렇게 마고 삼신(三神)이 들고 있는 '연꽃, 징, 자도(紫桃)'는 천부삼인(天符三印)의 '거울, 방울, 칼'과 같은 의미인데, 거울은 '하나(참나·마음)님'을 나타내고, 방울은 '하나님의 음성'을 나타내며, 칼(刀)은 '하나님의 말씀으로 창조된 자손(⼑)'을 나타낸다.

| 천부(天符)<br>삼인(三印) | 마고의 연꽃 ☞ | 거울 | 마음(心) | 하나(참나)님 | 十(하늘) |
|---|---|---|---|---|---|
| | 궁희의 징 ☞ | 방울 | 본성(性) | 하나님 말씀 | 八(율려) |
| | 소희의 자도 ☞ | 칼 | 만상(品) | 하나님 자손 | 子(자손) |

결국, 마고 삼신(三神)의 '자도(紫桃)'나 천부삼인(天符三印)의 '칼(刀)'은 성씨 '오얏 리(李)'와 마찬가지로 모두 '하늘이 낳은 자손'을 상징한다.

---

6) '마음(麻音)'이라는 말은 '마고삼신(麻)의 음성(音)'으로, 천지를 창조하는 '하느님의 음성(말씀)'과 같은 의미이고, 또 삼라만상을 창조하는 일체유심조(一切唯心造)의 '마음'과 같은 의미이다.

| 印 | 𠃍 | ⺤(E) → 새의 발 > 해의 불 > 태양(𠃍). |
|---|---|---|
| | | 𠃍(卩) → 태양(𠃍)을 똑 닮은 자손(𠃍). |
| 도장 인 | 小篆 | 印☞ 태양(E)을 닮은(도장) 자손(卩). |

'印(인)'의 소전 '𠃍'은 '⺤ + 𠃍'으로 구성되어 있다.

'새발톱 조(E·爪)'의 소전 '⺤'는 '새의 발톱'을 형상한 것인데, '새'는 높은 하늘을 날기 때문에 높은 하늘에 떠 있는 '해'를 상징하고, 새의 날카로운 발톱은 해의 '불빛'을 상징한다. 따라서 '새의 발(⺤)'은 '해의 불빛' 즉 '태양(하늘)'을 나타낸다.

'𠃍'은 '병부 절(卩)'의 소전인데, '병부(卩)'는 왕으로부터 병사를 지휘할 수 있는 권한을 인증해주는 부절(符節)로, 좌우 한 쌍으로 제작되어 좌(左)의 것은 군주가, 우(右)의 것은 장수가 지니는 것을 말한다. 따라서 '병부(卩)'는 임금이 장수를 인증해주는 신표로서, '印(인)'에 쓰인 '절(卩)'은 '하늘의 자손, 임금의 신하'를 뜻한다. 또한 '卩'의 갑골문 '𠃌'은 '북두칠성(𠃍·하느님)을 닮은 모습', 즉 '엄마 배(모태) 속 아기의 모습'으로, 이는 '하느님 품 안에 있는 하느님 닮은 자손'을 나타낸다.

이상을 종합하면 'E(爪) + 卩'로 구성된 성씨 '印(인)'은 '하늘(E)을 닮은(도장) 자손(卩)'을 의미한다.

한편, '병부 절(卩)'의 소전 '𠃍'은 그 형태가 '큰뱀 파(巴)'의 소전 '𠃍'의 형태와 똑 닮았는데, '큰뱀 파(巴)'는 '태양'을 상징하는 글자로서, 태양을 상징하는 '새의 발톱 조(爪)'와 그 의미가 같다. 따라서 '⺤ + 𠃍'로 구성된 '도장 인(印)'은 '태양(⺤·𠃍)을 똑 닮은 자손(𠃍)'을 뜻한다.

인(印) 351

'도장 인(印)'자에 '하늘(天)을 똑 닮은 천자(子)'라는 뜻이 들어 있다는 것을 보여주는 예가 천자의 도장 '옥새'이다. '옥새 새(璽)'의 '옥(玉)'자는 '옥황상제'를 나타내고, '이(爾)'는 '옥황상제(玉)가 낳은 너(爾)'를 나타내어 '옥새 새(璽)'는 '옥황상제(玉) 하늘을 똑 닮은 천자(爾)'를 뜻한다.

옥새(玉璽)

| 印·㘽·璽 | 태양 巨(爫) | 하늘(尸) | 옥황 옥(玉) | 하늘(天) |
|---|---|---|---|---|
| | 아들 卩(㔾) | 자손(㔾) | 자손 이(爾) | 자손(孫) |
| | ↓ | ↓ | ↓ | ↓ |
| | 인(印·㘽) | 천손 | 옥새 새(璽) | 천손 |

또한 '印(인)'자에 담겨 있는 '태양(巨·爫)을 꼭 닮은 천자(卩)'라는 의미는 중국 자금성 건청문(乾淸門) 앞의 '사자가 새끼 사자에게 발톱(爪)을 물리면서도 웃고 있는 사자상'에서도 확인할 수 있는데, '사자의 발톱(巨·爪)'[1]은 '태양'을 상징하기 때문에 '사자의 발톱(爪)을 물리는 모습'은 '하늘이 천자를 지상의 태양(爪)으로 기쁘게 인가(印可)한다'는 것을 상징적으로 보여준다.

중국 자금성의 황금사자상

새끼에게 발톱을 물리는 사자

---

1) 사자(㹨)는 백수의 왕으로 '태양'에 비유되므로 그 '사자의 발톱(爪)'은 '새의 발톱(爪)'과 마찬가지로 '태양의 빛' 또는 '하늘의 영광'을 상징한다.

| 任 | 𢆉  工  王 | 王 → 하늘의 뜻을 땅에서 실현하는 임금. |
|---|---|---|
| 임금 임 | 甲文 甲文·壬 金文·壬 | 任☞ 하늘의 뜻을 맡아서 실현하는 임금. |

'任(임)'을 파자하면 '壬 + 亻'으로 구성되어 있다.

'壬(임)'의 갑골문 '工'은 '하늘(一)과 땅(一)을 연결하는 사람(丨)'을 나타낸다. '壬(임)'의 금문 '王'은 갑골문 '工'에서 하늘과 땅을 연결하는 주체인 가운데의 '사람(丨)을 강조(●)한 모양'으로 '하늘의 뜻이 땅(세상)에서도 이루어지게 일을 맡은 임금(王)'을 나타낸다. 그러므로 『설문해자』에서도 "'임(壬)'은 '무(巫)'와 같은 뜻이다.[壬, 與巫同意.]"라고 하였는데, '巫(무)' 역시 '하늘(一)과 땅(一)을 연결하는(丨) 사람(人)'이므로 이렇게 풀이한 것이다.

따라서 위와 같은 뜻의 '임(壬)'자에 '그런 사람'이라는 뜻의 '사람 인(亻·人)'변을 더한 성씨 '임(任)'은 '하늘에서 이룬듯이 땅에서도 이루어지게 세상을 맡은 임금'을 나타낸다. 이 임금을 신라에서는 '이사금(尼師今)'이라 하였고, 고구려에서는 '안금(安錦)'이라고 하였다.

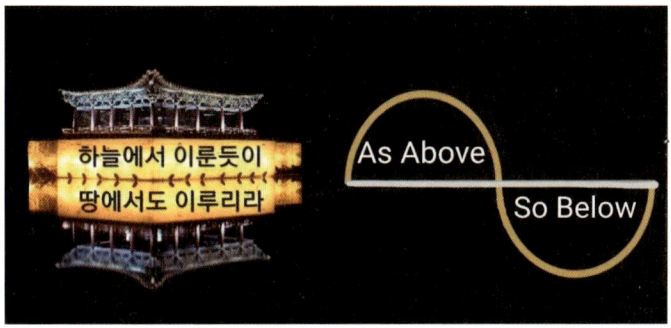

하늘에서 이룬듯이 땅에서도 이루는 임금(壬)

또한, '壬(임)'의 갑골문 'I'과 그 뜻과 글자 형태가 비슷한 '工(공)'은 석공(石工)이란 뜻의 '프리메이슨'과 같은 의미인데, 석공(石工)의 '工(공)' 역시 '하늘에서 이룬듯이 땅에서도 이루게 하는 사람', 곧 '하늘의 뜻을 땅에서 실현하는 천손'을 뜻한다.

| I · 工 | 프리(Free)[1] | 태양 | 석(石) | 마고(麻姑·Ma) |
|---|---|---|---|---|
| | 메이슨(Mason) | 아들 | 공(工) | 자손(子孫·son) |

참고로, '임금 임(壬)'[2]자가 들어 있는 글자 '조정 정(廷)'은 '임금(壬)이 거닐고 활동하는(廴) 곳'을 뜻하고, '성인 성(聖)'은 '귀(耳)가 밝아 총명하고 입(口)이 맑아 능히 하늘의 뜻을 세상에 전하는 임금(壬)'을 뜻한다.

---

[1] '프리(Free)', 즉 '자유(自由)'라는 말은 '일체는 다 자기 마음(自)으로부터 비롯되었다(由)'라는 것으로 '근원의 빛(본태양)'을 뜻하며, '돌 석(石·石)' 역시 '하늘(厂)의 태양(ㅁ)'을 뜻한다.
[2] '壬(임)'을 흔히 '북방 임(壬)' 또는 '천간 임(壬)'으로 쓰는데, '북방 임(壬)'은 '높은 하늘'을 나타내고, '천간 임(壬)'은 '아홉 번째 하늘'을 나타낸다.

| 林 <br> 임금 임 | 朱 <br> 小篆·木 | 木→南無(Nammu). 창조주 하느님. <br> 林→빛(수풀). 임금. <br> 林☞하늘(木)의 빛(林). 임금. |
|---|---|---|

'林(임)'은 '木 + 木'으로 구성되어 있다.

'Nammu(나무·木)'는 고대 수메르(Sumer) 신화에서 하늘(An)과 땅(Cybele)을 낳은 창조주 여신(女神)을 말하고, 고대 이집트 신화에서는 창조여신 '이시스(Isis)'를 '나무(木·Nammu)'에 비유하였다. 또한 고대 인도 범어 '나무(木·Namo)'는 한자 '南無(나무)'로 음역하는데, '나무'의 본래 의미는 '귀의(歸依)'가 아니라 '불(佛), 창조주 하느님'을 뜻한다.

◀ 창조여신 나무(木), 이시스

▲ 나무(木)에 경배하는 용왕

또한 '나무 목(木)'자를 파자하면 '十 + 八'이 되는데, '十(십)'은 '하느님'을 나타내고, '八(팔)'[1]은 창조율려인 '8려음(呂音)'을 나타낸다. 따라서 '나무 목(木)'은 8려음(八)으로 천지(十)를 창조하는 '창조주 하느님'을 뜻한다.

---

1) '팔(8·八)'을 흔들어 춤추는 '시바 여신(女神)'과 갑골문 '춤출 무(爽·無·舞)'자는 모두 우주를 창조하는 '창조율려(律呂)'를 상징한다.

창조주(十)의 창조율려(八)　시바(十)의 창조율려(八)　창조율려(八)·춤

따라서 '창조주 하느님'을 뜻하는 '나무 목(木)'을 두 번 겹쳐서 만든 '수풀 림(林)'은 '창조주 하느님(木)이 낳은 빛나는 임금(林)'을 뜻한다. 그러므로 『이아(爾雅)·석고(釋詁)』에서도 "임(林)은 임금(君)이다.[林, 君也.]"라고 하였다.

여기서 '수풀(林)'이라는 말의 의미를 자세히 살펴본다.

수풀의 '수'는 수많은 수량(數量)을 나타내는 '수(數)'인데, 그 간체자 '수(数)'를 보면 '女 + 米 + 攵'로 구성되어 '창조주 하느님(女)이 낳은 수많은 빛살(米)과 같다(攵)'라는 뜻이다. 그리고 수풀의 '풀'은 '풀>뿔>불(빛)'의 관계에 따라 '불빛'을 뜻한다. 따라서 '수풀(林)'은 '수많은 빛'을 뜻한다.

풀(빛) = 불(빛)

'수풀(林)'이라는 말에 이런 의미가 담겨 있기 때문에 '수많은 불빛(스타)이 모인 곳'을 '림(林)'이라고 하는 바, 수승한 승려들이 모인 곳을 '총림(叢林)'이라 하고, 훌륭한 유자(儒者)들이 모인 곳을 '유림(儒林·士林)'이라 하며, 최고의 무술인들이 모인 곳을 '무림(武林)'이라고 한다.

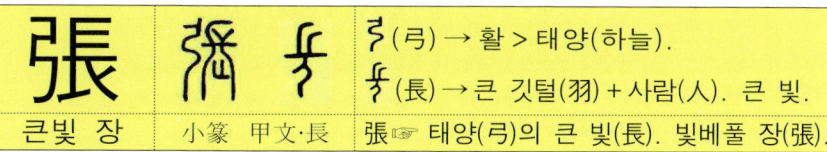

| 張 | 豫 | 気 | 弓(弓) → 활 > 태양(하늘). |
|---|---|---|---|
| 큰빛 장 | 小篆 | 甲文·長 | 長(長) → 큰 깃털(羽) + 사람(人). 큰 빛.<br>張☞ 태양(弓)의 큰 빛(長). 빛베풀 장(張). |

'장(張)'은 '弓 + 長'으로 구성되어 있다.

'활 궁(弓)'의 '활'이라는 말은 '활활 타오르는 태양'을 연상한 데서 나온 말로 '활(弓)'은 하늘의 '태양'을 상징한다.

'활 궁(弓)'자가 '태양'을 상징적으로 표현한 예를 초요기(招搖旗)에서 확인할 수 있는 바, 초요기는 조선시대 때 국왕이 참여하는 대규모 열병식 때나 전쟁에서 대장이 장수들은 지휘할 때 사용하던 것인데, 초요기에 새겨진 '활 궁(弓)'자는 '북두칠성'을 나타낸 것으로 '북두칠성 본태양 하늘'을 상징한다.

이처럼 '활 궁(弓)'자가 '태양'을 상징하기 때문에 '활(弓)에서 나오는 화살(矢)'은 '태양(弓)에서 나오는 햇살(矢)'을 상징하고, 더 나아가 '하늘(弓)의 자손(矢)'을 상징한다.

이러한 '활(弓)과 화살(矢)'의 관계를 잘 보여주는 그림이 산동성 무량사의 「출행도」인데, 이는 활(弓)을 들고 있는 천제 환인(桓因)이 그의 아들 환웅(桓雄)에게 화살(矢)을 건네주는 장면으로, '활(弓)'이 '태양(하늘)'을 상징한다는 것을 잘 알 수 있다.

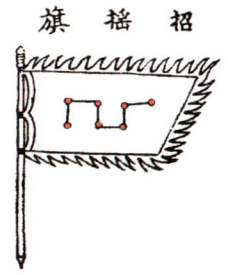

북두칠성 태양(弓)

천제 환인(弓)과 아들 환웅(矢)

| 활(弓)·화살(矢) | 활(弓) | 태양(弓) | 하늘(弓) |
|---|---|---|---|
| | 화살(矢) | 햇살(矢) | 자손(矢) |

'長(장)'의 갑골문 '𠀎'은 '丘 + 𠂉'으로 구성되어 있다.

'丘'은 '머리에 꽂은 새의 긴 깃털'을 형상한 것으로, '새의 긴 깃털'은 '해(태양)의 큰 빛'을 나타낸다. '𠂉'은 '사람'을 나타낸다.

따라서 '𠀎·長(장)'은 '머리에 새의 긴 깃털을 꽂은 사람'을 나타낸 것으로, '태양의 큰 빛(丘)과 같은 훌륭한 사람(𠂉)'을 뜻한다.

이렇게 '머리에 새의 깃털을 꽂은 사람'의 모습은 단군조선 이후 북부여와 고구려에 이르기까지 썼던 까마귀 깃털로 만든 '오우관(烏羽冠)'[1]이나 신라 화랑이 썼던 꿩의 꼬리털로 만든 '치미관(雉尾冠)'에서 볼 수 있다. 그리고 카자흐스탄에서는 '새의 깃털관' 대신 '화살모자'로 '태양의 빛과 같은 훌륭한 자손'을 나타냈다.

고구려인이 쓴 오우관(烏羽冠)　　화랑이 쓴 치미관(雉尾冠)　　화살모자

---

[1] '오우관(烏羽冠)'은 현조(玄鳥)인 까마귀의 깃털로 만든 관으로 '까마득한 북두하늘(烏)의 빛(羽)' 즉 '본태양'을 상징한다. 『북부여기·상편』에 "해모수가 오우관을 쓰고 용광검을 차고 오룡거를 타셨다.……"라고 하였는데, '까마귀'는 '삼족오(三足烏)'로 '삼신하느님'을 나타내고, '깃털'은 그 '자손'을 나타낸다. 따라서 까마귀나 꿩의 '긴 깃털'을 꽂은 사람은 '삼신하느님(본태양)의 훌륭한 자손'을 상징한다.

이상과 같이 '태양의 빛과 같은 훌륭한 사람'을 뜻하는 '장(長)'에 대해 『설문해자』에서는 "'장(長·長)'은 '오래고 멀다'는 뜻이다. '兀(兀)'과 '匕(匕)'로 구성되어 있는데, '兀(兀)'은 높고 멀다는 뜻이다. 𠤎은 '亾'을 뒤집은 것이다.[長, 久遠也. 从兀从匕. 兀者, 高遠意也. 𠤎者, 倒亾也.]"라고 하였다.

위의 문장을 풀어보면, '兀(兀)'은 '높고 먼(儿) 하늘(一)'을 나타내고, '匕(匕)'는 '북두칠성'을 나타내며, '𠤎'은 빛이 땅에 숨은 '숨을 망(亾·亡)'2)자를 뒤집은 모양으로 '까만 하늘(冖)에 숨은 빛(丫)'을 나타낸다. 따라서 '長·長(장)'은 '높고 먼(兀) 북두칠성 하늘(匕)의 숨은 빛(𠤎)'을 형상한 것으로, '높고 먼(兀) 북두하늘(匕)의 본태양(𠤎)'을 나타낸다.

이상에서 살펴본 대로 '태양'을 뜻하는 '활 궁(弓)'자에 '큰 빛과 같은 훌륭한 사람'을 뜻하는 '길 장(長)'자를 합친 '장(張)'은 '태양(弓)의 큰 빛(長)과 같은 훌륭한 사람'을 나타내어, 성씨 '장(張)'은 '태양(弓)의 큰 빛(長)을 세상에 베푸는 사람(光明利世)'을 의미한다.

---

2) '숨을 망(亾·亾·亡)'은 '해(人·亠)가 서산으로 숨은(乚·凵) 모양'과 같이 '해가 까마득한 하늘에 숨은 것'을 나타낸다.

| 章 | 章 | 音→8려음(몸음). 음성(말씀).<br>十→창조주 하느님. |
|---|---|---|
| 천손 장 | 小篆 | 章☞ 하느님(十)의 음성(音)이 낳은 천손. |

 '章(장)'은 '音 + 十'으로 구성되어 있다.

 '音(음)'은 『설문해자』에 "'음(音)'은 마음에서 나왔다.[音, 生於心.]"라고 하였다. 마음은 '麻音', 즉 '마고(麻)삼신 하느님의 음성(音)'으로 곧 '창조주 하느님의 음성(말씀)'을 뜻한다. 또한 '音(음)'은 천지를 창조하는 '8려음(몸음)'으로 '하느님의 창조율려'를 말한다. 이에 대해 『부도지』에서는 "음(音)으로 우주(마고대성·허달성·실달성)를 창조하였다."라고 하였고, 『성경』에서는 "태초에 말씀(音·意)으로 만물을 지으셨다."라고 하였다.

 '十(십)'은 보이지 않는 하늘(丨·天)과 보이는 땅하늘(一·地)이 교합(交合)한 모양으로, 천지(天地)를 창조하는 '창조주 하느님'을 나타낸다. 또 '10(십)'은 보이지 않는 하늘(丨)을 나타내는 '0(공·空)'과 보이는 땅하늘(一)을 나타내는 '1(색·色)'이 합쳐진 '온전한 수(數)'인데, 우리 옛말에 '十(10)'을 '온'이라고 한 것을 보더라도 '十·10'은 '온전한 창조주 하느님'을 나타낸다.

 이상을 종합하면 '章(장)'은 '창조주 하느님(十)의 음성(音)'을 나타낸 글자로, 성씨 '章(장)'은 '창조주 하느님(十)의 음성(音)이 낳은 자손'을 뜻한다.

 이에 '장(章)'은 '하늘의 음성'을 뜻하는 '악곡' 또는 '하늘의 무늬'를 뜻하는 '글(문장)' 등의 뜻을 갖게 된다.

| 章 | 十·하늘 | 天·하늘 | 天·하늘 | 天·하늘 |
|---|---|---|---|---|
| | 音·음성 | 言·말씀 | 文·무늬 | 孫·자손 |

| 莊 | 莊 | ++ → 풀 > 불(불빛).<br>爿 → 창조주 하느님(木)의 짝(분신).<br>士 → 능한(훌륭한) 선비. |
|---|---|---|
| 훌륭할 장 | 小篆 | 莊 ☞ 하느님의 분신과 같은 훌륭한 선비. |

'莊(장)'은 '++ + 爿 + 士'로 구성되어 있다.

'풀 초(++·艸)'의 '풀'은 '풀 > 뿔 > 불'로 발음상 서로 통하므로 '불빛(光)'을 의미한다. [p.62 '풀 초(++·艸)' 참조]

'나무조각 장(爿)'은 '창조주 하느님'을 뜻하는 '나무(木)'를 반으로 쪼갠 왼쪽의 모양으로 '하느님의 반쪽(伴)·분신'을 뜻한다.

'선비 사(士)'는 '十 + 一'로 '하나(一)를 들으면 열(十)을 미루어 안다(聞一知十)'라는 뜻으로 '지극히 총명함'을 나타낸다. 이렇게 선비는 하나의 원리로 모든 것을 꿰뚫어 볼 줄 아는 '일이관지(一以貫之)'의 총명함을 지니고 있으므로 『설문해자』에서 "'사(士)는 일을 맡아 할 줄 안다.[士, 事也.]"라고 하였으니, 어떤 일을 담당할 능력이 있는 사람(能事)을 말한다.

이상을 종합하면 '莊(장)'은 '하느님의 분신(爿)과 같은 훌륭한(士) 사람'을 형상한 것으로, 성씨 '莊(장)'은 '하느님의 훌륭한 자손'을 뜻한다.

| 하느님(木)의 왼편 반쪽 : 爿(장) | 장(莊)씨, 장(蔣)씨 |
|---|---|
| 하느님(木)의 오른편 반쪽 : 片(편) | 편(片)씨 |

| 蔣 | 蔣(小篆) | ⺾ → 풀 > 불(불빛). <br> 爿 → 하느님의 짝(伴). 분신(아바타). <br> 月 → 하느님(해)의 아들(달). <br> 寸 → 손(手). 자손(孫). ~같다(닮다). |
|---|---|---|
| 장할 장 | 小篆 | 蔣 ☞ 하느님의 분신(爿)과 같은(寸) 아들(月). |

'蔣(장)'은 '⺾ + 爿 + 月 + 寸'으로 구성되어 있다.

'풀 초(⺾·艸)'의 '풀'이라는 말은 '풀 > 뿔 > 불'로 발음상 서로 통하여 '불빛(光)'을 의미한다. '불(ㅂ)'에서 발음을 거세게 하여 격음화시키면 '풀(ㅍ)'이 되고, '불(ㅂ)'에서 발음을 경음화시키면 '뿔(ㅃ)'이 되어, '풀(艸) > 뿔(角) > 불(火)'은 모두 '불 화(火)'와 마찬가지로 '불빛(光)'을 나타낸다.

'풀 초(⺾·艸)'를 형상 측면에서 보면, '불'이 불빛(火)의 몸체인 둥근 태양에서 불빛이 뻗쳐 나오듯이, '풀(艸)'도 몸체인 둥근 지구(땅)에서 풀빛이 뻗쳐 나오고, '뿔(角)'도 몸체인 짐승의 몸에서 뿔이 불빛처럼 뻗쳐 나온 형상이다. 이렇게 '불·풀·뿔'은 같은 속성을 지녔기 때문에 '불·풀·뿔'은 '태양의 불빛'을 뜻한다고 볼 수 있다.

태양의 불빛 = 풀빛(⺾·艸)

'나무조각 장(爿)'의 '나무(木)'는 '창조주 하느님'을 상징한다.

아래 왼쪽의 그림은 '거꾸로 선 나무(木)'인데, 나무의 '뿌리(불)'는 '본태양(本太陽)'을 나타내어, 이 '뿌리(본태양)'에 의해서 가지와 잎, 즉 시방세계가 창조된다는 것을 나타낸다. 따라서 '나무(木)'는 '마음이 일체 시방세계를 창조한다(一切唯心造)'라는 '창조주 마음'과 같은 의미이다.

또 불교에서 말하는 '보리수(菩提樹)'는 '깨달은(보리) 나무(수)'라는 의미로 '창조주인 참나(眞我)'를 상징하고, 기독교에서 말하는 '생명나무'는 '하느님이 주시는 영생[창2:9]'이라는 의미로 생명을 주시는 '창조주 하느님'을 상징한다.

뿌리(태양)　　　보리수(菩提樹)　　　생명나무를 가리키는 예수

따라서 '나무조각 장(爿)'은 창조주를 의미하는 나무(木)를 반(半)으로 쪼갠 왼쪽의 조각으로, 이는 곧 '창조주 하느님의 짝(伴), 분신'을 상징한다.

'육달 월(月)'은 '고기 육(肉)'과 같은 뜻인데, '육(肉)'은 '冂 + 仌'로 구성되어 있다. '冂'은 『집운(集韻)』에 "하늘이다.[空也.]"라고 한 것처럼 우주, 집, 몸(肉身) 등을 나타내고, '仌'은 햇살(빛)을 나타낸다. 따라서 '고기 육(肉)'은 '하늘(高)의 햇살(氣)이 쌓여 이루어진 살'로 '하늘의 빛(高氣)이 깃든 몸(肉身)'을 상징한다.

'고기(肉)'의 의미를 부연하여 설명하면 먼저 '고기'라는 발음의 측면에서 볼 때 '높을 고(高)'와 '기운 기(氣)'의 조합으로 이루어진 단어라고 볼 수 있으니, 이는 '하늘(高)의 기운(氣)'을 뜻한다. 이런 의미의 '고기'를 좀 더 확장해 보면, '고기(肉)'라는 말은 '해

(日)의 햇살(肉)', '해(日)의 달(아들·月)' 그리고 '하늘(天)의 자손(孫)'이라는 뜻까지 지니게 된다. 그러므로 하늘의 빛과 같은 존재인 예수를 '(물)고기(高氣)'로 비유하고, 또 '고기(高氣)'인 붓다를 '코끼(高氣)·리'로 비유한 것이다.

| 고기肉 | 고(高) | 천(天) | 하늘(天) | 해(天) | 해(日) | 달月 |
|---|---|---|---|---|---|---|
|  | 기(氣) | 기(氣) | 자손(孫) | 햇살(肉) | 달(月) |  |
|  | ↓ | ↓ | ↓ | ↓ | ↓ |  |
|  | 고기(肉) | 살(肉) | 천손 | 햇살(肉) | 달(月) |  |

'마디 촌(寸)'의 소전 '㇂'은 '㇈ + 一'으로 구성되어 있다.

'㇈'은 '손(手)'을 나타내고, '一'[1]은 '一(일)'로 '하늘(天·一·一)'을 나타낸다. 따라서 '마디 촌(寸)'의 소전 '㇂'은 '하늘(一)의 손(㇈)'을 형상한 것으로 '하늘(一)의 자손(㇈), 하늘(一)과 똑같은 자손(㇈)' 등을 뜻한다.

마디 촌(寸)의 '마디'라는 말은 '마지(麻支)'의 중세 발음인데, '마디(麻支)'의 '삼 마(麻)'는 '마고 하느님'을 뜻하고, '가지 지(支)'는 줄기에서 갈라진 '가지(새끼)'를 뜻하여, '마디(麻支)'는 '마고(麻)의 가지(支)' 즉 '하느님(天)의 자손(孫)'을 의미한다.

이상을 종합하면, '⺾ + ㇈ + 月 + 寸'으로 구성된 성씨 '蔣(장)'은 '하느님의 분신(㇈)과 같은(寸) 빛나는(⺾) 아들(月)'이라는 뜻으로 '굳세고 장한 하늘의 자손'을 의미한다.

---

1) '一(일)'을 옥편에서 '손목에서 일촌(一寸) 거리의 위치'라고 풀이하지만, 여기서 '一(일)'의 본래 의미는 『천부경』에 나오는 '하늘(天·一·一)'을 나타낸다.

| 全 | 全 | 入 → 땅속으로 뻗어 들어간 뿌리 > 태양.<br>王 → 玉. 옥황상제. 삼신 하느님. |
|---|---|---|
| 온전 전 | 小篆 | 全 ☞ 온전(穩全)한 옥황상제(삼신 하느님). |

'全(전)'은 '入 + 王'으로 구성되어 있다.

'들 입(入)'의 소전 '入'은 '하나의 줄기에서 땅속으로 뻗어 들어간 뿌리'를 형상한 글자로 '뿌리'는 '태양'을 상징하고, '王'은 '임금 왕(王)'이 아니라 '구슬 옥(玉)'으로 '옥황상제'를 나타낸다.

'구슬 옥(玉)'을 파자하면 '三 + ㅣ + ㆍ'이다. '석 삼(三)'은 천(天)·지(地)·인(人)을 상징하는 '세 개의 옥(玉)'을 나타내고, '뚫을 곤(ㅣ)'은 세 개의 옥을 뚫어 연결한다는 뜻이므로 '王(옥)'은

뿌리(태양)

천·지·인을 갖춘 '온전한 삼신 하느님'을 의미한다. 여기에 창조주를 의미하는 '점 주(ㆍ)'를 더하여 '옥(玉)'이 '온전한 옥황상제'임을 분명히 하였다.

이상을 종합하면 '全(전)'은 '태양(入) 같은 온전한 옥(玉)'을 형상한 것으로, '온전(穩全)한 옥황상제 하늘'을 나타낸다. 따라서 성씨 '全(전)'은 '온전한 하늘의 자손'을 뜻한다.


또한, 『설문해자』에서 '전(全)'을 "완전하다.[完也.]"라고 하였는데, '完(완)'을 파자하면 '宀 + 元'으로 '宀(갓머리 면)'은 '하늘(태양)'을 나타내고, '元(원)'은 '높은 하늘(二·上)의 태양(불·儿)'을 나타낸다. [p.317 '원(元)'씨 참조]

따라서 '완전 완(完)'은 온전 전(全)'과 마찬가지로 '온전(穩全)한 하늘의 태양'을 뜻한다.

| | | |
|---|---|---|
| 田<br>천손 전 | 田<br>小篆 | 十→ 창조주 하나(참나)님.<br>口→ 밭. 몸(자손).<br>田☞ 참나님(十)의 몸(口). 하나님의 자손. |

'田(전)'은 '十 + 口'으로 구성되어 있다.

'十(십)'의 갑골문 '│'은 '하늘에서 땅으로 내리는 모양'을 형상한 것으로 '하늘의 창조작용'을 나타낸다. '十(십)'의 금문 '♦'은 가운데가 볼록하게 나왔는데, 이는 '하늘의 창조작용'을 강조한 것이고, '十(십)'의 소전 '十'은 '창조작용'을 더 강조하기 위하여 가운데 획을 길게 그은 것이다. 이런 '十·十(십)'에서 우주의 창조작용을 더욱 적극적으로 표현한 것이 '卍(만)'자인데, 이 '卍(만)'자는 '북두칠성이 북극성을 중심축으로 하여 운행하는 것'을 나타낸다.

따라서 '十(십)'자나 '卍(만)'자는 '우주를 창조하고 운행하는 하느님'을 상징한다. 이런 의미의 '十(십)'에 대해 그리스의 수학자 피타고라스는 '1~9까지를 모두 포함하는 완전한 수'로 여겨 '만물의 주재자'라고 하였다.

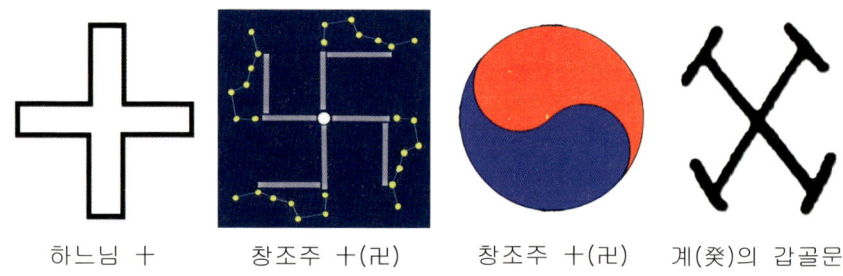

하느님 十    창조주 十(卍)    창조주 十(卍)    계(癸)의 갑골문

'열 십(十)'자에서 '열'이란 '하늘을 열다'라는 말인데, 열 번째 천간인 '열 계(癸)'자 역시 첫 번째 천간 '갑(甲)'에서 창조를 시작

하여 끝내 '하늘을 활짝 열다(癸·開天)'라는 의미로, '癸'의 갑골문 '✕'는 '十'과 같은 모양이다. '癸(계)'를 파자하면 '癶 + 天'인데, 이는 '하늘(天)이 활짝 열린다(癶)'라는 뜻을 담은 글자이다.

한편, '十(십)'은 보이지 않는 하늘(│·天)과 보이는 땅하늘(一·地)이 교합(交合)한 모양으로, 천지(天地)·우주를 창조하는 '창조주 하느님'을 나타낸다. 또 '10(십)'은 보이지 않는 하늘(│)을 나타내는 '0(공·空)'과 보이는 땅하늘(一)을 나타내는 '1(색·色)'이 합쳐진 '온전한 수(數)'인데, 우리 옛말에 '10(십)'을 '온'이라고 한 것을 보더라도 '10(십)'은 '온전한 창조주 하느님'을 나타낸다.

| 十 | │ | 하늘(天) | 공·空·0 | 영(靈) | 창조·갑(甲)1) | 10 |
|---|---|---|---|---|---|---|
|   | 一 | 땅 (地) | 색·色·1 | 육(肉) | 열·계(癸) |   |

'□(국)'은 '밭(땅), 몸(사람)'을 나타낸다.

이상을 종합하면 '田(전)'은 '창조주 하나(참나)님(十)의 밭(□)'을 나타내어, 성씨 '田(전)'은 하나(참나)님(十)의 뜻을 실현할 사람(□)'을 의미한다.

여기서 '하나(참나)님(十)의 밭(□)'을 닦는 내용을 담은 『숫타니파타』2)의 '밭(田)을 가는 사람'을 소개한다.

바라문 바라드바자가 음식을 받기 위해 서 있는 스승을 보고 말했다.
"사문이여, 나는 밭을 갈고 씨를 뿌립니다. 밭을 갈고 씨를 뿌린 후에 먹습니다. 당신도 밭을 가십시오. 그리고 씨를 뿌리십시오. 갈고 뿌린 다음에 드십시오."

---

1) '甲(갑)'의 갑골문 '十'은 '하느님이 처음 하늘을 열다', 곧 '창조하다'라는 뜻을 나타내고, '甲(갑)'의 소전 '甲'은 '하느님 자궁(◯)에서 새끼(丅)를 창조하는 모양'을 나타낸다. 따라서 '甲(갑)'은 '태초의 창조주'를 뜻한다.
2) 법정, 『숫타니파타(불교 최초의 경전)』(이레, 2006).

스승이 대답하셨다.

"바라문이여, 나도 밭을 갈고 씨를 뿌립니다. 갈고 뿌린 다음에 먹습니다."

바라문이 말했다.

"그러나 우리는 당신 고타마의 쟁기나 호미, 작대기나 소를 본 적이 없습니다. 그런데 당신은 어째서 '나도 밭을 갈고 씨를 뿌린 다음에 먹습니다'라고 하십니까? 당신이 밭을 간다는 사실을 알아듣도록 말씀해주십시오."

스승이 대답하셨다.

"나에게 믿음은 씨앗이요, 고행은 비이며, 지혜는 쟁기, 의지는 쟁기를 매는 줄, 생각은 호미날과 작대기입니다. 몸을 근신하며 말을 조심하며, 음식을 절제하며 과식하지 않습니다. 나는 진실을 김매는 일로 삼고 있습니다. 부드러움과 온화함이 내 소3)를 쟁기4)에서 떼어 놓습니다. …… 이런 농사를 지으면 온갖 고뇌에서 풀려나게 됩니다."

---

3) '소 우(牛)'자는 '소의 뿔(Ψ)'을 형상한 글자로 '소의 뿔'은 '하늘의 태양(불)'을 상징한다. 따라서 '소(牛)'는 '참나(本心)' 또는 '하나님'을 뜻한다.(필자주)
4) 쟁기는 '업장(카르마)'을 뜻한다.(필자주)

| 錢 천손 전 | 錢 小篆 | 金 → 태양(빛). <br> 戔 → 창살(들) > 햇살(들). <br> 錢☞태양(金)의 햇살(戔) 같은 자손. |

'錢(전)'은 '金 + 戔'으로 구성되어 있다.

'金(금)'의 금문 '金'은 '全 + ''인데, '全'은 '큰 화살'을 형상한 것으로 '태양'을 나타내고, '''은 '(태양의)빛'을 나타낸다. 따라서 '金'은 '태양(全)의 빛('')'을 의미한다.

'창 과(戈)'의 금문 '戈'는 '戈 + ㅡ'로 되어 있는데, '戈'는 '큰 창날(日)'을 형상한 것으로 '태양'을 나타내고 'ㅡ'는 '화살'을 형상한 것으로 '햇살'을 나타내어, '창 과(戈)'는 '태양의 햇살(빛)'을 뜻한다. 따라서 '창 과(戈)'를 겹쳐 쓴 '戔(전)'은 '창살(들) > 햇살(들)'을 뜻한다.

이상을 종합하면, '전(錢)'은 '태양(金)의 햇살(戔)'을 형상한 글자로, 성씨 '전(錢)'은 '태양(金)의 햇살(戔) 같은 자손'을 뜻한다.

위와 같은 '창 과(戈·戈)'의 의미를 잘 보여 주는 그림이 오른쪽의 '지팡이(持巴이)를 잡은 호루스'이다. 오시리스(天)와 이시스(地)의 아들(子) 호루스가 '지팡이(戈)를 잡고(ㅋ) 있는 모습'은 호루스가 '태양(戈)을 계승한 아들·자손(ㅋ)'이라는 뜻인데, 이에서 '지팡이(持巴이)'는 '태양(ヒ·戈)'을 상징하고 '손(ㅋ)'은 '햇살(ㅡ) > 화살(ㅡ) > 자손'을 상징한다는 것을 알 수 있다.

태양의 빛(戈)

또한 '창 과(戈·🔆)' 즉 '태양의 빛'을 상징하는 고대 이집트 유적 '오벨리스크'는 '하늘로 뻗은 강력한 태양의 빛(天日槍)'[1])을 상징하는데, 이는 천자(天子) 자신이 '태양(하늘)의 빛과 같은 존재'임을 나타내기 위하여 세운 기념물이다.

천일창(오벨리스크)

한편, '전(錢)'의 기본 훈은 '돈'인데, '돈'이라는 말은 '도＋ㄴ'으로 '도(道·태양·하늘)가 내린(ㄴ) 것'이라고 말할 수 있으니, '돈'은 '태양(하늘)의 빛과 같은 것'을 뜻한다고 볼 수 있다. 또 원시시대에 '해(海)가 낳은 조개(貝)'를 '돈(錢)'으로 쓴 것도 '조개(貝)'가 '해가 낳은 햇살과 같은 것'으로 여겨졌기 때문일 것이다.

| 錢 | 해(金) | 해(金) | 바다 해(海) | 도(道) | 하늘(天) |
|---|---|---|---|---|---|
|  | 햇살(戔) | 창살(戔) | 조개 패(貝) | 돈(錢) | 자손(孫) |
|  | ↓ | ↓ | ↓ | ↓ | ↓ |
|  | 천손(錢) | (천일창) | (돈·貝) | (도+ㄴ) | 천손 |

---

1) '천일창(天日槍)'은 신라의 왕자로서 일본에 건너가 일본의 초기국가를 이룩한 주인공 이름인데, 이 '천일창(天日槍)'에 담긴 의미는 '태양(天日)의 창(槍)' 즉 '태양(弋)의 큰 빛(丿)'을 뜻한다.

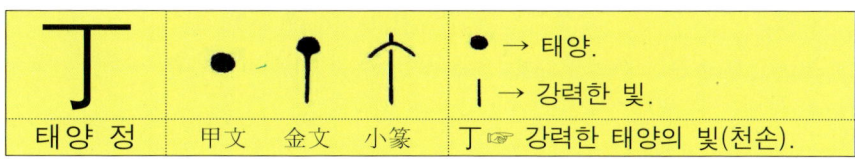

'丁(정)'의 갑골문 '●'은 '못대가리 모양'이 아니라 '태양'을 형상한 것으로 '태양'을 나타낸다.

'丁(정)'의 금문 '↑'은 '태양(●)에서 강력하게 뻗은 빛(│)'을 형상한 것으로 '강력한 태양의 빛'을 나타낸다.

'丁(정)'의 소전 '↑'은 '𠆢+│'으로 구성되어 있다.

'𠆢'는 '돼지머리 해(亠)의 소전으로, '亠(해)'는 '돼지 해(亥)'자의 '머리(亠)'를 말한다.[p.65 '해(亠)' 참조] '해(亥)'1)는 만물을 낳는 '뿌리 해(荄)'를 나타낸 것으로, 이는 '해(태양)'를 의미한다. '│'은 '강력하게 내리뻗는 빛'을 나타낸다. 따라서 '↑'은 '태양(𠆢)에서 뻗은 강력한 빛(│)'을 나타낸다.

이상에서 갑골문, 금문, 소전의 형태로 풀어본 '정(丁)'의 의미를 볼 때, '정(丁)'은 '태양에서 뻗은 강력한 빛'을 나타낸 것으로, 성씨 '정(丁)'은 '태양의 강력한 빛과 같은 훌륭한 사람'을 뜻한다.

그러므로 『설문해자』에서도 "'정(丁)'은 여름에 만물이 모두 정실(丁實)해진다는 뜻이다.[丁, 夏時萬物皆丁實.]"라고 하였는데, 여기서 '정실(丁實)해진다'라는 것은 '여름에 강력한 태양의 빛을 받아서 열매가 아주 실해진다'는 뜻이다.

---

1) '돼지 해(亥)'의 소전 '𠫓'는 '二+乚+𠔼'인데, '二'는 '위 상(上)'의 고문으로 '높은 하늘'을 나타내고, '乚'는 '아이를 밴 모양'을 나타내며 '𠔼'는 '건도(乾道, 남자)와 곤도(坤道, 여자)'를 나타낸다. 따라서 '𠫓·亠(해)'는 '음(陰)·양(陽)이 교접하여 만물을 낳는 본태양 하늘'을 의미한다.

또한, 성씨 '𐅁·丁(정)'은 '강력한 태양(●)의 빛(│)'을 형상한 것으로 '훌륭한 태양의 아들(천자)'을 의미하는데, '𐅁·丁(정)'자에 담긴 이런 상징적 의미는 고대 이집트 유물 '오벨리스크'에 잘 나타난다. 즉, '오벨리스크'는 하늘의 '강력한 태양의 빛'을 상징하는 '천일창(天日槍)'[2])과 같은 것으로, 이는 천자(天子) 자신이 '강력한 태양의 빛과 같은 천자'라는 것을 나타내기 위하여 세운 기념물이다.

태양의 아들, 정(丁)　　오벨리스크, 정(丁)　　천일창, 정(丁)

---

2) '천일창(天日槍)'의 의미는 앞의 '전(錢)'씨 부분 각주 참조.

| 程 | 程 | ⽊(禾)→벼 > 햇볕 > 햇살(米) > 알곡(자손). |
| --- | --- | --- |
| 법 정 | 小篆 | 呈(呈)→하늘의 법을 땅에 실현하는 임금. |
| | | 程☞ 하늘의 법을 세상에 실현하는 자손. |

'程(정)'은 '禾 + 呈'으로 구성되어 있다.

'벼 화(禾)'의 '벼'는 '해의 햇볕' 곧 '볕'에서 나온 말로 '벼(禾)'는 '해가 낳아 기른 벼'라는 뜻이다. 이 말은 '해의 햇살(米)'을 뜻하는 '쌀 미(米)'와 의미상 통하는데, '쌀(米)'은 '해(十)의 햇살(⼂⼂)'로 '해가 낳아 기른 쌀'이라는 뜻이다. 따라서 '벼 화(禾)'자나 '쌀 미(米)'자는 모두 '해가 낳아 기른 열매'를 나타내는데, 이는 곧 '하늘이 낳아 기른 훌륭한 자손'을 의미한다.

또한 '벼 화(禾)'의 금문 '⽊'는 '뿌리(⼈·天) + 줄기(⼁·地) + 알곡(⼂·人)'으로, 이는 '해가 낳아 기른 잘 익은 벼(알곡)'를 뜻한다. 그러므로 『설문해자』에서도 "'화(禾)'는 좋은 알곡이다.[禾, 嘉穀也..]"라고 하였다.1)

그리고 '벼 화(禾)'와 같은 의미로 쓰이는 글자가 '열매 과(果)'이다. '열매 과(果)'의 금문 '果'를 보면 위의 '⽥'은 '햇살(쌀米)'로서 '열매'를 나타내어, '화(禾)'의 소전 '⽊'에서 위의 '⼂'이 구부러진 모양으로 '잘 익은 알곡(⽥)'을 나타내는 것과 같다는 것을 알 수 있다.

'드릴 정(呈)'은 '口 + 壬'으로 구성되어 있다.

'口(구)'는 '하늘(天)'을 말한다.

---

1) '알곡 곡(穀)'자에도 '禾(화)'자가 들어 있어서 '해가 낳아 기른 좋은 알곡'이라는 뜻을 나타낸다. 즉, '곡(穀)'은 '해(殼)의 알곡(禾)'이라는 뜻이다. '껍질 각(殼)'이 '해'를 나타낸다는 것은 '조갑(조개껍질)'이나 '귀갑(거북등껍질)'의 껍질이 '해(태양)'를 상징한다는 것에서 유추할 수 있다.

'壬(임)'은 갑골문 'I(임)'을 보면 '하늘(一)과 땅(一)을 연결하는 임금(丨)'을 나타낸다. 금문의 '壬(임)'은 갑골문의 'I(임)'에서 하늘과 땅을 연결하는 주체인 가운데의 '사람(●)'을 강조한 것으로서 '하늘에서 이룬 뜻을 땅에서도 이루게 하는 임금(壬)' 또는 '하늘의 법을 세상에 실현하는 임금'을 나타낸다.

따라서 'ㅁ + 壬'으로 구성된 '呈(정)'은 '하늘(ㅁ)의 법을 세상에서 실현하는 임금(壬)'을 나타낸다.

하늘에서 이룬듯이 땅에서도 이루는 사람 = 정(呈)

이상을 종합하면, 성씨 '程(정)'은 '하늘의 법을 세상에 실현하는 (呈) 훌륭한 사람(禾)'을 뜻한다.

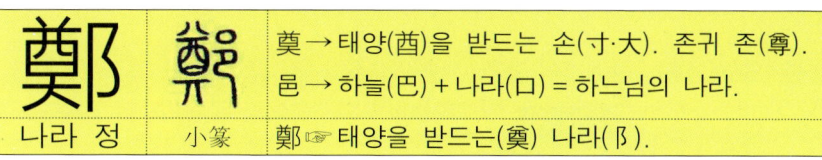

'鄭(정)'1)은 '奠 + 阝(邑)'으로 구성되어 있다.

'받들 전(奠)'은 '우두머리 추(酋) + 클 대(大)'로 '받들다, 존귀하다(尊)'라는 뜻인데, '전(奠)'은 '서녘 서(西) > 닭 유(酉) > 우두머리 추(酋) > 받들 전(奠)'의 과정을 거쳐 이루어진 글자이다.

우선, '西(서)'를 파자하면 '새(一)가 둥지(囗)에 발(儿)을 내린 모습'을 나타내고, 또 '西(서)'의 소전 '卥'를 파자하면 '弓(새) + ⊠(둥지)'로 역시 '새(弓)가 둥지(⊠)에 앉은 모습'을 나타낸다. 여기에서 '새(鳥)'는 '해(日)'를 뜻하므로 '새가 새집에 앉은 모양'은 '해가 서산(西山)에 내린 모양'과 같은 의미이다. 그래서 『설문해자』에서도 "'서(西)'는 새가 새집에 있는 것이다. 해가 서방으로 기울면 새가 새집에 깃드는 것을 말한다.[西, 鳥在巢上. 日在西方而鳥棲.]"라고 하였다.

이렇게 '새가 둥지에 내려앉는 것'이나 '해가 서산에 내리는 것'은 마치 '창조해 계집(女)이 집에 있는 모습'과 같으므로, '새집에 앉은 새'를 형상한 '卥·西(서)'는 '창조해(弓) 하느님'을 상징한다. [p.50 '계집 녀(女)' 참조]

'닭 유(酉)'의 소전 '酉'는 '西(西) + 八(一)'인데, '西(서)'는 '닭(一)이 둥지(囗)에 발(八)을 내린 모습'을 나타내고, '酉'자 속의 '八'은 '알(卵)'을 나타낸다. 따라서 '닭 유(酉·酉)'는 '둥지에 앉은

---

1) '鄭(정)'의 자형은 흔히 '鄭(정)'으로 표기되지만 '鄭'의 본래 의미를 따져보면 '鄭'으로 표기되어야 한다. '酋(추)'자 위의 두 점(丷)은 '닭(酉)의 벼슬(丷)'을 나타낸 것이기 때문에 '八'로 표기하는 것은 맞지 않는다고 본다.

닭(酉)이 알(ㅅ·卵)을 까는 모습'을 형상한 것으로, 이는 곧 '까닭(알을 까는 닭), 본태양 창조주 하느님'을 상징한다.2)

창조주 하느님(까닭)

닭(酉) 벼슬(ヽヽ) = 추(酋)

'우두머리 추(酋)'는 '酉(닭) + ヽヽ(볏·벼슬)3)'로 구성되어 있는데, 이는 태양을 상징하는 '닭 유(酉)'자에 햇볕을 상징하는 '(닭)벼슬(ヽヽ)'이 하늘을 향해 뻗쳐 있는 모습을 형상한 것으로 '태양(닭)의 햇볕(벼슬)'을 나타낸다. 따라서 '우두머리 추(酋)'는 '높은 태양의 빛과 같은 고귀한 존재'를 뜻한다.

'받들 전(奠)'은 '酋 + 大'인데, '클 대(大)'는 받드는 손을 나타낸 '마디 촌(寸)'의 변형으로 '받들 전(奠)'은 '존귀 존(尊)'과 마찬가지로 '존귀한 태양(酋)을 받든다(大·寸)'라는 뜻이다.

'고을 읍(阝·邑)'은 '巴 + 口'로 구성되어 있다.

'큰뱀 파(巴)'는 '• + 巳'로 구성되어 있는데, '점 주(•)'는 '북극

---

2) 한편, '酉(유)'자를 '西 + 一'로 파자하면 이는 '닭이 닭집(西)의 횃대(一)에서 쉬는 모습'을 나타낸 것이라고 풀 수 있다. 이에서 '쉬다(休息)'라는 뜻이 나오고, '쉬다'에서 음식이 쉰다는 뜻의 '쉬다, 발효하다'라는 뜻으로 확장된다.
'술 주(酒)'자에 酉(유)자를 쓴 것은 '물(氵)이 발효되었다(酉)'라는 뜻인데, 이는 '닭이 둥지에 앉아 쉰다(酉·酉)'는 뜻에서 '쉬다'라는 발음을 취하여 중의적(重義的)으로 쓴 것이다.
3) '벼슬 관(冠)'과 '왕관(王冠)'도 '닭의 볏' 즉 '태양의 빛'을 본뜬 것이다. 일반적으로 '추(酋)'를 '잘 익은 술(酉)의 향기(ヽヽ)'로 설명하는데, 이는 '태양의 빛'을 '술의 향기'로 잘못 비유한 것이다.

성'을 나타내고, '뱀 사(巳)'는 북극성을 중심축으로 하여 우주를 춘하추동(春夏秋冬) 운행하는 '북두칠성'을 나타낸다. 따라서 '큰뱀 파(巴)'는 우주를 운행하며 주재하는 '북두하늘'을 뜻한다.

'큰뱀 파(巴)'에 이런 의미가 있다는 것은 '큰뱀(巴)'이 우주(천체)의 운행을 주재한다고 생각한 고대 페루인의 우주관(宇宙觀)에도 잘 나타나 있다.

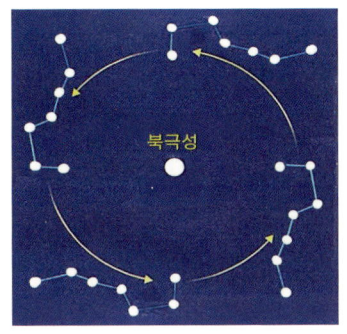
우주를 운행하는 큰뱀 파(巴)

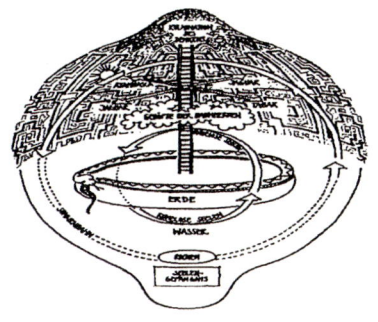
고대 페루의 우주도

'입 구(口)'는 '사람(人)이 출입(出入)하는 곳(口)'을 나타낸다.

이상을 종합하면 '고을 읍(阝·邑)'은 '하늘(巴)의 자손이 모여 사는 곳(口)'을 의미한다. 또한, '고을 읍(阝·邑)'은 '하늘(巴)의 자손(口)'이라는 의미로도 쓰이는데, 이는 '마고(麻)의 새끼(乙)'를 뜻하는 '마을(麻乙)'이나 '하늘(天)의 새끼(乙)'를 뜻하는 '천을(天乙)'과 같은 의미라고 할 수 있다.

| 고을·읍 | 하늘 파(巴) ☞ 고(高)·마(麻)·천(天)·천(天) |
|---|---|
| | 사람 구(口) ☞ 을(乙)·을(乙)·을(乙)·손(孫) |

이상을 종합하면 나라이름 '鄭(정)'은 '태양을 받드는(奠) 나라(阝)'라는 뜻이 되고, 성씨 '鄭(정)'은 '태양을 받드는(奠) 자손(阝)'이라는 뜻이 된다.

| 諸 | 諸(小篆) | 言→ 하느님의 말씀(뜻).<br>者→ 해(白)의 햇무리(㫃). 태양(白)의 후예(㫃).<br>諸→ 하느님 말씀(言)이 낳은 태양의 후예(者). |
|---|---|---|
| 천손 제 | 小篆 | |

'諸(제)'는 '言 + 者'로 구성되어 있다.

'말씀 언(言)'은 『성경』에서 "하느님의 말씀으로 만물을 창조하였다."라고 한 것처럼 '창조주 하느님의 말씀'을 의미한다. 따라서 '말씀(言)'은 곧 '하느님의 음성(音)이자 하느님의 뜻(意)'이다.

'者(자)'에 대해 『설문해자』에서는 "'者(자)'는 별건을 나타내는 말이다. '白(백)'으로 구성되고 '㫃(여)'라는 발음이다. '여(㫃)'는 고문의 '여(旅)'자이다.[者, 別事詞也. 从白㫃聲. 㫃, 古文旅字.]"라고 하여, '者(자)'가 '白(백)'과 '㫃(여)'로 구성되어 있음을 알 수 있다. '白(백)'의 갑골문 '⊖'은 '하늘(○)의 태양(一)'을 나타낸 것이고, '白(백)'의 소전 '白' 역시 '하늘(ㅂ)의 태양(人)'을 나타낸 것으로, '白(백)'은 '태양'을 뜻한다. '㫃(여)'는 '止 + 从'인데, '止(지)'의 갑골문 'ㅂ'는 '발'을 형상한 것으로 '불(태양)'을 나타내고, '따를 종(从)'은 '햇살(사람)들'을 나타내어, '㫃(여)'는 '태양(止)을 따르는 햇무리(从)'를 나타낸다.

따라서 '태양'을 나타내는 '白(백)'과 '햇무리(여러 무리)'를 나타내는 '㫃(여)'가 합쳐진 '者(자)'는 '태양(白)의 햇살들 같은 여러 무리(㫃·旅)'를 의미한다.

이상을 종합하면, '하느님의 말씀'을 뜻하는 '언(言)'에 '태양의 햇무리'를 뜻하는 '자(者)'가 결합한 성씨 '제(諸)'는 '하느님 말씀(言)이 낳은 태양의 후예(者)'를 의미한다.

| 諸葛 | 諸葛 (小篆) | 諸→ 하느님 말씀(言)이 낳은 자손(者).<br>葛→ 하느님 말씀(曰)이 낳은 천손(葛). |
|---|---|---|
| 천손 제(諸)<br>천손 갈(葛) | 小篆 | 諸葛☞ 하느님 말씀이 낳은 천손. |

'제갈(諸葛)'의 '諸(제)'는 '하느님의 말씀'을 뜻하는 '말씀 언(言)'에 '태양의 후예'를 뜻하는 '자(者)'가 결합한 글자로 '하느님 말씀(言)이 낳은 태양의 후예(者)'을 뜻한다.

'葛(갈)'의 소전 '葛'은 'ᄽᄽ(艸) + 日 + 匃(勹)'로 되어 있다.

'풀 초(ᄽᄽ·艸)'의 '풀'이라는 말은 '풀 > 뿔 > 불'로 발음상 서로 통하여 '불빛(光)'을 의미한다. [p.62 '풀 초(艹·艸)' 참조]

'말씀 왈(曰)'의 소전 '曰'은 'ᄇ + ㄴ'로 되어 있는데, 'ᄇ'은 '입(口)'을 나타내고 'ㄴ'은 '입에서 나오는 입김'을 나타낸다. 따라서 '曰·曰(왈)'은 '말씀'을 뜻한다.

'匃(개)'는 '勹 + 亾'로 되어 있는데, '勹'는 '엄마의 모태(母胎)'를 나타내고, '亾(亡)'은 '숨은(ㄴ) 아해(人)'를 나타낸다. 따라서 '匃(개)'는 '아해(人)를 포태(勹)한 엄마'를 형상한 글자로, 이는 곧 '창조주 하느님'을 상징한다.

따라서 '葛·葛(갈)'은 '창조주 하느님(匃)의 말씀(曰)이 낳은 빛나는(ᄽᄽ) 자손'을 뜻한다.

이상을 종합하면, '하느님 말씀(言)이 낳은 자손(者)'을 뜻하는 '諸(제)'자와 마찬가지로 '하느님 말씀(曰)이 낳은 천손'을 뜻하는 '葛(갈)'자가 합쳐진 성씨 '제갈(諸葛)'은 '하느님 말씀이 낳은 천손'을 의미한다.

| 曹 | 曹 | 棘(棘) → 천손 동이(東夷)들. 아해들. |
|---|---|---|
| 법 조 | 小篆 | 甘(曰) → 입(ㅂ) + 입김(ㄴ). 하늘(ㅂ)의 말씀(ㄴ). |
| | | 曹·曹 ☞ 하늘의 말씀(법)을 받들어 실행하는 천손. |

'曹(조)'의 소전 '曹'는 '棘 + 甘'로 구성되어 있다.

'棘'은 두 개의 '東(동)'자인데, '東(동)'은 '木 + 日'이다.

'東(동)'은 『설문해자』에서 "'동(東)'은 해(日)가 나무(木)에 안겨 있는 모습이다.[東, 从日在木中.]"라고 하였다. 여기서 '나무(木)'는 아해(日)를 낳는 신령한 창조나무 부상(扶桑)1)을 가리키는 바, '東(동)'2)은 '새 세상을 열어갈 창조주 하느님(木)의 아해(日)'를 뜻한다.

따라서, 두 개의 '東(동)'자로 된 '棘'은 '새 세상을 열어갈 하느님(木)의 아해(日)들'로, '하늘의 법(法)을 받들어 실행할 법조인'을 의미한다.

'말씀 왈(曰)'의 소전 '甘'은 'ㅂ + ㄴ'로 되어 있는데, 'ㅂ'은 '입(口)'을 나타내고 'ㄴ'은 '입에서 나오는 입김'을 나타낸다. 따라서 '甘·曰(왈)'은 '말씀'을 뜻한다.

이상을 종합하면 '曹·曹(조)'는 '하느님의 말씀(甘)인 법(法)을 받들어 실행하는 동이(棘)'를 형상한 것으로, 성씨 '曹·曹(조)'는 '하느님의 말씀(甘)인 법(法)을 받드는 자손(棘)'을 의미한다.

그래서 『설문해자』에 "'曹(조)'는 감옥의 두 법조인이다. 조정의 동쪽에 있다. 사건을 다스리는 자다.[曹, 獄之兩曹也. 在廷東, 治事者.]"라고 하였다.

---

1) '부상(扶桑)'은 전설상의 신령한 나무로, 해가 태초에 이 나무로부터 떠오르므로 '천지를 개벽하는 창조주 나무'를 뜻한다.
2) 여기서 '東(동)'은 'easter'로 '하늘이 낳은 새 세상을 열 사람'을 뜻한다.

참고로 '조(曹)'를 '마을 조'라고 훈독하는데, 이 '마을(麻乙)'이라는 의미도 '마고 마(麻) + 새끼 을(乙)'로 '마고(麻) 하느님의 새끼(乙)' 즉 '마고 하느님의 자손이 사는 마을'을 뜻한다.

'마을 조(曹)'를 '고을, 천을, 천손' 등과 연관지어 설명하면 아래 표와 같다.

| 마을 조(曹) | 마고 마(麻) ☞ 고(姑) · 천(天) · 천(天)<br>새끼 을(乙) ☞ 을(乙) · 을(乙) · 손(孫) |
|---|---|

| 走(荒) → 높은 하늘(山)의 태양불(之). 태양. |
| --- |
| 肖 → (하늘을) 닮다. (하늘의) 아들. |
| 천자 조  小篆  趙☞태양(走)의 아들(肖). 천자(天子). |

'趙(조)'는 '走 + 肖'로 구성되어 있다.

일반적으로 '走(주)'는 '고개를 숙이고 달리는(夭) 발(止) 모양'으로 보고 '달리다, 종(하인), 나(겸칭)' 등으로 풀이한다. 그러나 '달리는(夭) 발(止)'은 '활활 타오르는(夭) 불(止)'을 나타낸 것으로 '走(주)'의 본래 의미는 '활활(발발) 타오르는 태양'을 뜻한다.

'走(주)'의 본의를 확인하기 위하여 '走(주)'의 고문 '荒'와 이체자 '奔'를 살펴본다. 고문 '荒(주)'는 '山 + 之(止)'인데, '山(산)'의 소전 '山'은 '땅(凵) 위에서 높이 떠 있는 태양(入)[1]'을 뜻한다. '之(지)'의 갑골문 '止'는 '땅 위의 발'을 형상한 것으로, '발'은 '불(빛)'을 나타낸다. 따라서 고문 '荒(주)'는 '태양(山)의 불(之)'을 형상한 것으로 '태양'을 뜻한다. 走(주)'의 이체자인 '奔(주)'자 역시 '大 + 止'로 구성되어 있는데, '大'는 '큰 태양'을 나타내고 '止(止)'는 '불'을 나타내어 '奔(주)'는 '태양(불)'을 뜻한다.

이상에서 살펴본 '走(주)'의 고문 '荒(주)'와 '走(주)'의 이체자 '奔(주)'를 보더

태양 주(走·荒·奔)

라도 '走(주)'의 본래 의미는 '활활 타오르는(夭) 태양(止)'임을 확

---

[1] '山·山(산)'은 '入+凵'이다. '들 입(入)'의 소전 '入'은 '땅속으로 뻗어 들어가는 뿌리'를 형상한 것으로, '태양(불)'을 뜻한다. '凵'은 '冖(멱)'의 소전 '冖'을 뒤엎은 모양으로 '冖'은 '높은 하늘(天)'을 나타내고, '凵'은 '땅(地)'을 나타낸다. 따라서 '山·山(산)'은 '땅(凵) 위에 높이 떠 있는 태양(入)'을 뜻한다.

인할 수 있다.

'肖(초)'는 『설문해자』에 "'초(肖)'는 뼈와 살이 닮은 것이다.[肖, 骨肉相似也.]"라고 하였는데, 여기서 '뼈 해(骸)'는 '해'를 나타내고 '고기살 육(肉)'은 '햇살'을 나타낸다. 따라서 하늘을 상징하는 '해(骸·骨)'와 자손을 상징하는 '햇살(肉)'이 '서로 닮았다'는 뜻이다. 그러므로 『광운(廣韻)』에서 "肖, 似也, 小也, 法也."라고 하여 "肖(초)는 닮았다, 작은 것이다, 본받는다."라고 한 것이다.

결국 '肖(초)'는 '하늘(해)을 닮은 자손(햇살)'을 뜻한다.

이상을 종합하면 성씨 '趙(조)'는 '활활 타오르는 태양(走)을 닮은 자손(肖)', '태양(走)의 작은 자손(肖)', '태양(走)을 본받는 자손(肖)' 등 '하늘을 닮은 아들(天子)'을 의미한다.

| 조·趙 | 태양·走 | 태양·走 | 태양·走 | 태양·車 | 朝·조 |
|---|---|---|---|---|---|
|  | 닮다·肖 | 소자·肖 | 법·肖 | 아들·月 |  |

한편, '천자 조(趙)'에 대해 『석명(釋名)』에서는 "趙, 朝也."라고 하여 '천자 조(趙)'를 '조(朝)'와 같은 의미로 풀이하였는데, '조(朝)'의 갑골문 '𣎍'는 '𣎒 + 月'로 구성되어 있다.

'𣎒'는 다시 '艹 + ○ + 艹'으로 구분하여 볼 수 있는 바, '○'은 '본태양'을 말하고, 위의 '艹'은 '삼신 본태양의 빛'을 말하며, 아래의 '艹'은 '삼신 본태양이 낳은 빛(새싹)'을 말한다. 따라서 '𣎒·車(조)'는 '삼신 본태양 하느님'을 뜻한다.

'月(월)'은 '본태양이 낳은 달(아들)' 즉 '천자(天子)'를 뜻한다.

이상을 종합하면, '𣎍·朝(조)'는 '삼신 본태양(車)이 낳은 아들(月)' 즉 '천자(天子)'를 뜻하여, 역시 '태양(走)의 아들(肖)'을 뜻하는 '천자 조(趙)'와 뜻이 같다는 것을 알 수 있다.

| 천손 좌 | 小篆·左  小篆·右 | ↝ → 돕는 왼손.<br>工 → 천지를 연결하는 공사(工).<br>左 → 천지 공사(工)를 돕는 천손(↝). |
|---|---|---|

'左(좌)'의 소전 '𠂇'는 '↝ + 工'으로 구성되어 있다.

'↝'은 '손(手)'을 형상한 것으로 '일을 돕는 손'을 나타낸다.

'工'은 '工(공)'으로 '하늘(一)에서 이룬듯이 땅·세상(一)에서도 이루게 하는 공사(丨)' 즉 '천지를 연결하는 공사(工事)'를 뜻한다.

따라서 '𠂇(좌)'는 '천지를 연결하는 공사(工)를 돕는 자손(↝)'을 뜻한다.

이렇게 '하늘의 뜻을 받들어 세상을 돕는다'라는 뜻의 '공(工)'은 영어로 '메이슨(Mason)'[1]인데, 'Mason'은 'Ma(마) + son(손)'으로 역시 '마고 하느님의 뜻을 받들어 세상을 돕는 마고(하늘)의 자손'이라는 뜻이다.

한편, 자전에서 '좌(左)'자를 찾아보면 '왼쪽, 곁, 그르다, 멀리하다' 등으로 풀이되어 부정적인 의미를 많이 담고 있다. 그러면 성씨에 쓰인 '좌(左)'자의 의미는 어떻게 풀어야 하는지를 살펴본다.

흔히, '우(右)'는 '오른(옳은)편, 바른(正)편'이라 하고, 영어로도 'right'라고 하여 역시 '오른(옳은), 바른' 등의 의미를 담고 있다.

'좌(左)'는 '우(右)'와 상대하여 '왼'이라 하는데, 이를 영어로는 'left'라고 하는 바, 'left'는 'leave'에서 온 말이니 'leave'는 '바깥

---

[1] 여기서 메이슨(Mason)은 곧 프리메이슨(Free Mason)이다. 'Free'는 태양을 뜻하는 '석(石)'이고, 'Mason'은 공(工)으로 'Free Mason'은 '석공(石工)'을 뜻한다. 그래서 '석공(石工)'은 '하늘(태양)의 뜻을 세상에 실현하는 자손'이란 뜻이다.

곧 '바깥(外)으로 떠나다'[2])라는 의미를 지녀 '왼 좌(左)'는 '바깥 외(外)'가 된다. 그리하여 '왼 좌(左)'는 안(內)에서 바깥(外)으로 떠났다는 것이니, 일반적으로 '좌(左)'는 해(內)의 바깥인 '햇살(外)'로 비유된다.

따라서 '좌(左)'에 담긴 '해(內)의 햇살(外)'이라는 의미에서 성씨로 쓰는 '좌(左)'는 '하늘(右)의 자손(左)'이라는 의미로 쓰인다.

| 오른 우(右) | 해 (天) | 가운데 정(正) | right → 옳다, 높은 하늘 → 내(內) |
|---|---|---|---|
| 왼 좌(左) | 햇살(孫) | 곁(측근) 측(側) | left → 그르다, 낮은 자손 → 외(外) |

다음은 위와 다른 '좌(左)'의 의미를 살펴본다.

오른쪽 그림은 마야유적에서 발견된 '파란빛의 돌(青石·본태양)'인데, 우주 탄생의 과정을 나선형으로 보여주는 그림이다. 이 그림에서 확인되듯 하늘(天)은 '좌행(左行)'으로, 인간(人) 세상은 '우행(右行)'으로 나타냈다. 따라서 '좌(左)'는 하늘(天)의 속성이고, '우(右)'는 인간세상(人世)의 속성임을 알 수 있다.

이로써 보면 '좌(左)'가 '우(右)'보다 앞서는 것을 알 수 있으니, 우리 언어습관에서도 천지·음양·좌우(左右)라고 하여

하늘 좌(左)·인세 우(右)
[나선형 우주창조]

'좌'가 '우'보다 앞서고, 또 좌의정(左議政)이 우의정(右議政)보다 윗자리로 취급되는 것을 보더라도 '좌(左)'가 '하늘(天)'을 상징하고, '우(右)'가 '인간세상(人世)'을 상징한다는 것을 알 수 있다.

---

[2]) 성경의 돌아온 탕자 이야기(눅15장)에서도 하느님의 품안(內)에 있는 자손은 옳고(正), 하느님 품안(內)에서 바깥으로 떠난(外) 자손은 죄악(罪惡)이라고 비유하였다.

| 周 | 囲 | 周 | 田 → 우주(하늘). |
|---|---|---|---|
| 창조주 주 | 甲文 | 小篆 | ∷ → 빛. 씨알(자손). |
| | | | 周 ☞ 우주(하늘)의 빛(자손). |

'周(주)'의 갑골문 '囲'를 파자하면 '∷ + 田'이다.

'∷'는 '우주에 뿌려진 빛살(씨알)'을 형상한 것으로 우주를 창조하는 '근원의 빛(본태양)'을 나타낸다. '田'는 '창조주 하늘(十)의 경계(囗)'를 형상한 것으로 '우주(하늘)'를 나타낸다.

따라서 '周(주)'의 갑골문 '囲'는 '우주(田)에 뿌린 근원의 빛(∷)'을 형상한 것으로, 근원의 빛을 뿌려 우주를 창조하는 '창조주(周)'를 의미한다. 그러므로 성씨 '囲·周(주)'는 '창조주(周)가 뿌린 빛이 낳은 자손'을 뜻하고, 나라이름 '주(周)'는 '창조주(周) 하느님의 빛이 비치는 나라'를 뜻한다.

'周(주)'의 소전 '周'는 '用(卜+中) + 囗'이다.

'用(용)'은 '가운데 중(中)과 점칠 복(卜)'[1]으로 구성되어 있다. '중심 중(中)'은 우주창조의 중심체(體)인 '하늘(天)'을 나타내고, '점칠 복(卜)'은 거북등을 지져 점을 칠 때 거북등(巨北燈)이 사방으로 쫙 갈라지듯이 빛(卜)이 온누리(우주)에 펼쳐지는 모습을 나타낸다. 따라서 '用(용)'은 '빛(卜)으로 온누리(우주)를 창조하는

---

[1] '中(중)'은 마음(囗)이 펼쳐진(丨) 모양이고, '卜'자 역시 거북등(燈·●)의 빛이 펼쳐진(丨) 모습이다. 결국 '中'은 일체유심조(一切唯心造)의 '마음'을 나타내고, '卜'은 '만물을 창조하는 하느님의 말씀'인 '빛, 복음(福音)'을 나타내므로 서로 뜻이 통한다. 그러므로 '중용(中庸)'은 '일체가 다 마음(中)의 작용(造·庸)이다'라는 뜻이고, '일체가 다 하나님(中)의 말씀(言·庸)으로 이루어졌다'라는 뜻이다.

하늘(中)의 창조작용'을 나타낸다.

'口(국)'은 '하늘(우주)'을 나타낸다.

이상을 종합하면 '周·周(주)'는 '창조주(中)의 빛(卜)을 온누리(口)에 뿌리는 모습'을 형상한 것으로, 이는 근원의 빛으로 우주를 창조하는 '창조주(周)'를 나타낸다.

그러므로 성씨 '주(周)'는 '창조주(周) 하느님이 뿌린 빛(씨알·자손)'을 뜻한다.

이렇게 '주(周) 하느님이 빛(:¨)으로 우주(田)를 창조하는 모습'을 형상한 갑골문 '田·周(주)'의 의미를 잘 보여주는 그림이 고대 이집트 창조주(周) 여신 누트(Nut)이다.

이 '창조주(周) 여신'의 몸에 일월(日月)과 오행(木·火·土·金·水), 즉 일월성신(日月星辰)의 빛을 새김으로써 '창조주(周) 여신'이 칠일(七日)을 일주일(一週日) 단위로 하여 우주(周)를 운행(辶·辶)하는 '창조주(周) 여신'임을 보여준다. 사실, 우주를 운행하는 창조주 여신(女神)은 '북두칠성 하느님'을 상징적으로 표현한 것인데, 이는 창조주 자궁을 상징하는 뉴욕항구에 북두칠성을 상징하는 칠성관(七星冠)을 쓴 '자유 여신상(女神)'이 그 예이다.

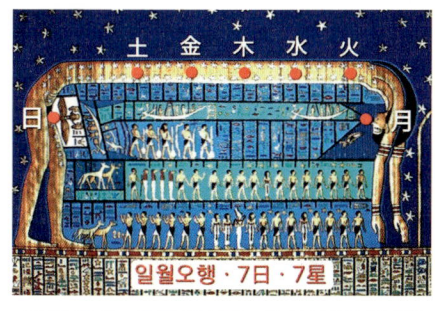
이집트의 창조주(周) 여신(북두칠성)

뉴욕의 창조주(周) 여신(북두칠성)

'朱(주)'의 금문 '朱'는 '朩(木) + •'이다.

'Nammu(나무·木)'는 고대 수메르(Sumer) 신화에서 하늘(An)과 땅(Cybele)을 낳은 창조주 여신(女神)을 말하고, 고대 이집트 신화에서는 창조여신 '이시스(Isis)'를 '나무(木·Nammu)'에 비유하였다. 또한 고대 인도 범어 '나무(木·Namo)'는 한자 '南無(나무)'로 음역하는데, '나무'의 본래 의미는 '귀의(歸依)'가 아니라 '불(佛), 창조주 하느님'을 뜻한다.

▲ 나무(木)에 경배하는 용왕
◀ 창조여신 나무(木), 이시스

'•'은 '나무의 핵심(核心)'을 나타낸 것으로 우주를 창조하는 '씨알'을 나타낸다.

이상을 종합하면 '朱·朱(주)'는 '창조주(朩) 하느님의 씨알(•)'을 나타내어 성씨 '朱(주)'는 '창조주(朩) 하느님의 씨알(•)과 같은 하늘의 자손'을 의미한다.

그러므로 『설문해자』에서 "'주(朱)'는 적심목(赤心木)이다.[朱, 赤心木.]"라고 하였는데, 나무의 '적심(赤心)'이란 '창조주의 씨알'과 같은 것으로, '적심(赤心)'은 우주를 창조하는 '본심(本心)'을 비유한 것이다. 따라서 '※·朱(주)'는 우주를 창조하는 '창조주(木)의 씨알(●)' 곧 '본심(本心)·본태양(本太陽)'을 의미한다.

참고로, 삼라만상을 창조하는 '창조주(木)의 불씨(●)'를 의미하는 '붉을 주(※·朱)'와 같은 뜻과 구조인 '붉을 단(月·丹)'을 살펴본다.

'붉을 단(丹)'의 금문 '月'은 '● + 月'으로 구성되어 있다.

'●'은 삼라만상을 창조하는 '불씨(●)'를 나타내고, '月'은 '우주(경계)'를 나타낸다. 따라서 '붉을 단(月·丹)'은 '붉을 주(※·朱)'와 마찬가지로 '우주(月)를 창조하는 근원의 불씨(●)' 즉 '본심(本心)·본태양(本太陽)'을 의미한다. 그래서 소우주인 몸의 중심에 있는 '단전(丹田)' 또한 모든 정(精)·기(氣)·신(神)이 창조되는 '불씨(●)의 밭'이라고 할 수 있다.

불씨(●) 주(※·朱)　　불씨(●) 단(月·丹)　　불씨(●) 단전(丹田)

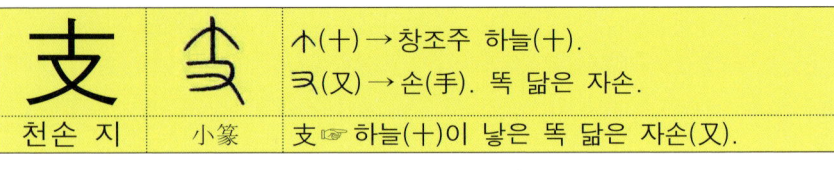

'支(지)'는 '十 + 又'로 구성되어 있다.

'十(십)'의 갑골문 'ㅣ'은 하늘에서 땅으로 내려오는 모양을 형상한 것으로 '하늘의 창조작용'을 나타낸다. '十(십)'의 금문 ' '에서 가운데가 볼록하게 나온 것은 창조작용을 강조한 것이고, '十(십)'의 소전 '十'은 창조작용을 더 강조하기 위하여 가운데 획을 길게 그은 것이다. 이런 '十'에서 우주의 창조작용을 더욱 적극적으로 표현한 것이 '卍(만)'자인데, 이 '卍(만)'자는 북두칠성이 북극성을 중심축으로 하여 운행하는 것을 나타낸다. 결국, '十(십)'과 '卍(만)'자는 우주를 창조하는 '창조주 하느님'을 상징한다는 것을 알 수 있다.1)

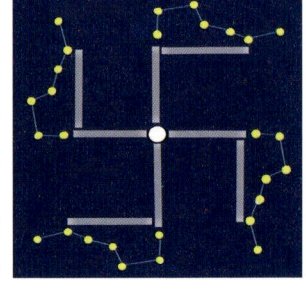

우주 창조주 十·卍

'又(우)'의 소전 ' '는 '손(手)'을 나타내는데, '또 우(又)'의 '또'라는 훈은 '(하늘과) 똑 닮은 자손'을 뜻한다.

따라서 '지(支)'는 '하늘(十)의 손(又)'을 형상한 것으로, 성씨 '지(支)'는 '하늘(十)과 똑 닮은 자손(又)'을 뜻한다.

이와 같은 '가지 지(支)'의 의미를 잘 보여주는 상징물이 백제왕이 일본 왕에게 전해준 칠지도(七支刀)이다. 아래 그림의 '칠지도'

---

1) 피타고라스는 1~9까지를 모두 포함하는 십(10·十)을 완전한 수로 여겨 '만물의 주재자'라고 하였다.

는 '북두칠성(七) 하늘에서 갈라져(支) 내려온 자손(刀)' 즉 '북두칠성(七) 하늘의 자손(支)'을 뜻하는데, 칠지도의 가운데 줄기는 북두칠성(七) '하늘(1)'을 나타내고, 가지(支)는 '자손(6)'을 나타낸다.

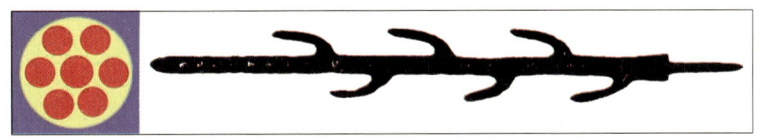

'하늘(1)의 자손(6)'을 상징하는 '1·6 칠지도(七支刀)'

또한, '또 우(又)'의 소전 'ㅋ'는 '마디 촌(寸)'의 소전 'ㅋ'과 마찬가지로 '손(手)'을 형상한 것으로서 '하늘의 자손'을 의미한다.

마디 촌(寸)의 '마디'라는 말은 '마지(麻支)'의 중세 발음이다.

'마디(麻支)'의 '삼 마(麻)'는 '마고 하느님'을 뜻하고, '가지 지(支)'는 줄기에서 갈라진 '가지(새끼)'를 뜻하여, '마디(麻支)'는 '마고(麻)의 가지(支)' 즉 '하늘(天)의 자손(孫)'을 의미한다.

국어사전에서도 '마디(麻支)'를 '나무(木)의 가지(支)'라고 하였는데, 여기서 '나무(木)'는 '창조주 하느님'을 뜻하고 '가지(支)'는 '하느님(十)에게서 갈라져 나온 가지(又)'를 나타내어, '마디(麻支)'는 '마고(麻)의 가지(새끼, 支)' 즉 '하늘의 자손'을 의미한다.

그리고, 아랍어로 'Mahdi(마디)'는 '이슬람교의 천사(天使)' 또는 '알라의 사자(使者)'라고 하는데, '알라'는 '마고 하느님'을 뜻하고 '사자(使者)'는 '자손'을 뜻하므로, 'Mahdi(마디)'는 '마고(麻)의 자손(支)'을 의미한다.

| 智 | 𣅿 | 𥏼 | 矢→ 화살 > 햇살(밝음). |
|---|---|---|---|
| 지혜 지 | 金文 | 小篆 | 口→ 입 > 말씀(言).<br>日→ 태양.<br>智 ☞ 태양처럼 밝은(智) 자손. |

'智(지)'는 '知 + 日'로 구성되어 있다.

'知(지)'는 다시 '矢 + 口'로 나누어서 볼 수 있다.

'화살 시(矢)'는 '해의 햇살(빛살)'로 '밝음'을 의미하고, '입 구(口)'는 '말(言)'을 나타낸다. 따라서 '知(지)'는 '해의 햇살(矢)처럼 밝게 아는 말(口)'을 의미한다.

'日(일)'은 '태양'을 뜻한다.

이상을 종합하면 '智(지)'는 '태양(日)처럼 밝게(矢) 아는 말(口)'을 나타낸 글자로, 성씨 '智(지)'는 '태양처럼 밝은 자손'을 뜻한다.

'智(지)'의 소전 '𥏼'는 '智(지)'에 '于(우)'자가 더해진 글자이다. '于(우)'는 '하늘(二)을 닮다(亅)'라는 뜻을 나타내는 글자로 '~와 같다'라는 뜻이다. 그러므로 '智(지)'의 소전 '𥏼'자 역시 '태양(日)처럼 밝게 아는(知) 것과 같다(于)'는 의미이다.

한편 '태양(日)의 햇살(矢)처럼 밝은 말씀(口)'이라는 뜻의 '지혜 지(智)'자는 '지혜 혜(慧)'자와 동일한 의미와 구조이다.

'지혜 혜(慧)'는 '彗 + 心'으로 구성되어 있는데, '혜(彗)'를 '빗살 혜(彗)'라고 하면 '빗자루에 달린 무수한 빗살'을 형상한 것이고, '살별 혜(彗)'라고 하면 '밤하늘의 무수한 살별(혜성)'을 형상한 것으로 모두 '무수한 빛살(拜) 같이 밝다'라는 의미이다. 여기에 '마음 심(心)'을 붙인 '지혜 혜(慧)'는 '무수한 빛살(拜)처럼 밝은 마음(心)'을 뜻한다.

이렇듯 '지혜 지(智)'자의 '화살(矢)'이나 '지혜 혜(慧)'자의 '빗살(彗)'은 모두 '밝은 햇살(矢), 밝은 빛살(彗)'을 나타낸다.

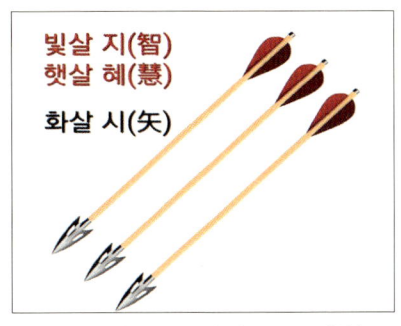

화살(矢) = 빛살(智) = 햇살(慧)

빗살(彗) = 빛살(智) = 햇살(慧)

또한, 『설문해자』에 "'지(智)'는 식(識)이란 말이다.[智, 識詞也.]"라고 하였는데, '알 식(識)'자를 파자하면 '言 + 音 + 戈'이다. '言(언)'은 '말씀'을 나타내고, '音(음)'은 '소리'를 나타내며, '창 과(千·戈)'는 '긴 창날(日)'을 형상한 것으로 '큰 빛(태양)'을 나타낸다. 따라서 '알 식(識)'자는 '지혜 지(智)'자와 마찬가지로 '태양(戈)처럼 밝은 말씀(言·音)'을 뜻한다.

| 智 | 태양(日) 같은 밝은 말(知) | 태양(戈) 같은 밝은 말(言·音) | 마음(心) 밝은 빛살(彗) |
|---|---|---|---|
| | ↓ | ↓ | ↓ |
| | 지혜 지(智) | 알 식(識) | 지혜 혜(慧) |

| 地 | 壁 | 坳 | ⊕ → 창조주 자궁 > 창조주 하느님.<br>土 → 새싹 > 자손 > 흙살(햇살). |
|---|---|---|---|
| 천손 지 | 籀文 | 小篆 | 地 ☞ 하늘(也)이 낳은 자손(土). |

'地(지)'의 주문 '壁'는 '彔+月+土'로 구성되어 있다.

'彔'은 '彖(단)'으로 '彑+豕'이다.

'彑(계)'는 '돼지머리'를 나타내는데, 이는 돼지머리를 뜻하는 '돼지머리 해(亠)'에서 '머리'를 더 크게 강조한 것이다. '돼지'는 '검고 까마득한 하늘(玄天)'을 말하고, '머리'는 '높은 하늘'을 말한다. 따라서 '돼지머리 계(彑)'는 '검은 북두하늘의 해(태양)' 즉 '본태양'을 뜻한다.1)

'豕(시)'는 『설문해자』에 "'시(豕)'는 돼지이다. 털과 발 그리고 꼬리를 형상한 것이다.[豕, 彘也. 象毛足而後有尾.]"라고 하였는데, 몸통에서 갈라져 나온 '털·발·꼬리'는 해(彑·亠)에서 갈라져 나온 '햇살'을 상징한다.

결국 '彔·彖(단)'은 '밝은 햇살(豕)을 발하는 태양(彑)'을 뜻한다.

'月'는 '하늘 사다리(天階)'를 형상한 것으로 '하늘'을 나타낸다.

'土·土(토)'의 갑골문은 'Ω'이고, 금문은 '土'로 '땅에서 새싹이 나온 모양'을 형상한 것으로 '새싹, 새끼(자손)'를 뜻한다.

이상의 내용을 종합하면 '壁·地(지)'는 '본태양(彔) 하늘(月)이 낳은 새싹(土)'을 형상한 것으로, 성씨 '지(地)'는 '본태양(彔) 하늘(月)이 낳은 자손(土)'을 의미한다.

---

1) '돼지머리 해(亠)'의 '돼지'라는 말은 '도아지'의 준말이며, 옛말은 '돝'이다. '도+아지'의 '도'나 '돝(도+ㅌ)'의 '도'는 '하늘 도(道)' 즉 '본태양'을 뜻한다.

한편, '地(지)'의 소전 '坤'는 '土 + 申'이다.

'야(也)'의 소전 '申'는 '창조주 자궁'을 형상한 모양으로, 자궁은 '창조주 하느님'을 나타낸다. 이를 두고 『설문해자』에서는 "'야(也)'는 여자의 음기(陰器)이다. 모양을 본뜬 것이다.[也, 女陰也. 象形.]"라고 하였다. '土·土(토)'의 갑골문은 'Ω'이고 금문은 '土'인데, '땅에서 새싹이 나온 모양'으로 '새싹, 새끼'를 뜻한다. 따라서 소전 '坤(지)' 역시 '하늘(申)이 낳은 새끼·새싹(土)'을 의미한다.

'申·也(야)'는 '창조주 하느님'을 나타낸다고 하였는데, 이는 '땅 지(地)'와 같은 의미인 '땅 곤(坤)'과 비교하여 보면 '야(也)'의 의미가 분명히 확인된다. 즉, '땅 지(地)'의 '也(야)'와 '땅 곤(坤)'의 '申(신)'은 같은 뜻이 되는데, 여기서 '申(신)'은 '만물의 창조주(創造主)인 번개(申)'로 '뇌성보화천존(雷聲普化天尊) 하느님'을 말한다. 따라서 '땅 지(地)'의 '也(야)'는 '땅 곤(坤)'의 '申(신)'과 마찬가지로 '창조주 하느님'을 뜻한다.

또한 '땅 지(地)'의 또 다른 형태를 농은본(農隱本) 『천부경』에서 확인할 수 있는데, 농은본의 '地(지)'자는 '㣔'로 '㇂(土) + 㣔(也)'로 구성되어 있다. '㇂'는 '땅에서 싹이 나온 모습'으로 '새싹, 새끼'를 나타내고, '㣔'는 '하늘 사다리(天階)'로 '하늘'을 나타낸다. 따라서 농은본의 '㣔·地(지)'자 역시 '하늘이 낳은(내린)㣔 땅(㇂)'을 뜻한다.

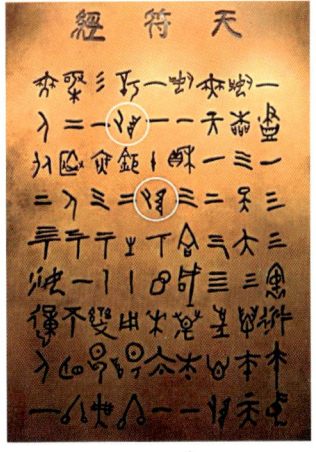

농은본 천부경(天符經)

지(地)　395

이상에서 언급한 '地(지)'자의 의미를 도표화하면 다음과 같다.

| 地 | 也 | 𦥑·米 | ⊕ | 彡 | 申 | 하늘·천(天) |
|---|---|---|---|---|---|---|
|  | 土 | 土 | 土 | 乀 | 土 | 새끼·손(孫) |
|  | ↓ | ↓ | ↓ | ↓ | ↓ | ↓ |
|  | 地(지) | 墜(지) | 坤(지) | 㐌(지) | 坤(곤) | 천손(天孫) |

한편, '천원지방(天圓地方)'이라는 말은 '하늘(天)은 둥글고(圓·●) 땅(地)은 네모나다(方·■)'라는 말인데, 여기의 '땅 지(地)'자에도 '하늘이 낳은 자손'이라는 뜻이 담겨 있다. 따라서 오른쪽 사진의 일본 왕릉처럼 '천원지방(天圓地方)' 모양으로 왕릉을 만든 것은 왕이 '하늘(●)이 낳은 땅(■)과 같은 존재'임을 나타낸다.

천원(天·●) 지방(地·■)의 왕릉

참고로 '하늘(也)이 낳은 땅(土)'이라는 의미의 '땅(地)'이라는 말은 '카자흐스탄, 파키스탄, 아프카니스탄, 우즈베키스탄, 맨하탄…' 등에 붙은 '탄(땅)'에서도 볼 수 있는데, '탄(地)'자가 붙은 나라나 지명은 모두 '하늘이 내린 땅(나라), 하늘의 자손이 사는 땅'이라는 뜻이다.

| 池  | 也 | 也() → 창조주 자궁 > 창조주 하느님.<br>氵(水) → 물살·물결(겨레). 자손. |
|---|---|---|
| 천손 지 | 小篆·也 | 池☞ 창조주 하느님(也)이 낳은 겨레(氵). |

'池(지)'는 '氵(水) + 也'로 구성되어 있다.

'물 수(水)'의 소전 '𝕎'는 '丨 + 川'인데, '丨'는 '바닷물·해(海)'를 나타내고, '川'은 '물살(물결)'을 나타낸다. 따라서 '𝕎·水(수)'는 '바다(해·海)의 물결(겨레)'을 나타내는데, 흔히 성씨에 쓰인 '물 수(氵·水)'는 '하늘의 자손(天族)'을 나타낸다. [p.58 '물 수(水)' 참조]

'也(야)'의 소전 ''는 '창조주의 자궁(子宮)'을 형상한 것으로 '창조주 하느님'을 나타내는데, 이를 두고 『설문해자(說文解字)』에서는 "야(也)는 여자의 음기(陰器)이다. 모양을 본뜬 것이다.[也, 女陰也. 象形.]"라고 하였다.

샤르트르 성당의 창조주(也)

창조주 요니(也)

프랑스 샤르트르 성당의 조각은 '여성의 음기' 모양 안에 '창조주 하나님'을 나타낸 것이고, 예배의 대상인 '요니(yoni)'는 하느님의 표상을 '여성의 음기'로 형상한 것이다. 이렇듯 여성의 음기, 즉 '자궁(也·)'은 '창조주 하느님'을 상징한다.

따라서 '池(지)'는 '창조주 하느님(也)이 낳은 물결(氵)'을 형상한 글자로, 성씨 '池(지)'는 '하늘이 낳은 겨레(天族)'를 뜻한다.

| 晉 | 𣊫 𣊫 | 𣊫 → 빛살(矢)이 지상에 이르다(至). <br> O → 땅. 나라. |
|---|---|---|
| 나라 진 | 金文　小篆 | 晉☞ 태양의 빛(𣊫)이 비치는 나라(O). |

'晉(진)'의 금문 '𣊫'은 '𣊫(臸) + O(囗)'으로 구성되어 있다.

'이를 진(臸)'의 소전 '𣊫'은 '화살(矢)이 땅에 이른 모양'을 형상한 것인데, 화살(矢)은 햇살(光)을 나타내므로 '진(臸)'의 소전 '𣊫'은 '햇살이 땅을 비춘다'는 뜻이다.

'O'은 '나라 국(囗)'으로 '땅, 나라'를 나타낸다.

따라서 '𣊫·晉(진)'은 '태양의 햇살(𣊫)이 비추어 이른 땅(O)'을 나타내어, 나라이름 '晉(진)'은 '태양의 빛(𣊫)이 비치는 나라(O)'를 의미하고, 성씨 '晉(진)'은 '태양의 빛(𣊫)이 비치는 나라(O)의 자손'을 의미한다.

태양의 빛이 비치는 나라, 晉(진)

이에 따라『설문해자』에서는 "'진(晉)'은 '나아가다'이다. 해가 땅에 비쳐서 만물이 자라난다는 것이다.[晉, 進也. 日出萬物進.]"라고 하였는데, 이는 '태양의 햇살을 받아서 만물이 잘 자란다'라는 것을 뜻한다.

또한『주역』「진괘(晉卦)」'상전(象傳)'에서는 "밝은 것이 지상에 나타난 것이 진(晉)이니, 군자가 이를 본받아 스스로 밝은 덕을 밝힌다.[明出地上, 晉, 君子以, 自昭明德.]"라고 하였는데, 이는 '진(晉)'이 '하늘의 빛(광명)을 본받아 밝은 덕을 행하는 군자'라는 뜻이다.

| 秦 | 🏛 🏛 | 🏛(舂) → 절구. 창조주 하늘.<br>🏛(禾) → 벼(알곡). 훌륭한 천손. |
|---|---|---|
| 천손 진 | 甲文  小篆 | 秦☞ 창조주(🏛)가 낳은 훌륭한 천손(🏛). |

'秦(진)'의 갑골문 '🏛'은 '🏛 + 🏛'로 구성되어 있다.

'🏛·舂(용)'은 '절굿공이(🏛)를 두 손(🏛)으로 잡고 절구질하는 모양'을 형상한 것으로, '하늘의 창조작용'을 나타낸다. 따라서 '🏛·舂(용)'은 '창조주 하늘'을 뜻한다.

'벼 화(🏛·禾)'의 '벼'는 '햇볕의 볕'에서 나온 말로 '벼 화(禾)'의 금문 '🏛'는 '뿌리(🏛·天) + 줄기(🏛·地) + 알곡(🏛·人)'으로, 이는 '해가 낳아 기른 잘 익은 벼(알곡)'를 뜻한다. 그래서 『설문해자』에서도 "'화(禾)'는 좋은 알곡이다.[禾, 嘉穀也.]"라고 하였다.

이상을 종합하면 '🏛·(진)'은 '창조주 하늘(🏛)이 낳아 기른 좋은 알곡(🏛)'을 형상한 것으로, 나라이름 '🏛·秦(진)'은 '창조주 하늘(🏛)의 자손(🏛)이 사는 나라'를 의미하고, 성씨 '🏛·秦(진)'은 '창조주 하늘(🏛)이 낳은 훌륭한 자손(🏛)'을 의미한다.

'秦(진)'의 소전 '🏛'은 갑골문의 절굿공이 '🏛'이 '🏛(午)'로 바뀌었는데, '🏛·午(오)'는 '강력한 태양'을 뜻한다. '🏛'는 '벼 화(禾)'로 '좋은 알곡'을 뜻한다. 따라서 나라이름 '🏛·秦(진)'은 '태양(🏛)의 자손(🏛)이 사는 나라'를 뜻하고, 성씨 '🏛·秦(진)'은 '태양(🏛)이 낳은 훌륭한 자손(🏛)'을 뜻한다.

| 陳 | 古文 | 小篆 | ｜→ 하늘 사다리(天階). 높은 하늘.<br>→ 번개(申). 신(神). |
|---|---|---|---|
| 빛베풀 진 | | | 陳☞ 하늘(｜)의 빛()을 세상에 베풀다. |

'陳(진)'의 고문 '(阵)'은 '(阝)+(申)'으로 구성되어 있다.

'｜'은 '하늘 사다리(天階)'를 형상한 것으로 '하늘'을 나타낸다.

''은 '번개 신(申)'의 고문(古文)으로, 번개 치는 모습을 형상한 것인데, '번개가 치는' 데서부터 비가 내리고, 비가 내림으로써 만물이 창조된다. 따라서 '번개()'는 '신(神)의 빛'을 상징한다.

이런 의미의 '번개()'를 『옥추경(玉樞經)』에서는 '만물의 창조주'인 '뇌성보화천존(雷聲普化天尊)'이라 칭하여 "번개(雷·申)는 모든 것이니, 여기에서 만물이 나오고 군품(群品)이 일어나나니……"라고 하였다.

번개 신(申·)

이처럼 '번개 신(申·)'자에는 원래 '신(神)'이라는 뜻이 들어 있었는데, 이 '신(申)'자가 '펴다, 아홉째 지지' 등의 의미로 쓰이게 되면서부터 신(申)에 시(示)를 결합한 글자 '신(神)'을 쓰게 되었다. 이 '신(神)'자의 의미는 '번개(申)로써 신이 있음을 보여준다(示)'라는 뜻인데, 영어로 표현하면 "God is."이다.

이상을 종합하면 '陳(진)'의 고문 '(阵)'은 '하늘(｜)에서 땅·세상에 번개()를 치는 모습'으로, 이는 '하늘(神)의 빛(광명)을 세상에 베푼다'는 의미이다.

'陳(진)'의 소전 '𨸏'은 '𨸏 + 東'으로 구성되어 있다.

'𨸏'은 고문의 '𨸏'와 마찬가지로 '하늘 사다리(천계)'를 나타낸다.

'東'은 '木 + 申'으로 구성되어 있다.

'나무 목(木)'자를 파자하면 '十 + 八'이 되는데, '十(십)'은 '하느님'을 나타내고, '八(팔)'은 창조율려하는 '8려음(呂音)'을 나타내어 '나무 목(木)'은 창조율려의 팔(八)로 천지(十)를 창조하는 '창조주 하느님'을 뜻한다. 이렇게 창조주 하느님을 나타내는 '나무 목(木)'자에 신(神)을 나타내는 '번개 신(申)'자가 합쳐진 '東(東)'은 '창조주 하느님'을 뜻한다.

따라서 '陳(진)'의 소전 '𨸏'자 역시 '하늘에서 내려치는 신(神)의 빛'을 형상한 것으로 성씨 '진(陳)'은 '신(神)의 빛(광명)을 세상에 베푸는 자손', 즉 '밝은 빛으로 세상을 다스리는(光明理世) 자손'을 뜻한다.

'진(陳)'자를 위와 같이 푸는 것이 옳지만, 일반적으로 '陳(진)'을 '阝+ 東'으로 인식하기 때문에 '東(동)'자의 의미로써 풀어본다.

'阝'의 의미는 위의 '𨸏·𨸏'와 같이 '하늘 사다리'를 나타낸다.

'東(동)'은 '木(木) + 日(日)'로 되어 있는데, '木(목)'의 소전 '木'은 '屮 + 木'의 형태로 '屮'은 '삼신(三神) 하늘'을 나타내고, '木'은 '삼극(三極) 세상'을 나타내어, '木(목)'은 '천지를 창조하는 삼신 하느님'을 뜻한다. '日(日)'은 '태양'을 나타낸다. 따라서 '東(동)'은 '삼신 하느님(木)의 빛(日)'을 뜻한다.

이상을 종합하면 '阝+ 東'으로 구성된 성씨 '진(陳)'도 '높은(阝) 하늘의 빛(東)을 세상에 베푸는 자손'을 뜻한다.

| 陣 | 𨹟 (小篆) | 𨸏(阝) → 하늘사다리(天階). 높은 하늘.<br>東(車) → 번개(申). 신(神). 창조주.<br>攴(攴) → (~와) 같다. ~셈(same)치다. |
|---|---|---|
| 빛베풀 진 | 小篆 | 陣 ☞ 하늘(𨸏)의 빛(東)을 세상에 베푸는 자손. |

'陣(진)'의 소전 '𨹟'은 '𨸏 + 東 + 攴'으로 구성되어 있다.

'𨸏(阝)'은 '하늘 사다리(천계)'로 '높은 하늘'을 나타낸다.

'東(車)'는 '木 + 申'인데, '나무 목(木·木)'은 '창조주 하느님'을 나타내고, '번개 신(申·申)'은 '빛'을 나타내어 '東'은 '창조주 하느님의 빛'을 나타낸다.

따라서 '𨹟·陣(진)'은 '높은 하늘(𨸏)에서 내려치는 창조주 하느님의 빛(東)'을 나타낸 것으로, 성씨 '陣(진)'은 '창조주 하느님의 빛과 같은 자손'을 뜻한다.

'攴'은 '칠 복(攴)'으로 'ト + 又'인데, 'ト(복)'은 '번개(丶)가 내리치는(丨) 모양'으로 '하늘의 빛'을 뜻하고, '又(우)'의 소전 '㝳'는 '손(手)'으로 '~와 같다'라는 뜻이다. 따라서 '칠 복(攴)'은 '~와 같다, ~셈(same)치다'라는 의미이다.

이상을 종합하면 '𨹟·陣(진)'은 '창조주 하느님의 빛을 세상에 베푸는 것과 같다'라는 뜻이 되어 '하늘에서 내리는 신(神)의 빛'을 뜻하는 '𨻰·陳(진)'과 사실상 같은 의미이다. 그러므로 『옥편(玉篇)』에서 "'진(陣)'은 본래 '진(陳)'으로 썼다."라고 한 것이다.

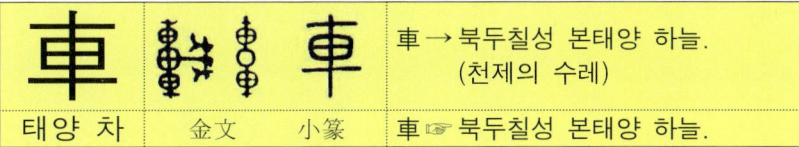

| 태양 차 | 金文 | 小篆 | 車 → 북두칠성 본태양 하늘.<br>(천제의 수레)<br>車 ☞ 북두칠성 본태양 하늘. |

성씨에 쓰인 '수레 차(車)'는 땅 위의 수레가 아니라 우주를 운행하는 '천제(하느님)의 수레', 즉 북극성을 중심축으로 하여 우주를 춘하추동(春夏秋冬) 운행하는 '북두칠성'을 나타낸다. 이 '북두칠성'을 서양에서는 '황제의 수레' 또는 '찰스의 마차(Charles's Wain)'라고 한다.

동양에서 '북두칠성'을 '천제(天帝)의 수레'에 비겨 표현한 유적이 바로 중국 산동성 무량사의 석각화인 '북두제(北斗帝) 행차도(行次圖)'이다. '수레(車)'를 타고 있는 '북두제(北斗帝)'는 '북극성 하느님'을 표현한 것으로, 이 '수레(車)'는 '우주를 운행하는 북두칠성 본태양 하늘'을 상징한다.

천제의 수레(차·車), 북두칠성

우주를 운행하는 북두칠성(차·車)

중국 무량사의 '북두제(北斗帝) 행차도(行次圖)'에서 '북두칠성 수레(車)'를 '우주를 운행하는 본태양'으로 나타내었다면, 고대 인도의 '아소카 차크라 법륜(法輪)'(아래의 그림)은 수레바퀴(輪)로 '우주를 운행하는 진리(法)의 바큇살(輪)' 즉 '본태양(本太陽)'을 의미한다.

그리고 '연꽃 연(蓮)'¹⁾자 속에 들어 있는 '수레 차(車)'자도 '북두칠성 본태양'을 상징하는데, '艹 + 車 + 辶'으로 구성된 '연(蓮)'자는 '북두칠성 본태양(車)의 빛(艹)으로 우주를 운행한다(辶)'라는 것을 나타낸다.²⁾

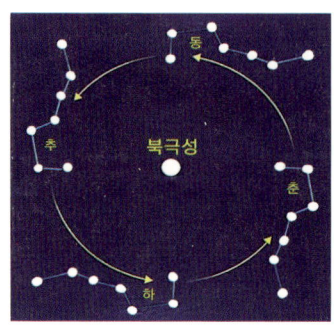 

　　우주를 운행하는 북두칠성　　　아소카 차크라 법륜(法輪)

　이상에서 살펴본 대로 '차(車)'는 '우주를 운행하는 북두칠성 본태양 하늘'을 나타내어, 성씨 '차(車)'는 '북두칠성 본태양 하늘의 자손'을 뜻한다.

---

1) '연꽃(蓮花臺) 위의 불(佛)'에서 '연꽃(蓮)'은 '북두칠성 본태양'을 상징하고, '불(佛)'은 '북극성 본태양'을 상징한다.
2) 따라서 '연(蓮)'은 '우주를 운행하는(辶·走) 본태양(首)'을 뜻하는 '도(道)'와 같다.

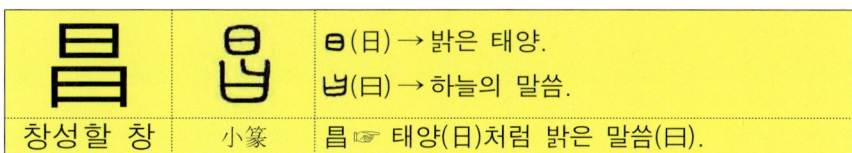

'昌(창)'의 소전 '昌'은 '日(日) + 曰(曰)'로 구성되어 있다.

'날 일(日)'의 소전 '日'은 '밝은 태양(日)'을 나타낸다.

'말씀 왈(曰)'의 소전 '曰'은 'ㅂ + ㄴ'로 되어 있는데, 'ㅂ'은 '입(口)'을 나타내고 'ㄴ'은 '입에서 나오는 입김'을 나타낸다. 따라서 '曰·曰(왈)'은 '말씀'을 나타낸다.

이상을 종합하면 '昌(창)'은 '하늘의 말씀(曰)이 태양(日)의 빛처럼 창성하게 뻗치는 모습'을 형상한 것으로, 성씨 '昌(창)'은 '태양(日)의 빛처럼 훌륭한 말씀(曰)'을 뜻한다.

위와 같은 '昌(창)'의 의미를 『설문해자』에서는 "'창(昌)'은 아름다운 말씀이다.[昌, 美言也.]"라고 하였는데, '아름다울 미(美)'는 '큰(大) + 햇볕(羊)'으로 '밝은 태양(太陽)'을 나타낸다. 따라서 '아름다운 말씀(美言)'은 곧 '태양(日)처럼 밝은 말씀(言)'을 뜻한다는 것을 알 수 있다.

또한, '태양(日)의 빛처럼 밝은 말씀(曰)'으로부터 '창성하다, 번창하다'라는 뜻이 생긴 것이므로 『광운(廣韻)』에서는 "'창(昌)'은 성한 것이다.[昌, 盛也.]"라고 하였다.

| 蔡 | 蔡 | ㅛㅛ(艸) → 풀 > 뿔 > 불(빛). |
|---|---|---|
| 거북 채 | 小篆 | 祭(祭) → 신(示·神)의 은총(月)을 받듦(又).<br>蔡 ☞ 신(神)의 은총(月)에 보답하는 자손(又). |

 '蔡(채)'는 '++ + 祭'로 구성되어 있다.
 '풀 초(++·艸)'의 '풀'은 '풀 > 뿔 > 불'로 발음상 서로 통하므로 '불빛(光)'을 의미한다. [p.62 '풀 초(++·艸)' 참조]
 '제사 제(祭)'는 '月(肉) + 又 + 示'로 구성되어 있다.
 '고기 육(肉)'은 '높은 하늘(冂)의 기운(仌)'를 받아 이루어진 '고기(高氣)'로, '하늘(高)의 은총(氣)'을 뜻한다.
 '又(우)'는 '받드는 손(手)'을 나타낸다.
 '示(시)'의 고문 '示'는 '一 + 川'인데, '一'은 '하늘(天)'을 나타내고 '川'는 '하늘에서 무엇을 보여준다'는 뜻을 나타낸다. 따라서 '示(시)'는 '하늘(一)이 있음을 보여준다(川)'라는 것으로 '신(神)'을 뜻한다.
 이상을 종합하면 '祭(제)'는 '고기(月·肉)를 신(示·神)에게 올리는(又·手) 모양'을 형상한 것으로 '신(示·神)의 은총(月·肉)에 보답하여 받드는 손(又·手)'을 나타낸다.

 참고로, 신(神)의 은총으로 생긴 '고기(月·肉)', '과일(果)', '술(酒)' 등 제물(祭物)의 의미를 자세히 살펴보면, '고기(月·肉)'라는 말은 '고(高) + 기(氣)'로 '하늘(天)의 기운(氣)이 깃든 것'을 의미하고, '과일(果)'은 '해의 햇살로 익은 결실'로 '하늘(木)의 은총으로 맺은 열매(田)'를 의미하며, '술(酒)'[p.94 '묶은 새' 참조]은 '태양(酉)의 은총으로 익힌(발효된) 물(氵)'을 의미한다. 이렇게 고기·과일·술 등의 제물은 '신(神)의 은총'으로 생긴 것이기 때문에 '신의 은총'에 보답하는 제사(祭)에 올리는 것이다.

아래 왼쪽 그림은 '祭(제)'의 금문인데, 금문 '𥙨'를 '祭(제)'와 비교하여 살펴보면, '본태양 북극성(거북·巨北)'을 뜻하는 '北(北)'은 신(神)을 뜻하는 '示(시)'자에 해당하고, '아들(子, 尸童)'을 뜻하는 '予'는 고기(高氣)¹⁾를 뜻하는 '月(육)'자에 해당하며, 받드는 손(手)을 뜻하는 '𠂇'는 '又(우)'자에 해당한다.

이렇게 금문 '𥙨(祭)'는 '북두하늘(北·示)을 향해 자손(子·月)을 받쳐 든(手·又) 모양'을 형상한 것으로, 이는 '신(示)의 은혜로 태어난 자손(月)임을 잊지 않고 받든다(又)'는 의미이다.

제사 제(祭)

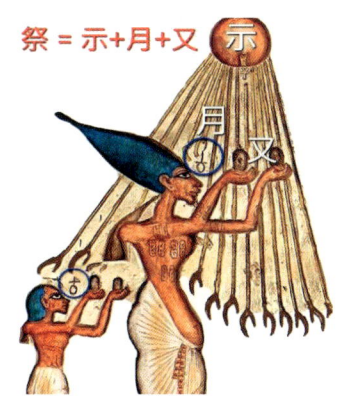
신의 은총을 받드는 제(祭)

금문 '𥙨(祭)'자의 이러한 뜻을 그대로 표현한 것이 위 오른쪽의 고대 이집트 벽화이다. '본태양 하늘'을 뜻하는 '北(北)'에 해당되는 그림이 '태양'이고, '아들(子)'을 뜻하는 '予'에 해당되는 그림이 '앙크(☥)'이며, '받드는 손'을 뜻하는 '𠂇'에 해당되는 그림이 '태양의 햇살을 받들고 있는 손'이다.

---

1) '고기(高氣)'는 '높을 고(高·天) + 기운 기(氣)'로, '하늘(天)의 기운(氣)' 즉 '하늘(天)의 아들(子)'을 뜻한다. 제사 때 시동(尸童)을 앉히는 이유도 '북두칠성(尸) 하늘의 기운을 받아 태어난 아이(童)'라는 의미가 있기 때문이다.

한편, '채(蔡)'자에 '거북'이라는 뜻이 있는데, '거북(巨北)'은 '거대(巨大)한 북두(北斗) 하늘'을 나타낸 말로, 이는 우주 삼라만상을 창조하는 '북극성 본태양 하늘'을 의미한다.

'거북(巨北)'의 의미를 아래의 사진을 통해 확인해 볼 수 있다.

고대 인도 우주관(거북과 뱀)     거북(북극성)·뱀(북두칠성)

위의 왼쪽 그림은 고대 인도의 우주관을 나타낸 것인데, 여기서 '거북'은 북극성을 상징하고 '코브라(뱀)'는 북두칠성을 상징하여 거북과 뱀이 우주를 창조하는 모습을 형상한 것이다. 이런 모습은 오른쪽 '북현무(北玄武)' 사진에서도 똑같이 나타나는데, 현무의 '武(무)'자는 거북(태양)을 상징하는 '戈(과)'자와 뱀(불빛)을 상징하는 '止(지)'자가 합쳐진 것으로서 역시 우주를 창조하는 '북두하늘 본태양'을 나타낸다.

또, 오른쪽 북두하늘 본태양을 나타내는 거북등(巨北燈) 위에 세워진 신라 무열왕의 비석은 '거북등(燈)에 업힌 천자(天子)'를 나타내는데, 이는 무열왕이 '북두 하늘의 자손'으로서 자신이 태어난 '북두하늘(거북) 본태양으로 돌아간다'라는 것을 의미한다.

무열왕릉비

| 千 | 🈀 | 𠂈 | 𠂉(人)→사람(人).<br>一(一)→하늘(天).<br>千☞하늘(一) 닮은 사람(人). |
|---|---|---|---|
| 천손 천 | 金文 | 小篆 | |

'千(천)'의 소전 '𠂈'은 '𠂉(𠂉) + 一'으로 구성되어 있다.

'𠂉(𠂉)'은 '사람 인(人)'의 소전으로 '사람'을 나타낸다.

'한 일(一)'은 『천부경』에 "천일일(天一一) 지일이(地一二) 인일삼(人一三)", 즉 "하늘은 첫째(一極)요, 땅 하늘은 둘째(二極)요, 사람 하늘은 셋째(三極)이다."라고 하여 '一(일)'을 절대적 존재인 '하늘'로 보았다. 또한 『주역』「계사전(繫辭傳)」에서 "하늘은 일(一)이고, 땅은 이(二)이다.[天一地二.]"라고 말한 것도 '一(일)'을 '하늘'로 본 것이다.

따라서 '千·千(천)'은 사람(𠂉)의 몸 안에 하늘을 나타내는 '一'을 더한 것으로 '하늘(一)의 성품을 지닌 사람(𠂉)'을 나타내어, 성씨 '千·千(천)'은 '하나님(一) 닮은 하나님의 자손(𠂉)'을 의미한다. 또한 '사람 인(𠂉)'자가 '북두칠성 하느님'을 형상한 모양이므로 '千'은 '북두칠성 하느님(一)을 닮은 칠성동이(𠂉)'라고 말할 수 있다.

칠성·동이

참고로, 『설문해자』에서는 "'천(千)'은 10×100이다.[千, 十百也.]"라고 하였는데, 이는 '千(천)'의 금문 '千'을 풀이한 것이다. '千'은 '𠃌(人) + 十(十)'으로 되어 있는데, '𠃌'은 '사람(人)'으로 사람의 수명을 100세라고 여기기 때문에 '100'을 뜻한다. 따라서 '100(𠃌·人) × 10(十·十)'으로 '일천 천(千)'이 된 것이다.

천(千)　409

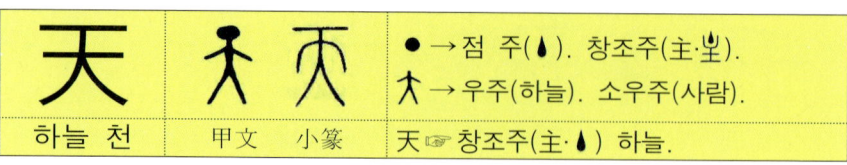

'天(천)'의 갑골문 '大'은 '●+大'로 구성되어 있다.

'●'은 '점 주(丶)'로서 우주를 존재하게 한 '창조주(主·丵) 하나(참나)님'을 나타낸다. 또한 '●'은 우주 삼라만상을 창조하는 '씨알(우주알·◊)'이나 우주를 창조하는 근원의 빛인 '본태양(本太陽)'을 나타내기도 한다.

그리고 '●'은 콩(豆)과 같은 모양으로 '하늘·머리(頭)'를 상징하는데, 이는 까만 콩의 둥근 모양(●)이 '까만 하늘(玄天)'을 닮았다고 여겼기 때문이다. '콩'은 발음상으로 보아도 '하늘'을 나타내는 '공(空·kōng)'과 서로 통한다.

'大'는 사람이 서 있는 모습으로 '우주(하늘), 소우주(사람)'를 나타내는데, 여기서 '우주(하늘)'는 '보이지 않는 창조주(●) 하늘'이 아니라 시공간으로 존재하는 보이는 '우주(하늘)'를 말한다.

| 天 | ● | 하늘 | 삼신(북극성) | ☯ | 공(空) | 영(靈) | 심(心·◊) |
|---|---|---|---|---|---|---|---|
|  | 大 | 사람 | 칠성(자손) | ? | 색(色) | 육(肉) | 신(身·丵) |
|  | ↓ | | ↓ | | | | ↓ |
|  | 大 인내천<br>(人乃天) | | 칠성동이<br>(七星東夷) | ? | 공즉<br>시색 | 영육<br>일체 | 주(主·丵) |

이상을 종합하면, '大·天(천)'은 우주를 존재하게 한 '창조주(丵) 하나(참나)님'을 형상한 것으로, 성씨 '大·天(천)'은 '하늘(●)이 낳은 자손(大)'을 나타낸다.

그러므로 『설문해자』에서 "'천(天)'은 꼭대기이다. 지극히 높아 더 이상의 위가 없다는 뜻이다.[天, 顚也. 至高無上.]"라고 하였다.

또한, '天(천)'의 고문을 보면 '兘'으로 위의 '兀'은 '하늘(一) 높이 우뚝 선 발(儿)'을 형상한 것으로서 '높은 하늘'을 나타내고, 아래의 '兀'은 '높은 하늘을 닮은(仁) 사람(儿)'을 나타낸다. 따라서 '天(천)'의 고문 '兘'은 '사람(兀)이 곧 하늘(兀)이다.'라는 '인내천(人乃天)' 사상을 잘 보여준다.

그리고 '하늘 천(天)'의 '하늘'이라는 말은 '하 + 늘'로 나누어 풀이할 수 있는데, '하'는 '공간적으로 크다'라는 것이며, '늘'은 '시간적으로 늘 영원하다'라는 것이다. 따라서 '하늘'이라는 말은 천지사방(天地四方)를 뜻하는 '우(宇)'와 고왕금래(古往今來)를 뜻하는 '주(宙)'가 합쳐진 '우주(宇宙)'라는 말과 같다.

| 崔 태양 최 | 崔 小篆 | 山→지상(∪) 위에 높이 떠 있는 태양(人).<br>隹→새 > 해(태양).<br>崔☞하늘의 태양 같은 존재. 천자(天子). |
|---|---|---|

'崔(최)'는 '山 + 隹'로 구성되어 있다.

'山(산)'의 소전 '山'은 '人 + ∪'으로 되어 있다. '들 입(入)'의 소전 '人'은 '땅속으로 뻗어 들어가는 뿌리'를 형상한 것인데, '뿌리>뿔>불'은 '태양'을 나타낸다. '∪'은 'ㅡ(멱)'의 소전 '∩'을 뒤엎은 모양으로 '∩'은 '높은 하늘(天)'을 나타내고, '∪'은 '땅(地)'을 나타낸다. 따라서 '山·山(산)'은 '땅(∪) 위에 높이 떠 있는 태양(人)'을 뜻한다.

『설문해자』에서 "'산(山)'은 베푼다는 것이니, 햇살 기운(氣)을 펼쳐서 만물을 살린다는 뜻이다. 돌이 있고 높은 것이다.[山, 宣也. 宣氣散, 生萬物. 有石而高也.]"라고 하였는데, 이는 '햇살 기운을 베풀어 만물을 살린다'는 것이다. 그리고 '돌(石)[1]이 있고 높다'는 것은 '땅(∪) 위에 높이 떠 있는 태양(人)'을 상징한다. 그래서 '산(山)'은 '천자'를 상징하기도 한다.

이런 '산(山)'의 의미를 '산 간(艮)'[2]에서도 확인할 수 있다.

'산 간(艮)'의 갑골문은 '𦣺'이다. 이는 '사람 등(𧘇) 위의 눈(⊘)'을 나타낸 것으로, '사람 등(배·北)'은 '까마득히 높은 북두(北斗)

---

[1] '돌(石)'의 소전 '石'을 파자하면 '厂 + 口'인데, '厂'은 '높은 하늘'을 나타내고, '口'는 '태양'을 나타내어 '石·石(돌)'은 '높은 하늘의 태양'을 상징한다.
[2] 『주역』에서 '간(艮)'을 '시어간(始於艮) 종어간(終於艮)'이라고 한 의미는, 인류의 모든 문명이 '본태양 간(艮)에서 시작(始)해서 본태양 간(艮)에서 끝난다(終)'라는 의미이다. 결국 '간(艮)'은 일체유심조의 '본심·본태양'을 나타낸다.

하늘'을 나타내고, '눈(☉)'은 '태양'을 나타낸다. 따라서 '산 간(🎋·
艮)은 까마득히 높은 '동북간방(艮方)'의 '북두칠성 본태양'을 나타
낸다.
　'隹(추)'는 '새'를 말하는데, 새는 높은 하늘을 날기 때문에 높은
하늘에 떠 있는 '해(태양)'와 동일시되었다. 따라서 높은 하늘의
'새'는 높은 하늘의 '해(태양)'를 상징한다.

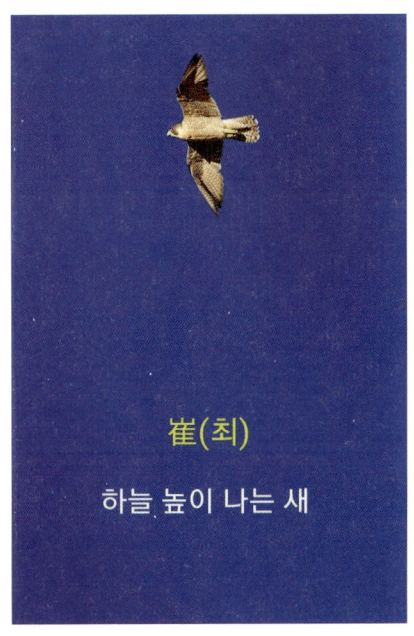

崔(최)
하늘 높이 나는 새

　이상을 종합하면, '땅(⌣) 위에 높이 떠 있는 태양(人)'을 나타
내는 '⛰·山(산)'자와 '하늘의 새(해)'를 나타내는 '隹(추)'자가 합
쳐진 성씨 '崔(최)'는 '하늘 높이(山) 나는 새(隹)'를 형상한 것으
로 '높은 하늘의 태양과 같은 존재' 즉 '천자(天子)'를 상징한다.

| 催<br>태양 최 | 催<br>小篆 | 亻→ ~같다.<br>崔→ 높은 하늘의 태양.<br>催☞ 높은 하늘의 태양과 같은 존재. |

'崔(최)'는 '山 + 隹'로 구성되어 있다.

'山(산)'의 소전 '산'은 '人+凵'이다. '들 입(入)'의 소전 '人'은 '땅속으로 뻗어 들어가는 뿌리'를 형상한 것인데, '뿌리>뿔>불'은 '태양'을 나타낸다. '凵'은 '冖(덮을 멱)'의 소전 '冖'을 뒤엎은 모양으로 '冖'은 '높은 하늘(天)'을 나타내고, '凵'은 '땅(地)'을 나타낸다. 따라서 '산·山(산)'은 '땅(凵) 위에 높이 떠 있는 태양(人)'을 뜻한다.

『설문해자』에서 "'산(山)'은 베푼다는 것이니, 햇살 기운(氣)을 펼쳐서 만물을 살린다는 뜻이다. 돌이 있고 높은 것이다.[山, 宣也. 宣氣散, 生萬物. 有石而高也.]"라고 하였는데, 이는 '햇살 기운을 베풀어 만물을 살린다'는 것이다. 그리고 '돌(石)1)이 있고 높다'는 것은 '땅(凵) 위에 높이 떠 있는 태양(人)'을 상징한다. 그래서 '산(山)'은 '천자'를 상징하기도 한다.

'隹(추)'는 '새'를 말하는데, 새는 높은 하늘을 날기 때문에 높은 하늘에 떠 있는 '해(태양)'와 동일시되었다. 따라서 하늘의 '새'는 하늘의 '해(태양)'를 상징한다.

이상을 종합하면, '崔(최)'는 '하늘 높이(山) 나는 새(隹)'을 형상한 것으로, 성씨 '최(崔)'는 '높은 하늘의 태양 같은 존재'를 나타낸다.

---

1) '돌(石)'의 소전 '石'을 파자하면 '厂+口'인데, '厂'은 '높은 하늘'을 나타내고, '口'는 '태양'을 나타내어 '石·돌(石)'은 '높은 하늘의 태양'을 상징한다.

| 秋 | 烁 | 火 → 불 > 해(태양) > 거북(龜). |
| --- | --- | --- |
| | | 禾 → 벼(햇볕) > 햇살(米) > 알곡(嘉穀). |
| 천손 추 | 小篆 | 秋☞ 태양(火)이 기른 훌륭한 자손(禾). |

'秋(추)'의 소전 '烁'는 '火(火) + 禾(禾)'로 구성되어 있다.

'불 화(火)'는 우주를 창조하는 근원의 불빛, 즉 '태양'을 말한다.

'禾 + 火'로 구성된 '秋(추)'의 '火(화)'가 '태양(하늘)'을 나타낸다는 것은 '禾 + 龜'로 구성된 '秋(추)'의 고문 '穐(추)'를 보면 분명히 드러나는데, '穐(추)'의 '龜(구)'는 '거북(巨北)'으로 '거대(巨大)한 북쪽 하늘(北)' 즉 '본태양 북극성'을 나타내기 때문이다. 따라서 '秋(추)'의 '불 화(火)'나 '穐(추)'의 '거북 구(龜)'는 동일하게 '태양(하늘)'을 뜻한다.

'벼 화(禾)'의 '벼'는 '해의 햇볕' 곧 '별'에서 나온 말로 '벼(禾)'는 '해가 낳아 기른 벼'라는 뜻이다. 이 말은 '해의 햇살(米)'을 뜻하는 '쌀 미(米)'와 의미상 통하는데, '쌀(米)'은 '해(十)의 햇살(炎)'로 '해가 낳아 기른 쌀'이라는 뜻이다. 따라서 '벼 화(禾)'자나 '쌀 미(米)'자는 모두 '해가 낳아 기른 열매'를 나타내는데, 이는 곧 '하늘이 낳은 자손'을 의미한다.

또한 '벼 화(禾)'의 금문 '禾'는 '뿌리(↑·天) + 줄기(↓·地) + 알곡(ᄀ·人)'으로, 이는 '해가 낳아 기른 잘 익은 벼(알곡)'를 뜻한다. 그러므로 『설문해자』에서도 '"화(禾)'는 좋은 알곡이다.[禾, 嘉穀也.]"라고 하였다.

이상을 종합하면 '불 화(火)'와 '벼 화(禾)'의 결합인 '秋(추)'는 '태양(火)이 낳아 기른 좋은 알곡(禾)'을 형상한 것으로, 성씨 '秋(추)'는 '하늘이 낳은 훌륭한 자손'을 뜻한다.

| 秋 | 해(火) | 태양(火) | 하늘(天) | 龝 | 거북(龜) | 북극성(龜) | 하늘(龜) |
|---|---|---|---|---|---|---|---|
|  | 볕(禾) | 알곡(禾) | 자손(孫) |  | 알곡(禾) | 뭇별들(禾) | 씨알(禾) |

참고로, '추(秋·燦)'에 "화곡숙(禾穀熟)"이라 하여 '알곡이 잘 익은 모양(禾·🕺)'을 나타낸다고 하였는데, 이는 잘 익은 하늘의 열매로 '훌륭한 천손'을 뜻하기도 한다.

또 '가을 추(秋·燦)'자가 '태양이 낳아 기른 좋은 열매'를 형상한 것이라면, '봄 춘(春)'자의 갑골문 '🌱'은 '해의 햇살(☀)을 받아 땅에서 싹이 움터나오는(🌱) 모양'을 형상한 것이다.

['여름 하(夏)'와 '겨울 동(冬)'은 p.429 참조]

| 卓 | 㪫 帛 | ㄭ→북두하늘의 해(卜·匕·ㅗ). |
|---|---|---|
| | | ㅇ→해(태양). |
| | | ㅍ→태양(창조주·十)의 빛. |
| 태양빛 탁 | 古文 小篆 | 卓☞태양의 빛과 같은 탁월한 자손. |

'卓(탁)'의 소전 '帛'은 'ㄭ+ㅇ+ㅍ'으로 구성되어 있다.

'ㄭ'는 '匕(비)'자로 '북두칠성 본태양'을 나타낸다.

'卓(탁)'의 고문 '帛·㪫·帛' 등을 보면 '북두칠성 본태양'을 나타내는 'ㄭ·匕(비)'자가 '돼지머리 해(ㅗ)'와 '점칠 복(卜)'으로 표기되어 있는데, 이는 'ㄭ·匕(비)'가 'ㅗ(해)·卜(복)'과 같은 의미로 통용되었음을 보여준다.

우선 '卓(탁)'의 고문 '帛'에서 '돼지머리 해(ㅗ)1)'의 소전 '人'는 '높은 북두하늘의 해(본태양)'를 뜻한다. '卓(탁)'의 고문 '㪫'에서 '점칠 복(卜)'은 '점(●)+치다(丨)'이다. '점(●)'은 모든 변화의 근원인 '북극성·거북(巨北)'을 나타내고, '치다(丨)'는 '거북등(●)이 갈라져 여러 변화에 이른다(丨)'라는 것으로, 이는 『옥추경(玉樞經)』에서 만물의 창조주인 '신(神)'을 뜻한다. [p.211 '卜(복)'씨 참조]

'ㅇ'은 '날 일(日)'로 '해(태양)'를 나타낸다. 'ㅍ'은 '卓(탁)'의 고문 '㪫'에서는 'ㅆ'으로 표현되어 있는데, 이는 '태양의 빛(창조주)이 세상을 비추는 것'을 나타낸다.

이상을 종합하면 '帛·卓(탁)'은 '높은 하늘(ㄭ)의 태양(ㅇ)이 빛을 발하는(ㅍ) 모양'을 형상한 것으로, 성씨 '卓(탁)'은 '태양의 빛과 같은 탁월한 자손'을 의미한다.

---

1) 제사에서 돼지머리를 올리는 것은 '돼지머리 해(ㅗ)'가 '북두하늘의 해', 즉 '본태양 하느님'을 상징하기 때문이다.

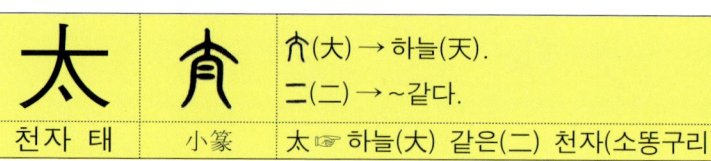

'太(태)'의 소전 '𠀕'는 '介 + 二'로 구성되어 있다.

'介·大(대)'는 '하늘(天·一)'을 나타내고, '二·二(이)'는 '(하늘·一) 같다'라는 뜻이다. 따라서 '太(태)'는 '하늘(大)과 같이(二) 크다'라는 것으로, 성씨 '太(태)'는 '하늘(天) 같은 아들(子)', 즉 천자(天子)'를 의미한다.[1]

이렇게 '太(태)'자에 '천자(天子)'라는 뜻이 있으므로 중국 자금성에 있는 천자의 정전(正殿)을 '태화전(太和殿)'이라고 이름한 것이다.

태화전(太和殿)의 편액

중국 자금성의 태화전(太和殿)

또한, 『집운(集韻)』에 "'태(太)'는 '태(泰)'와 같다.[太, 與泰同.]" 라고 하였는데, '泰(태)'의 소전 '𤈶'는 '大 + 𠬞 + 氺'이다.

'大·大(대)'는 '하늘'을 나타내고, '𠬞·廾(공)'은 '높이 받드는 두 손(手)'을 나타내며, '氺·水(수)'는 '물'을 나타낸다. 따라서 '𤈶·泰

---

[1] 그러므로 '태자(太子)'는 '하늘과 같은 천자(天子)의 아들(子)'을 가리킨다.

418 성씨 해설

(태)'는 '하늘(大)의 물(氺)을 높이 받쳐든(廾) 모습'으로, '파란 하늘(大)과 같은(二) 바다(海·汰)'를 뜻한다. 그리고 『강희자전』에서는 "'태(泰)'의 고문은 '夳'이다.[泰, 古文夳.]"라고 하였는데, '태(泰)'의 고문 '夳'는 '太(태)'의 소전 𠀋와 같은 모양으로, 역시 '하늘(大)과 같이(二) 크다'라는 뜻이다.

한편, '太(태)'자에 '콩(豆)'이라는 의미가 있는데, 이는 '콩(●)'의 형상이 '높고(요) 까만 하늘(一)'을 닮았다고 여겼기 때문이다. '콩'은 발음상으로 보아도 '하늘'을 나타내는 '공(空·kōng)'이다.

참고로, '太(태)'자는 '하늘'을 뜻하는 '大(대)'자 밑에 '●(점)'을 찍어 '하늘이 낳은 똥(소똥)'의 형상인데, 이는 '하늘(소·霄)이 낳은 아들(동·童)'을 뜻한다고 볼 수 있다. 이렇게 '소똥(구리)'이 '천자'를 상징한다는 것은, 오른쪽 고대 이집트 그림에서 확인할 수 있는데, 태양을 받들고 있는 '소똥구리'[2]는 '태양(太陽)이 낳은 아들(天子·太子)', 즉 '파라오(Pharaoh)'[3]를 상징한다.

태양의 아들(소똥), 태(太)

---

2) 여기서 '구리(銅)'는 '빛(金)과 같다(同)'는 것으로 '빛'을 뜻하는데, '북두칠성(七星)'을 '나난(七)구리(星)'라고 한 데서도 알 수 있듯이 '구리'는 '(별)빛'을 뜻한다. 또한 '얼굴(容)'이란 말도 '얼(⺗·靈)의 굴·골·谷)'인데, '굴(골)'은 '구리(고리)'로 '빛'을 뜻한다.

3) '파라오(Pharaoh)'는 '파라(Phara)+오(oh)'로 '하늘(天·Para)이 낳은 나(吾·oh)' 즉 '천자(天子)'를 가리킨다.

| 彭 | 彭 | 彭 | ㅛ → 소의 뿔 > 태양(불).<br>묘 → 받침이 높은 제기 > 높은 하늘.<br>彡 → 터럭 > 빛살. |
|---|---|---|---|
| 빛날 팽 | 金文 | 小篆 | 彭☞ 높은 하늘의 태양 빛과 같은 천손. |

'彭(팽)'의 금문 '彭'은 'ㅛ + 묘 + 彡'으로, '彭(팽)'의 소전 '彭'은 'ㅛ + 묘 + 彡'으로 구성되어 있다.

'ㅛ·ㅛ'은 모두 '소의 뿔'을 형상한 것으로 '태양(불)'을 상징한다.

'묘·묘'는 모두 '받침이 높은 제기(祭器) 그릇'을 형상한 글자로 '높은 하늘'을 나타낸다.

'彡·彡'은 모두 '터럭 삼'으로 '빛이 빛나는 모습'을 나타낸다.

따라서 이상 세 글자를 합한 '彭·彭(팽)'은 '높은 하늘(묘)의 태양불(ㅛ)이 빛나는(彡) 모습'을 형상한 것으로서, 성씨 '彭(팽)'은 '높은 하늘의 태양 빛과 같은 천손'을 나타낸다.

『설문해자』에 "'팽(彭)'은 북소리이다.[彭, 鼓聲也.]"라고 하였는데, '북(鼓)'은 '북(北)'과 통하여 '높은 북두(北斗)하늘'을 나타낸다. 따라서 '북소리'는 '높은 북두하늘의 소리', 즉 '하느님 음성(복음)이 온 세상에 울려 퍼지는 것'을 상징한다. 결국, '북소리'는 '태양 빛의 파동'으로 표현한 '팽(彭)'의 의미를 '북두하늘의 소리 파동(音波)'으로 표현한 것일 뿐이다.

태양의 빛, 彭(팽)

『광운(廣韻)』에서는 "팽(彭)은 행(行)이고 도(道)이고 성(盛)이다.[彭, 行也, 道也, 盛也.]"라고 하였는데, 이는 태양의 빛이 온누리로 팽창하듯이 '하늘의 도(道)가 온 세상에 왕성(盛)하게 행해짐(行)'을 나타낸다.

위에서 '묘·요'는 '받침이 높은 제기(祭器)'를 형상하여 '높은 하늘'을 상징한다고 하였는데, '콩 두(豆)'자의 소전 '효'를 통해서 '묘·요'의 의미를 자세히 알아본다.

『설문해자』에 "'두(豆)'는 옛날에 밥과 고기를 담던 그릇이다. [豆, 古食肉器也.]"라고 하였는데, 이 말은 '콩 두(豆)'가 '신(神)에게 제물을 올리는 높은 그릇'으로, '콩 두(豆·효)'자 역시 '요'와 마찬가지로 '높은(요) 하늘(一)'을 뜻한다.

이러한 의미의 '콩 두(豆·효)'자와 글자의 구성원리나 의미가 같은 것이 '그릇 명(皿)'자이다. '皿(명)'의 갑골문 '皿'은 신(神)에게 제물을 올리는 '받침대가 높은 그릇'을 형상한 것으로서 역시 '높은 하늘'을 나타낸다. 그래서 『설문해자』에서 "'명(皿)'은 밥 먹을 때 사용하는 그릇이다. 상형이다. '두(豆)'자와 글자 구성원리가 같다.[皿, 飯食之用器也. 象形. 與豆同意.]"라고 한 것이다.

또한 '콩 두(豆)'가 '높은 하늘'을 상징하는 것은 '둥글고 까만 콩(●)'이 까만 하늘을 닮았다고 여겼기 때문인데, 까만 콩은 '검은 하늘(玄天)'을 닮았고, 콩의 둥근 모양은 '둥근 하늘'을 닮았다고 인식한 것이다.

결국, '받침이 높은 제기(祭器)'를 형상한 '彭(팽)'자의 '요'과 '콩 두(豆)'자의 소전 '효', 그리고 '그릇 명(皿)'의 갑골문 '皿'은 모두 '높은 하늘'을 상징한다는 것을 알 수 있다.

| 片 | 片 | 片→창조주 하느님(木)의 반쪽(半). 짝(분신). |
|---|---|---|
| 짝 편 | 小篆 | 片☞창조주 하느님(木)의 짝(분신). |

'片(편)'은 『설문해자』에 "'편(片)'은 쪼개진 나무이다. 반으로 쪼갠 나무의 모양이다.[片, 判木也. 从半木.]"라고 하여 '나무토막을 나누어 반(半)으로 쪼갠 나무'를 뜻한다.

이로 볼 때 '片(편)'씨에 대한 이해를 위해서는 우선 '나무 목(木)'의 의미를 파악하여야 한다.

'Nammu(나무·木)'는 고대 수메르(Sumer) 신화에서 하늘(An)과 땅(Cybele)을 낳은 창조주 여신(女神)을 말하고, 고대 이집트 신화에서는 창조여신 '이시스(Isis)'를 '나무(木·Nammu)'에 비유하였다. 또한 고대 인도 범어 '나무(木·Namo)'는 한자 '南無(나무)'로 음역하는데, '나무'의 본래 의미는 '귀의(歸依)'가 아니라 '불(佛), 창조주 하느님'을 뜻한다.

▲ 나무(木)에 경배하는 용왕
◀ 창조여신 나무(木), 이시스

이와 같이 '나무(Nammu·南無)'가 '창조주 하느님'을 상징한다는 것은 마야부인이 생명나무1)를 붙잡고 아기 붓다를 낳는 것을 형상한 아래의 유적에서도 확인할 수 있다. 그리고 아래 오른쪽의 그림은 '거꾸로 선 나무'인데, 여기서 나무의 '뿌리'는 '불(태양)'을 나타내어 '거꾸로 선 나무'는 뿌리(태양)에 의해서 가지와 잎, 즉 시방(十方)세계가 창조된다는 것을 나타낸다.

생명나무를 붙잡은 마야부인

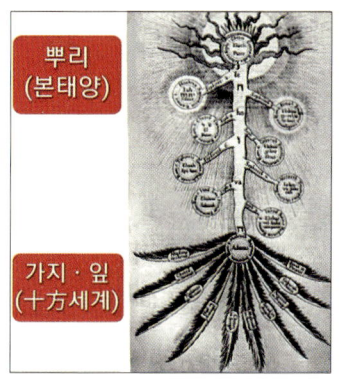
거꾸로 선 나무(木)

이렇게 '창조주 하느님'을 뜻하는 '나무(木)'의 반(半)쪽을 나타낸 '나무조각 편(片)'자는 '하느님의 짝(伴), 하느님의 분신(아바타)'을 나타낸다. 따라서 성씨 '片(편)'은 '하느님의 분신과 같은 자손'을 의미한다.

참고로, 나무토막의 반쪽을 나타내는 의미로 쓰인 글자는 위에서 본 '오른쪽 나무조각 편(片)', 그리고 '왼쪽 나무조각 장(爿)'이 있는데, 이 두 글자는 좌우(左右)의 구분만 있을 뿐 실제로 담고 있는 뜻은 같다.

| 나무(南無·木)의 왼편(左) 짝 ☞ 爿(장) | 장(莊)씨, 장(蔣)씨 |
|---|---|
| 나무(南無·木)의 오른편(右) 짝 ☞ 片(편) | 편(片)씨 |

---

1) 이 '생명나무'는, 불교에서는 '깨달은(悟) 나무(樹)' 즉 '보리수(菩提樹)'를 의미하고, 기독교에서는 '하느님이 주시는 영생'[창2:9]을 의미한다.

| 表 | 𠂉 | 㫃 | 亼 → 해(태양). 하늘(天). |
|---|---|---|---|
| 빛날 표 | 金文 | 小篆 | 丯 → 새(해)의 깃털(毛). 해의 큰 빛.<br>巛 → 햇살. 자손(孫).<br>表 ☞ 태양의 큰 빛과 같은 자손. |

'表(표)'의 소전 '㫃'는 '亼 + 丯 + 巛'로 구성되어 있다.

'돼지머리 해(亠)'의 소전 '亼'는 '높은 하늘(우주)'을 형상한 것으로, '북두하늘의 해(본태양)'를 뜻한다.

'丯'는 '새의 깃털(毛)'을 형상한 것으로, '해의 큰 빛'을 뜻한다.

'巛'은 '(해의) 햇살이 빛나는 모습'을 나타낸다.

따라서 '表(표)'의 소전 '㫃'는 '태양(亼)의 큰 빛(丯)이 밖으로 밝게 빛나는(巛) 모습'을 형상한 것으로, 성씨 '表(표)'는 '태양의 큰 빛과 같은 자손'을 의미한다.

한편, '表(표)'의 소전 '㫃'를 '丯 + 衣'로 파자하면, '丯'는 '새의 깃털(毛)'로, '해의 큰 빛'을 나타낸다. '옷 의(衣)'의 소전 '衣'는 '해(亼)의 햇살(巛)'을 나타낸 것인데, 여기서는 '몸(亼)의 외피(巛)' 더 나아가 '하늘(亼)의 자손(巛)'을 뜻한다.

따라서 '㫃·表(표)'는 '하늘(亠)의 자손(衣)'을 나타내는 '옷 의(衣)'자에 '밝은 빛'을 나타내는 '깃털 모(毛)'자가 합쳐진 글자로, 성씨 '表(표)'는 '빛나는(毛) 하늘의 자손(衣)'을 의미한다.

'옷 의(衣)'자의 의미를 명확히 파악하려면 '옷'이 상징하는 바를 알아야 하는데, 여기서 '옷(衣)'은 '마음을 담고 있는 몸의 옷'을 상징한다. 이로써 유추하면 '옷(衣)'은 '마음·몸·옷'의 관계에서 세(三) 번째가 되어 아래의 표와 같은 관계가 형성된다.

| 天 | 一 | 해 | 마음 | 마음 | 마음 | 마음 | 마음 | 마음 |
|---|---|---|---|---|---|---|---|---|
| 地 | 二 | 햇살 | 몸 | 몸 | 몸 | 몸 | 몸 | 몸 |
| 人 | 三 | 기운 | 가죽(韋) | 손(手) | 옷(衣) | 피부(皮) | 깃털(毛) | 깃털(羽) |
| | | ↓ | ↓ | ↓ | ↓ | ↓ | ↓ | ↓ |
| | | 金씨 | 韋씨 | 孫씨 | 裵·表씨 | 皮씨 | 毛씨 | 習씨 |

　또한 '表(표)'를 『설문해자』에서 "'표(表)'는 상의(上衣)이다.[表, 上衣也.]"라고 하였는데, '상의'의 의미는 예의를 차릴 때 '갖옷 [裘] 위에 석의(裼衣)를 입는다'라는 것으로 '겉(옷), 바깥(外)'을 뜻한다. '겉옷'이나 '바깥'이라는 말은 '속'이나 '안(內)'에 상대되는 말로, 여기서 '속'은 '몸(身), 하늘(天)'을 뜻하고, '바깥'은 '옷(衣), 자손(孫)'을 뜻한다.

| 속 ☞ | 안(內) | 몸(身) | 하늘(天) |
|---|---|---|---|
| 겉 ☞ | 바깥(外) | 옷(衣) | 자손(孫) |

　'表(표)'의 금문 '𣎵'는 '𣎴 + 廾'로 되어 있는데, '𣎴'은 '木'으로 '나무'를 나타내고, '廾'은 '두 손'을 나타낸다.
　따라서 '𣎵'는 '나무(𣎴)를 두 손(廾)으로 잡고 심는 모습'을 나타낸 것으로 밭(井田) 사이에 나무를 심어 경계를 '표시(表示)하여 밝게 알려준다'는 뜻이다.
　이렇게 '표시 표(表)'자에는 「출사표(出師表)」나 「진정표(陳情表)」와 같이 '신하가 임금에게 올려 밝게 알리는 글'이라는 의미가 있는데, 『광운(廣韻)』에서는 "'표(表)'는 밝히는 것이니, 또한 전표(牋表)라고도 한다.[表, 明也, 亦牋表.]"라고 하였고, 『석명(釋名)』에서는 "아래에서 위에 올려 말하는 것을 '표(表)'라고 한다.[下言於上曰表.]"라고 하였다.

| 皮 | 🐾 🐾 | ㉿ → 짐승의 뿔 > 태양(하늘).<br>⊃ → 짐승의 가죽 > 해의 햇살.<br>ㄨ → 손(手) > 또(又) > 똑같다. |
|---|---|---|
| 천손 피 | 金文　　小篆 | 皮 ☞ 태양(㉿)의 햇살(⊃) 같은 자손(ㄨ). |

'皮(피)'의 금문 '🐾'를 파자하면 '㉿ + ⊃ + ㄨ'이다.

'㉿'은 '짐승의 뿔'을 형상한 것으로 '해(태양), 하늘'을 나타낸다.

'⊃'은 '짐승의 가죽'으로 '해의 햇살, 하늘의 자손'을 나타낸다.

'ㄨ'은 '손(手)'을 형상한 것으로, 여기서 '손(手·ㄈ)'은 '~을 닮은, ~와 똑같다(又)'라는 뜻의 '또 우(又)'자이다.

따라서 '🐾·皮(피)'는 '뿔 달린 짐승(㉿)의 가죽(⊃)과 같다(ㄨ)'는 것을 나타낸 글자로, 성씨 '皮(피)'는 '태양(㉿)의 햇살(⊃)과 같은 자손(ㄨ)'을 의미한다.

'皮(피)'의 소전 '𤿭'는 '𠂉 + ㇆ + ㇌'로 구성되어 있다.

'𠂉'은 '몸체'로 '해, 하늘'을 뜻하고, '㇆'은 '(몸체의) 피부·껍질'로 '(해의) 햇살, (하늘의) 자손'을 뜻한다. '㇌'은 '또(又), 똑같다'라는 뜻이다.

따라서 '皮(피)'의 소전 '𤿭'는 '몸(𠂉)의 피부·껍질(㇆)과 같다(㇌)'는 뜻을 나타낸 것으로, 성씨 '皮(피)'는 '태양(𠂉)의 햇살(㇆)과 같은 자손(㇌)'을 의미한다.

'가죽 피(皮)'의 의미를 명확히 파악하려면 '가죽'이 상징하는 바를 알아야 하는데, 여기서 '가죽(皮)'은 '마음을 담고 있는 몸의 피부(겉·옷)와 같은 존재'를 상징한다. 이로써 유추하면 피부(皮)는

'마음・몸・피부'의 관계에서 세(三) 번째가 되어 아래의 표와 같은 관계가 형성된다.

| 天 | 一 | 해 | 마음 | 마음 | 마음 | 마음 | 마음 | 마음 |
|---|---|---|---|---|---|---|---|---|
| 地 | 二 | 햇살 | 몸 | 몸 | 몸 | 몸 | 몸 | 몸 |
| 人 | 三 | 기운 | 가죽(韋) | 손(手) | 옷(衣) | 피부(皮) | 깃털(毛) | 깃털(羽) |
|  |  | ↓ | ↓ | ↓ | ↓ | ↓ | ↓ | ↓ |
|  |  | 金씨 | 韋씨 | 孫씨 | 裵・表씨 | 皮씨 | 毛씨 | 習씨 |

참고로, '하늘의 천손(天孫)'을 뜻하는 '피(皮)'자의 의미를 그대로 유지하고 있는 것이 미국 애리조나주 '호피(Hopi)족'의 호피(虎皮)라는 이름이다.1) 호피(虎皮)의 '호랑이 호(虎)'는 'ト(해) + 厂(높은 하늘) + 七(북두칠성) + 儿(어진 발)'로 구성되어 있는데, 이는 곧 '북두칠성(虍) 태양・불(儿)'을 뜻한다. '가죽 피(皮)'는 '하늘의 자손'을 뜻한다. 따라서 '호피(虎皮)'라는 말은 '북두칠성 태양(虎)의 자손(皮)'을 뜻한다고 볼 수 있다.

또한 '호피(Hopi)'라는 말도 '하늘의 자손'을 뜻하는 '호피(虎皮)'와 마찬가지로 '하늘의 자손같이 평화롭다'는 뜻이다.

호피족(虎皮族)의 사제(司祭)

호피족과 아인슈타인

---

1) 유튜브. '미국 호피(Hopi) 인디언' 참고.

| 夏 | 夒 | 頁(頁) → 머리의 뿔 > 태양(불).<br>爫(爪) → 새의 발(爪) > 해의 불(光).<br>夂(夂) → 긴 발(止) > 큰 불(火). |
|---|---|---|
| 태양 하 | 小篆 | 夏 ☞ 태양(頁)의 큰 빛(夂). 태양의 후예. |

'夏(하)'의 소전 '夒'를 파자하면 '頁 + 爫 + 夂'이다.

'머리 혈(頁)'의 갑골문 '𩑋'과 금문 '𩑌'을 보면 머리에 뿔을 형상한 모양인데, 머리는 소우주인 사람 몸에서 가장 높은 곳에 있으므로 '높은 하늘'을 나타내며, 뿔은 '불(태양)'을 나타낸다. 따라서 '머리 혈(頁)'은 '높은 하늘의 태양'을 나타낸다.

'爫'는 새(鳥)의 두 발톱(爪)을 형상한 것으로, '새의 발톱(爪)'은 '해의 불빛'을 나타낸다.

'뒤따라올 발 치(夂)'는 '止(지)'의 변형으로 '발'을 형상한 것인데, '발 치(夂)'는 길게 늘어뜨린 발(止)을 형상하여 '긴 발(夂)' 즉 '큰 불(火)'을 나타낸다.

이렇게 발(止·夂)이 불(火·佛)을 나타낸다는 것을 오른쪽 발(止) 모양의 간다라 불교 유적을 통해서 확인할 수 있다. 불(佛)의 발에 태양·불(佛) 세계를 상징하는 '본태양 12햇살(보살)', 발중앙에 '본태양 햇살(법륜)', 발가락에 '본태양 햇살바람(卍)'을 그려 넣음으로써 '발(止·夂)'이 곧 '태양·불(火·佛)'임을 나타낸다.

'발'이라는 발음 변화를 보면 'ㅂㄹ>불>발>불'로 '발(足)'과 '불(佛)'이 발음상 서로 통하고, 또한 'ㅂㄹ(발)'는 '바라(Para·

발(夂), 불족(佛足)

天) > 바람(風)1) > 불함(不咸)2) > 브라마(Brama)'로 변화되었다고 볼 수 있다.

이상에서 살펴본 것처럼, '머리 혈(頁)'은 '높은 하늘의 태양'을 나타내고, 'ㅌㅓ'3)는 '새의 발톱(爪)'으로 '해의 불빛(光)'을 나타내며, '발 치(夊)'는 '긴 발'로 '큰 불(火)'을 나타낸다.

따라서 '夏(하)'는 '높은 하늘(頁)의 태양(夊)'을 형상한 글자로, 국명으로서 '夏(하)'는 '태양의 나라'를 의미하고, 성씨로서 '하(夏)'는 '태양의 후예'를 의미한다.

이처럼 '하(夏)'가 '높은 하늘(頁)의 태양·불(夊)'을 나타내므로 '무더운 여름, 큰 지혜'라는 뜻을 가지며, 오행(五行)으로 '불 화(火)', '붉을 적(赤)', '남녘 남(南)' 등을 나타낸다.

참고로, '여름 하(夏)'자는 '하늘(頁)의 태양·불(夊) 기운이 성한 것'을 표현한 글자이고, '겨울 동(冬)'자는 '태양불(夊) 기운이 얼음처럼 얼어붙은(冫) 상태'를 나타낸 글자이다.

['봄 춘(春), 가을 추(秋)'☞ p.416 참조]

---

1) 여기서 '바람 풍(風)'은 '凡 + 虫'이다. '凡(범)'은 '북극성(ノ) + 북두칠성(几)'으로 '범우주'를 나타내고, '虫(훼)'는 '뱀(구리)'을 형상한 글자로 '빛'을 나타낸다. 따라서 '風'은 '범우주(凡)를 창조하는 근원의 빛(虫)'을 뜻한다.
2) 불함(不咸) : 최남선은 일찍이 '불함문화론(不咸文化論)'을 말하여 '불함(밝음·光明) 사상'을 설파하였다.
3) 'ㅌㅓ'를 사전에서는 '양손(兩手)'으로 풀이하는데, '하(夏)'의 고자(古字) '𩖬'를 보면 소전 '夒'의 'ㅌㅓ'는 고자 '𩖬'의 '日'에 해당되므로 'ㅌㅓ'는 '새의 발(爪)', 곧 '해의 불(태양·日)'을 나타낸다는 것을 알 수 있다.

| 河<br>천손 하 | 小篆의 可<br>小篆 | 可 → 하늘(一)에서 내려온( ノ ) 존재(ㅂ). 신(神).<br>巛 → 물살·물결(겨레族) > 햇살 > 천손.<br>河 ☞ 하늘(可)이 낳은 겨레( 氵 ). 천족(天族) |

'河(하)'는 ' 氵 (水) + 可'로 구성되어 있다.

'可(가)'의 소전 '可'는 '一 + ノ + ㅂ'로 나누어 볼 수 있다.

'可'의 '一'은 '可'의 금문 '可'를 볼 때 '二'에 해당되는데, 여기서 '二'는 '두 이(二)'가 아니라 하늘 위를 나타내는 '위 상(上)'자의 고문으로 '높은 북두하늘(天)'을 나타낸다. 그러므로 『설문해자』에서도 "'상(二)'은 높다.[二, 高也.]"라고 하였다.

'可'의 'ノ'은 '위에서 아래로 내리는 모양'을 나타낸다.

'可'의 'ㅂ'은 'ㄴ + 一'인데, 'ㄴ'는 '우주공간의 경계'를 나타내고, '一'는 '어떤 존재'를 나타낸다. 따라서 'ㅂ'는 '우주공간(ㄴ)의 어떤 한 존재(一)'를 나타낸다.

이상을 종합하여 보면 '可'는 '북두하늘(一)에서 내려온(ノ) 존재(ㅂ)'를 나타낸 것으로 '하느님, 신(神)'을 뜻한다. '可(가)'가 '신(神)'을 뜻하는 말이기 때문에 '신(神)의 칭호, 천자의 칭호'로 쓰이며 '옳다'라는 뜻으로도 쓰인다.

또한 '가(可)'는 발음상 고대 이집트어로 '하느님·신(神)'을 뜻하는 '카(Ka)'와 통하는 말이다. 그래서 고대 이집트인은 "아빠(父)는 카(Ka·신)의 대리자이며, 카(Ka·신)는 아빠(父)를 통해서 세상을 통치한다."라고 하였다. 이렇게 '가(可·Ka)'가 '신(神), 하늘'을 뜻하는 말이기 때문에 '가(可·Ka)의 아들'인 '천자(天子)'를 '간·칸(干·Khan)'[1]이라고 부르는 것이다.

'물 수(水)'의 소전 '※'를 파자하면 'ㆍ+ㆍ'인데, 'ㆍ'는 '바다 해(海)'를 나타내고, 'ㆍ'은 '물살(물결)'을 나타낸다. 따라서 '물 수(水)'는 '바다(해·海)의 물결(겨레)'이나 '해(日)의 햇살'을 나타내는데, 성씨에서는 흔히 '하늘의 자손(天族)'을 나타낸다. [p.58 '물 수(水)' 참조]

'물(氵·水)'의 이런 의미를 상징적으로 표현한 예를 기독교의 세례식(洗禮式)이나 불교의 관불식(灌佛式)에서 확인할 수 있다. 즉, 세례식이나 관불식에서 '물'은 곧 '해(하늘)'를 의미하기 때문에 이러한 의식을 거치는 것은 '태양의 빛(佛·그리스도)으로 태어난 사람'을 상징한다.

세례(洗禮)

관불(灌佛)

관불(灌佛)

위에서 살펴본 대로 '신(神), 하늘'을 뜻하는 '可(가)'와 '물결(겨레)'을 뜻하는 '氵(수)'가 합쳐진 성씨 '河(하)'는 '하늘(可)이 낳은 겨레(氵)', 즉 '신(神)의 자손(天族)'을 뜻한다.

---

1) '간(칸·干)'은 '가(카) + ㄴ'인데, '가(카)'는 '신(神)'을 뜻하고 'ㄴ'은 '~에서 내린 것, ~이 낳은 것'을 뜻하므로 간·칸(干·Khan)은 '신이 낳은 존재' 곧 '하느님 아들, 왕'이라는 뜻이 된다. 그래서 신라시대에 '왕(王)'을 '거서간(居西干), 마립간(麻立干)'이라고 했고, 페르시아·몽고·터키·위구르 등에서도 예로부터 왕을 '칸(干)'이라고 하였다.

| 漢 | 㶄 (小篆) | 炗(光) → 빛 광(炗).<br>ㅂ(口) → 우주.<br>土(土) → 땅. 나라.<br>巛(水) → 물결 > 자손. |
|---|---|---|
| 밝을 한 | 小篆 | 漢 ☞ 태양의 빛이 비치는 밝은 나라(천손). |

'漢(한)'의 소전 '㶄'은 '巛 + 炗 + ㅂ + 土'로 구성되어 있다.

'빛 광(光)'의 고문 '炗'은 'ㅛ + 火'로 되어 있는데, 'ㅛ(입)'은 '하늘(一)의 뿔(ㅛ)'을 형상한 것으로 '태양'을 나타내어, 여기에 '불 화(火)'자를 붙인 '炗(광)'은 '태양의 빛'을 나타낸다.

또한 '빛 광(光)'의 갑골문 '𤇾'은 '불(火)을 머리에 이고 있는 모양'으로 '태양의 빛'을 나타내고, '빛 광(光)'의 동의자 '𣃘'은 '불(止) + 태양(日) + 불(火)'로 역시 '태양의 빛'을 나타낸다.

'ㅂ'는 'ㅛ + 一'인데, 'ㅛ'는 '우주공간의 경계'를 나타내고 '一'는 '~존재(一)'를 나타낸 것으로 '우주공간'을 나타낸다. '土'는 '땅, 나라'를 나타낸다. '巛(水)'는 '물결(겨레)'을 의미한다.

이상을 종합하면, 국명 '㶄·漢(한)'은 '우주(ㅂ·口)의 빛(炗·光)이 비치는 나라(土·土)'를 의미하고, 성씨 '㶄·漢(한)'은 '우주(ㅂ)의 빛(炗)이 비치는 나라(土)의 물결·겨레(巛)'를 뜻한다.

위에서 '漢(한)'에 '큰 빛(태양)'이라는 의미가 들어 있음을 보았는데, 『사기(史記)』에서 "'한(漢)'이란 역시 빛(金)이 발산하는 기운이다.[漢者, 亦金之散氣.]"라고 말한 것도 같은 맥락이다. 그리고 『시경집전(詩經集傳)』에서는 "'한(漢)'은 천하(天河)이다.[漢, 天河也.]"라고 하였는데, 천하(天河)는 '은한(銀漢)·은하(銀河)'로 '은(銀)'자 역시 '북두하늘(艮)[1]의 빛(金)' 즉 '본태양의 빛'을 뜻한다.

참고로, '한양(漢陽)'의 의미에 대하여 흔히 '산남수북왈양(山南水北曰陽)'이라고 한 데 근거하여 '한강의 북쪽'이라는 정도로 이해하고 있는데, 위에서 본 '한(漢)'의 의미에 따라 '한양(漢陽)'은 '태양빛(漢)이 비치는 땅(陽)'이라는 의미로 이해하여야 한다. 이렇게 '한양(漢陽)'은 '해(태양)의 불'이라는 의미가 있었기 때문에 옛날부터 '새불(神市)2)>서라벌>서울'로 부른 것이다.

또 '태양'을 뜻하는 '한(漢)'의 의미에 따라 '한수(漢水·漢江)'를 고구려 때부터 '아리·수'라고 하였는데, '아리(漢)·수(水)'의 '아리'라는 말도 '태양'을 뜻하는 '알(☉)'을 의미한다. 다시 말하면 '알(아리)'은 우주 창조의 핵심인 '우주알(☉)' 또는 『천부경(天符經)』에 나오는 '본태양(☉)'과 같은 개념이라고 볼 수 있다. 그래서 '아리·랑'이라는 말도 '아리'는 '태양(☉)'을 뜻하고, '랑'은 '(너랑·나랑)함께'라는 뜻이므로, '아리·랑'은 '하느님(태양·☉)과 함께' 또는 '하나(참나)님(☉)과 함께'라는 뜻이라고 할 수 있다.

---

1) '산 간(艮)'의 갑골문은 ''이다. 이는 '사람 등() 위의 눈()'을 나타낸 것으로, '사람 등(배·北)'은 '까마득히 높은 북두(北斗)하늘'을 나타내고, '눈()'은 '태양'을 나타낸다. 따라서 '산 간(·艮)은 까마득히 높은 '동북간방(艮方)에 있는 북두칠성 본태양'을 나타낸다.
2) '신시(神市)'의 옛 발음은 '새·불(神·市)'이다. '새(神)'는 '새 > 해(태양) > 번개(申) > 신(神)'으로 변한 것이고, '불(市)'의 소전 ''은 '불빛(韋 + 犮)'을 의미한다.

한(漢)　433

| 韓 | 韓 (小篆) 韋 (甲文) | 倝 → 삼신 본태양 하느님.<br>韋 → 밝은 빛.<br>韓 ☞ 본태양 하느님의 자손. |
|---|---|---|
| 밝은빛 한 | | |

'韓(한)'은 '倝 + 韋'로 구성되어 있다.

'倝(조)'의 소전 '𠦝'는 'Ψ + ⊖ + 丂'로 되어 있다.

'Ψ'는 '삼신(三神)'을 나타내고, '⊖'는 '태양(日)'을 나타내며, '丂'는 '만물( )을 낳는 하늘(一)'을 나타낸다. 따라서 '𠦝·倝(조)'는 '우주 만물을 창조하는 삼신 본태양 하느님'을 의미한다.

'韋(위)'의 갑골문 '韋'는 '止 + 口 + 止'로 구성되어 있다.

'止'는 위를 향한 '발(止)'로 '불(빛)'을 나타내고, '口'는 '태양(日)'을 나타내며, '止'는 아래를 향한 '발(止)'로 역시 '불(빛)'을 나타낸다. 따라서 '韋·韋(위)'는 '태양(口)의 위아래(주위)에서 빛나는 밝은 빛(止·止)'을 의미한다.

삼태극(倝)　　위(韋)의 고문　　대한(大韓)

이상을 종합하면 '韓(한)'은 '밝은 빛(韋)으로 우주를 창조하는 삼신 본태양 하느님(倝)'을 형상한 것으로, 성씨 '韓(한)'은 '삼신 하느님(대한·大韓)의 자손'을 뜻한다.

또한, 『설문해자』에서 "'한(韓)'은 우물(井)의 울타리(垣)이다. [韓, 井垣也.]"라고 풀이하였다.

여기서 '우물 정(井)'은 '하늘에 있는 우물(天井)' 즉 '만물을 낳는 북두칠성 하늘'을 나타내는데, 이는 북두칠성을 상징하는 신라 첨성대 위의 '우물 정(井)'자를 보더라도 우리 한민족이 옛날부터 '북두칠성(井)'을 '하늘'로 여겼음을 알 수 있다.

'울타리 원(垣)'은 '북두칠성 하늘(井)을 둘러싸고 있는 3개의 밝은 울타리(三垣)'를 말하는데, '삼원(三垣)'은 '자미원(紫微垣)·천시원(天市垣)·태미원(太微垣)'을 말한다.

첨성대 위의 '우물 정(井)' [경주시]

3개의 울타리(三垣)

따라서 "'한(韓)'은 우물(井)의 울타리(垣)이다."라고 한 말은 '북두칠성 본태양 하느님(倝)이 계시는 밝은 곳(韋)'을 의미한다.

이러한 '韓(한)'의 의미를 명확히 보여주는 유적이 중국 천단공원의 원구단(圓丘壇)이다. 원구단의 한가운데는 '본태양(倝·井)'을 상징하고, 그 주위는 '밝은 울타리(韋·垣)'를 상징한다.

중국 천단공원의 원구단(圓丘壇)

| 咸 냡 咸 | ㄱ(戌) → 개 > 해(태양). |
|---|---|
| 태양 함　甲文　小篆 | ㅂ(口) → ~같은 존재. 사람.<br>咸 ☞ 태양(戌)같이 온전한 사람(口). |

'咸(함)'의 갑골문 '냡'은 'ㄱ(戌) + ㅂ(口)'로 구성되어 있다.

'개 술(戌)'의 갑골문 'ㄱ'은 '큰 도끼날'을 그린 것으로, '큰 도끼날'은 '큰 빛', 즉 '해(태양)'를 상징한다. 이렇게 '개 술(戌)'자가 '해(태양)'를 상징하기 때문에 큰 도끼(ㄱ·戌)를 잡은 치우천왕 동상은 치우천왕이 '하늘(태양)을 계승한 천자'라는 것을 상징한다.

또한 '개'라는 훈도 '새'와 마찬가지로 '해(태양)'를 나타내는데, 왜 '개'가 태양(하늘)을 나타내는지 '개 견(犬)'자를 통해서 자세히 알아본다.

도끼(斤·戈) 든 치우천왕

'개 견(犬)'의 소전 '犬'은 'ㅡ(ヽ) + 人(人·儿)'로 되어 있는데, 'ㅡ'은 '도끼날(日)'로 '해'를 나타내고, '人'은 '어진 인(仁) 발(儿)'로 '하늘(亻) 같은(二) 큰 불'을 나타낸다. 따라서 '犬·犬(개 견)'[1]은 '해(ㅡ)의 불(人)'을 형상한 것으로, '해(태양)'를 나타낸다.

'개'가 '해(태양)'의 의미로 쓰인 또 다른 예는 로마 신화의 로물루스 레무스 형제가 늑대(개·戌)의 젖을 빨고 있는 모습이나, 위슨

---

1) 해(개·犬)의 기운이 성하여 뜨거운 날을 '복날(初伏·中伏·末伏)'이라고 하는데, 복날의 '복(伏)'에 '개 견(犬)'을 쓴 것도 '개'가 '해(태양)'를 뜻하기 때문이다. 또 개(犬)는 만주어로 'kuri(구리)'인데, '구리'는 '빛'을 뜻한다.

족의 쿤모왕(태양왕)이 늑대(개·戌)의 젖을 빨고 있는 모습에서 확인할 수 있는데, 여기의 '개'도 '태양'을 상징하여 로물루스 레무스 형제나 쿤모왕 역시 '태양(하늘)의 아들'을 상징한다.

태양(개)의 아들, 로물루스 레무스    태양(개)의 아들, 쿤모왕

또, '개 술(戌)'자의 중요 부분인 '戊(무)'는 '丿(큰 날) + 戈(창)'로 되어 있는데, 이 역시 '큰 창날(日)'을 그려 '태양'을 나타낸다.

'口(구)'의 소전 '㕣'는 '凵 + 一'인데, '凵'는 '우주공간의 경계'를 나타내고, '一'는 '인구(人口)'를 나타낸다. 따라서 '㕣·口(구)'는 '우주공간(凵)의 어떤 한 존재(一)' 또는 '사람'을 나타낸다.

이상을 종합하면 '咸(함)'은 '태양 같은 존재'를 형상한 글자로, 성씨 '咸(함)'은 '태양 같이 다 갖춘 온전한 사람'을 뜻한다.

하늘(天)을 뜻하는 '천간 무(戊)'에 '일(一)'을 더하면 땅하늘(地)을 뜻하는 '지지 술(戌)'이 되고, '지지 술(戌)'에 사람(人)을 뜻하는 '구(口)'를 더하면 '다 함(咸)'자가 된다. 따라서 '함(咸)'자는 '천·지·인(天·地·人)의 성품을 다 갖춘 사람'을 의미한다.

| 咸 | 하늘(天) | 천간(天干) · 무(戊) |
|---|---|---|
|  | 땅 (地) | 지지(地支) · 술(戌) |
|  | 사람(人) | 인세(人世) · 함(咸) |

참고로, '태양'을 의미하는 '함(咸)'자가 들어 있는 '느낄 감(感)'자를 통해서 '感(감정)'과 '思(생각)'의 차이를 살펴본다.

'감정(感情)'의 '느낄 감(感)'자는 '태양(咸) 같은 마음(心)'을 뜻하고, '느낄 정(情)'자는 '하늘(靑)2) 같은 마음(心)'을 뜻하여 '감(感)'자의 '함(咸)'이나 '정(情)'자의 '청(靑)'은 '태양·하늘'을 뜻한다. 따라서 '감정(感情)'은 '마음속에 있는 태양(하늘)'이라고 볼 수 있다.

'생각(思想)'의 '생각 사(思)'자는 '마음(心)의 바깥(田)' 곧 '태양(하늘)을 상징하는 마음의 바깥'을 뜻하고, '생각 상(想)'자는 '마음(心)의 이미지(相)' 곧 '태양(하늘)을 상징하는 마음의 바깥(이미지)'을 뜻한다. 따라서 '생각(思想)'은 '마음의 바깥 이미지'라고 볼 수 있다.

感(감정)과 思(생각)

感(감정)과 思(생각)

결국 '감정(感情)'은 '마음의 속'을 나타내고, '생각(思想)'은 '마음의 바깥(이미지)'을 나타낸다고 볼 수 있다.

| 心 | 감정(感情) | 감(感) = 태양(咸)의 마음(心) | 정(情) = 하늘(靑)의 마음(心) |
|---|---|---|---|
|   | 생각(思想) | 사(思) = 마음(心)의 바깥(田) | 상(想) = 마음(心)의 형상(相) |

---

2) '파라(푸를) 청(靑)'의 '파라(Para)'는 하늘나라를 '파라·다이스(Para·dise)'라고 하듯이 '하늘(天)'을 나타낸다.

| 海 | 滫 | 氵 → 물결 > 겨레(자손).<br>每 → 해(亠) + 창조주(母). 창조주 하늘. |
|---|---|---|
| 바다 해 | 小篆 | 海☞ 창조주 하늘(바다). 하늘(每)의 자손(氵). |

'海(해)'를 파자하면 '亠 + 母 + 氵(水)'로 구성되어 있다.

'亠'는 '돼지머리 해(亠)'의 변형이다.

'돼지머리 해(亠)'는 '돼지 해(亥)'자의 '머리(亠)'를 말하는데, '해(亥)'1)는 만물을 낳는 '뿌리 해(荄)'로 '해(태양)'를 의미한다.

'亠(해)'의 소전 '亽' 또한 '높은 하늘(우주)'을 형상한 것으로, '높은 북두하늘의 해' 즉 '마음속의 해(본태양)'를 뜻한다. 이러한 마음속의 해(亠)를 노자(老子)는 '현빈(玄牝)'2)이라고 하였고, 『천부경(天符經)』에서는 '본심본태양(本心本太陽)'이라 하였으며, 불교에서는 '일체유심조(一切唯心造)의 마음(心)'이라 하였다.

또 '돼지머리 해(亠)'의 '돼지'라는 말은 '도아지'의 준말이며, 옛말은 '돝'이다. '도+아지'의 '도'나 '돝(도+ㅌ)'의 '도'라는 말도 '본태양 하늘'을 나타내는 '도(道)3)'를 뜻한다.

'모(母)'의 갑골문은 '𣫸'로 '여(女)'의 갑골문 '𣫸'에 어미의 젖꼭지를 표시한 형태로서 '낳아서 길러주는 창조주 하느님'을 뜻한다. 한편 '女(여)'의 갑골문은 '𣫸'로 '⺕ + 𠃊'인데, '女(여)'에 대해 임의광(林義光)은 "'𣫸(女)'는 머리·몸·다리(⺕) 및 두 팔(𠃊)의 모양

---

1) '돼지 해(亥)'의 소전 '𠕁'는 '二 + 乚 + 𠔼'인데, '二'는 '위 상(上)'의 고문으로 '높은 하늘'을 나타내고, '乚'는 '아이를 밴 모양'을 나타내며 '𠔼'는 '건도(乾道, 남자)와 곤도(坤道, 여자)'를 나타낸다. 따라서 '𠕁·亠(해)'는 '음(陰)·양(陽)이 교접하여 만물을 낳는 본태양 하늘'을 의미한다.
2) '현빈(玄牝)'은 '까마득한 북두하늘(玄)에 있는 창조주 하느님(牝)'을 의미한다.
3) '도(道)'는 '우주를 운행하는(辶·辵) 본태양(首)'을 뜻한다.

을 본뜬 것이다.[女, 象頭身脛及兩臂之形.]"라고 하였는데, '𠂉(몸)'은 '창조주 하느님'을 나타내고 'ᄋ(팔)'은 '8려음(呂音)'으로 '창조율려(律呂)'를 나타낸다. 따라서 '𡿦·女(여)'는 8려음(呂音)으로 천지를 창조하는 '창조주 하느님'을 뜻한다.

'물 수(氵·水)'는 '바다 해(海)' 또는 '하늘의 해(日)'를 뜻한다.

'바다'는 '파다(巴多)'에서 온 말이고, '파다'는 '파라(巴羅)'에서 온 말인데, '파(巴·Pa)'는 '해(태양)'를 말하고 '라(羅·Ra)'는 '빛'을 말하여 'Pa·Ra(巴羅)'는 '하늘의 해(태양)'를 말한다. 따라서 '바다'는 '하늘(Para·dise)'을 뜻한다.

이에 따라 '바다(해·海)의 물살'을 '하늘(해·日)의 햇살'에 비유하는데, 이렇게 '물살'은 '하늘의 햇살'이 되어 흔히 성씨에 쓰인 '물 수(氵·水)'는 '하늘의 자손'을 나타낸다. [p.58 '물 수(水)' 참조]

이상으로 볼 때 '亠(하늘) + 母(창조주) + 氵(물결)'로 구성된 '해(海)'는 '창조주 하늘(每)의 물결(氵)'을 나타내어, 성씨 '해(海)'는 '하늘(每)의 자손(氵)'을 뜻한다.

| 許 | 訆 | 言 → 하느님의 말씀(뜻). |
|---|---|---|
| 천손 허 | 小篆 | 午 → 화살(矢) > 햇살 > 천손 > 나(오午·오吾·오牾). |
|  |  | 許 ☞ 하느님의 말씀(言)으로 태어난 나(午). |

'許(허)'는 '言 + 午'로 구성되어 있다.

'말씀 언(言)'은 『성경』에서 "하느님의 말씀으로 만물을 창조하였다."라고 한 것처럼 '창조주 하느님의 말씀'을 나타내어, '말씀 언(言)'은 '하늘의 음성(音), 하늘의 뜻(意)'을 의미한다.

'午(오)'는 『설문해자』에서 "午(오)는 矢(시)와 같은 뜻이다.[午與矢同意.]"라고 하여 '낮 오(午)'를 '화살 시(矢)'로 보았는데, 이는 '화살(矢)'을 해의 '햇살(午)'에 비유한 것이고, 해의 '햇살(午)'은 다시 하늘의 자손인 '나(오·悟)'에 비유한 것이다.

해의 햇살(午)

삼신 하느님의 자손(矢)

왼쪽의 고대 이집트 그림은 '하늘의 자손'을 곧바로 '해의 햇살(午)'에 비유한 것이고, 오른쪽의 암각화는 '삼신(三神) 하느님의 자손'을 곧바로 '화살(矢)'에 비유한 것이다. 그리고 아래 산동성 무량사 벽화는 활(弓)을 들고 있는 환인 천제가 그의 아들 환웅에게 '화살(矢)'을 전하는 모습인데, 이 또한 '화살(矢)'이 '하늘의 자손'을 상징한다는 것을 보여준다.

환인(弓)의 아들 환웅(矢)

'햇살 오(午)'와 '화살 시(矢)'의 뜻을 도표화하면 아래와 같다.

| 북(北)의 천(天) | 활 (弓) | 해 (天) | 하늘(天) | 하늘(天) |
|---|---|---|---|---|
| 남(南)의 오(午) | 화살(矢) | 햇살(孫) | 나 (吾) | 자손(孫) |
| ↓ | ↓ | ↓ | ↓ | ↓ |
| 햇살(午) | 화살(矢) | 오(悟) | 오(吾) | 천손 |

'오(午)'자에 담긴 '하늘의 아들(천자), 나(오·悟)'라는 뜻은 중국 자금성의 남문(南門)인 '오문(午門)'에서도 확인할 수 있는데, 여기서 남쪽(南)에 해당하는 '오(午)'는 '북두(北)하늘'에 대한 '나(午·悟)', 즉 '북두하늘에 대한 나(천자)'를 뜻한다.

중국 자금서의 오문(午門)

따라서 '허(許)'는 '하나님1)의 말씀(言)이 낳은 나(午)'를 나타낸 글자로, 성씨 '허(許)'는 '하늘의 말씀이 낳은 자손'을 뜻한다.

---

1) '하나님'의 '하'는 '하늘(天), 크다(大)'라는 뜻이고, '나'는 '나(我·吾)'를 나타낸다. 따라서 '하나님'이라는 말은 곧 '대아(大我), 참나(眞我)'를 의미한다.

| 본태양 현 | 古文 小篆 | 亠 → 북두하늘 해(본태양). 하늘.<br>幺 → 새끼줄(孫). 자손.<br>玄 ☞ 본태양 하늘(亠)이 낳은 자손(幺). |
|---|---|---|

 '玄(현)'은 '亠 + 幺'로 구성되어 있다.

 '돼지머리 해(亠)'[1]는 '돼지 해(亥)'자의 '머리(亠)'를 말하는데, '해(亥)'는 만물을 낳는 '뿌리 해(荄)'로 '해(태양)'를 의미한다.

 '亠(해)'의 소전 '𠆢' 또한 '높은 하늘(우주)'을 형상한 것으로, '높은 북두하늘의 해' 즉 '마음속의 해(본태양)'를 뜻한다. 이러한 마음속의 해(亠)'를 노자(老子)는 '현빈(玄牝)'[2]이라고 하였고, 『천부경(天符經)』에서는 '본심본태양(本心本太陽)'이라 하였으며, 불교에서는 '일체유심조(一切唯心造)의 마음(心)'이라 하였다.

 또 '돼지머리 해(亠)'의 '돼지'라는 말은 '도아지'의 준말이며, 옛말은 '돝'이다. '도+아지'의 '도'나 '돝(도+ㅌ)'의 '도'라는 말도 '본태양 하늘'을 나타내는 '도(道)[3]'를 뜻한다.

 '작을 요(幺)'의 소전 '𢆶'는 '까마득한(幽) 하늘에서부터 이어져 내려오는 작은(幺) 새끼줄(子·系)'을 형상한 글자로, 이는 '갓 태어난 아기, 자손(孫)'을 뜻한다.

 이상을 종합하면 '玄(현)'은 '까마득한 북두하늘(亠)로부터 이어져 내려온 새끼줄(幺)'을 형상한 것으로, 성씨 '玄(현)'은 '본태양 하늘(玄天)이 낳은 자손(子孫)'을 뜻한다.

---

1) 제사에서 '검은 돼지의 머리'를 올리는 것은, 검은색이 오행상 '북쪽(北)'에 해당되고 머리(頭)는 '높은 하늘'을 나타내어 '돼지머리(亠)'가 '높은 북두(北斗)하늘'을 상징하기 때문이다.
2) '현빈(玄牝)'은 '까마득한 북두하늘(玄)에 있는 창조주 하느님(牝)'을 의미한다.
3) '도(道)'는 '우주를 운행하는(辶·辵) 본태양(首)'을 뜻한다.

| 邢 | 邢(小篆) | 开→우물(井). 북두칠성 하늘. |
|---|---|---|
| 천손 형 | 小篆 | 邑→하늘(巴)의 터전(口). 천손 마을. |
| | | 邢☞북두칠성 하늘(开)의 자손(阝). |

'邢(형)'은 '开 + 阝(邑)'으로 구성되어 있다.

'开(견)'이 '우물 정(井)'과 같다는 것은 '형벌 형(刑)'의 소전 '㓝'을 보면 알 수 있다. 여기서 '우물'은 '하늘 위(上)의 물(水)' 즉 '천정(天井)'인데, 이 천정은 북두칠성의 네 별을 형상한 것으로 '북두칠성 하늘'을 상징한다.

또한 『설문해자』에서 "'견(开)'은 평(平)이다.[开, 平也.]"라고 했는데, '平(평)'은 '차별이 없는 하늘과 같다'라는 뜻이다. '平(평)'의 금문 '𠂹'은 '亐(于) + 八(八)'이다. '亐·于(우)'는 '하늘(二·上)의 기운(亅)'을 나타내고, '八·八(팔)'은 '골고루 펼쳐지는 모습'을 나타낸다. 따라서 '평(平)'은 '하늘(二·上)의 기운(亅)이 평평하게 펼쳐지는(八) 모양'을 형상한 것으로, '평평한 하늘'을 상징한다.

그래서 '开(견)'은 '우물 정(井)'과 마찬가지로 '하늘'을 뜻한다.

'고을 읍(阝·邑)'은 '巴 + 口'이다. 큰뱀 파(巴)'는 '丶 + 巳'인데, '점 주(丶)'는 '북극성'을 나타내고, '뱀 사(巳)'는 북극성을 중심으로 도는 '북두칠성'을 나타내어, '파(巴)'는 '북두하늘'을 뜻한다.

'입 구(口)'는 '사람(人)이 출입(出入)하는 곳(口)'을 나타낸다.

따라서 '고을 읍(阝·邑)'은 '하늘(巴)의 자손이 모여 사는 곳(口)'을 의미한다.

이상을 종합하면 '북두칠성 하늘'을 상징하는 '开·井(정)'자에 '마을, 자손'을 뜻하는 '阝·邑(읍)'자가 합쳐진 성씨 '邢(형)'은 '북두칠성 하늘(开·井)의 자손(阝·邑)'을 의미한다.

| 扈 扈 | 戶→ ノ(빛)＋尸(북두칠성). 북두칠성 본태양. |
| --- | --- |
| 천손 호  小篆 | 邑→천손 마을.<br>扈☞ 본태양 하늘(戶)을 뒤따르는 천손(邑). |

'扈(호)'는 '戶＋邑'으로 구성되어 있다.

'戶(호)'는 'ノ＋尸'로 나누어 볼 수 있는데, 'ノ(주)'는 '근원의 빛'을 나타내고 '尸(시)'는 '북두칠성'을 나타내어, '戶(호)'는 근원의 빛인 '북두칠성 본태양 하늘'을 나타낸다.

'고을 읍(阝·邑)'은 '巴＋口'로 구성되어 있다.

'큰뱀 파(巴)'는 '·＋巳'인데, '점 주(·)'는 '북극성'을 나타내고, '뱀 사(巳)'는 북극성을 중심축으로 하여 운행하는 '북두칠성'을 나타내어, '큰뱀 파(巴)'는 우주를 운행하는 '북두하늘'을 뜻한다.

'입 구(口)'는 '사람(人)이 출입(出入)하는 곳(口)'을 나타낸다.

따라서 '고을 읍(阝·邑)'은 '하늘(巴)의 자손이 모여 사는 곳(口)'을 의미한다. 또한, '고을 읍(阝·邑)'은 '하늘(巴)의 자손(口)'이라는 의미로도 쓰이는데, 이는 '마고(麻)의 새끼(乙)'를 뜻하는 '마을(麻乙)'이나 '하늘(天)의 새끼(乙)'를 뜻하는 '천을(天乙)'과 같은 의미라고 할 수 있다. [p.381 '조(曹)' 참조]

이상을 종합하면 '扈(호)'는 '북두칠성 본태양 하늘의 보호(戶)를 받는 고을(邑)'을 형상한 글자로, 성씨 '扈(호)'는 '본태양 하늘(戶)을 호종(扈從)하여 따르는 천손(邑)'을 뜻한다.

다음은 '扈(호)'자의 '戶(호)'가 단순히 '집'이나 '문'을 뜻하는 말이 아니라 '북두칠성 본태양 하늘'을 나타낸다는 것을 '扈(호)'의 고문 '岠'자를 분석하여 확인해본다.

'扈(호)'의 고문 '岠'는 '山(戶)＋冂(邑)'의 구조이다.

'山(산)'의 소전 '山'은 '人+凵'이다. '들 입(入)'의 소전 '人'은 '땅속으로 뻗어 들어가는 뿌리'를 형상한 것인데, '뿌리>뿔>불'은 '태양'을 나타낸다. '凵'은 '冖(덮을 멱)'의 소전 '冖'을 뒤엎은 모양으로 '冖'은 '높은 하늘(天)'을 나타내고, '凵'은 '땅(地)'을 나타낸다. 따라서 '山·山(산)'은 '땅(凵) 위에 높이 떠 있는 태양(人)'을 뜻한다.

『설문해자』에서 "'산(山)'은 베푼다는 것이니, 햇살 기운(氣)을 펼쳐서 만물을 살린다는 뜻이다. 돌(石)1)이 있고 높은 것이다. 상형이다.[山, 宣也. 宣氣散, 生萬物. 有石而高也. 象形.]"라고 하였는데, 이는 '햇살 기운을 베풀어 만물을 살린다'는 것이다. 그리고 '높은 산에 우뚝 솟은 돌'은 '땅(凵) 위에 높이 떠 있는 태양(人)'을 상징한다.

'병부 절(卩)'의 소전은 '卩'인데, '병부(卩)'는 왕으로부터 병사(兵)를 동원할 수 있는 권한을 인증해주는 부절(符節)로, 좌우 한 쌍으로 제작되어 좌(左)의 것은 군주가, 우(右)의 것은 장수가 지니는 부절을 말한다. 그래서 '병부(卩)'는 임금이 신하를 인증하는 신표로서, '병부(卩)'는 '하늘이 인정하는 사람'을 뜻한다.

또한 '卩'의 갑골문 '卩'도 '북두칠성(卩·하느님)을 닮은 모습', 즉 '엄마 배(모태) 안 아기의 모습'으로, 이는 '하느님 품 안에 있는 하느님 모습을 닮은 자손'을 나타낸다. 결국 '扈(호)'의 고문 '岇'에 쓰인 '절(卩)'은 '하늘이 낳은 자손'을 뜻한다.

이상을 종합하면 '태양(하늘)'을 뜻하는 '山(산)'자와 '자손'을 뜻하는 '卩(절)'자가 합쳐진 '扈(호)'의 고문 '岇' 역시 '태양(山)을 호종(扈從)하는 자손(卩)'을 의미한다.

---

1) '돌(石)'의 소전 '石'을 파자하면 '厂+口'인데, '厂'은 '높은 하늘'을 나타내고, '口'는 '태양'을 나타내어 '石·돌)'은 '높은 하늘의 태양'을 상징한다.

| 胡 | 胡 | 古→태고(太古). 마고(姑). 까닭 고(故).<br>月→마고(姑)의 달(딸·아들). |
|---|---|---|
| 천손 호 | 小篆 | 胡→마고(古) 삼신 하느님의 아들(月). |

'胡(호)'는 '古 + 月'로 구성되어 있다.

'古(고)'는 '태고(太古), 까닭(故), 마고(麻姑)' 등을 의미한다.

'古(고)'의 갑골문 '古'는 '│(十) + ㅂ(口)'으로 구성되어 있다.

'十(십)'은 보이지 않는 하늘(│·天)과 보이는 땅하늘(一·地)이 교합(交合)한 모양으로, 천지(天地)·우주를 창조하는 '창조주 하느님'을 나타낸다. 또 '10(십)'은 보이지 않는 하늘(│)을 나타내는 '0(공·空)'과 보이는 땅하늘(一)을 나타내는 '1(색·色)'이 합쳐진 '온전한 수(數)'인데, 우리 옛말에 '10(십)'을 '온'이라고 한 것을 보더라도 '10(십)'은 '온전한 창조주 하느님'을 나타낸다.

'口(국)'의 소전 'ㅂ'은 'ㅂ + ㅡ'인데, 'ㅂ'은 '우주공간의 경계'를 나타내고, 'ㅡ'는 '어떤 한 존재'를 나타낸다. 따라서 'ㅂ·口(국)'은 시공간적으로 존재하는 '우주공간'을 나타낸다.

이상을 종합하면 '古·古(고)'는 '우주(ㅂ·口)를 창조하는 창조주(│·十)'를 형상한 것으로, 이는 곧 '까닭(故)',1) '창조주 마고(麻姑) 하느님'을 뜻한다.

여기서 '까닭'이라는 말은 '둥지에 앉아 알을 까는 닭'을 뜻한다. 그래서 『설문해자』에서도 "古(고)'는 까닭(근원)이다.[古, 故也.]"

---

1) '까닭 고(故)'는 '古 + 攵'인데, '攵(칠 복)'은 '~셈(same)치다, ~같다'라는 뜻이다. 따라서 '故'는 '古와 같다(攵)'라는 말이 된다. 또한 '古(옛 고)'는 '姑(시어미 고)'에서 '마고(麻姑)'를 뜻하는 '女'가 생략된 것으로 생각할 수도 있다. 이렇게 본다면 '古(고)·故(고)·姑(고)'는 모두 '태고(太古)의 창조주(女), 까닭(故)' 등을 뜻한다고 할 수 있다.

라고 하였던 것이다.2)

 '육달 월(月)'과 '고기 육(肉)'은 같은 뜻으로, '肉(육)'은 'ㄇ + 仌'로 구성되어 있다.
 '멀 경(ㄇ)'은 『집운(集韻)』에 "하늘이다.[空也.]"라고 한 것처럼 'ㄇ'은 '높은 하늘(高)'을 나타낸다. '仌'은 '하늘의 햇살·기운(氣)'을 나타낸다. 따라서 '고기 육(肉)'은 '하늘(高)의 기운(氣)이 쌓여 만들어진 고기(살)'를 나타내지만, 성씨에서 '고기(肉)'는 흔히 '하늘(高)의 자손(氣)'을 비유한다.
 이런 '고기(高氣)'의 의미를 좀 더 확장해 보면, '고기'라는 말은 '해(日)의 햇살(肉)', '해(日)의 달(아들·月)'3), 그리고 '하늘(天)의 자손(孫)'이라는 뜻으로까지 확장된다. 그러므로 하늘의 햇살(肉)과 같은 존재인 예수를 '물·고기(高氣)'에 비유한 것이고, 석가모니를 '코끼(高氣)·리'에 비유한 것이다.

| 고기肉 | 고(高) | 천(天) | 하늘(天) | 해(天) | 해(日) | 달月 |
|---|---|---|---|---|---|---|
| | 기(氣) | 기(氣) | 자손(孫) | 햇살(肉) | 달(月) | |

 이상에서 살펴본 대로 '마고(麻姑) 하느님'을 뜻하는 '古(고)'에 '아들(딸)'을 뜻하는 '月(월)'이 합쳐진 성씨 '호(胡)'는 '마고(古) 하느님의 아들(月)'을 뜻한다.

 한편, '호(胡)'를 '오랑캐(호랑·개) 호(胡)'라고 하는데, '호랑(虎

---

2) '까닭 유(酉)'의 소전 '酉'는 '西(서) + 八(一)'인데, '西(서)'는 '닭(一)이 둥지(囗)에 발(八)을 내린 모습'을 나타내고, '酉'자 속의 '八'은 '알(卵)'을 나타낸다. 따라서 '까닭 유(酉)'는 '둥지에 앉은 닭(西)이 알(八·卵)을 까는 것'을 형상한 것으로 '창조주 하느님'을 나타낸다.
3) '해(日)의 달(月)'로 볼 때는 '육달 월(月·肉)'을 '달 월(月)'로 본 것이다.

狼)'의 '호(虎)'자는 'ㅏ(해) + 厂(높은 하늘) + 七(칠성) + 儿(어진 인(仁) 발)'로 '북두칠성 하늘(虍)의 불(儿)', 즉 '북두칠성 본태양' 을 뜻하고, '개 랑(狼)'4)은 '해(태양)'를 뜻한다. 따라서 '호랑(虎 狼) 호(胡)'는 '북두칠성(虎) 본태양(狼)'을 뜻한다.

이번에는 '오랑캐 이(夷)'를 분석하여 '호랑(虎狼)캐'의 의미를 좀 더 확인해본다.

'오랑캐 이(夷)'5)의 소전 '夷'는 '大(大) + 弓(弓)'으로 되어 있 다. '大'는 '하늘(大)'을 나타내고, '弓'은 '북두칠성 태양(弓)'을 나 타낸다. 따라서 '오랑캐 이(夷·夷)'는 '호랑(虎狼)캐 호(胡)'자와 마찬가지로 '북두칠성 본태양(弓) 하늘(大)'을 뜻한다.

이상에서 '태양 이(夷)'6)자와 '태양 호(胡)'자를 살펴본 결과 우 리는 그간 '오랑캐 이(夷)'와 '오랑캐 호(胡)'의 정확한 의미를 알 지 못하여 미개한 변방의 족속을 가리키는 '오랑캐'로 잘못 알고 지내왔다. 문자에 무지한 탓이었다.

---

4) '개 견(犬)'의 소전 '犬'은 'ㅓ(ヽ) + 人(儿)'로 되어 있는데, 'ㅓ'은 '도끼날 (日)'로 '해'를 나타내고, '人'은 '어진 인(仁) 발(儿)'로 '하늘(亻) 같은(二) 불(빛)'을 나타낸다. 따라서 '犬·犬(개 견)'은 '해(ㅓ)의 불(人)'을 형상한 것 으로, '해(태양)'를 나타낸다.
5) '오랑캐 이(夷)'자를 『후한서』「동이전(東夷傳)에서 "'이(夷)'는 뿌리(柢)이 다."라고 하였는데, 뿌리는 '뿌리>뿔>불'로, 만물의 근원인 '태양'을 뜻한다.
6) '동이(東夷)'라는 말은 '동트는 새(日) 하늘(木)'을 뜻하는 '동(東)'자와 '태양 이(夷)'자를 합한 것으로, '새 하늘(東)을 여는 태양(夷)'을 뜻한다.

| 洪 | 小篆 | 甲文·共 | 廿 → 태양(하늘).<br>🖐 → 받드는 두 손.<br>巛 → 물살 > 물결(겨레). 자손.<br>洪 ☞ 태양(共)의 자손(氵). |
|---|---|---|---|
| 태양 홍 | | | |

'洪(홍)'은 '共 + 氵(水)'로 구성되어 있다.

'共(공)'의 소전 '𦥑'은 '廿 + 🖐'으로 되어 있다.

'廿·廾(입)'의 의미를 알기 위해 우선 '빛 광(光)'의 고문 '炗'을 분석한다. '炗(광)'은 '廾(廿) + 火'로 구성되어 있는데, '廾(입)'은 '하늘(一)의 뿔(丨丨)'을 형상한 것으로 '태양'을 나타내고, '火(화)'는 '불빛'을 나타낸다. 따라서 '炗(光)'은 '태양의 빛'을 의미한다.

이렇게 '廿·廾(입)'자가 '태양'을 나타낸다는 것은 '共(공)'의 갑골문 '🖐'이나 금문 '🖐'을 보면 더욱 분명히 드러나는데, '共(공)'의 갑골문 '🖐'은 태양을 'ㅁ' 형태로 표현한 것이고, 금문 '🖐'은 태양을 'O' 형태로 표현한 것이다.

'🖐'은 '받드는 두 손'을 나타낸다.

따라서 '共(공)'의 소전 '𦥑'은 '태양(廿)을 여럿이 함께 받드는(🖐) 모양'을 형상한 것으로, 이는 곧 '태양'을 나타낸다.

'물 수(水)'의 소전 '巛'를 파자하면 'ㆍ + 川'인데, 'ㆍ'는 '바닷물·해(海)'를 나타내고, '川'은 '물살(물결)'을 나타낸다. 따라서 '巛·水(수)'는 '바다(해·海)의 물결(겨레)'을 나타내는데, 흔히 성씨에 쓰인 '물 수(氵·水)'는 '하늘의 자손(天族)'을 의미한다. [p.58 '물 수(水)' 참조]

이상을 종합하면 '巛·洪(홍)'은 '태양(廿)을 받드는(🖐) 물결

(𝒳)'을 형상한 것으로, 성씨 '洪·洪(홍)'은 '태양(廿)을 받드는 (𝐹) 자손(𝒳)'을 의미한다.

『광운(廣韻)』에 "홍(洪)은 공공(共工)씨의 후예로, 본래의 성은 공(共)씨였다.[洪, 共工氏之後, 本姓共氏.]"라고 하였다. 이로써 보면 '洪(홍)'씨는 '共(공)'의 뜻에 '물결(겨레)'을 뜻하는 '氵(수)'를 붙인 것에 불과하다.
 그리고 '공공(共工)'이라는 말은 '태양·하늘(共)'의 뜻을 땅(세상)에서 이루는 사람(工)'이라는 뜻으로 '요대(堯代)에 치수(治水)를 맡았던 관리'를 지칭하는 말이었다.

'黃(황)'의 갑골문 '𡴎'은 '大 + 口'으로 구성되어 있다.

갑골문 '𡴎'의 '大'은 '큰 화살(矢)'을 형상한 것으로 '큰 햇살(빛)'을 나타내고, '口'은 '땅·세상(田)'을 나타낸다. 따라서 '황(黃)'의 갑골문 '𡴎'은 '세상(口·田)의 빛(大·光)'을 뜻한다.

'黃(황)'의 소전 '黃'은 '炗(炗·光) + 田(田)'으로 구성되어 있다.

'빛 광(光)'의 고문 '炗'은 '卄 + 火'인데, '卄(입)'은 '하늘(一)의 뿔(丨)'을 형상한 것으로 '태양'을 나타내고, '火(화)'는 '불'을 나타낸다. 따라서 '빛 광(光)'의 고문 '炗'은 '태양의 빛'을 뜻한다.

'밭 전(田)'은 '十 + 口'으로 구성되어 있는데, '十(십)'은 보이지 않는 하늘(丨·天)과 보이는 땅하늘(一·地)이 교합(交合)한 모양으로 천지(天地)를 창조하는 '창조주 하느님'을 나타내고, '口(국)'은 '땅(세상)'을 나타낸다. 따라서 '田(전)'은 '하늘(十)의 뜻을 실현하는 세상(口)'을 뜻한다.

이상을 종합하면, '황(黃)'은 '세상(田)의 빛(光)'을 의미한다.[1]

| 黃 | 빛(光·大) | 빛(光·炗) | 영(靈) | 하늘(天) |
|---|---|---|---|---|
|   | 세상(田·口) | 세상(田·田) | 육(肉) | 자손(孫) |
|   | ↓ | ↓ | ↓ | ↓ |
|   | 𡴎(黃) | 黃(黃) | 영육(靈肉) | 천손(天孫) |

---

1) '黃(황)'의 이런 의미에 따라 고유명사 '황제(黃帝)'는 하느님을 뜻하는 '천제(天帝)'에 비하여 '땅(田) 하느님(光)'인 '천자(天子)'를 뜻한다. 또한, '누를 황(黃)'은 '중앙 토(土)'에 해당하는데, '누르다'라는 말에는 '중앙(黃)이 사방·세계를 눌러 다스린다'라는 의미도 담겨 있다.

| | | |
|---|---|---|
| 皇甫 | 皇甫 | 皇→천제(하늘). 황제.<br>甫→보필할 보(輔). |
| 황제 황(皇)<br>보필 보(甫) | 小篆 | 皇甫 ☞ 천제(황제)를 보필하는 자손. |

'皇(황)'의 금문 '皇'은 '白(백)' + '王(왕)'으로 구성되어 있다.

'白(백)'의 갑골문 '白'은 '하늘(○)의 태양(一)'을 나타내고, '白(백)'의 소전 '白'도 '하늘(ㅂ)의 태양(人)'을 나타낸다. 따라서 '白(백)'은 '하늘의 태양'을 뜻한다.

'王(왕)'은 '높은 대(臺)'를 형상하여 '높은 하늘'을 뜻한다.

따라서 '황(皇·皇)'은 '높은 하늘에 있는 태양'을 형상한 것으로 '옥황상제(玉皇上帝·하느님)' 또는 '황제(皇帝)'를 의미한다.

'皇(황)'의 소전 '皇'은 '自(자)' + '王(왕)'으로 구성되어 있다.

'自·自(자)'는 『설문해자』에서 "'자(自)'는 코이다. 코의 모양을 형상한 것이다.[自, 鼻也. 象鼻形.]"라고 하였듯이, '自·自(자)'의 갑골문 '自'의 '自'는 '코'를 형상한 것으로, '높은 하늘(고·高)'을 뜻한다. '自'의 '人(입)'[1]은 '땅속에 뻗어 들어가는 뿌리'를 형상한 것으로, 뿌리는 '태양'을 뜻한다. 따라서 갑골문 '自·自(자)'와 소전 '自·自(자)'는 '높은 하늘(自)의 태양(人)'을 뜻한다. '王(왕)'은 '높은 대(臺)'를 형상하여 '높은 하늘'을 뜻한다.

이상을 보면 '皇·皇(황)'은 '높은 하늘(王)에 있는 태양(自)'을 형상한 것으로 '옥황상제' 또는 '황제'를 의미한다.

---

[1] '들 입(入)'의 소전 '入'은 '하나의 줄기 밑에 뿌리가 땅속으로 뻗어 들어가는 모양'을 형상한 것으로, '뿌리' 즉 '태양(불)'을 나타낸다.

'甫(보)'는 '父 + 用'으로 '어른답게(父) 행하다(用)', '하늘을 닮아 크다'는 뜻이지만, 여기서는 '돕다, 보필(輔)하다'라는 뜻이다.

이상을 종합하면 '皇甫(황보)'는 '황제(皇)를 보필하는(甫) 사람'을 뜻한다.

이렇게 '皇甫(황보)'는 옥황상제(하느님)의 대리자인 '황제(皇帝)를 보필한다'는 의미에서 주(周)나라 초기에 황제를 대리하여 정사를 관장하는 관직 이름으로 쓰였고, 이를 성씨로 삼은 것이다.

# 부 록

## 우리나라 역대의 국호
## 우리나라 주요 도시명

# 환국(桓國)

『삼국유사』「기이편(紀異篇)」'고조선조'에 "옛적에 환국이 있었다.[昔有桓国.]"라는 기록이 나오는데, 환국(桓国)은 최초의 배달민족 나라이름이다.

'桓(환)'자에 대해『환단고기』「태백일사(太白逸史)·신시본기(神市本紀)」에서는 "하늘로부터의 밝음을 '桓(환)'이라 한다.[自天光明謂之桓也.]"라고 하였는데, '桓(환)'은 '木 + 亘'으로 되어 있다.

'나무 목(木)'은 수메르어로 'Nammu(남무)'이고 인도 범어로는 'Namo(南無)'로서 '창조주 하늘'을 뜻한다. '빛펼칠 긍(亘)'의 소전 '亘'은 '二 + 回'으로, '二'은 '하늘(天)과 땅(地)'을 나타내고, '回'은 '천지(우주)에 펼쳐지는 빛(日)'을 나타낸다. 따라서 '빛펼칠 긍(回·亘)'은 '천지(天地)에 근원의 빛이 펼쳐지는 모습'을 형상한 것으로, 이는 '본태양의 창조율려' 즉 '태극(太極)'을 나타낸다.

빛펼칠 긍(亘)　　창조율려 태극(桓)　　천지창조 환(桓)

따라서 '桓(환)'은 '천지(우주)의 중심에서 빛을 펼치는(亘) 하느님(木)'을 뜻한다.

'桓國(환국)'을 계승한 배달국인 '檀國(단국)'의 '檀(단)'은 '木 + 亶'으로 되어 있는데, 이 역시 '창조주 하늘(木)의 빛이 땅 위에서 바람개비(卍)처럼 빛나는(亶) 모습'으로 '밝고 환한 하늘의 빛'을 나타낸다. 이렇게 보면 '檀君(단군)'은 '밝고 환한 나라(땅)의 임금'이란 의미가 된다.

이상에서 본대로 '桓國(환국)'의 '환(桓)'은 '창조주 한울님(木)의 빛(亘)'[1]이라는 뜻이고, 단국(檀國)의 '檀(단)'자도 '창조주 한울님(木)의 빛(亶)'이라는 뜻이다. 그리고 조선의 '조(朝)'는 '본태양(卓)의 밝은 빛(땅·月)'을 나타내고, 한국의 '한(韓)'역시 '본태양(卓)의 밝은 빛(韋)'을 나타낸다.

빛 펼치는(亘) 한울님(桓)

이렇게 환국(桓國)·단국(檀國)·조선(朝鮮)에서 현재의 한국(韓國)에 이르기까지 국호를 정함에 있어 '환(桓)·단(檀)·조(朝)·한(韓)' 등으로 명칭은 서로 다르지만 '본태양(하늘)의 빛(光明)이 비치는 나라', '본태양의 빛과 같은 밝은 배달민족'이라는 정신은 지금까지 변하지 않고 면면히 이어져 오고 있다.

| 하느님(木) | 빛(亘) | → 木 + 亘 = 환(桓) ☞ 하느님(木)의 빛(亘) |
| 하느님(木) | 빛(亶) | → 木 + 亶 = 단(檀) ☞ 하느님(木)의 빛(亶) |
| 본태양(卓) | 빛(月) | → 卓 + 月 = 조(朝) ☞ 본태양(卓)의 빛(月) |
| 본태양(卓) | 빛(韋) | → 卓 + 韋 = 한(韓) ☞ 본태양(卓)의 빛(韋) |
| ↓ | ↓ | |
| 태양 배(倍) | 아들 달(達) | → 배달(倍達) ☞ 태양의 아들 |

---

[1] '빛펼칠 궁(亘)'의 소전 '🄰'은 '하늘(一)과 땅(一) 사이에 태양빛(日)이 펼쳐지는 모양'을 나타내는데, 이를 표현한 문양이 '☯, ✡, 卍' 등이다.

# 조선(朝鮮)

'朝(조)'의 갑골문 '☽'는 '☀(草) + ☽(月)'로 구성되어 있다.

'☀(草)'는 '↓ + ○ + ↓'로 되어 있는데, '○'은 '태양'을 나타내고, 위의 '↓'는 하늘을 여는 '삼신 태양의 빛'을 나타내며, 아래의 '↓'는 '삼신 태양이 낳은 빛(세상)'을 나타낸다. 따라서 '☀(草)'는 '아침에 해가 떠올라 새 하늘을 여는(새벽) 태양'을 형상한 것으로, 이는 곧 '천지를 개벽(開闢)하는 태양'을 의미한다.

'☽(月)'은 '까만 하늘에 떠 있는 밝은 달(☽·月)'을 형상한 것으로, 이는 곧 '드넓은 세상에서 밝은 땅'을 의미한다.

이상을 종합하면 '☽·朝(조)'는 '새 하늘을 여는(개벽) 태양(草)의 빛이 비치는 밝은 땅(月)'을 의미한다.

'아침 조(朝)'의 '아침'은 『훈몽자회』에 '아춤 조(朝)'라고 한 예에서 알 수 있듯이 '아춤'에서 변화된 말로, 어근은 '아사/아차, 아스/아츠, 아시/아치' 등으로 추정된다. 따라서 단군 조선의 도읍지 '아사·달'[1]이나 '아시·아(Asia)'[2], '아스·타나(Astana)' 등은 '동(東)트는 태양(草)의 빛이 비치는 밝은 땅(月)'을 뜻하게 된다.

| 朝 | 草·동트는 | 아치 | 아치 | 아차 | 아사 | 아스 | 앗시 | 아시 |
|---|---|---|---|---|---|---|---|---|
|   | 月·땅 | ㅁ | 울 | 산 | 달 | 타나 | 리아 | 아 |
|   |   | ↓ | ↓ | ↓ | ↓ | ↓ | ↓ | ↓ |
|   |   | 아침 | 아치울 | 아차산 | 아사달 | 아스타나 | 앗시리아 | 아시아 |

---

[1] '아사달'을 이두식으로 표기하면 '朝(조)'가 되는데, 위에서 본 대로 '草'는 '아사'로서 '동(東)트는 태양'을 나타내고 '月'은 '밝은 땅'을 나타낸다.
[2] '아시아'라는 말의 최초 어원은 'Aswiai'인데, 이는 '해 뜨는 동쪽(東·Aswia)의 여신'을 뜻한다. '동(東)' 또한 '동트는(開闢) 창조주(木) 태양(日)'을 뜻한다.

'朝(조)'의 소전 '󰠲'는 '䓌(卓)+舟(舟)'로 구성되어 있다.

'䓌(卓)'는 '屮+日+丁'인데, '屮'는 '삼신'을 나타내고, '日'은 '본태양'을 나타내며, '丁'는 '만물(丶)을 낳는 하늘(一)'을 나타낸다. 따라서 '䓌(卓)'는 '만물을 창조하는 삼신 본태양'으로 '천지를 개벽하는 태초의 태양'을 의미한다.3)

천지를 개벽하는 태양, 䓌

'舟(舟)'는 갑골문 '󰠳·朝(조)'에서 '까만 하늘 위의 달(☽·月)' 대신에 '검푸른 바다 위의 배(舟·舟)'로 표현한 것인데, 여기서 '배(舟)'는 '드넓은 바다에서 우뚝 솟은 밝은 섬(島)' 즉 '밝은 땅(月)'을 의미한다.

이상을 종합하면 '󰠲·朝(조)'는 '천지를 개벽하는 태양(䓌)의 빛이 비치는 땅·나라(舟)'를 뜻한다.

| 朝·󰠲 | 䓌 | 본태양(卓) | 본태양(卓) | 태양(日) | 하늘(天) |
|---|---|---|---|---|---|
| | 月 | 해(冖·海)의 배(舟) | 해(冖·日)의 땅(月) | 햇살(兆) | 아들(子) |
| ↓ | | ↓ | ↓ | ↓ | ↓ |
| 朝(조) | | 󰠲(동자) | 朝(본자) | 晁(고자) | 천자 |

또한 '朝(조)'에는 '본태양 하늘(卓)이 낳은 천자(月)'라는 뜻도 있어서, '천자(朝)가 정사를 펼치는 곳(廷)'을 '조정(朝廷)'이라 하고, '천자(朝)에게 바치는 공물(貢)'을 '조공(朝貢)'이라 하며, '천자(朝)에게 올리는 하례(賀禮)'를 '조하(朝賀)'라고 한다.

---

3) 『이아(爾雅)·석고(釋詁)』에 "'조(朝)'는 '조(早)'와 같다.[朝, 早也.]"라고 하였는데, 『설문해자』에서는 '부(卓)'를 '曐(조)'로 썼다. 이 '曐(조)'는 '천지를 개벽하는(甲) 태양(日)'을 말하므로 '朝(조)'와 '부(조)'는 같은 의미가 된다.

'鮮(선)'은 '魚 + 羊'으로 구성되어 있다.

'魚(어)'의 소전 '𩵋'는 '⌒ + ⊠ + 灬'로 되어 있다. '⌒'는 '태양빛'으로 '물고기의 머리'를 나타내고, '⊠'은 '몸(冂)에 햇살(人)이 쌓인 모습'으로 '물고기의 몸(肉)'을 나타내며, '灬'는 '햇살, 불빛'으로 '물고기의 꼬리'를 나타낸다. 따라서 '𩵋·魚(어)'는 '태양(⌒)의 빛(灬)을 발하는 물고기(⊠)'를 나타내어, '태양(⌒)의 빛(灬)과 같은 천손(⊠)'을 뜻한다. 하느님 아들 예수를 물고기에 비유하는 것도 '물고기(魚)'가 '하늘의 빛과 같은 자손'을 상징하기 때문이다.

'羊(양)'의 금문 '𦍌'은 '하늘을 향해 솟아 있는 양의 뿔'을 형상한 글자로, '하늘의 불(태양)'을 상징한다.

따라서 '鮮(선)'은 '태양(羊)과 같은 밝은 자손(魚)'을 뜻한다.

이상을 종합하면, '새 하늘을 여는 태양(車)의 빛이 비치는 나라(月)'를 뜻하는 '조(朝)'자에 '태양(羊)과 같은 밝은 자손(魚)'을 뜻하는 '선(鮮)'자가 합쳐진 '조선(朝鮮)'은 '새 하늘을 여는 태양(朝)의 빛이 비치는 천손(鮮)의 나라', 즉 '새 하늘을 여는(開天) 나라'를 의미한다.

# 고구려(高句麗)

| | | |
|---|---|---|
| 고(高) | 구려(句麗) | → 고·구려 / 고·구리 |
| 고(하늘·天) | 구리(빛·光) | → 고·구리 = 하늘(天)의 빛(光) |
| ↓ | ↓ | |
| 고(高) | 리(麗) | → 하늘 고(高) + 빛 리(麗) = 하늘의 빛 |
| 코(高) | 리아(麗) | → 하늘 코(Co) + 빛 리아(rea) = 하늘의 빛 |
| 코(高) | 브라(麗) | → 하늘 코(Co) + 빛 브라(bra) = 하늘의 빛 |
| 가오(高) | 리(麗) | → 하늘 가오(高) + 빛 리(麗) = 하늘의 빛 |
| ↓ | ↓ | |
| 하늘 청(靑) | 구리 동(銅) | → 청동(靑銅) = 하늘(Para)의 빛(구리) |
| 하늘 청(靑) | 구리 뱀(빛) | → 청동(夈)·뱀=코·브라(Co·bra) = 독사(毒蛇)[1] |
| ↓ | ↓ | |
| 하늘(天) | 빛(光) | → 한(韓)·환(桓) ※ 석유환국(昔有桓國). |
| 북두하늘(井) | 울타리(垣) | → 한(韓)은 한울(井垣)이다. ※ 韓, 井垣也. |
| ↓ | ↓ | |
| 하느님(木) | 빛(亘) | → 木 + 亘 = 환(桓) ☞ 하늘(木)의 빛(亘) |
| 하느님(木) | 빛(亶) | → 木 + 亶 = 단(檀) ☞ 하늘(木)의 빛(亶) |
| 본태양(卓) | 빛(月) | → 卓 + 月 = 조(朝) ☞ 본태양(卓)의 빛(月) |
| 본태양(卓) | 빛(韋) | → 卓 + 韋 = 한(韓) ☞ 본태양(卓)의 빛(韋) |
| ↓ | ↓ | |
| 태양 백(白) | 빛살 의(衣) | → 백의(白衣) ☞ 태양의 빛살 |
| 태양 배(倍) | 아들 달(達) | → 배달(倍達) ☞ 태양의 아들 |
| 하늘 천(天) | 자손 손(孫) | → 천손(天孫) ☞ 하늘의 자손 |

---

1) '毒(독)'은 '生 + 母'로 '만물을 낳는(살生) 창조주(모母)'를 나타내고, '뱀 사(蛇)'는 '虫 + 宀 + 匕'로 '북두칠성(匕) 하늘(宀)의 빛(虫·뱀)'을 나타낸다. 따라서 '독·사(毒蛇)', 즉 '코·브라(Co·bra)'는 '창조주(毒) 북두칠성 본태양 하늘의 빛(蛇)'을 뜻한다. '하늘의 빛'을 뜻하는 '독(毒)'은 '침(唾)'과 같은 뜻으로, 성경에서 '예수가 침을 발라 맹인을 고쳐 주었다'는 말은 '하늘의 빛(독·침)으로 맹인을 치유하였다'는 것을 뜻한다.

## 고구려(고구리)

고구려 을파소(乙巴素)가 전한 것으로 알려진 『참전계경(參佺戒經)』「총론」에서 "'고구리'라는 말은 천제(天帝)의 큰 태양(大日)이 세계의 중심에서 높고 크게 빛을 발한다는 것이다.[高句麗, 言天帝大日高大光輝於世界之中也.]"라고 하였다.

'고·구려(高·句麗)'는 원래 '고·구리'라고 발음하는데, '고(高)'는 '높은 하늘'을 뜻하고, '구리(句麗)'는 '구리(銅)'로 '빛'을 뜻한다. 따라서 '고·구리(高·句麗)'는 '하늘의 빛'을 뜻한다.

'고구리'가 '하늘의 빛'을 뜻한다는 것은 '코·브라(Co·bra)'라는 말에서도 증명된다. '코·브라(Co·bra)'는 한자로 '독사(毒蛇)'인데, '침 독(毒)'은 '生 + 母'로 '만물을 낳는(生) 창조주(母)'를 나타내고, '뱀 사(蛇)'는 '虫 + 宀 + 匕'로 '북두칠성(匕) 하늘(宀)의 빛(虫)'을 나타낸다. 따라서 'Co·bra(毒·蛇)'는 '북두칠성 하늘의 빛'을 상징한다. 또한 'Co·bra'의 'Co'는 '코(鼻)'로 '높은 하늘(高)'을 뜻하고,[p.200 '백(白)'씨 참조] 'bra'는 '빛(麗)'을 뜻한다. 결국, '코·브라(Co·bra)'라는 말도 '고·구리(高·句麗)'와 마찬가지로 '높은 하늘(高)의 빛(麗)'을 의미한다.

이렇게 '코·브라(Co·bra)' 즉 '고·구리(高·句麗)'가 '하늘의 빛(태양)'을 상징한다는 것은 오른쪽 고대 이집트의 그림에서 태양(天)의 아들(子) 호루스(Horus)가 '코브라(Co·bra) 태양'을 머리에 이고 있는 모습에서도 확인할 수 있다.

고·구리 = 코·브라

| 고(高) | 고(高) | 하늘(高) | 코·Co | 코·Co | 독(毒) |
|---|---|---|---|---|---|
| 구리(句麗) | 리(麗) | 빛(光) | 리아·rea | 브라·bra | 사(蛇) |

## 고려(高麗) · 코리아(Corea)

'높은 북두하늘의 빛'을 뜻하는 '고구리'를 또 다른 한자로 표현하면 '고려/고리(高麗)'가 된다.

'높을 고(高)'는 위에서 본대로 '높은 하늘'이라는 뜻이고, '빛 려(麗)'는 '빛'이라는 뜻이다. '빛 려(麗)'자에 대해 자세히 살펴보면, '빛 려(麗)'는 '丽 + 鹿'으로 구성되어 있는데, '고울 려(丽)'는 사슴의 '큰 뿔'만을 강조한 모양으로 '태양(불)'을 나타내고, '사슴 록(鹿)'은 '큰 뿔의 사슴'을 형상한 글자로 역시 '큰 불빛'을 나타낸다. 따라서 '빛 려(麗)'는 '태양의 빛'을 나타낸다.

이상을 종합하면 '고리(高麗)'는 '하늘(高)의 빛(麗)'을 뜻한다.

한편 '고려(高麗)', 즉 '고리(高麗)'[2]를 현 중국음으로 발음하면 '가오(高) + 리(麗)'가 되고, 몽골음으로 발음하면 '카우(高) + 리(麗)'가 된다. 그러므로 '고리(高麗)' 즉 '코리아(Corea)'라는 말은 중국음의 '가오리(高麗)'나 몽골음의 '카우리(高麗)'와 연원이 같다고 할 수 있다. '가오리'에 대해서 자세히 알아본다.

아래 그림에서 '북두칠성 본태양'을 상징하는 '가오리'는 영어로 '레이(Ray)'인데, 'Ray'는 X·Ray(엑스레이)처럼 '빛'을 뜻한다. 이는 이집트 피라미드 벽화에서 전구의 발광체인 '필라멘트(빛)'를 '뱀(蛇)'으로 그린 것과 같이 '북두칠성 본태양'을 '가오리' 또는 '코브라(뱀)'로 나타낸 것임을 알 수 있다.

이렇듯 '가오리(코리아)'가 '북두칠성 본태양 하늘'을 상징하기 때문에 '가오리연'을 날리는 우리나라의 전통 풍속은 '북두칠성(가오리·高麗) 하늘의 자손'임을 새기게 하려는 것이었다.

---

2) '고려(高麗)'를 흔히 '고리'로 불렀던 흔적은 '고리적 이야기(생각), 고리타분하다'라는 말속에 남아 있다.

가오리(빛·光)=북두칠성

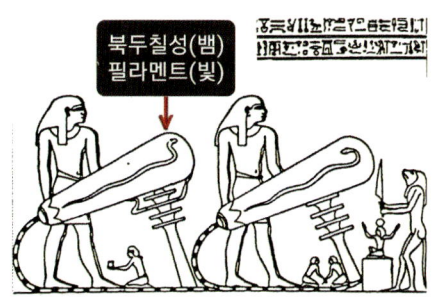
북두칠성(뱀·巳) = 필라멘트(빛·光)

또 '코리아(Corea)'라는 말은 'Co(高) + rea(麗)'인데, '코(Co)'는 '높은 하늘(高)'을 뜻하고, '리아(rea)'는 '레(Re)'에서 유래한 말로, '레(Re)'는 이집트 신화 속의 태양신 '라(Ra)'와 마찬가지로 '빛(Ray)'을 뜻한다.

| 고(高) | 려(麗) | → 고·리(高·麗) = 하늘(天)의 빛(光) |
| Co(高) | rea(麗) | → 하늘·코(Co) + 빛·리아(rea) = 하늘의 빛 |
| 가오(高) | 리(麗) | → 가오·리 = 하늘(高)의 빛(麗) |

이상을 종합하면 '코리아(Corea)'라는 말은 '높은 하늘(高)의 빛(麗)'이라는 뜻으로 『참전계경』「총론」에서 "'고구리'라는 말은 천제의 큰 태양이 세계의 중심에서 높고 크게 빛을 발한다는 것이다.[高句麗, 言天帝大日高大光輝於世界之中也.]"라고 말한 뜻과 같음을 알 수 있다.

국명으로 사용된 '고구려(고구리)·고려(코리아)'라는 말에 담긴 이러한 뜻은 우리나라 최초의 나라이름인 '환국(桓國)'의 '밝을 환(桓)'자에서 비롯된 것으로 이후 조선(朝鮮)의 '조(朝)'자와 한국(韓國)의 '한(韓)'자에도 그대로 이어져 현재까지 계승되고 있다.

## 청동(靑銅)

'고(高)·구리(句麗)'의 '고(高)'는 '높은 하늘'을 나타내는데, '높은 하늘'을 달리 표현하면 '파란(Para) 하늘'이다. 또 하늘나라를 '파라·다이스(Para·dise)'라고 하듯이 '파라(Para)'는 '하늘(天)'을 나타낸다. 또한 '하늘 고(高)' 즉 '파라(Para)'를 한자로 나타내면 '파라 청(靑)'이 되고, 이에다 '빛'을 뜻하는 한자 '구리 동(銅)'을 붙이면 '청동(靑銅)'이 된다. 따라서 '청동(靑銅)'은 '북두칠성 하늘(靑)의 빛(銅)'을 뜻한다.3)

이렇게 '파란 하늘(靑)의 빛(銅)'을 뜻하는 '청동(靑銅)'을 기독교의 성경에서는 '놋뱀'이라고 표현하였는데, '놋'은 '청동(靑銅)'을 나타내고, '뱀(구리)'는 '빛'을 뜻한다. 따라서 '청동(靑銅)' 즉 '놋뱀'은 '하늘의 빛'을 뜻한다. 그러므로 『성경』에서 "놋뱀을 본 자는 살리라."[요한복음 3:14]라고 한 것이다.

"놋뱀을 본 자는 살리라."

이상을 종합하면 '하늘의 빛'을 뜻하는 '청동(靑銅)·놋뱀' 역시 '하늘의 빛'을 뜻하는 '고(高)·구리(句麗)'와 그 의미가 같다는 것을 알 수 있다.

| 靑(Para) | 銅(구리) | → 청동(靑銅) = 하늘(Para)의 빛(구리) |
|---|---|---|
| 靑(北斗七星) | 銅(빛) | → 놋(청동)·뱀 = 고(高)·구리(句麗) |

이렇게 '청동(靑銅)'이 '북두칠성 하늘의 빛'을 상징하므로 우리나라의 고귀한 고대 유물은 모두 '청동(靑銅)'으로 만들어졌는데, '청동거울, 청동방울, 청동검' 등이 그 예이다. 이들 유물이 우리

---

3) 북두칠성의 '칠성(七星)'을 '칠청(七靑)'으로 표현하기도 한다.

민족의 본거지였던 동북 간방(艮方)4)에 많이 발견되는 것도 우리 민족이 영원히 빛나는 '청동(靑銅)' 즉 '북두칠성(靑) 하늘의 빛(銅)으로부터 탄생한 민족, 북두칠성(靑) 하늘의 빛(銅)과 같은 천손'이라고 생각하였기 때문일 것이다.

또한 『단군세기(檀君世紀)』에서 "치우천왕의 나라 이름을 청구(靑丘)라고 한다."라고 하여 청구는 우리나라를 일컫는 말로 쓰였는데, '청구(靑丘)'는 '북두칠성(靑) 하늘의 신성한 나라(丘)'라는 뜻이다.

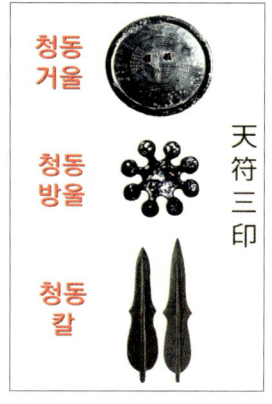

청동(靑銅) = 고구리

한편 '북두칠성 하늘'을 의미하는 '청(靑)'의 소전 '菁'은 '生 + 月'으로 구성되어 있다. '月'은 '북두칠성 머리의 네 별'을 연결한 모양으로, 이는 만물을 창조하는 '북두칠성 하늘의 우물(井)'을 나타내고, '生'은 '낳다, 창조하다(生)'라는 말이다. 따라서 '菁·靑(청)'은 '만물을 낳는(生) 하늘의 우물(井)'을 형상한 글자로, 이는 곧 '만물을 창조하는 창조주 하늘'을 상징한다.

첨성대의 '우물 정(井)'과 북두칠성
[출처:경주시]

---

4) '산 간(艮)'의 갑골문은 '🔍'인데, 이는 '사람 등(𠂊) 위의 눈(👁)'을 형상한 것으로, 동북 간방(艮方)에 있는 '북두칠성 본태양(👁)'을 나타낸다. 그러므로 『주역』에서 '시어간(始於艮) 종어간(終於艮)'이라고 한 의미는, 인류의 모든 문명이 '본태양 간(艮)에서 시작(始)해서 본태양 간(艮)에서 끝난다(終)'라는 의미이다. 결국 '산 간(艮)'은 일체 삼라만상을 창조하는 '본심(本心)·본태양(本太陽)'을 나타낸다.

# 백제(百濟)

『삼국유사』에 따르면 '백제(百濟)'의 원래 명칭은 '십제(十濟)'였다. '十濟'나 '百濟'의 '十(십)'이나 '百(백)'의 우리 옛말은 동일하게 '온'이었는데, '은(온, An)'[1]은 '흔(한)'으로 '하늘, 크다'라는 뜻이다.

'제(濟)'의 우리 옛말은 '담(탐)'이었을 것으로 추정하는데, 그 근거는 '제주(濟州)'를 '담라>탐라'라고 한 데서 찾을 수 있을 듯하다. '담라'는 백제 시대의 지방 행정구역을 일컫던 '담로'와 서로 통하는 말인 듯한데, '담로'는 백제어 '다라(달)', '드르(들)'의 음차(音借)로서 '땅, 누리(들), 성(城)' 등을 의미한다.

따라서 '백제(百濟)'를 우리 옛말로 '은다라>온담'이었을 것으로 추정하면, '은다라(온담)'는 '큰 땅(나라), 온누리'라는 뜻이 된다. 일본에서도 '백제(百濟)'를 가리켜 '쿠다라'라고 하는데, '쿠'는 '크다'는 뜻이고 '다라'는 '땅(나라)'이라는 뜻이므로 '쿠다라' 역시 '큰 나라'라는 뜻이 된다.

| 백(百) | 은(한)>온 ☞ 온 | 큰 | 쿠 | 대(大) |
|---|---|---|---|---|
| 제(濟) | 달(땅)>담 ☞ 누리 | 나라 | 다라 | 국(國) |

이상에서 우리말 고어의 측면에서 '백제(百濟)'의 의미를 살펴본 것과 달리, 아래에서는 한자어의 측면에서 '백제(百濟)'의 의미를 따져본다.

'百(백)'의 갑골문 '⊖'은 '一(一) + ⊖(白)'인데, '一(一)'은 '하늘(天)'을 나타내고 '⊖·(白)'은 '우주(○)의 태양빛(△)'을 형상한

---

1) 'An'은 고대 수메르에서 최고 신(神)을 말한다.

것으로 '태양'을 나타낸다. 따라서 '百(백)'은 '하늘의 태양'을 형상한 것으로 '온전한 하늘'을 나타낸다. 또한 '백(百)'의 우리말 고어 '온'이라는 말도 '온전한 하늘'을 뜻한다.

'濟(제)'는 '건너다, 나루'라는 뜻이다.

이상을 종합하면, '백제(百濟)'는 온전한 하늘(百)로 건네주는(濟) 나라'라는 뜻이 되는데, 이는 마치 부처나 예수가 중생을 구제하여 '불국토(佛國土)나 천국(天國)으로 건너가게 해주는 나라'라는 뜻과 같다.

'온전한 하늘(百)로 건너가게(濟)[2] 하는 나라'라는 뜻의 '백제(百濟)'는 '하늘로 건너가게 하는 나루'라는 뜻의 '웅진(熊津)'과도 그 의미가 상통한다. '백제(百濟)'의 수도였던 '웅진(熊津)'의 우리말은 '곰나루'인데, '곰나루'의 '곰 웅(熊)'[3]자는 '전지전능(能)한 광명(灬)'을 나타낸 글자로 '전지전능한(온전한) 북두칠성 하느님'을 나타낸다. 그래서 '곰·나루' 즉 '웅·진(熊津)'은 '온전한 북두칠성(熊) 하늘로 가는 거룩한 배를 타는 나루(津)'라는 말이 된다. [p.495 '인천(仁川)' 참조]

| 百濟 | 하늘·백(百) | 하늘·웅(熊) | 熊津 |
|---|---|---|---|
| | 나루·제(濟) | 나루·진(津) | |

이처럼 나라이름 '백제(百濟)'와 수도이름 '웅진(熊津)'이 '온전한 북두칠성 하늘로 건네주는 나라'라는 뜻으로 실상 같은 의미가 되는 것은, 나라이름 '신라(新羅)'와 수도이름 '서라벌(神市)'이 '새 빛'이라는 뜻으로 같은 의미를 갖는 것과 같은 예이다.

---

2) '제(濟)'의 뜻에 '나루'라는 뜻이 있으므로 '제(濟)'는 '나루 진(津)'과 통한다.
3) '북두칠성(弓) 하늘(佛)이 내린 절'이라는 의미로 명칭을 붙인 절이 경남 창원의 '곰절(熊神寺)' 곧 '성주사(聖住寺)'이다.

# 신라(新羅)

'신라(新羅)'는 '서라(徐羅), 사라(斯羅), 사로(斯盧)', 혹은 '계림(鷄林)'으로 불리다가 22대 지증왕(智證王) 4년(503년)에 신라로 국호가 정착되었다.

'신라(新羅)'의 옛 이름인 '서라·사라·사로'라는 말은 햇살의 '살'에서 나온 말로 '슬(살)>스라>서라(사라·사로)'로 변화한 것이다. '서라(사라·사로)'를 한자어로 표현한 '신라(新羅)'는 '새벽1)의 새(新) 빛(羅)'을 의미하는데, 이는 새벽의 별빛인 '샛별' 즉 '금성(金星)'과도 통하는 말이다. [p.140 '빛 라(羅)' 참조]

| 새 신(新) ⇒ | 서(徐) | 사(斯) | 사(斯) | 새빛 금(金) | 새빛 동(東) |
|---|---|---|---|---|---|
| 빛 라(羅) ⇒ | 라(羅) | 라(羅) | 로(盧) | 별 성(星) | 빛 경(京) |
| ↓ | ↓ | ↓ | ↓ | | ↓ |
| 새빛(新羅) | 서라 | 사라 | 사로 | 샛별(금성) | 동경(東京) |

또한 '신라(新羅)'와 같은 의미로 쓰인 것이 '서라벌(徐羅伐)'인데, '서라 + 벌'은 '햇살(빛)'을 뜻하는 '서라'에 '벌판'을 뜻하는 '벌'을 덧붙인 말로 '서라벌'은 '햇살(서라)이 비치는 땅(벌)'이라는 뜻이다. 그리고 '신라(新羅)'의 다른 이름인 '계림(鷄林)'의 의미를 보면, '계(鷄)'는 '태양새(해奚+새鳥)'를 뜻하고, '수풀 림(林)'의 '수풀'은 '불빛'을 뜻한다. [p.356 '수풀(林)' 참조]

따라서 '계림'이라는 말도 '신라'와 마찬가지로 '태양의 빛'을 뜻한다. [p.278 '닭 계(鷄)' 참조]

---

1) '새벽(開闢)'은 '새 하늘을 열다'라는 뜻으로, '동트는 새벽'을 뜻하는 '동(東)'과 같은 의미이다. 따라서 '동학(東學)'은 '새 하늘(東)을 여는 공부(學)'이다.

# 가야(伽耶)

'가야(伽耶)'는 고대 인도 드라비다어로 '물·고기'를 의미하는데 '가(伽)'는 '물'을 의미하고, '야(耶)'는 '고기'를 의미한다.

여기서 '물'은 '바다 해(海)' 또는 '하늘의 해(日)'를 뜻한다.

'바다'는 '파다(巴多)'에서 온 말이고, '파다'는 '파라(巴羅)'에서 온 말인데, '파(巴·Pa)'는 '하늘(태양)'을 말하고 '라(羅·Ra)'는 '빛'을 말하여 'Pa·Ra(巴羅)'는 '하늘의 빛(태양)'을 말한다. 따라서 '바다'는 '태양(Para), 창조주 하느님'을 상징한다.

이렇게 '물' 즉 '가(伽)'가 '창조주 하느님'을 뜻하는 예는 고대 이집트에서 볼 수 있는데, 고대 이집트어로 '가(伽·Ka)'는 '하느님, 신(神)'을 뜻하는 말이다. 그래서 고대 이집트인은 "아빠(父)는 카(Ka)의 대리자이며, 카(Ka)는 아빠(父)를 통해서 세상을 통치한다."라고 하였다.

오른쪽 그림은 이집트의 창조 신화에 나오는 '물의 여신(女神)' 누트(Nut)가 배를 들고 있는 모습인데, 이는 '물의 여신(女神)' 곧 '물'이 천지를 창조한다는 것을 나타낸 그림이다.

이 그림을 달리 설명하면 북두칠성(물마누라), 즉 물의 여신 '누트'가 붉은 태양으로 표현된 북극성이 낳은 배(舟·腹) 안의 칠성둥이 아해(소똥구리)들을 품고 있는 모습을 형상한 것으로, 결국 '물(누트)'은 천지를 창

바다(물)의 여신(물마누라)

조하는 '창조주 하느님'을 상징한다.

'야(耶)'는 '고기'를 뜻한다. 이 '고기'는 '물의 고기'로서, 이를 '해'에 비유하면 '해의 햇살'에 해당한다. 또한 '고기'를 '높을 고(高) + 기운 기(氣)'로 이루어진 '고기(高氣)'라고 보면, '고기'는 '하늘(天)의 기운(氣)'이라는 의미가 된다. 이런 의미의 '고기'를 좀더 확장하면, '고기'는 '해(日)의 햇살(肉) > 하늘(天)의 자손(孫)'이 된다. '고기'에 이런 의미가 있기 때문에 '하늘의 햇살(빛)'과 같은 존재인 예수를 '물·고기(高氣)'에 비유한 것이고, 붓다를 '코끼(高氣)·리'에 비유한 것이다.

이상을 종합하면 '하늘·카(Ka)·해'를 뜻하는 '가(伽)'와 '햇살·고기'를 뜻하는 '야(耶)'를 합친 '가야(伽耶)'라는 말은 '태양의 빛(햇살)', 즉 '물·고기'를 의미한다.

'가야' 즉 '물고기'가 '태양(하늘)의 햇살(자손)'을 뜻한다는 것을 가야 김수로왕릉의 '쌍어문(雙魚紋)'에서 확인할 수 있다.

김수로 왕릉의 '쌍어문(雙魚紋)'    Licinia Amias 묘비의 물고기

위의 왼쪽 사진은 김수로 왕릉의 '쌍어문(雙魚紋)'이다. 물고기가 중앙의 삼층탑을 향하고 있는 모습은 '삼신 하느님이 계시는 하늘에 귀천(歸天)한다'는 것을 상징하여 이 '물고기'는 '삼신 하느

님의 자손'을 뜻하며, '김수로왕'이 자신의 고향인 북두하늘로 돌아간다는 것을 나타낸다. 이와 똑같은 의미를 담아 표현한 것이 초기 기독교의 장례 비문인 'Licinia Amias의 묘비'에 새겨진 '물고기' 문양이다.

이렇듯 '가야(伽耶)'는 '물(하늘)의 고기(자손)'를 뜻하여 '하느님의 아들, 예수' 또한 '물고기'에 비유된 것이다.1) 그리고 하늘이 부여한 천부삼인(天符三印) 중의 하나인 물고기가 새겨진 청동거울 역시 같은 의미인데, 앞면의 '거울'은 '본심본태양, 하늘'을 상징하고, 뒷면의 '물고기'는 '본태양 하늘의 자손'을 상징한다.

물고기 거울

이스라엘 타부가(가버나움)의 '물고기' 문양이나 인도 아요디아시의 '물고기' 문양 역시 '본태양 하늘로 돌아간다(歸天)'라는 의미이다. 또한 아요디아시의 '물고기' 문양 위에 있는 '활(弓)과 화살(矢)'도 '하늘(해)의 자손(햇살)'을 상징한다.

타부가의 물고기

아요디아시의 물고기

---

1) 그리스어로 '물고기'를 '익투스(Ichthus)'라고 하는데, 'Ichthus'는 '예수 그리스도, 태양(하느님)의 빛(아들)'을 가리키는 'Iesous Christos Theou Huios Soter'의 첫 글자를 딴 것이다.

참고로, '태양(Ka·가)의 빛(yā·야)'을 뜻하는 'Kayā(가야)'는 힌두교의 신(神)인 비슈누를 모신 성지인데, 이에 비해 부처님을 모신 성지는 붓다가야(Buddha Kayā)라고 한다.

붓다가야의 '가야'는 붓다를 모신 '가람(寺)'과 같은 의미인데, '가람'은 '가라(伽羅)'에서 나온 말로 '가라(伽羅)'는 '태양(伽)의 빛(羅)'을 뜻한다. 따라서 '가람(寺)'2)은 "태양·불(佛)3)을 받드는 곳'을 의미한다.

---

2) '절 사(寺)'의 금문 '寺'는 '止'(止)+'寸'(寸)'이다. '止(지)'의 갑골문 '止'와 금문 '止'는 '발'을 형상한 것으로 '태양(불·佛)'을 나타내고, '寸(촌)'의 금문 '寸'은 '받드는 손(手)'을 나타낸다. 따라서 '절 사(寺)'자는 '태양(佛·止)을 받드는 (寸) 곳'을 뜻한다.
3) '佛(불)'은 '亻+弓+刂'인데, '亻(인)'은 '돼지머리 해(亠)'의 변형으로 '북두하늘'을 나타내고, '활 궁(弓)'은 '태양'을 나타내며, '刂'은 '불빛'을 나타낸다. 따라서 '佛(불)'은 '북두하늘(玄天)의 태양'으로, 우주를 창조하는 '본심·본태양(本心·本太陽)'을 뜻한다.

# 발해(渤海)

발해(渤海)의 '발'은 발음상 'ᄇᆞᆯ > 볼 > 발 > 불'로 '불(火)'을 의미한다. '발'이 '불(火)'을 의미한다는 것을 '발'에 '태양, 연꽃, 바람(風·卍)' 등이 그려진 불교 유적을 통해서 확인해본다.

오른쪽 불족석(佛足石)에서 볼 수 있듯 부처님 발에 '태양', 즉 '불(火·佛)'을 상징하는 본태양의 12연꽃(蓮花)과 삼지창 모양의 삼보(⚛), 그리고 발 중앙에 본태양의 법륜(法輪)과 발가락에 본태양의 바람(風·卍) 등을 그려 넣음으로써 '발(足)'이 곧 '태양·불(佛)'을 상징한다는 것을 알 수 있다.

따라서 '발해(渤海)'라는 말은 '불(태양)'을 나타내는 '발(渤)'과 '바다'를 나타내는 '해(海)'가 합쳐진 것으로, '태양의 바다(나라)'라는 뜻이 된다.

불족석(佛足石)

'발해(渤海)'의 다른 이름인 '진단(震旦)'의 의미를 살펴본다.

'진(震)'은 '번개 빛'을 나타낸 것으로서 '태양의 빛'을 의미한다. '旦(단)'의 갑골문 '𘚦'은 '日 + 口'인데, '日'은 '태양(日)'을 나타내고 '口'은 '땅·나라(口)'를 나타내어, '𘚦·旦(단)'은 '새 하늘을 여는 태양(日)의 나라(口)'를 의미한다.

따라서 '진단(震旦)'은 '새 하늘을 여는 태양의 빛이 비치는 나라'를 뜻한다.

# 한국(韓國)

'韓(한)'은 '朝 + 韋'로 구성되어 있다.

'朝(조)'의 소전 '☉'는 'ψ + ⊖ + ㄅ'으로 구성되어 있다.

'ψ'는 '삼신(三神)'을 나타내고, '⊖'는 '태양(日)'을 나타내며, 'ㄅ'는 '만물()'을 낳는 하늘(一)'을 나타낸다. 따라서 '☉·朝(조)'는 '우주 만물을 창조하는 삼신 본태양 하느님'을 의미한다.

'韋(위)'의 갑골문 '☉'는 '〦 + ㅁ + ㅜ'로 구성되어 있다.

'〦'는 위를 향한 '발(止)'로 '불(빛)'을 나타내고, 'ㅁ'[1]는 '태양(日)'을 나타내며, 'ㅜ'는 아래를 향한 '발(止)'로 역시 '불(빛)'을 나타낸다. 따라서 '☉·韋(위)'는 '태양(ㅁ)의 위아래(주위)에서 빛나는 밝은 빛(〦·ㅜ)'을 의미한다.

삼태극(朝)　　　위(韋)의 고문　　　대한(大韓)

이상을 종합하면, '韓(한)'은 '밝은 빛(韋)으로 우주를 창조하는 삼신 본태양 하느님(朝)'을 뜻한다.

---

1) '韋(위)'의 갑골문 '☉'에서 'ㅁ'가 '태양(日)'을 나타낸다는 것은, '韋(위)'의 고문 '☉'에서 '⊙'가 '태양(日)'인 것을 보면 알 수 있다.

또한, 『설문해자』에서 "'한(韓)'은 우물(井)의 울타리(垣)이다. [韓, 井垣也.]"라고 풀이하였다.

여기서 '우물 정(井)'은 '하늘에 있는 우물(天井)' 즉 '만물을 낳는 북두칠성 하늘'을 나타내는데, 이는 북두칠성을 상징하는 신라 첨성대 위의 '우물 정(井)'자를 보더라도 우리 한민족이 옛날부터 '북두칠성(井)'을 '하늘'로 여겼음을 알 수 있다.

'울타리 원(垣)'은 '북두칠성 하늘(井)을 둘러싸고 있는 3개의 밝은 울타리(三垣)'를 말하는데, '삼원(三垣)'은 '자미원(紫微垣)·천시원(天市垣)·태미원(太微垣)'을 말한다.

첨성대 위의 '우물 정(井)' [경주시]

3개의 울타리(三垣)

따라서, '한(韓)은 우물(井)의 울타리(垣)이다'라고 한 말은 '북두칠성 본태양 하느님(倝)이 계시는 밝은 곳(韋)'을 의미한다.

| 韓 | 倝 | 본태양·倝 | 우물 ·井 | 하늘·天 |
|---|---|---|---|---|
|   | 韋 | 밝은빛·韋 | 울타리·垣 | 나라·國 |

위와 같은 '韓(한)'의 의미를 명확히 보여주는 유적이 중국 천단공원의 '원구단(圓丘壇)'과 한국의 '창덕궁·경복궁·종묘'이다.

'원구단(圓丘壇)'의 한가운데는 '본태양(倝·井)'을 상징하고, 그 주위는 '밝은 울타리(韋·垣)'를 상징하여 '원구단'이 '밝은 하늘궁'

과 같은 곳임을 나타낸다. 그리고 '하늘의 밝은 정원(井垣)'을 그대로 본떠 한양 도성에 세운 '창덕궁·경복궁·종묘' 즉 '삼원(하늘궁)'은 조선(朝鮮)이 '하늘의 뜻을 땅에서 구현하는 밝은 나라'임을 상징한다.

중국 천단공원의 원구단

창덕궁·경복궁·종묘

'國(국)'의 갑골문 ''은 '(戈) + (口)'으로 구성되어 있다.

'창 과(·戈)'는 '긴 창날'을 형상한 것으로, '긴 창날(日)'은 '큰 빛살' 즉 '태양'을 나타낸다. '나라 국(·口)'은 '나라'를 나타낸다. 따라서 '·國(국)'은 '태양()이 비치는 나라()'를 의미한다.

이상을 종합하면, '밝은 빛(韋)으로 우주를 창조하는 하느님(倝)'을 뜻하는 '한(韓)'과 '태양이 비치는 나라'를 뜻하는 '국(國)'을 합한 '한국(韓國)'은 '하느님의 광명·빛(韓)이 비치는 밝은 나라(國)'를 뜻한다.

# 한겨레

'한겨레'는 '한(韓) + 겨레(族)'이다.

'한(韓)'은 위에서 본대로 '밝은 빛(韋)으로 우주를 창조하는 삼신 본태양 하느님(卓)'을 의미한다.

'겨레(族)'라는 말은 물결의 '결'에서 유래한 말로 '결(겨레)'은 '물결(겨레) > 물살 > 햇살 > 살결(살붙이)' 등과 같은 의미이다. 이것을 달리 말하면 '물의 물결(물살), 해의 햇살(살결), 조상의 살붙이'라는 의미로, 결국 '겨레(결)'라는 말은 '하늘의 자손'을 의미한다. 이렇게 '물살(물결)'이나 '햇살(빛살)'이 '하늘의 자손'을 상징한다는 것을 '물결무늬 청동거울'과 '빛살 토기', 그리고 고대 이집트 유적의 '해의 햇살' 그림에서도 확인할 수 있다.

물결무늬 청동거울　　　빛살무늬 토기　　　해의 햇살 = 천손

청동거울 앞면의 '맑은 거울'은 '본심·본태양, 하느님'을 상징하고, 뒷면 '물결무늬'의 '물결'은 '바닷물(海)의 물결(물살) > 해의 햇살'로 '하늘의 자손'을 상징한다. 이런 의미의 '물살(결)'을 더욱 뚜렷이 나타낸 말이 물·고기(살)'인데, '물고기'는 '물 + 고기(살)'

로 '하늘의 자손'을 상징한다. 빛살무늬 토기에 새겨진 '빛살(햇살)' 또한 미적 장식을 위한 것이 아니라 '근원의 빛살로부터 태어난 하늘의 자손'임을 나타내기 위하여 상징적으로 그은 금이다.

위의 오른쪽 이집트 유적의 그림을 보면, '해의 햇살'을 '사람의 손' 모양으로 표현하여 '해의 햇살'이 곧 '하늘의 자손(孫)'이라는 것을 직접적으로 보여준다.

이상을 종합하면, '광명(韋)으로 우주를 창조하는 하느님(卓)'을 뜻하는 '한(韓)'자와 '하늘의 자손'을 뜻하는 '겨레(族)'를 합친 '한(韓)·겨레(族)'는 '하느님의 겨레(大韓·民族)'를 의미한다.

'겨레'를 뜻하는 한자 '겨레 척(戚)'과 '겨레 족(族)'자를 풀어서 '겨레'의 의미를 자세히 살펴본다.

'겨레 척(戚)'은 '戊 + 尗'이다. '戊(무)'는 '큰 빛(丿)이 나는 창날(戈)'을 형상한 것으로 '태양(하늘)'을 나타내고, '尗(숙)'은 '태양(上)의 햇살(小)이 내리비치는 모양'으로 '햇살(무리)'을 뜻한다. 따라서 '겨레 척(戚)'은 '태양의 햇무리'를 형상한 글자인데, 이는 '태양과 같은 밝은 겨레'를 의미한다.

'겨레 척(戚)'의 갑골문은 '🅿'인데, '🅿'은 '도끼날에서 빛살이 번쩍번쩍 빛나는 모양'을 형상한 것으로, '🅿'은 '태양(囗)의 햇무리(:)'를 의미한다. '겨레 척(戚)'의 금문 '🅿'도 '태양(🅿·戊)의 햇무리(🅿·尗)'로 역시 '하늘의 겨레'를 나타낸다.

'겨레 족(族)'은 '𠂢 + 矢'로 구성되어 있다.

'겨레 족(族)'의 갑골문 '🅿'은 '🅿 + 🅿'인데, '깃발 언(𠂢·🅿)'은 '깃발이 나부끼는 모양'으로 '큰 공동체(하늘)'을 나타내고, '화살 시(矢·🅿)'는 '햇살(겨레)'을 나타낸다. 따라서 '겨레 족(族)'은 '하늘(줐)의 햇살(矢)'을 형상한 것으로, 이는 곧 '하늘의 밝은 겨레'를 의미한다.

'겨레 족(族)'의 고문 '矣'도 '태양(止)의 햇살(矢)'을 나타내어 '태양의 밝은 햇무리'를 뜻하는 '겨레 척(戚)'과 그 뜻이 같다.

| 한겨레 | 한 | 물 | 물 | 물 | 해 | 戊 | 줐 | 하늘(天) |
|---|---|---|---|---|---|---|---|---|
| | 겨레 | 결 | 살 | 고기 | 살 | 朩 | 矢 | 자손(孫) |
| | ↓ | ↓ | ↓ | ↓ | ↓ | ↓ | ↓ | ↓ |
| | 한겨레 | 물결 | 물살 | 물고기 | 햇살 | 척(戚) | 족(族) | 천손 |

## 배달(倍達)·백의(白衣)민족

'배달'은 우리 '대한·민족(大韓·民族)'을 지칭하는 별칭이다.

'배달(倍達)'이라는 말에 대해서 『규원사화(揆園史話)』에 "'단군'이라 함은 '박달나라의 임금[檀國之君]'을 말한다. 우리말에 '단(檀)'을 '박달(朴達)' 혹은 '백달(白達)'이라고 하며, '군(君)'을 '임금'이라고 한다."라고 하였는데, 여기서 '배달'을 의미하는 '단(檀)'은 '木 + 亶'으로, '창조주 하느님(木)의 밝은 빛(亶)'을 의미한다.

'배달(倍達)'에서 '배(倍)'의 소전 '𠆢'는 '높은(高) 하늘의 해(亠)'를 나타내고, 우리말 '배'는 '밝다'는 뜻의 '붉(붉)'이 '붉 > 불 > ㅂㅣ > 배'로 변화한 것으로 '배(倍)'는 '높은(高) 하늘에 있는 밝은 태양(亠)'을 뜻한다.

'달(達)'은 '어린 양(羍), 아달(兒羍·아들)'을 뜻하고, 우리말 '달'도 '해(日)의 달(月)'을 나타내어 '하늘의 아들'을 나타낸다.

따라서 '배달(倍達)'은 '태양의 밝은 빛살'을 나타낸 말로 '태양(배)과 같은 밝은 자손(달)'을 의미한다.

| 창조주(木) | 빛(亶) | → 木 + 亶 = 단(檀) ☞ 하늘(木)의 빛(亶) |
|---|---|---|
| 본태양(卓) | 달(月) | → 卓 + 月 = 조(朝) ☞ 태양(卓)의 아들(月) |
| 본태양(卓) | 빛(韋) | → 卓 + 韋 = 한(韓) ☞ 태양(卓)의 빛(韋) |
| ↓ | ↓ | |
| 태양(배) | 아들(달) | → 태양의 아들 ☞ 배달(倍達)민족 |
| 태양(白) | 빛살(衣) | → 태양의 빛살 ☞ 백의(白衣)민족 |
| 하늘(天) | 자손(孫) | → 하늘의 자손 ☞ 천손(天孫)민족 |

또한, '배달(박달·백달)1)'이라는 말을 한자로 표현한 것이 '태양(白)의 빛살(衣)'을 뜻하는 '백의(白衣)'이다.

'白(백)'의 갑골문 '⊖'은 '하늘(○)의 태양(一)'을 나타내고, '白(백)'의 소전 '⊖'도 '하늘(ㅂ)의 태양(人)'을 나타내어, '白(백)'은 '하늘의 태양'을 뜻한다. '옷 의(衣)'의 소전 '衣'는 '해(人)2)의 햇살(ⵌ)'을 나타낸 글자로, '태양(亠)의 빛(氏)'을 의미한다.

따라서 '태양(白)의 빛(衣)'을 뜻하는 '백의(白衣)'는 역시 '태양(배)의 빛(달)'을 뜻하는 '배달(倍達)'과 의미가 같다.

| 태양·배(倍) | 태양·박(朴) | 태양·백(白) | 태양·백(白) | 하늘·천(天) |
|---|---|---|---|---|
| 아들·달(達) | 아들·달(達) | 아들·달(達) | 빛깔·의(衣) | 자손·손(孫) |
| ↓ | ↓ | ↓ | ↓ | ↓ |
| 배달(倍達) | 박달(朴達) | 백달(白達) | 백의(白衣) | 천손(天孫) |

우리나라가 개천한 이래 '환국(桓國), 조선(朝鮮), 고구리(高句麗), 코리아(Korea), 한국(韓國)' 등 여러 국호(國號)와 '한겨레,

---

1) '박달(朴達)'의 '박(朴)'은 '창조주 하느님(木)의 빛(卜)'을 뜻하고, '백달(白達)'의 '白(백)'의 소전 '⊖'도 '하늘(ㅂ)의 태양(人)'을 뜻한다. '달(達)'은 '어린 양(羊), 아달(아들)'을 뜻한다. 따라서 '박달(朴達)·백달(白達)'은 모두 '배달(倍達)'과 마찬가지로 '태양과 같은 밝은 자손(아들)'을 뜻한다.
2) '돼지머리 해(亠)'의 소전 '人'는 '높은 하늘'을 형상한 것으로, '높은 북두하늘의 해(본태양)'를 뜻한다.

배달(倍達), 백의(白衣)' 등 여러 별칭으로 우리 민족을 일컬었지만, 그 국호와 별칭에 깃든 의미는 모두 한결같이 '태양(하늘)의 빛'이라는 뜻으로 귀일(歸一)된다.

이것은 우리나라 백성의 성씨(姓氏) 또한 명칭은 각각 다르지만, 그 성씨에 담긴 의미는 모두 한결같이 '태양(하늘)의 빛과 같은 자손'으로 귀일(歸一)되는 것과 같다.

| 하늘 빛 | 木 亘 | 木 亶 | 卓 月 | 卓 韋 | 高(Co) 麗(rea) | 한 겨레 | 배 달 | 백(白) 의(衣) | 하늘 자손 |
|---|---|---|---|---|---|---|---|---|---|
| | ↓ | ↓ | ↓ | ↓ | ↓ | ↓ | ↓ | ↓ | ↓ |
| | 환(桓) | 단(檀) | 조(朝) | 한(韓) | 코·리아 | 한겨레 | 배달 | 백의 | 천손 |

# 서울

| 서(새)<br>울(불) | 새·신(新)<br>불·라(羅) | 새·신(神)<br>불·시(市) | 서라·설(新)<br>벌·불(羅) |
|---|---|---|---|
| ↓ | ↓ | ↓ | ↓ |
| 서울<br>한양<br>(漢陽) | 신(新)·라(羅)<br>서(徐)·라(羅)<br>사(斯)·라(羅) | 새불<br>(神市) | 서라(설立)·벌(羅)<br>새 (신辛)·불(羅)<br>새 (신新)·불(羅) |
| ↓ | ↓ | ↓ | ↓ |
| 밝을 한(漢)<br>양지 양(陽) | 새 신(新)<br>빛 라(羅) | 새 신(新)<br>빛 라(羅) | 새 신(新)<br>빛 라(羅) |
| ↓ | ↓ |  | ↓ |
| 새빛 동(東)<br>서울 경(京) | 새빛(新羅)<br>샛별(金星) |  | 새(新)·날(日)<br>설(立)·날(日) |

'서울'은 '서 + 울'로 '서라 + 벌'에서 나온 말이다.

'서라'는 햇살의 '살'에서 나온 말로 '술(살) > 스라 > 서라'로 변화한 것인데, '서라(살)'는 태양의 '햇살'을 뜻한다. '벌'은 넓게 펼쳐진 '벌판'을 뜻한다. 따라서 '서라벌'은 '태양의 햇살(서라)이 비치는 넓은 벌판(벌)'을 의미한다. 이 '서라벌'이 '서라벌 > 설불 > 셔불 > 새울 > 서울' 등으로 변천된 것이다.

이런 의미의 '서울(서라벌)'을 그대로 옮긴 한자말이 '동경(東京)'이다. 이는 향가 「처용가(處容歌)」에서 "東京明期月良 夜入伊 遊行如可[서울 밝은 달에 밤들이 노니다가]"라고 하여 '서울'을 '동경(東京)'으로 표기한 데에서 확인할 수 있다.

'동경(東京)'은 '東 + 京'인데, '東(동)'은 '木 + 日'로 '새 하늘을

여는 창조주(木)의 빛(日)'을 뜻한다. '京(경)'은 '京(경)'과 통용되는 글자로 '하늘(亠)의 태양(口·日)이 비치는(小) 땅'을 나타낸다. 따라서 '동경(東京)'은 '새 하늘을 여는 태양(東)의 빛이 비치는 땅(京)'이라는 뜻이 된다.

또한, 서울의 다른 한자 표기가 '한양(漢陽)'인데, '한양(漢陽)'은 '漢 + 陽'이다. '漢(한)'의 소전 '㶑'은 '태양(日·廿)의 빛(光·苂)이 비치는 땅(土·圡)'을 의미하고, '陽(양)'은 '높은 태양(旦)의 빛이 비치는(勿) 밝은 언덕(阝)'을 의미한다. 따라서 '한양(漢陽)' 역시 '태양의 빛이 비치는 밝은 땅'을 뜻한다.

이상에서 살펴본 대로 '서울(서라벌)', '동경(東京)', '한양(漢陽)'은 모두 '태양의 빛이 비치는 밝은 곳'을 의미한다.

또한, '서라벌(서울)' 즉 '신라(新羅)'는 '새(新) 빛(羅)'으로 '새 하늘을 여는 빛'을 의미한다. 이 '새 빛'은 '새 하늘을 창조하는 번개 빛(申·神)'1)과 같은 의미로, '번개 빛'은 만물을 창조하는 '신(神)'을 뜻한다. 따라서 '새(新) 빛(羅)이 비치는 곳'을 의미하는 '서울(新羅)'과 '신(神)의 불빛(市)이 비치는 곳'을 의미하는 '신시(神市)'2)는 그 의미하는 바가 같다.

참고로, '신시(神市)'의 옛 발음은 '새·불(神·市)'인데, '새(神)'는 '새 > 해(태양) > 번개(申) > 신(神)'으로 변한 것이고, '불(市)'의 소전 '㞢'은 '불빛(韋+犮)3)'을 의미한다.

---

1) '번개(申·㠯)'는 만물의 창조주인 '신(神)'을 상징한다. 또 '번개(申·㠯)'를 『옥추경(玉樞經)』에서는 만물의 창조주인 '뇌성보화천존(雷聲普化天尊)'이라 한다.
2) 『삼국유사』 권1 '고조선조'에 "환인(桓因)의 아들 환웅(桓雄)이 천부인(天符印) 세 개와 무리 3,000명을 거느리고 태백산(太伯山) 신단수(神壇樹) 아래로 내려왔는데, 이곳을 '신시(神市)'라고 하였다."라고 하였다.
3) '韋(위)'의 갑골문 '㞢'는 '태양(口)의 위아래로 빛나는 밝은 불(㞢·㞢)'을 의미하고, '犮(달릴 발)'은 '활활 타오르는 불(빛)'을 의미한다.

# 부산(釜山)

부산(釜山)의 '가마솥 부(釜)'는 '父 + 金'으로 되어 있다.

'아빠 부(父)'의 금문 '🔥'는 '丨 + 又'로 구성되어 있다.

'丨'[1]은 '불'을 형상한 것으로 '태양, 주(主) 하느님'을 나타내고, '又'은 '손(手)'을 형상한 것으로 '받들다, 같다, 자손'을 나타낸다.

따라서 '아빠 부(父·🔥)'는 '태양(丨)을 받드는 손(又)'을 형상한 것으로 '태양과 같은 자, 신(神)을 받드는 자'를 뜻한다.

위와 같은 의미의 '아빠(父)'를 한자로 '아(兒) + 빠·파(巴)'로 할 수 있다. '아(兒)'는 '아해, 아가'를 말하는데, '아해'는 태양을 뜻하는 '해'의 '아이(兒)'라는 말이고, '아가'는 하늘을 뜻하는 '가·카(Ka)'[2]의 '아이(兒)'라는 말이다.

'큰뱀 빠·파(巴)'를 『설문해자』에서 '코끼리 잡아먹는 큰 뱀(食象蛇)'이라고 풀이하였다. '코끼리(高氣麗)'는 '하늘(高)의 기운(氣)인 빛(麗)'으로 이루어진 '삼라만상(象)'을 나타내고, '큰 뱀'은 '큰 빛'으로 '태양'을 나타낸다. 따라서 '큰뱀 파(巴)'는 '삼라만상을 창조하는 본태양(本太陽)'을 말한다.

이상에서 본대로 '아빠(兒巴) 부(父·🔥)'[3]는 '태양(丨·巴)을 받드

---

1) 여기에서 '丨'은 '점 주(丶)'로서 '주(主) 하느님, 본심·본태양'을 뜻한다.
2) '카(Ka)'는 '본태양, 신(神)'을 뜻하는 말이다. 그래서 고대 이집트인은 "아빠(父)는 카(Ka)의 대리자이며, 카(Ka)는 아빠(父)를 통해서 세상을 통치한다."라고 하였다. '카(하느님·Ka)'의 대리인을 '칸(Khan·왕)'이라고 하는 말도 실상 '카(Ka)'에서 유래된 것이다.
3) '아빠(兒巴)'가 '하느님(巴)의 아해(兒)'를 뜻하듯이 '엄마' 역시 '하느님의 아해'를 뜻한다. '엄마'는 수메르어나 일본어로 '아마(兒麻)'라고 하는데, 이는 '아해 아(兒) + 마고 마(麻)'가 합쳐진 것으로 '마고(麻) 하느님의 아해(兒)'를 뜻한다.

486 주요 도시명

는 사람(𠂉·兒)' 또는 '태양(丨) 같은(𠂉) 존재'를 뜻한다.

'金(금)'의 금문 '金'은 '全 + ∵'인데, '全'은 '큰 화살'을 형상한 것으로 '태양'을 나타내고, '∵'은 '빛살'을 나타낸다. 따라서 '金·金(금)'은 '태양(全)의 빛(∵)'을 나타낸다.

| 金 | 全 | 태양의 | 해의 | 하늘(天) | 가마솥(釜) |
|---|---|---|---|---|---|
|   | ∵ | 빛(金) | 햇살(米) | 기운(氣) | 김(氣) |

이상을 종합하면 '父 + 金'인 '가마솥 부(釜)'는 '태양같이(𠂉·父) 밝은 빛(全·金)'을 나타낸다.

한편, '가마솥 부(釜)'의 '가마솥'이라는 말은 '가마 + 솥'인데, '가마'는 '감을 현(玄)'자에서 알 수 있듯이, '까마득한(幺) 하늘에 있는 해(亠)' 즉 '본태양(本太陽)'을 뜻한다. 또한 도자기를 굽는 '가마'나 쇠를 녹이는 '가마(용광로)'를 보더라도 '가마'[4]는 '불덩이를 담는 그릇'으로 '태양'을 뜻한다.

'솥'이라는 말은 '소(하늘) + ㅌ(같다)'인데, '소 우(牛)'는 하늘을 향한 '소의 뿔(⍦)'[5]을 형상한 것으로 '하늘의 불(태양)'을 뜻하고, '솥'의 종성 'ㅌ'은 '~같다'를 뜻하여, '솥'은 '태양'을 상징한다.

따라서 까만 하늘의 태양을 뜻하는 '가마'와 태양을 뜻하는 '솥'이 합쳐진 '가마솥 부(釜)'은 '까만 하늘의 태양'을 상징한다.

---

4) '가마'는 '곰'에서 비롯된 말로, '곰'은 '감·검·곰·금'으로 음운변화를 일으킨다. 이에 대해 최남선과 양주동은 곰 숭배 토템과 단군신화의 곰녀(熊女), 단군왕검의 '검' 등의 예를 들어 '감·검·곰·금'을 신(神)을 뜻하는 말로 보았다. 참고로 여기서 '곰'은 큰곰자리(Ursa Major)로 '북두칠성 하느님'을 나타낸다.

5) '소 우(牛)'의 금문이나 소전 '⍦⍦'는 '나무 목(木)'이 거꾸로 놓인 모양으로 '뿌리가 하늘(天)을 향한 나무'로 볼 수 있다. 뿌리는 '뿌리>뿔>불'로, '불'은 '태양(불)'을 뜻한다.

가마(태양)·솥

가마(태양)·솥

'山(산)'의 소전 '⛰'은 '人+凵'이다. '들 입(入)'의 소전 '人'은 '땅속으로 뻗어 들어가는 뿌리'를 형상한 것인데, '뿌리>뿔>불'은 '태양'을 나타낸다. '凵'은 '冖(덮을 멱)'의 소전 '冖'을 뒤엎은 모양으로 '冖'은 '높은 하늘(天)'을 나타내고, '凵'은 '땅(地)'을 나타낸다. 따라서 '⛰·山(산)'은 '땅(凵) 위에 높이 떠 있는 태양(人)'을 뜻한다.

『설문해자』에서 "'산(山)'은 베푼다는 것이니, 햇살 기운(氣)을 펼쳐서 만물을 살린다는 뜻이다. 돌이 있고 높은 것이다.[山, 宣也. 宣氣散, 生萬物. 有石而高也.]"라고 하였는데, 이는 '햇살 기운을 베풀어 만물을 살린다'는 것이다. 그리고 '돌(石)6)이 있고 높다'는 것은 '땅(凵) 위에 높이 떠 있는 태양(人)'을 상징한다.

이상을 종합하면 '부산(釜山)'은 '눈부시게 빛나는(釜) 태양(山)'을 뜻한다.

또한 '부산'의 옛말은 '가마뫼'인데, '가마'는 위에서 말한 대로 '태양'을 뜻하고, '뫼'도 '높은 하늘의 태양'을 뜻하므로, '가마뫼(釜山)' 역시 '눈부시게 빛나는(가마·釜) 태양(뫼·山)'을 뜻한다.

---

6) '돌(石)'의 소전 '𥑮'을 파자하면 '厂+口'인데, '厂'은 '높은 하늘'을 나타내고, '口'는 '태양'을 나타내어 '𥑮·石(돌)'은 '높은 하늘의 태양'을 상징한다.

# 대구(大邱)

'대구(大邱)'는 '大 + 邱(丘)'이다.

'큰 대(大)'의 주문(籒文) '𠘡'는 'ㅅ(마고) + ㅣ(궁희) + ㅣ(소희)'로 구성되어 있는데, 이는 우주 창조의 주체인 '마고(ㅅ)'가 창조의 보조역할을 담당하는 두 딸 '궁희(ㅣ)'와 '소희(ㅣ)'를 거느린 모습으로, '𠘡·大(대)'는 체(體, ㅅ)와 용(用, ㅣㅣ)이 갖춰진 창조주 '마고삼신⊙ 하느님(𠘡)'을 의미한다.1)

『설문해자』에서 '大(대)'자에 대해 풀이한 것도 대체로 이와 비슷하다. 즉, "'大'는 하늘이 크고, 땅이 크고, 사람도 크다는 것이다.[大, 天大, 地大, 人亦大焉.]"라고 하였는데, 이는 우주의 삼대(三大) 근원인 '천(天)·지(地)·인(人) 삼재(三才)를 모두 갖춘 온전한 삼신(三神) 하느님'을 의미한다.

'邱(구)'는 '丘 + 阝(邑)'으로 구성되어 있다.

'丘(구)'의 소전 '𠃊'를 파자하면 '𠃊(北) + 一(一)'이 된다.

'𠃊'은 두 사람이 등진 모습으로 뒤쪽, 곧 북(北)을 나타내는데, 북(北)은 '높은 북두하늘'을 나타낸다. '一'은 '丘'의 고문 '坒'를 보면 '土'에 해당되는 글자로서 '땅'을 나타낸다.

따라서 '구(丘·𠃊)'는 '높은 북두하늘과 같은 신성한 땅'을 의미한다. 이와 같은 '구(丘)'의 의미를 『설문해자』에서는 "'구(丘)'는 땅의 높은 곳인데, 사람이 만든 것이 아니다.[丘, 土之高也, 非人所爲也.]"라고 하였는데, '땅의 높은 곳'은 '높은 북두하늘'을 의미하고, '사람이 만든 것이 아니다'라는 것은 사람이 인위적으로 조성

---

1) 『부도지』(박제상 지음, 김은수 번역, 한문화) '제1장'의 내용 참조.

한 곳이 아니라 '하늘이 부여한 신성한 땅', 즉 '천부도(天符都)'라는 의미이다. 이런 의미의 '구(丘)'를 '아크로폴리스(Acropolis)'라고 하는데, 아크로(Acro)는 '높다, 신성하다'는 뜻이고, 폴리스(polis)는 '도시, 땅'이란 뜻으로 '아크로폴리스' 역시 '구(丘)'와 마찬가지로 '높고 신성한 곳'을 의미한다.

구(丘)·아크로폴리스·천부도(天符都)

'고을 읍(阝·邑)'은 '巴 + 口'로 구성되어 있다.

큰뱀 파(巴)'는 '・+ 巳'로 되어 있는데, '점 주(・)'는 '북극성'을 나타내고, '뱀 사(巳)'는 북극성을 중심축으로 하여 우주를 춘하추동 운행하는 '북두칠성'을 나타내어 '큰뱀 파(巴)'는 우주를 운행하는 '북두하늘'을 뜻한다. '큰뱀 파(巴)'에 이런 의미가 있다는 것은 '큰뱀(巴)'이 우주(천체)의 운행을 주재한다고 생각한 고대 페루인의 우주관(宇宙觀)에도 잘 나타나 있다.

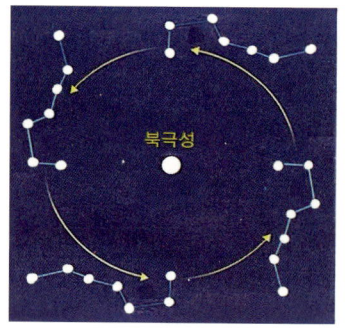 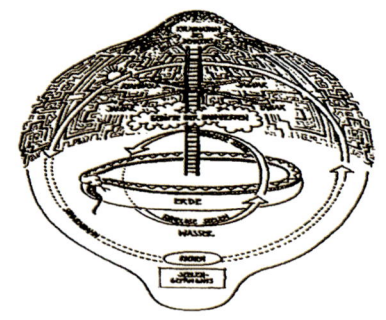

우주를 운행하는 큰뱀 파(巴)　　　고대 페루의 우주도

'입 구(口)'는 '사람(人)이 출입(出入)하는 곳(口)'을 나타낸다.

따라서 '고을 읍(阝·邑)'은 '하늘(巴)의 자손이 모여 사는 곳(口)'을 의미한다. 그러므로 '구(邱)'는 신성한 곳을 뜻하는 '구(丘)'자에 고을을 뜻하는 '읍(阝·邑)'자를 붙여서 '천손이 사는 신성한 고을'임을 더욱 분명히 나타내었다.

이상의 내용을 종합하면 '대구(大邱)'는 '하늘(大)의 자손이 사는 신성한 땅(邱)'을 의미한다.

위와 같은 의미의 '대구(大邱)'와 부합하는 명칭이 '청구(靑丘)'인데, '청구(靑丘)'의 '푸를 청(靑)'은 '파라·Para', 즉 '파란 하늘'을 뜻하고, '언덕 구(丘)'는 '신성한 땅'을 뜻한다. 따라서 '청구(靑丘)' 역시 '대구(大邱)'와 마찬가지로 '푸른 하늘(靑)과 같은 신성한 땅(丘)', 즉 '하늘(天)이 부여(符)한 신성한 곳(都)'을 의미한다.

이렇게 '하늘이 부여한 신성한 곳(天符都)'을 의미하는 '청구(靑丘)'라는 명칭은 옛날부터 '치우천왕의 나라' 그리고 '우리나라'를 지칭하는 별칭으로 쓰였는데, 조선시대 김종직(金宗直)의 『청구풍아(靑丘風雅)』, 김천택(金天澤)의 『청구영언(靑丘永言)』, 김정호(金正浩)의 「청구도(靑丘圖)」 등의 예를 통해서도 알 수 있다.

또한 대구(大邱)에 청구시장이니, 청구아파트니, 청구타운이니, 청구대학교(현 영남대학교)니, 청구고등학교니 하며 '청구(靑丘)'라는 말을 넣어 붙인 이름이 유난히 많은 것도 '대구(大邱)'와 '청구(靑丘)'는 같은 의미이기 때문이라 할 수 있다.

'대구(大邱)'의 옛 이름인 '달구벌'도 '대구(大邱)', '청구(靑丘)'의 의미와 다르지 않다. '달구벌'은 '달구 + 벌'인데, '달구'의 '달'은 높은 곳의 동네를 '달동네'라고 하듯이 '높다'라는 뜻이고, '구(邱)'

는 '높은 언덕' 즉 '신성하다'라는 뜻이므로 '달구'는 '높고 신성한 곳'을 뜻한다. 여기에 '벌판'을 뜻하는 '벌'이 합쳐져 '달구벌'이 된 것이다. 결국 '달구벌'은 '높고(달) 신성한(구) 땅(벌)'으로 한자어 '대구(大邱)'와 같은 의미임을 알 수 있다.

참고로, '하늘(靑)의 자손이 사는 신성한 땅(丘)'이라는 의미의 '청구(靑丘)'와 같은 맥락에서 이름을 붙인 곳이 우리나라의 '환구단(圜丘壇)'과 중국 천단공원의 '원구단(圓丘壇)'이다.
'환구(圜丘)'는 '밝고 환한(圜) 하늘처럼 신성한 곳(丘)'을 뜻하고, '원구(圓丘)'는 '둥근 하늘(圓)처럼 신성한 곳(丘)'을 뜻한다.

한국 환구단(圜丘壇)

중국 원구단(圓丘壇)

# 광주(光州)

'광주(光州)'는 '光 + 州'이다.

'빛 광(光)'의 고문 '炗'은 '卄 + 火'로 되어 있는데, '卄(입)'은 '하늘(一)의 뿔(凵)'을 형상한 것으로 '태양불'을 나타내고, 여기에 '불 화(火)'자를 붙인 '炗(光)'은 '태양의 빛'을 나타낸다.

'빛 광(光)'의 갑골문 '🝎'은 '불(火)을 머리 위에 이고 있는 모양'으로 '태양의 불빛'을 나타내고, '빛 광(光)'의 동의자 '炚'은 '불(止) + 태양(日) + 불(火)'로 역시 '태양의 빛'을 나타낸다.

'주(州)'를 『설문해자』에서 "'주(州)'는 물 가운데 살 수 있는 땅을 주(州)라고 한다.[州, 水中可居曰州.]"라고 하였다.

'州(주)'의 금문은 '𑁋'인데, ')('은 '넓은 땅을 싸고 흐르는 시냇물'을 나타내고 '𑁋'은 사람이 모여 살 만한 '땅(陸)'을 나타낸다. 따라서 '𑁋·州(주)'는 '큰 하천 사이에 있는 고을'을 말한다.

이상을 종합하면 '광주(光州)'는 '빛(光)·고을(州)'을 뜻한다.

백제 멸망 후 신문왕 때 설치한 '무주(武州)'가 현재의 '광주(光州)'인데, '무주(武州)'의 '武(무)'를 파자하면 '戈 + 止'이다.

'창 과(戈·𢍺)'는 '큰 창날(日)'을 형상한 글자로 '태양'을 뜻하고, '발 지(止)'는 '止'의 갑골문 '𣥂'를 볼 때 엄지발가락을 유난히 강조한 '발'을 형상한 것으로 '불(빛)'을 뜻한다. 따라서 '武(무)'는 '태양(戈)의 빛(止)'을 나타낸다.

그러므로 '광주(光州)'의 옛 이름인 '무주(武州)'도 '빛(武)·고을(州)'을 의미한다는 것을 알 수 있다.

# 대전(大田)

'대전(大田)'은 '大 + 田'이다.

'큰 대(大)'의 주문(籒文) '亣'는 '人(마고) + ﾉ(궁희) + l(소희)'로 구성되어 있는데, 이는 우주 창조의 주체인 '마고(人)'가 창조의 보조역할을 담당하는 두 딸 '궁희(ﾉ)'와 '소희(l)'를 거느린 모습으로, '亣·大(대)'는 체(體, 人)와 용(用, ﾉ·l)이 갖춰진 창조주 '마고삼신 하느님(亣)'을 의미한다.1)

『설문해자』에서 '大(대)'자에 대해 풀이한 것도 대체로 이와 비슷하다. 즉, "大'는 하늘이 크고, 땅이 크고, 사람도 크다는 것이다.[大, 天大, 地大, 人亦大焉.]"라고 하였는데, 이는 우주의 삼대(三大) 근원인 '천(天)·지(地)·인(人) 삼재(三才)를 모두 갖춘 온전한 삼신(三神) 하느님'을 의미한다.

'田(전)'은 '十 + 囗'인데, '十(십)'은 '창조주 하느님'을 나타내고, '囗(국)'은 '땅, 세상'을 나타내어, '田(전)'은 '한울님(十)의 뜻을 펼치는 터전(囗)' 또는 '참나님(十)의 꽃밭(囗)'을 뜻한다.

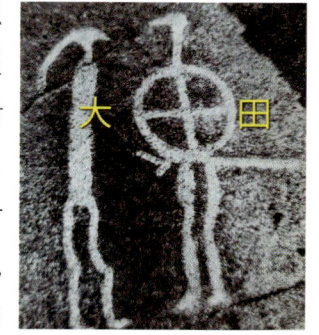

스칸디나비아의 암벽화
'하늘의 신(大)과 땅의 여신(田)'
(출처: 세계신화이야기)

이상을 종합하면 '대전(大田)'은 '한울님(大)의 뜻을 실현하는 터전(田)'을 뜻한다.

| 大田 | 한(大) | 한울님의 | 참나님의 | 대(大) |
|---|---|---|---|---|
|  | 밭(田) | 터전(田) | 꽃밭(田) | 아(我) |

---

1) 『부도지』(박제상 지음, 김은수 번역, 한문화) '제1장'의 내용 참조.

# 인천(仁川)

'인천(仁川)'¹⁾의 '仁(인)'은 '亻 + 二'로 구성되어 있다.

'仁(인)'의 '亻(인)'은 '돼지머리 해(亠)'의 변형인데, '돼지머리 해(亠)'의 소전 '𠆢'는 '높은 하늘'을 형상한 것으로, '높은 북두하늘의 해(본태양)'를 뜻한다. '亻(인)'이 '높은 북두하늘의 해(본태양)'를 뜻한다는 것은 '인(仁)'의 고자 '𡰥'과 비교하여 보면 분명히 드러나는데, '亻(인)' 대신에 쓴 '尸(시)'는 '북두칠성 본태양 하늘'을 뜻하는 글자이다.

'두 이(二)'는 『설문해자』에서 "'이(二)'는 땅의 수이다. '일(一)'과 나란히 한 모습이다.[二, 地之數也. 从偶一.]"라고 하였다. 이로써 보면 '이(二)'는 '하늘(一)과 나란히(二) 한 땅하늘'을 나타내어 '하늘(一)과 같다(二)'라는 뜻임을 알 수 있다.

그리고 『강희자전』에 "이(二)의 고문은 '弍'이다.[二, 古文, 弍.]"라고 하였는데, '이(二)'의 고자(古字) '弍'도 '두 번째(二) 하늘(弋)²⁾'을 나타낸 것으로, 이는 결국 '하늘'을 뜻한다.

---

1) '인천(仁川)'은 조선 태종 이전에는 '인주(仁州)'로 불리다가 태종 때 중견 고을 이하의 '주(州)'를 '천(川)'으로 바꾸라고 한 정책에 따라 '인주(仁州)'가 '인천(仁川)'으로 바뀌게 되었다.
2) '주살 익(弋)'에 대해 『설문해자』에서는 "'익(弋)'은 말뚝이다.[弋, 橜也.]"라고 하였는데, '말뚝'은 줄을 연결하여 그 범위를 벗어나지 못하게 하는 것으로서 '중심'이 되는 부분이다. '주살(<줄살)' 역시 화살(햇살)에 줄을 묶어 활(태양)에서 벗어나지 못하도록 하는 것으로서, '활(주 하느님)에 매인 화살(햇살)'이라는 뜻이니, 결국 그 중심인 활(태양)을 강조한다는 측면에서 말뚝과 같은 것이다. 따라서 말뚝이나 주살은 우주의 중심인 '본태양 하늘'을 나타낸다. '一'의 고자 '弌', '二'의 고자 '弍', '三'의 고자 '弎'은 모두 '하늘(弋) 안의 일(一)(天一一, 첫 번째 하늘)', '하늘(弋) 안의 이(二)(天一二, 두 번째 하늘)', '하늘(弋) 안의 삼(三)(天一三, 세 번째 하늘)'으로 모두 '본태양 하늘(弋)'에서 비롯되었다는 뜻을 담은 글자이다.

따라서 'イ'과 '二'를 합한 '仁(인)'은 '하늘(イ) 같이(二) 어질다'라는 것으로, 이는 결국 '하늘'을 뜻한다. 그리고 '인(仁)'의 고자 '忎'은 '千+心'인데, '千'의 갑골문 '𠂉'은 '하늘(一) 닮은 사람(亻)'을 뜻하므로 '어질 인(忎)'은 '하늘 닮은 마음'을 뜻한다.

'내 천(川)'의 본자 '천(巛)'은 '하늘에서 아래로 내려오는 모양'을 형상한 것으로, '하늘(天)에서 내려왔다(來)'는 뜻이다.

'천(巛)'이 이러한 뜻을 담고 있다는 것은 '돌 순(巡), 집깃들 소(巢), 도리 경(經)' 등에서 확인해 볼 수 있다. '돌 순(巡)'은 '임금(하늘)이 세상을 돌아보는(巡行) 것'을 나타내고, '집깃들 소(巢)'는 '새들이 하늘에서 내려와(巛) 나무 둥지(果)에 앉는 것'을 나타내며, '도리 경(經)'은 '하늘의 도리(道理)가 세상에 내려 펼쳐지는 것'을 나타낸다.

이상을 종합하면 '하늘(天)'을 나타내는 '인(仁)'자와 '하늘(天)에서 내림(來)'을 나타내는 '천(川)'자를 합한 '인천(仁川)'은 '하늘(仁)이 내린(川) 곳'을 뜻한다.

또한 '하늘'은 흔히 '바다(해·海)'에 비유되기 때문에 '인천(仁川)'이라는 이름에는 '바다·하늘(仁)로 건너가는 물길나루(川)'라는 의미가 있다고 볼 수 있다.

'물길나루 천(川)'은 '나루 진(津)'과 마찬가지로 '바다(하늘)에서 땅으로 연결되는 곳'을 뜻하므로 '강물 강(江)'자나 '물 하(河)'자와 같은데, '강(江)'자는 '육지(一)와 바다(一)를 연결하는(丨) 물(氵)'을 뜻하고, '물 하(河)'자는 '하늘(一, 곤륜산)에서 육지(口)로 내리는(丁) 물(氵)'을 뜻한다. 그래서 '인천(仁川)'을 '인하(仁河)'라고도 하였던 것이다.

그리고 '인천(仁川)'의 옛 이름이 '제물포(濟物浦)'였는데, '제물(濟物)'은 '물품(物)을 바다(하늘)로 건네준다(濟)'라는 뜻이고, '포(浦)'는 '나루'라는 뜻이므로, '제물포'는 '물품(物)을 바다(하늘)로 건네주는(濟) 나루(浦)'라는 뜻이 된다.

'인천(仁川)'과 같이 '바다·하늘(天)로 가는 물길나루(津)'를 뜻하는 곳이 중국의 '천진(天津)'과 충남 공주의 '웅진(熊津)'[3]이다. 중국 '천진(天津)'에서 말하는 '하늘(天)'은 '황해(海)'를 말하고, 충남 '웅진(熊津)'에서 말하는 '하늘(天)'도 '황해(海)'를 말한다.

이렇게 '하늘(天)'로 인식되는 '바다'나 '물'에 위치한 곳을 '인천(仁川)', '천진(天津)' 그리고 '웅진(熊津)' 등으로 이름한 것은 옛날 사람들이 '바다(해·海)'[4]나 '물'을 '하늘(天)' 또는 '해(日)'로 여겼기 때문이다.

바다 = 해(海) = 하늘

현재 인천(仁川)에 있는 '공항(空港)'도 '하늘(空)로 가는 물길나루(港)' 역할을 하고 있는데, 이는 '인천'이라는 이름의 의미와 공교롭게 부합되는 일이다.[5]

---

3) '곰 웅(熊)'은 '전지전능(能)한 태양불(灬)'로 '전지전능한(能) 북두칠성 본태양(灬) 하늘'을 뜻한다. 그래서 충남 공주의 '곰나루' 즉 '웅진(熊津)'에는 '북두칠성 하늘(天)로 가는 거룩한 배를 타는 곳'이라는 뜻이 담겨 있다.
4) 여기서 '물'은 '바다 해(海)' 또는 '하늘의 해(日)'를 뜻한다. '바다'는 '파다(巴多)'에서 온 말이고, '파다'는 '파라(巴羅)'에서 온 말인데, '파(巴·Pa)'는 '해(태양)'를 말하고 '라(羅·Ra)'는 '빛'을 말하여 'Pa·Ra(巴羅)'는 '하늘의 해(태양)'를 말한다. 따라서 '바다'는 '하늘(Para·dise)'을 뜻한다.
5) 나로호를 발사한 전라남도 '고흥(高興)'도 그 지명이 '하늘(高)로 오르다(興)'라는 뜻을 담고 있다.

이상에서 살펴본 대로 '인천(仁川)', '인하(仁河)', '제물포(濟物浦)', 그리고 '천진(天津)', '웅진(熊津)', '공항(空港)'이라는 이름까지 모두 '하늘·바다(空)로 가는 물길나루(港)'라는 의미가 담겨 있음을 확인할 수 있다.

| 仁川 | 하늘 | 인(仁) | 인(仁) | 웅(熊) | 천(天) | 하늘·공(空) |
|---|---|---|---|---|---|---|
| | 나루 | 천(川) | 하(河) | 진(津) | 진(津) | 나루·항(港) |

또한, '인천'의 백제 때 이름은 '미추·홀(彌鄒·忽)'6)이다.

'미추'는 '미ᄎ'에서 온 말로 '미'는 물에서 자란 나물을 '미·나리'라고 하고, 은하수(銀河水)를 '미리·내'라고 하며, 바다(물)를 뜻하는 용(龍)을 '미·르'라고 한 데서 알 수 있듯이 '바다(물)'를 뜻한다.7) 여기서 '바다(pada·巴多)'라는 말은 '파라(para·巴羅)'에서 온 말로, '하늘(天·paradise)'을 뜻한다.

'홀'은 '고을'을 뜻하는 우리 옛말이다.

따라서 '인천(仁川)'의 옛 이름인 '미추홀' 역시 '하늘(미추)에 가까운 고을(홀)'을 뜻한다.

---

6) 신라 '미추·왕(味鄒·王)'의 '미추'도 '하늘(para)'을 뜻한다고 보면, '미추·왕'은 '하늘에서 내린 왕'을 의미하게 된다.
7) 진태하, 『한자는 동이족이 만들었다』 p.277 참조.

# 울산(蔚山)

울산의 '울(蔚)'은 '艹(艸) + 尉'이다.

'풀 초(艹·艸)'의 '풀'은 '풀 > 뿔 > 불'로 발음상 서로 통하므로 '불빛(光)'을 의미한다. [p.62 '풀 초(艹·艸)' 참조]

'벼슬 위(尉)'의 소전 𡨄는 '尸 + 二 + 火 + 寸'으로 된 구조이다.

'尸'는 '북두칠성 하늘'을 나타내고, '二'는 '두 이(二)'가 아니라 하늘 위를 나타내는 '위 상(上)'자의 고문으로 '높은 하늘(天)'을 나타낸다. 그래서 『설문해자』에서도 "'상(二)'은 높다.[二, 高也.]"라고 하였다. '火(火)'는 '불빛'을 나타낸다. '寸(寸)'은 '손'을 형상한 것으로 '~같다(닮다)'라는 뜻이다.

따라서 '벼슬 위(尉)'는 '높은(二) 북두칠성(尸) 하늘의 빛(火)과 같다(寸)'는 것으로 '태양의 햇볕'을 뜻한다.

여기서 '벼슬 위(尉)'라고 훈독할 때 '벼슬'이라는 말은 '해의 햇볕'에서 비롯된 것으로, '닭의 볏(벼슬)' 또한 '해의 햇볕'에 바탕을 둔 말이다. 이는 해에서 햇볕이 나오듯이, 해(태양)에 비유되는 닭의 머리에서 햇볕을 상징하는 '볏(벼슬)'이 나오기 때문이다. 결국 '닭의 볏(벼슬)'은 '태양의 햇볕'을 상징한다.

닭의 볏, 벼슬(尉·冠)

'벼슬 관(冠)' 역시 '벼슬 위(尉)'와 마찬가지로 같은 의미를 담고 있는 글자인데, '벼슬 관(冠)'은 '冖 + 元 + 寸'으로 되어 있다.

'冖(멱)'은 '하늘(머리)을 덮은 모양'을 형상한 것으로 '높은 하늘'을 뜻하고, '元(원)'은 '으뜸, 높다'는 뜻이며, '寸(촌)'은 '손

(手)'을 나타낸 것으로 '~같다, 받들다'라는 뜻이다.

따라서 '벼슬 관(冠)' 역시 '높은(元) 하늘(冖)의 태양과 같다(寸)'라는 것으로 '벼슬(冠)'은 '태양의 햇볕'을 상징한다.

이상에서 살펴본 대로 '태양의 햇볕'을 상징하는 '벼슬 위(尉)'에 '불빛'을 뜻하는 '풀 초(艸)'가 합쳐진 '울(蔚)'1)은 '찬란한 태양의 빛'을 뜻한다.

'山(산)'의 소전 '⛰'은 '人 + ∪'으로 구성되어 있다.

'들 입(入)'의 소전 '人'은 '땅속으로 뻗어 들어가는 뿌리'를 형상한 것인데, '뿌리>뿔>불'은 '태양'을 나타낸다. '∪'은 '一(멱)'의 소전 '∩'을 뒤엎은 모양으로 '∩'은 '높은 하늘(天)'을 나타내고, '∪'은 '땅(地)'을 나타낸다. 따라서 '⛰·山(산)'은 '땅(∪) 위에 높이 떠 있는 태양(人)'을 뜻한다.

『설문해자』에서 "'산(山)'은 베푼다는 것이니, 햇살 기운(氣)을 펼쳐서 만물을 살린다는 뜻이다. 돌이 있고 높은 것이다.[山, 宣也. 宣氣散, 生萬物. 有石而高也.]"라고 하였는데, 이는 '햇살 기운을 베풀어 만물을 살린다'는 것이다. 그리고 '돌(石)2)이 있고 높다'는 것은 '땅(∪) 위에 높이 떠 있는 태양(人)'을 상징한다.

이상을 종합하면 '울산(蔚山)'은 '찬란하게 빛나는(蔚) 태양(山)'을 뜻한다.

---

1) '찬란히 빛날 울(蔚)'자는 '찬란히 빛날 울(鬱)'자와 뜻이 같다. '울(鬱)'은 '缶(흙살덩이·빛살덩이)+林(수풀·불빛)+冖(높은 하늘)+鬯(검은 하늘에 울창한 빛)+彡(터럭·빛)'으로, 이는 '칠흑 하늘에 울창하고 찬란한 빛들이 반짝이는 모양'을 형상한 글자이다.
2) '돌(石)'의 소전 '石'을 파자하면 '厂+口'인데, '厂'은 '높은 하늘'을 나타내고, '口'는 '태양'을 나타내어 '石·石(돌)'은 '높은 하늘의 태양'을 상징한다.

# 세종(世宗)

　세종시 명칭은 세종대왕에서 비롯하였을 것이므로 일반적인 지명과는 성격이 다르다. 그러나 '世(세)'자와 '宗(종)'자의 의미를 한 번 살펴보는 것도 의미가 있을 것이다.

　'세상 세(世)'자의 소전 '世'는 '세 개의 칠(七七七)' 즉 '3·7'로 되어 있는데, '3(三)'은 '삼신(三神) 하느님'을 뜻하고, '7(七)'은 '칠성(七星) 하느님'을 뜻한다. 그래서 '세상 세(世)'자는 '삼신·칠성 하느님의 자손들이 사는 세상'을 의미한다.

　'세 개의 칠(七七七)'로 구성된 '世·世(세)'자를 달리 표현하면 '쓰리·세븐(3·7)'인데, '쓰리·세븐(世)'이 '복과 행운'을 상징한다는 말은 '쓰리·세븐(世)'이 '삼신·칠성 하느님'을 상징하기 때문에 '쓰리·세븐(3·7)'을 기억하기만 하면 삼신·칠성 하느님이 그 자손에게 복과 행운을 내려준다는 의미이다.

　또한 '쓰리·세븐(3·7)'에서 '三(∴·삼)'은 오른쪽 그림과 같이 소(小)우주인 사람의 머리에 해당하고, 대(大)우주 차원에서 말하면 북극성(삼족오)에 해당하므로 '삼신 하느님'을 나타낸다.

　'七(칠)'은 '북두칠성'을 가리킨다. 사람(人·↑)은 이 북두칠성의 자손으로 여겨졌다. 왜냐하면 사람의 얼굴에 7개의 구멍(七竅)이 있고, 사람의 몸에 7개의 차크라(七星座)가 있는 것을 보더라도 사람(↑·人)은 북두칠성 하느님의 형상을 닮았다고 보기 때문이다.

　'사람 인(人)'의 갑골문 '↑'도 '북두칠성 하느님(↑)'을

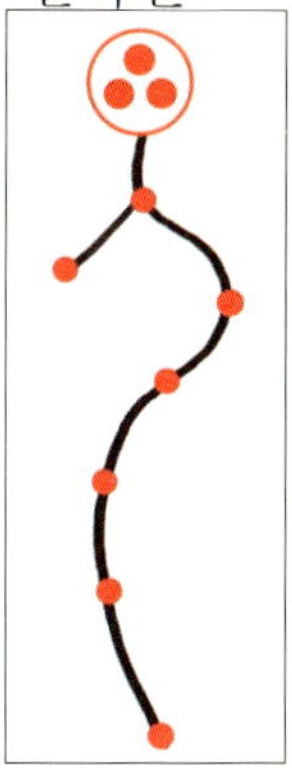

삼신칠성

닮은 데서 비롯한 것이다.

'宗(종)'은 '宀 + 示'로 구성되어 있다.

'집 면(宀)'의 소전 '冂'은 '돼지머리 해(亠)'의 소전 '人'를 더 길게 내린 것이다. '人(해)'는 '높은 하늘(우주)의 지붕'을 형상한 것으로, '높은 북두하늘'을 뜻한다. 따라서 '돼지머리 해(人·亠)'에서 획을 더 길게 늘어뜨린 '집 면(冂·宀)'은 '까마득히 높은 북두하늘(우주)'을 뜻한다.

'보일 시(示)'의 고문 '丌'는 '一 + 川'이다. '一'는 '높은 하늘(天)'을 나타낸다. '川'는 '하늘(一)에서 지상 세계에 무엇을 나타내 보여주는 것'으로 '보여준다'는 뜻이다. 따라서 '보일 시(示·丌)'는 '신(一·神)이 있음을 보여준다(川)'라는 것으로, 곧 '신(神)'을 뜻한다.

이로써 보면 '마루 종(宗)'은 '높은 하늘(宀)의 신(示)'을 형상한 글자로 '으뜸, 가장 존귀한 존재'를 나타낸다. 그래서 『설문해자』에서 "'종(宗)'은 조상을 존숭하는 것이다.[宗, 尊祖廟也.]"라고 했다.

이상을 종합하면 '세종(世宗)'은 '하늘의 뜻을 세상에서(世) 실현하는 가장 존귀한 존재(宗)'를 뜻하고, '세종시(世宗市)'는 '세상(世)에서 가장 존귀한 사람(宗)이 사는 도시(市)'를 뜻한다고 볼 수 있다.

# 평양(平壤)

'평양(平壤)'을 평안도 사람들은 '피양'이라고 발음하는데, '피양'은 옛 우리말 '피라' 혹은 '피아라', '펴라'[1] 등에서 온 말이다.

'피라'라는 말의 의미를 '피라·미드(pyra·mid)', '필라·멘트(fila·ment)', '브라·마(Bra·ma)' 등의 예에서 고찰해볼 수 있다.

'피라·미드(pyra·mid)'를 '각추형(角錐型) 탑'이라고 하듯이, '뿔(角)' 즉 '피라(pyra)'는 '태양의 빛'을 뜻한다. '필라·멘트(fila·ment)'의 '필라(fila)'는 전구의 '빛(발광체)'을 말하며, '브라·마(Bra·ma)'의 '브라(Bra)'도 '창조주 본태양의 빛'을 뜻한다.

이렇게 '피·라(py·ra)', '필·라(fi·la)', '브·라(B·ra)'의 '피(py)·피(fi)·브(B)'[2]는 '태양'을 나타내고, '라(ra)·라(la)·라(ra)'는 '빛'을 나타내므로, '피라'는 '태양의 빛'을 의미한다.

위와 같이 '피라'는 '태양(피)의 빛(라)'을 뜻하는 말로, 이를 한자로 옮긴 것이 '평양(平壤)'이다. 따라서 '평양(平壤)'은 '태양(平)의 빛이 비치는 땅(壤)'을 의미한다고 할 수 있다.

또한 '평양(平壤)'의 '平'은 '于＋八'인데, '于(우)'는 '하늘(二)의 기운(亅)'을 나타내고, '八(팔)'은 '골고루 펼쳐지는 모습'을 나타내어, '平(평)'은 '태양의 빛이 넓은 들판에 골고루 비치는 모습'을 나타낸다. '壤(양)'은 '땅'을 뜻한다. 따라서 '평양'은 '태양(平)의 빛이 넓은 들판에 골고루 비치는 땅(壤)'을 뜻한다고 볼 수 있다.

---

1) 『조선상고사』에서 '펴라'는 지금의 '평양(平壤)'이고, '양(壤)'은 '라'를 음역한 것이라고 하였다.(신채호 원저, 박기봉 옮김, 『조선상고사』 90쪽, 118쪽)
2) '태양'을 나타내는 '피(py)·피(fi)·브(B)'는 '태양'을 나타내는 '큰뱀(태양) 파(巴)'자와 통한다고 볼 수 있다.

# 찾아보기

## ㄱ

가(可)　128
가(伽·Ka)　471
가라(伽羅)　474
가람(寺)　474
가마뫼(釜山)　488
가마솥 김(金)　132
가야(Kayā)　474
가오리(高麗)　464
가오리·연(鳶)　203
가온찍기　213
간(干)　142, 306
간(艮)　412, 433
간(奸)　50, 93
간(間)　86
간(干·칸·Khan)　128
간방(艮方)　413, 433
감로수(甘露水)　312
감정(感情)　438
갑(甲)　57
갓머리 면(宀)　66
개 견(犬)　436
개벽(開闢)　459
객(客)　220
거문고(금·琴)　127
거북(巨北)　135, 408
거서간(居西干)　142
검붉은 빛 안(殷)　342
겨레 족(族)　480
겨레 척(戚)　480
견(犬)　165, 436
견(幵)　444
경(庚)　153

경(囧)　176
경(經)　305, 496
계(卝)　394
계(癸)　56
계림(鷄林)　134
계수(癸水)　200
계집 녀(女)　94
계집　50, 277
고(古)　447
고(故)　447
고(姑)　50, 93
고·구리　462
고기 육(肉)　68
고기(高氣)　30, 69, 406
고기(月·肉)　406
고깔(高光)　205
고려(高麗)　464
고맙습니다　292
고을 읍(阝·邑)　75
고인돌　232
고주몽(高朱蒙)　107
고흥(高興)　497
곡옥(曲玉)　302
곰절　469
공(工)　223
공(空·kōng)　410, 419
공공(共工)씨　451
공즉시색　410
공항(空港)　497
과(瓜)　165
과일(果)　406
관(藿)　123
관불(灌佛)　312

교황의 물고기 모자　284
구(龜)　135
구(舊)　229
구궁도(九宮圖)　42, 290
구리(銅)　202
구천현녀　49, 92
국(匊)　121
궁(宮)　145
궁(弓)　357
궁예(弓裔)　199
궁희　154
귀(鬼)　323
귀(耳)　255
귀갑(龜甲)　211, 263
귀고리　136, 285
금(禁)·줄　250
금(禁)　119
금(琴)　126
금(錦)　140
금강저(金剛杵)　267
금성(金星)　84
궁(亘)　221, 235, 457
기와 와(瓦)　99
김수로 왕릉의 물고기　138
깃털 뱀(케찰코아틀)　27
깃털뱀 삼신전　156
까닭(태양새)　137, 328
까치(鵲)　230

## ㄴ

나(我·吾)　42
나난·구리　202, 419
나라(國)　42

나마스떼(Namaste) 292
나무(木·Nammu) 52, 281
나성(羅城·LA) 141
난생(卵生) 334
난생설화 136, 192
남·주작(南·朱雀) 143
남무(南無·Nammu) 154
너 이(爾) 291, 303
노(奴) 50, 93
녹도문자 102, 193, 240
늣뱀 29, 462, 466
뇌성보화천존 190, 485
누트 49, 92

## ㄷ

다윗 127
단(旦) 281
단(丹) 389
단국(檀國) 458
단전(丹田) 389
달 월(月) 69
달구벌 491
닭 계(雞·鷄) 94
닭(鷄) 울음소리 138
닭의 볏(벼슬) 215, 319
대아(大我) 23, 154
대한·민족 481
도(途) 227
도(道) 227, 264
도공(陶工) 163
도끼 근(斤) 303
도르제(Dorje) 266
독(毒) 333
독(毒) 462
독·사(毒·蛇) 462
독생자(獨生子) 165

독존(獨尊) 165
돌배 233
돌베개 234
동(冬) 429
동(東) 459
동경(東京) 484
동량(棟梁) 279
동맹(東盟) 175
동이(東夷) 449
동학(東學) 197, 449
돼지 해(亥) 65
두(豆) 175, 421
두꺼비(섬蟾) 333
디새 99
또 우(又) 71

## ㄹ

라(RA) 141
랑(郞) 182
로물루스 레무스 129
록(鹿) 63
륙(坴) 183, 335

## ㅁ

마·젠타(Ma·genta) 170
마고 삼신관 156
마고삼신(麻姑三神) 154
마누라(Manu·Ra) 170
마디 촌(寸) 71
마디(麻支) 71, 391
마립간(麻立干) 142
마음(麻音) 24, 350
마하반야바라밀 206
만(卍) 56, 269
말(馬)꼬리 168
망(网) 140

망(妄) 50, 93
매(每) 172
매화(梅花) 173
매화역수(梅花易數) 173
메이슨(Ma·son) 72, 170
메타트론 60
멜기세덱 284
면류관(冕旒冠) 208
명(皿) 175, 304
명씨금문(命氏金文) 37
모(母) 172
모세와 늣뱀 29
목(穆) 184
목(木) 52
묘(卯) 333
무(無) 23, 154, 282
무(戊) 242
무(巫) 353
무량사 37, 38
무림(武林) 356
물(勿) 281
물고기(魚) 148
물고기, 예수 139
물동이 272
물마누라 59, 173
미추·왕(味鄒·王) 498
미추홀(彌鄒忽) 498
미트라 여신 49, 92

## ㅂ

바라(願) 206
바라춤 206
바람 풍(風) 314
바람(風) 429
박달(朴達) 482
받들어 칼(총)! 159

찾아보기 505

발우(鉢盂) 147
밤베르크 묵시록 159
방장(方丈) 196, 340
밭(田) 367
배달(倍達) 462
백달(白達) 482
백의(白衣) 462
뱀(蛇) 110
뱀(巳) 255
뱀머리(匕首) 297, 298
버들 양(楊) 282
번(番) 194
범(凡) 203
법(法) 197
법망(法網) 141
법손(法孫) 168, 178
법신(法身) 336
법채(法彩) 168, 178
베가(Vega) 49
벼슬 관(冠) 215
벽(辟) 241, 271
변(采) 193
병조판서 224
보(甫) 454
보리수(菩提樹) 55
복(攴) 402
복날 165, 436
복희·여와(巴) 338
본심(本心) 26
본태양(本太陽) 23, 26
봉(丰) 239
봉황(鳳) 157
봉황새 143
부(缶) 162
부도지(符都誌) 234
부러뜨린 지팡이 340
북·현무(北·玄武) 143

북두칠성 태양(弓) 357
북두칠성(물마누라) 272
북두칠성(뱀·虫) 313
북두칠성(紫) 136
북두칠성(차·車) 403
북명의 곤(鯤) 144
북어(北魚) 149
북현무(北玄武) 408
불(佛) 24, 73
불씨 389
불이문(不二門) 197
불족석(佛足石) 73
불함(不咸) 429
붓다 69
브라·마(Bra·ma) 170
브라흐마(Brahma) 138
비(匕) 262
비너스 84
비너스의 탄생(辛) 272
비로자나불 314
비수(匕首) 330
비파검(琵琶劍) 158
빈(牝) 264
빙(冫) 298
빛(그리스도) 274
빛그물(罒·网) 141
빛그물(법망) 141
빠라(bbara·巴羅) 206
뿌리(태양) 55, 365
뿔(角) 62

**ㅅ**

사(死) 303
사(寺) 474
사람 인(人) 187
사림(士林) 217
사슴뿔 왕관 63

사신도(四神圖) 26
사자의 발톱( 352
산수·가림토 195
산타클로스 63, 102
살모사 182, 221
삼(彡) 218
삼극(三極) 53
삼련옥(三連玉) 303
삼베옷(麻衣) 171
삼보(三寶) 53
삼신(三神) 53
삼원(三垣) 435, 477
삼위(三位) 53
삼재(三才) 53, 155
삼족오(三足烏) 137, 294
상징(象徵) 30
새끼(子)·줄 250
색(色) 410
색계(色界·이미지) 43
생각(思想) 438
생명나무 55, 363
서(恕) 50, 93
서라벌 484
서산(西山) 83
서울(서라벌) 485
석(碩) 231
선(先) 318
선우·천강 238
설(契) 240, 294
설형(楔形)문자 240
설형문자 102
성(性) 40
성(姓) 40, 50, 93
성씨(姓氏) 37
세(世) 501
세계보건기구(WHO) 29
세례(洗禮) 312

소(召) 247
소(巢) 305, 496
소(牛)꼬리 168
소도(蘇塗) 245
소똥구리 419
소울음 모(牟) 180
소의 울음소리 138
소희 154
손(SON) 251
솔개(鳶) 157
솟대오리 156, 246
솥(鼎) 134
쇠 금(金) 132
수(囚) 304
수(樹) 54
수선화(水仙花) 173
수피 춤 206
순(旬) 255
순(巡) 305, 496
술(酒) 51, 278, 406
숭례문(崇禮門) 144
스톤헨지 233
승(丞) 256
시(示) 197, 218, 502
시(豕) 394
시(始) 50, 93
시동(尸童) 407
시림(始林) 134
시바의 창조율려 47, 322
시어간 종어간 412, 467
시제사(柴祭祀) 259
식(食) 147
식(識) 393
신(神)의 은총 406
신단수(神檀樹) 54
신부복(神父服) 295
신시(神市) 161, 433

심시불(心是佛) 24
심청(沈淸) 274
십(十) 56
십팔새끼 347
쌍어문(雙魚紋) 472
쐐기문자 102
쓰리·세븐(3·7) 501
씨알 23, 388

### ㅇ

아(兒) 318
아(我) 42
아(亞) 57
아(丙) 83
아라한(阿羅漢) 141
아리·랑 433
아리·수 433
아마(兒媽) 486
아버지(爸爸) 338
아빠(兒巴) 486
아사달 459
아스클레피우스 29
아스타나 459
아시·아(Asia) 459
아제아제 315
아침 조(朝) 459
아크로폴리스 115
아피스(Apis) 64
아해(重·童) 166
안 내(內) 297
안금(安錦) 353
알(卵) 333
알(아리) 433
알(태양) 90
알곡 곡(穀) 373
압(鴨) 246
앗시리아 459

앙크(아들·子) 179, 251
애신각라(愛新覺羅) 44
야(也) 257
야(耶) 472
야훼(耶虫) 314
양(易) 281
양(羊) 63
양관(梁冠) 280
양(羊)의 피(血) 348
양류관음 282, 334
양수(洋水) 60
양심(良心) 182
어린왕자 75
어신(魚神) 149
언(舡) 257
언(言) 441
언덕 구(丘) 78
얼굴(容) 419
여(女) 47
여(予) 226
여(如) 50, 93
여와(女媧) 92
여의주(如意珠) 310
연(蓮) 404
연(硏) 231
연(然) 325
연꽃(빛) 274, 350
연미복(燕尾服) 295
연세(延世) 293
연희(延禧) 293
염화시중(拈花示衆) 274
예(裔) 199
예수 69
오(吾) 42
오(午) 441
오금(烏金) 285
오덕(五德) 301

찾아보기 507

오랑캐(호랑·개)　448
오문(午門)　144, 442
오벨리스크　80, 372
오시리스와 이시스　338
오안네스　149
오얏　347
오우관(烏羽冠)　358
옥도끼(斤)　303
옥새 새(璽)　352
온담　468
올(兀)　318
옴 마니 반메 훔　182
옴　318
왈(曰)　88, 379, 405
왕관(王冠)　208
요(要)　50, 93
요니(yoni)　258, 397
용(龍)　27
용각(龍角)　310
우(牛)　63
우물 정(井)　279
우보(禹步)　315
우주(宇宙)　23, 411
우주·목(World·Tree)　54
우주·축(Axis·Mundi)　54
우화이등선　264
웅(雄)　198
웅진(熊津)　469, 497
원(圓)　318
원구단(圓丘壇)　114, 435
월계관(月桂冠)　105
위(偉)　321
위(委)　323
유(臾)　326
유(酉)　328
유림(儒林)　217
유유(兪兪)　325

윤(允)　318
율려(律呂)　288
은(銀)　432
음(音)　360
이(夷)　449
이(隶)　96
이사금(尼師今)　353
이시스(Isis)　64
이재궁궁을을　57
익(弋)　495
익투스(Ichthus)　87
인(壬)　98
인간(人間)　87
인내천(人乃天)　24, 410
인드라 신(神)　266
인자(人子)　159
인주(仁州)　495
인중·천지일　209
인하(仁河)　496
일석삼극(一析三極)　53
일왕의 시조　63
일체유심조　40
임(壬)　166, 353
임(妊)　50
임금 벽(辟)　271
임금(壬)　353
임금(칸·干)　142

## ㅈ

자(自)　210
자궁(紫宮)　258
자금성(紫禁城)　136, 348
자도(紫桃)　136, 347
자미성(紫微星)　136
자미원(紫微垣)　435, 477
자색(紫色)　134
자유 여신상　49, 92

자정수(子精水)　312
자포(紫袍)　348
작(鵲)　229
장(爿)　361
전(奠)　375
전시안(全視眼)　118
절(卩)　351, 446
절벽 엄(厂)　67
정(鼎)　133
정(廷)　354
정(呈)　373
정화수(井華水)　59, 312
제(帝)　270, 307
제(祭)　406
제물(祭物)　406
제물포(濟物浦)　497
제비옷(연미복)　295
제천(祭天)　302
조(兆)　309
조갑(조가비)　84, 117
조개 패(貝)　83
조공(朝貢)　460
조선(朝鮮)　459
조의선인(早衣仙人)　295
조정(朝廷)　460
조짐(兆朕)　309
존엄(尊嚴)　286
종려나무　105
좌행(左行)　385
죄(罪)　141
죄(皐)　271
주(走)　382
주(州)　493
주살 익(弋)　79, 495
죽을 사(死)　303
중(中)　386
중용(中庸)　222, 386

지(止) 73
지붕 99
지석묘(支石墓) 232
지팡이(持巴이) 79, 286
진(眞) 262
진단(震旦) 475
진심(眞心) 264
질그릇(陶) 163
짐(朕) 309
징(徵) 32
징 350

## ㅊ

찰스의 마차 403
참나(眞我) 24
창 과(戈) 79
창 수(殳) 151
창조 바람(卍) 221
채(彩) 218
천(川) 305
천계(天階) 78, 162
천도(天桃) 347
천부경(天符經) 26
천부도(天符都) 115, 161
천부삼인(天符三印) 158
천손(天孫) 37
천시원(天市垣) 435, 477
천을귀인(天乙貴人) 316
천일생수(天一生水) 60
천일창 오벨리스크 152
천일창(天日槍) 151, 370
천정(天井) 59
천제의 수레(車) 403
천지의 인간(人間) 187
천진(天津) 497
청(靑) 467

청구(靑丘) 467, 491
청동 오리(鴨) 246
청동(靑銅) 29, 462, 466
청동거울의 물고기 139
초(肖) 383
초요기(招搖旗) 37, 38
촉(蜀) 164
촌(寸) 364
촛불 259
총림(叢林) 217, 356
추(酋) 375
추(樞) 415
춘(春) 416
춤·창조율려(八) 53, 332
춤출 무(舞) 54
치(攵) 428
치미관(雉尾冠) 358
치우천왕과 도끼 152
치익(鴟翼) 99
칠구지·불모 173, 315
칠성령(七聖靈) 288
칠성보(七星步) 288, 315
칠지도(七支刀) 158
침(唾) 462
침례(浸禮, 세례) 274

## ㅋ

카(Ka) 128, 233, 430
카바(Ka'aba) 233
카우리(高麗) 464
칸(khan·干) 142
칸(干) 306
칼을 머금은 예수 158
코·브라(Co·bra) 463
코끼(高氣)·리 30, 69
코끼리 상(象) 30

코리아(Corea) 464
코브라(Cobra) 27
콩(豆) 410, 419
쿠다라 468
쿤모왕 129, 437
크리스마스 트리 205
큰뱀 파(巴) 27, 338

## ㅌ

태(泰) 418
태극기(太極旗) 457
태미원(太微垣) 435, 477
태양 주(走·足·坐) 382
태양신 라(羅·RA) 141
태을주(太乙呪) 182
태화전(太和殿) 418
토르(Thor) 266

## ㅍ

파라오(Pharaoh) 419
파사석탑(婆娑石塔) 232
파촉(巴蜀) 164
팔(八) 52
팥죽 348
페루의 우주도 76, 377
포(包) 88
포터(potter) 163
풀(艹·艸) 62
풍(風) 182, 221
풍류(風流) 182
프리·메이슨(Mason) 170
플럼(plum) 347
피라 503
피양 503
피타고라스 56
필라멘트 202

## ㅎ

하나(참나)님  350
하나님  23
하늘  23
하늘사다리  78
한강(漢江)  433
한양(漢陽)  433
한울님(桓)  458
해모수(解慕漱)  107
해의 햇살(SON)  251
햇살(人)  87
향(享)  112
향(向)  225
향(嚮)  225
혁(革)  121
현무(玄武)  26, 143
현빈(玄牝)  29, 48, 264
현조(玄鳥)  240, 294
혈(穴)  210, 223
혈(頁)  428
혜(慧)  392

호(戶)  86
호랑(虎狼)  129
호루스의 눈  118
호피족(虎皮族)  427
홀 규(圭)  105, 289
홍살문(紅箭門)  348
화(禾)  245, 373, 415
화(火)  61
화랑(花郞)  182
화살(矢)  357
화살모자  358
화엄(華嚴)  286
확(確)  231
환구단(圜丘壇)  114
환국(桓國)  457
환두대도(環頭大刀)  157
환웅(桓雄)  198
활(弓)  357
황제(黃帝)  452
황제내경(黃帝內經)  298
황화목(黃華木)  124, 125

희생(犧牲)  273

## 기타

1·6 칠지도(七支刀)  391
1·6(卜) 칠지도  191, 212
1·6水  60
13·金(금)  119
5자엽(五紫葉)  43
6·6·6(陸·肉·六)  336
7촛대  159
Aswiai  459
easter  333, 380
elephant  30
IN GOD WE TRUST  119
Mahdi(마디)  72, 391
Ray  203
Rose Cross Sigil  43
serpent  202
YHWH  60

# 참고문헌

강상원 著,『東國正韻실담어註釋』, 正音廳學術院, 2009.
高樹藩,『正中 形音義 綜合大字典』, 正中書局印行, 1974.
김광원 번역,『玉樞寶經』, 三太極奇門遁甲研究院, 2013.
김양동,『한국 고대문화원형의 상징과 해석』, 지식산업사, 2015.
김언종 지음,『한자의 뿌리』, 문학동네, 2011.
김용운 著,『人間學으로서의 數學』, 우성문화사, 1988.
김일훈 著,『神藥本草 전, 후편』, 인산가, 2011.
김재섭 著,『금문 속의 古朝鮮』, 우반재, 2011.
노중평 지음,『유적에 나타난 북두칠성』, 백영사, 1997.
데이비드 폰태너, 최승자 옮김,『상징의 비밀』, 문학동네, 2007.
류영모 번역, 박영호 풀이,『노자와 다석』, 교양인, 2013.
미르치아 엘리아데, 이재실 옮김,『이미지와 상징』, 까치, 2013.
박문기 지음,『정음선생』, 엠에스 북스, 2011.
박제상 지음, 김은수 번역,『부도지』, 한문화, 2012.
백련불교문화재단,『白蓮佛敎論集3』, 1993
신채호 원저, 박기봉 옮김,『조선상고사』, 비봉출판사 2006.
안경전 역주,『桓檀古記』, 상생출판, 2013.
염정삼,『說文解字注 部首字譯解』, 서울대학교출판문화원, 2019.
이승헌 지음,『우리말의 비밀』, 한문화, 2013.
일아 옮김,『담마빠다(법구경)』, 불광출판사, 2018
정재서 역주,『山海經』, 민음사, 1993.
제레미 나비 지음, 김지현 옮김,『우주뱀 = DNA』, 들녘, 2002.
조옥구 著,『漢字의 기막힌 발견』, 한자와 한글, 2010.
조홍근 지음,『마고할미로부터 7만년』, 글로벌콘텐츠, 2020.
진태하,『한자는 동이족이 만들었다』, 명문당, 2021.
최영애,『漢字學講義』, 통나무, 2015.
최춘태 지음,『갑골음으로 잡는 식민사학·동북공정』, 북랩, 2017.
칼 융 지음, 이윤기 옮김,『인간과 상징』, 열린책들, 2009.
韓永賢 著,『黃帝內經素問探源』, 中醫古籍出版社, 2004.
허대동 지음,『고조선 문자』, 도서출판 경진, 2015.

유 연(柳 淵)

1962년 전라북도 완주군 삼례에서 柳順根과 金花峯의 8남매 중 막내로 태어났다. 삼례초·중학교를 졸업하고, 관악고등학교와 연세대학교 경제학과를 졸업하였다.

지난 십수 년 동안 '마음'과 '문자·상징 체계' 등에 의문을 품고 수많은 석학들의 책과 강의를 접하며 문자와 상징의 속뜻을 푸는 데 고심하였다. 이 책은 그 의문에 제시하는 첫 번째 해답이다.

전자우편 yooyon77@naver.com


문자와 상징으로 풀어낸

# 한국의 성씨 해설

초판인쇄 2023년 3월 07일
초판발행 2023년 3월 20일

지은이 유 연(柳 淵)
펴낸이 김 영 환
펴낸곳 도서출판 다운샘

05661 서울특별시 송파구 중대로27길 1(오금동)
Tel. 02-449-9172  Fax. 02-431-4151
E-mail. dusbook@naver.com
등록번호 제1993-000028호

ISBN 978-89-5817-525-4 03700
ⓒ 2023, 유연

정 가 35,000원